Fundamentals of Statistics

统计学原理

（第二版）

主　编　周概容
副主编　张建华
　　　　王　健

南开大学出版社
天　津

内容提要

本书是天津市教委立项的重点教材，参照原国家教委颁发的高等学校财经类专业核心课程“统计学”教学大纲编写而成. 本书共九章，内容包括统计学的基本概念和范畴，统计与推断统计的基本原理和方法：统计数据的搜集和整理，统计分布和统计数据的数字特征，统计估计和检验的原理与方法，变量关系的统计分析方法，时间数列和统计指数. 每章配有相应的习题. 书后附录中分别给出了常见统计名词解释、软件系统 Excel 统计应用示例、常用统计数值表和习题答案. 最后是参考书目和名词索引. 本书一方面保留了“社会经济统计学原理”的基本内容，同时也较系统地充实了统计推断的内容. 在叙述风格、术语、数学符号等方面力求统一.

本书是高等学校经济和工商管理类专业本科核心课程——统计学的教材，也可作为相关专业研究生的教学参考书，还可供从事经济工作的人员和各级管理人员参考使用.

前　言

统计学是搜集、描述和分析数据，并根据所得数据资料进行推断的一门科学. 大量统计数据所反映出来的规律性，称作统计规律性，统计学就是研究统计规律性的科学. 长期以来，在我国存在两门相互独立的统计学——数理统计学和社会经济统计学，分别隶属于数学学科和经济学学科. 20 世纪 80 年代以来，建立包括数理统计学和社会经济统计学在内的"大统计学"，逐步成为我国统计学界的共识. 1992 年 11 月国家技术监督局正式批准将"统计学"上升为一级学科，国家颁布的学科分类标准已将"统计学"单列为一级学科，这是中国统计学学科建设的一个重要里程碑.

统计学原理，包括描述统计和推断统计的理论和方法，是阐述统计学的基本概念，研究统计的一般理论和方法的学科. 统计学的理论和方法，既适用于社会经济现象，也适用于自然现象，既适用于科学技术，也适用于生产和管理. 对于经济分析和现代化管理而言，统计学是不可缺少的重要工具. 对于社会学、心理学、政治学等众多领域，统计学也是不可缺少的工具. 在我国统计教学中，长期并存两门讲述统计学原理的课程：社会经济统计学原理和数理统计（或概率统计）. 传统的社会经济统计学原理，实际上以描述统计为主要内容；数理统计则以推断统计为核心内容，较少涉及描述统计的内容. 20 世纪 80 年代社会经济统计学原理开始更多地增加了某些统计推断方法. 20 世纪 90 年代两门"统计学原理"成为我国高等学校经济和管理类专业的必修课程，两门课程的内容也相互渗透和交叉.

本书是天津市教委立项的重点教材，面向高等学校经济和工商管理类专业本科，参照原国家教委颁发的高等学校财经类专业核心课程"统计学"教学大纲编写而成. 考虑到我国统计教学的现状，在编写本书时，我们一方面保留了"社会经济统计学原理"的传统内容，同时也较系统地充实了统计推断的内容. 在叙述风格、术语、数学符号等方面力求统一，并与两门"统计学原理"的习惯相一致. 阅读本书时，假定读者已经学过概率论的基本内容. 为适应没有学过或不熟悉概率论有关内容的读者的需要，书中在相应的章节简要地介绍了事件的概率、随机变量的概率分布和数字特征等有关内容. 本书的选材、例证和论述均侧重于统计学的一般原理与方法在社会、经济和管理中的应用.

本书共九章，内容包括统计学的基本概念和范畴，描述统计与推断统计的基本原理和方法. 第一章主要介绍统计学的最基本概念和范畴；第二、三、四章介绍统计数据的搜集、整理和描述的基本方法，统计分布和统计数据的数字特征；第五、六、七章讲述统计推断的基本原理和方法——统计估计、统计检验的原理和方法，以及变量关系的统计分析方法；第八章和第九章讲述在经济分析中有重要应用的时间数列分析方法和统计指数方法. 每章配有相应的习题. 书后附录中，给出了国民经济统计中常见的统计名词解释，以及常用统计数值表、习题答案. 最后是参考书目和名词索引.

本书是高等学校经济和工商管理类专业本科核心课程——统计学的教材，内容可以根据学时的多少进行取舍. 打有星号“*”的地方，表示初学可以不读. 本书亦可做相关专业研究生的教学参考书，或供从事经济工作的人员和各级管理人员参考使用.

全书由张建华和王健主笔并担任副主编，由周概容担任主编，负责全书的总纂、审核与定稿. 此外，硕士研究生鞠英利、季红栋和赵煜等也参加了编写工作.

编　者

1999 年 5 月于南开大学

第二版前言

本书自1999年出版以来,得到同行专家和广大读者的认可,已经5次印刷.这是修订的第二版,保持了第一版的框架和结构.

本书的第二版与第一版相比有如下变化:(1) 改正了第一版的贻误之处和印刷错误;(2) 在保持第一版的框架和结构的情况下,对个别内容进行了调整和加工;(3) 更新了部分例题和练习题,新增了部分练习题(主要是选择题);(4) 更新和补充了部分参考文献;(5) 增加了软件系统 Excel 的统计应用的示例.

本书一定还有许多不足和需要改进之处,恳请读者批评指正.

编　者

2004年1月于南开大学

目　录

第一章 绪论

统计学是搜集、整理、描述和分析关于研究对象的数据资料，并根据所得数据资料进行推断的一门科学.大量统计数据所反映出来的规律性称作统计规律性，统计学就是研究统计规律性的科学.统计学原理阐述统计学的基本概念，研究统计的一般原理、理论和方法.这些原理和方法，既适用于社会经济现象也适用于自然现象，既适用于科学技术也适用于生产和管理.

本章讲述统计的含义、一般性质和特点，阐明统计学的基本概念和范畴(统计总体、个体、统计标志、统计指标、样本和统计量).

§1.1 什么是统计

这一节首先在最一般的意义上阐述统计的含义，然后就统计学原理的对象和内容作简要说明，最后介绍统计学及其分支的内容.

1.1.1 统计的含义

统计一词有如下三种含义：统计资料、统计工作和统计科学.

1. 统计资料　亦称**统计数据**，它是通过大量实际观测取得或根据一定要求搜集的，反映事物、现象的数据资料，既包括原始资料，也包括经过整理的资料.统计资料是统计工作的基础，这是因为统计就是利用统计数据所提供的信息进行决策和推断的.与其他资料(包括某些数据资料)相比，统计资料具有三个主要特点：数量性、大量性和具体性.

数量性 严格意义下的统计资料都是数据资料，主要是指经整理和加工由原始数据得到的统计数据资料，包括由统计数据计算出来的数字特征，以及由统计数据编制的统计表、统计图和统计分析报告等.

大量性 指统计资料是通过对大量同类现象进行观测所取得的结果，或对同一现象大量重复观测所取得的数据资料，而不是反映个别现象的个别数据. 例如，个别历史事实的记载、个别的会计数据、某人的验血结果、个别学生的考试成绩……虽然也是数据资料，但不具备上面所说的大量性，因而不是统计数据.

具体性 指统计数据是已有事实的记载，而不是拟议中的数据. 例如，计划数据、质量标准或技术规范……尽管也是数据资料，甚至也具有大量性，但并不是统计数据.

2. 统计工作 统计数据的搜集、整理和描述，以及根据经过整理的统计资料进行统计推断的全过程，就是统计工作.

统计数据的搜集、整理和统计推断是统计工作的三个阶段. 原始数据包含用于推断的有用信息，但是只有经过按统计推断的要求加工和整理的数据，才能显示和提供有用信息. 统计工作最根本的任务就是通过对统计数据的分析和研究，对研究对象的性质、特征和规律性作出描述和推断. 统计工作不但需要相关的理论和运用科学的方法，而且要求统计工作人员具有丰富的经验和准确的直觉判断力，以及娴熟地运用各种统计方法的技巧，因此人们认为统计工作也是一门艺术.

3. 统计科学 亦称**统计学**，指研究或论述统计工作一般理论和一般方法的科学. 统计学按内容可分为描述统计(descriptive statistics)和推断统计(inferential statistics).

描述统计 描述统计研究和论述统计数据的搜集、整理和描述的一般原理和方法. 统计数据的搜集是通过统计试验或观测实现的. 试验(experiment)是在人为的条件下考察所产生的结果，是自然科学研究的重要手段；观测(observation)是原原本本地确认和记录客观存在的事实. 对社会经济现象的观测又称为统计调查，它分为全面调查(普查、全面统计报表……见第二章)和非全面调查(抽样调查、机遇调查……见第二、六章)，其中抽样调查方法是最完善和最科学的非全面调查方法,已成为统计学的重要分支.统计数据的整理,在于使数据系统化、条理化,以提取其中可用于推断的信息,其主要方法包括统计分组和汇总、排序、建立频率分布、计算统计数据的各种数字特征,有时还可编制表示和描述统计数据的统计表或统计图.描述统计是推断统计的基础,实用性强,在统计工作中经常使用,其中许多工作都可以在计算机上完成.

推断统计　推断统计研究和论述根据统计资料作出统计推断(决策)的一般理论和方法.统计推断就是对研究对象(事物、现象或过程)的特征、性质、相互关系、发展趋势和规律性作出推测、预示和判断,是统计学的核心内容.它可以区分为随机数据(如由随机抽样取得的数据)的推断和根据非随机数据(如由全面调查取得的数据)的推断:前者是数理统计的核心内容,有系统的理论和完善的科学方法;后者则多是基于统计数据的定性推断.

需要指出,描述统计和推断统计的划分不是绝对的.一方面,描述统计为统计推断(决策)提供统计信息,而且描述统计中也时常包含统计推断的内容;另一方面,描述统计的许多原理和方法来源于统计推断的一定要求.尽管如此,对二者进行划分是有益的,甚至在逻辑上是必要的.

1.1.2　统计学原理

顾名思义,统计学原理指统计学的一般原理、理论和方法,它包括描述统计和推断统计的原理、理论和方法.其原理和方法适用于统计所涉及的一切现象或领域,既适用于社会经济领域,同时也适用于自然现象,既适用于科学和技术,同时也适用于生产和管理.

在我国统计教学中,长期并存两门讲述统计学原理的课程:“社会经济统计学原理”和“数理统计”(或“概率统计”).传统的“社会经济统计学原理”,实际上以描述统计为主要内容,而“数理统计”则以推断统计为核心内容.自 20 世纪 80 年代以来,社会经济统计学原理更多地增加了某些统计推断方法.自 20 世纪 90 年代,概率统计已成为我国高等学校经济和管理门类各专业的必修课,两门统计学原理课程的内容也相互渗透和交叉.考虑到我国统计改革的形势和统计教学的发展趋势,以及概率统计(主要是概率论)已是高校经济和管理门类各专业的必修课,本书在讲授社会经济统计学原理传统内容的同时,充实了统计推断和数理统计方法的内容,并且侧重统计学的一般原理与方法在社会、经济和管理中的应用.

§1.2 统计学的基本概念和范畴

现在介绍统计学的一些基本的概念和范畴:统计总体、个体(总体单位)、个体的特征和总体的特征(统计标志和统计指标)、样本和统计量……总体是统计研究对象的全体,个体指构成总体的每个对象;个体的数量特征或属性特征称作统计标志,其中可变的数量标志称作统计变量,包括普通变量和随机变量;整个总体的综合数量特征称作统计指标或总体参数;为研究总体,用某种方式抽选的总体的一部分个体作为总体的"代表",称作来自总体的样本;由统计数据计算出来的量,即样本的函数,称作统计量.

1.2.1 总体、个体和标志

直观上,**总体**(population)就是具有一定共性的研究对象的集合;构成总体的每个研究对象称作**总体单位**或**个体**(individual);个体的特征称作**统计标志**,简称**标志**(characteristic).每个个体可能有多个标志,有的是可以用数值计量的,有的则只能用文字表述.见表1.1的例子.

表1.1 总体、个体、标志

编号	总　　体	个　　体	标　　志(个体的特征)
1	1 000个同型号零件	每个零件	尺寸,是否合格品,光洁度
2	中国全部人口	每个中国人	年龄,性别,国籍,文化程度
3	天津市全部工业企业	每个工业企业	产值,劳动生产率,所有制

续表

编号	总　　体	个　　体	标　　志(个体的特征)
4	上海市的夏季	每个夏季	每夏季暴雨次数 ν,最高气温 T
5	一湖泊的水域	每份水样	某有害物质的百分含量
6	50 块钢锭	每份试样	含碳量(%),抗拉强度
7	重复射击首次命中实射次数 ν	每个正整数	射击次数为 $n(n\geqslant 1)$
8	随机测量误差 e	每个实数	误差的绝对值小于 1%
9	设备无故障运转的时间 τ	每个非负实数	无故障运转时间超过千时

为便于叙述,以 ω 表示单个个体,以 $\Omega=\{\omega\}$ 表示所有 ω 的集合——总体,以 $X=X(\omega)(\omega\in\Omega)$ 表示可以用数值计量的标志——数量标志.下面进一步阐述总体、个体和标志的概念、种类、特点及相关问题.

1. 标志和变量　标志,按是否可以用数值度量分为数量标志和品质标志;按其在总体中各个个体上是否具有完全相同的数值或表现,分为不变标志和可变标志,而可变数量标志称作变量.

(1)数量标志和品质标志　可以直接用数值度量的标志称作**数量标志**.数量标志又分为计量标志和计数标志.用连续变化的量表示的数量特征称作**计量标志**,例如表 1.1 中的尺寸、产值、最高气温、无故障运转的时间等都是计量标志;用自然数表示的数量特征称作**计数标志**,例如,表 1.1 中的职工人数、暴雨次数等是计数标志.数量标志可视为定义在总体 $\Omega=\{\omega\}$ 上的函数:$X=X(\omega)(\omega\in\Omega)$.

品质标志,亦称**属性标志**,指表示个体的质或属性(attribute)的特征.例如,表 1.1 中的是否合格品、性别、民族、企业所有制、无故障运转时间是否超千时等都是品质标志.品质标志的表现(状态、类型、等级……)可以用文字表述,也可以用数字表示.不过这种数字表示只是一种特定符号,因为它没有数值运算的功能.例如,1 等品加 2 等品不等于 3 等品.品质标志按其表现之间有无次序关系,分为**有序品质标志**和**名义品质标志**两种类型.例如,颜色(有深浅之分)、产品等级是有序标志,而性别、民族是名义标志.

计量标志,亦称**连续型标志**;计数标志和品质标志亦称**离散型标志**.一般而言,数量标志称为**离散型的**,如果它最多只有有限个或可数个可能值[①]，并且每个可能值可以是任何给定的实数. 不过，实际中遇到的离散标志多是计数标志或品质标志. 计量标志是连续型标志.

(2)可变标志和不变标志 在总体各个体上的数值或表现不完全相同的标志，称作可变标志或变异标志；在总体各个体上取同一数值或有相同表现的标志，称作不变标志或同质标志. 例如，表 1.1 中零件的尺寸、年龄、企业的产值、暴雨的次数、性别、民族、所有制等等是可变标志；零件的型号、国籍是不变标志. 又如，对于一周岁男婴的总体，年龄段和性别是不变标志. 不变标志和标志的同质性是构成总体的根据，没有任何同质性的个体不能构成总体；可变标志和标志的变异性是统计研究的对象，没有变异性就没有统计研究.

(3)变量 总体的可变数量标志称作**变量**[②](variable or variant). 假设 $\Omega=\{\omega\}$ 是一总体，其中 ω 表示总体的元素(个体)，则数量标志 X 就是定义在 Ω 上的函数 $X=X(\omega)(\omega\in\Omega)$：若 X 只有一个可能值，则 X 就是不变数量标志，即常量；若 X 有两个或两个以上可能值，则 X 就是可变数量标志，即变量.

离散型变量和连续型变量 应用中，变量按其值域分为离散型变量和连续型变量两大类. 只有有限个或可数个可能值的变量称为离散型变量. 例如，夏季暴雨的次数、接连不断地射击首次命中所需射击的次数、每个企业的职工人数等等都是离散型变量. 连续型变量的值域是有限或无限区间. 例如，零件的尺寸、企业的产值、测量误差、气温、人的身高等等是连续型变量.

一元变量和多元变量 研究总体，可能只考察其某一个可变数量标志，也可能同时考察它的两个或更多可变数量标志. 前者称作一元变量，后者称作多元变量. 以二元变量 X 和 Y 为例，不但要单独研究每个一元变量，更重要的是研究它们之间的关系. 二元变量又称二元向量，

---

① 含无限个元素的集合称作可数的或可列的(countable)，如果其全部元素可以用自然数一一编号.

② 有的文献中将变量区分数量变量和品质变量，其中品质变量(qualitative variable)指可变品质标志，有时则指其“数值化”，即赋予品质标志的各种表现或状态以不同数值或代码，如产品质量的等级、各省市的代码等，但是这种代码没有运算功能. 在类似情况下，“数量变量”是作为“品质变量”的对称使用的.

记作(X,Y). 在第六章和第七章我们将集中研究多元变量.

(4)随机变量 取值具有不确定性的变量称作随机变量(random variable). 例如，夏季暴雨的次数、某交通干线上每天发生交通事故的次数、接连不断地射击首次命中的实际射击次数、测量误差、设备无故障运转的时间等都是随机变量. 上面列举的变量的共同性质，就是事先无法确切预言其所取的值，我们把这种性质称作随机性. 取值本身就是随机的，可以说它们本质上是随机变量. 有些变量本身是非随机的普通变量，但是作为随机抽样的结果可以视为随机变量. 例如，以$X=X(\omega)$ $(\omega\in\Omega)$表示零件ω的尺寸，则X本来是一非随机的普通变量. 若把$X(\omega)$视为从零件总体$\Omega=\{\omega\}$中随机(随意)取出的一个零件ω的尺寸，则X取何值事先是不确定的，因此X作为随机抽样的结果亦可视为随机变量.

随机变量的取值虽然具有随机性(不确定性)，但是其一切可能值的集合——值域是确定的. 例如，夏季暴雨次数ν的可能值为自然数$0,1,2,\cdots$；设备无故障运转的时间τ的一切可能值为$[0,\infty)$. 因此，虽然随机变量的取值带有随机性，但是它取各可能值或在其值域中一定范围内取值的可能性可以定量描述. 描述这种可能性的数值就是概率和概率分布(见第三章).

2. 个体　亦称**总体单位**或**元素**. 以表 1.1 中列举的总体为例，有如下一些不同的情形：(1)个体是自然、明确和无异议的，如表 1.1 中的总体 1～4；(2)变量的每一可能值可视为个体：例如，对于总体 7，首次命中射击的次数ν可以是每个正整数，每个正整数可视为个体，总体$\Omega=\{1,2,\cdots,n,\cdots\}$；对于总体 8，测量误差$e$的每个可能值可以视为个体，总体$\Omega=(-\infty,\infty)$是一切实数的集合；(3)个体的概念不唯一：例如，表 1.1 中总体 5 与总体 6 中每份水样或试样可以视为个体，这种理解显然具有很大的任意性和假定性；此外，亦可把一切可能的测试结果视为个体. 容易理解，关于个体含义的这种任意性和假定性，并不影响问题的研究，只要所研究的统计标志——个体的数量或属性特征是明确的.

3. 总体的类型　直观上，称研究对象的全体为**总体**，即总体是具有某种(些)同质标志的元素的集合. 数理统计中,称随机变量为总体. 对于总体的这两种理解和描述本质上是一致的. 我们首先说明这种一致性,其次通过描述总体的类型进一步阐述总体的概念,最后归纳一下总体的基本特点.

(1) **总体和变量** 设 $\Omega=\{\omega\}$是研究对象的全体,$X=X(\omega)$是定义在 Ω 上的变量,有两种情形:①X 本身是随机变量;②X 本身是非随机的普通变量,但是作为随机抽样的结果可视为随机变量. 对于统计研究,人们所关心的是个体的标志而不是个体本身,是所有标志值在总体的各个个体上的分布情况而不是个别的标志值. 因此,对 Ω 的研究就是对变量 X 的研究. 在以后的叙述中,每当所要考察的是总体 Ω 上的变量 X 时,我们把"**总体 Ω**"、"**总体 X**"和"(随机)**变量** X"当作同义术语使用,只在容易混淆(例如所考察标志是品质标志)时才作必要说明. 这样,对总体的两种理解——把研究对象的全体视为总体和把变量视为总体是一致的. 不过,在处理实际问题时,特别是对于有限总体,还应充分注意两种观点的差别.

(2)**总体类型的划分** 前面已经就研究对象的总体和变量所代表的总体区别与联系作了说明. 为了更深入地理解总体的概念,我们进一步分析总体的类型.

有限总体和无限总体 含有有限个个体的总体称作**有限总体**,否则称作**无限总体**. 有限总体中个体的数量称作**总体容量**. 例如,表 1.1 中的总体 1～4 是有限总体,总体 5～9 是无限总体.

离散型总体和连续型总体 对于变量 X 代表的总体,当 X 是离散型变量时称作离散型总体,当 X 是连续型变量时称作连续型总体. 例如,表 1.1 中的总体 7 是离散型的,总体 8 和总体 9 是连续型的.

设想总体 亦称**假设总体**(hypothetic population)或理论总体,是现实存在的对象构成的总体的抽象化、理论模型或逻辑扩充,是"想象中的"总体. 相应的现实总体可视为设想总体的一部分或"代表". 例如,当我们考察1 000个零件的总体时,如果目的是确认这批产品是否可以接收,则我们面对的是现实总体;如果目的是考察生产工艺条件,则我们面对的是设想总体. 对于许多统计推断问题,是通过对现实总体的研究来解决设想总体的问题. 总体的这种模型化和抽象化,具有重要理论意义和实际意义. 在许多场合,考虑设想总体可更深入地揭示问题的实质,使一些本来比较复杂的问题变得便于处理,也便于使用各种数学工具.

一元总体和多元总体 同时考察相互联系的 $r(r\geqslant 1)$ 个变量的总体称作 ***r* 元总体**. 例如,以 X 和 Y 分别表示每个企业的职工人数和劳动生产率,或以 X 和 Y 分别表示儿童的身高和体重,则总体 X 和总体 Y 都是一元总体;如果同时考察 X 和 Y,特别是它们之间的相互关系,则我们面对的是二元总体 (X,Y).

最后需要指出的是,在处理许多实际问题时,总体的概念并不是逻辑上无异议的和必不可少的. 事实上,在解决许多实际问题时,并不需要总体本身,只需要与其相联系的某些特征.

(3)总体的特点 可以将总体的特点归纳如下:同质性(homogeneity)、大量性、变异性(variability)、综合性.

同质性指构成总体的对象必须具有某种(些)共同特征,这样的共同特征是构成总体的根据. 例如,一个城市的居民或全部工业企业构成总体,但一个城市不是统计总体. 总体的**变异性**指的是标志在总体上的变异性,这种变异性是统计研究的对象. 总体的**大量性**指构成总体的个体数量应该是充分多的,或对代表总体的统计标志(或随机变量)可以进行大量重复观测,以保障充分显示其统计规律性. 总体的**综合性**指对总体的统计描述和研究,旨在通过对个体标志的研究揭示整个总体的结构和确定综合特征.

1.2.2 统计指标和指标体系

总体的综合数量特征称作**统计指标**,简称**指标**. 例如,对于工业企业的总体,工业总产值、所有企业的全部职工人数、国有工业企业所占的比重等等都是指标;相互联系、相互制约的一系列指标的整体称作**指标体系**,如工业统计指标体系、经济效益指标体系(见附录一)等等.

指标和指标体系是社会经济统计的基本范畴,指标和指标体系的设置及其核算,是社会经济统计的重要内容. 对于其他领域(如自然现象或自然科学和技术)的统计,指标的概念属于相关专业的内容.例如,有关零件的规格的技术参数、关于钢材的成分的各种参数等在类似的情况下指标(参数)的含义一般是明确、规范和相对稳定的.本课程不专门讲述具体的指标和指标体系,只在附录中给出了社会经济统计中一些常用的范畴、术语和指标的解释.下面从不同角度进一步阐述社会经济统计中指标的概念.

1. 指标与标志的关系　指标与标志有密切联系,指标是通过标志计算的:(1)有些指标是标志的总量或对比得来的,如工业总产值、全员劳动生产率;(2)有些指标具有某种标志的个体总量或比重,如某地区国有工业企业的总数或比重.指标和标志有如下重要区别:(1)指标是整个总体的综合特征,而标志是每个个体的特征;(2)指标都可以用数值表示,而标志则未必可以(如品质标志).

2. 指标的特点和设置　指标的基本特点是:(1)**综合性**:总体的综合特征;(2)**数量性**:指标都是用数值表示的,并且是切实可以计算的;(3)**具体性**:指标是已有事实的数值表现,而不是拟议中的数值(如计划指标).

设置统计指标和指标体系时,应充分考虑到指标的特点和功能,其基本原则是:(1)**切合实际**.所设指标和指标体系,应从数量上全面、综合地反映现象或过程,使之可以提供统计分析和统计推断的充分信息;(2)**口径明确**.所设每个指标都必须有明确的含义、明确的总体范围、时间、隶属关系及核算方法;(3)**可操作**.指标的个数要适度,指标之间的相关性应尽量小,指标要便于处理和计算.此外,还要注意指标的筛选和调整,以适应情况的变化.

§1.3　统计指标的基本类型

统计指标按其所反映的内容的性质分为数量指标和质量指标;按其数值的数据是绝对数、相对数还是平均数,分为总量指标、相对指标和平均指标.**数量指标**亦称**总量指标**或**绝对指标**,一般用绝对数字表示;**质量指标**虽然也是用数值表现的,但是它所反映的内容不是总的数量,而是事物或现象的一般水平或普遍水平、强度、速度或效率、总体的内部结构、事物的比例关系或相互联系.质量指标用相对数或平均数表示,并相应地称作**相对指标**和**平均指标**.

1.3.1 总量指标

总量指标是表示事物或现象的总量、规模、水平的统计指标,包括标志的总量和具有某种特征的个体的总量.总量指标,按计量单位分为实物指标、价值指标和劳动指标;按所属时间的概念分为时期指标和时点指标(见第八章),例如,粮食的总产量和国民生产总值(时期指标)、全国人口总数和全国粮食库存量(时点指标).

1.实物指标　用实物单位计量的总量指标称为**实物指标**.**实物单位**,是根据事物、现象的物理或自然性能确定的计量单位.计量单位有自然单位、度量衡单位和标准实物单位.**自然单位**,是按事物的自然状态来计量其数量的单位,例如,汽车用辆,拖拉机用台,街道用条,飞机用架等.**度量衡单位**是按统一的度量衡制定的单位,例如,长度、面积、体积等单位.**标准实物单位**是用于同类产(商)品的特定单位.对于具有相同物理性能和用途的产(商)品,将其中一种规定为“标准产品”,其他产品按标准产品进行折算,而后再换算成标准实物量计量.例如,不同型号和不同功率的拖拉机,可以把一定功率折合为一标准台,然后再计算所拥有拖拉机的“标准台数”.

2.价值指标　以价值单位计量的总量指标称为**价值指标**.价值单位,亦称货币单位,是以货币量度量生产成果、社会财富或交易量的一种计量单位.例如,国民生产总值、产值、销售额、固定资产额等用价值单位计量时,采用现行价格和不变价格(亦称可比价格,见附录一)两种基本形式进行核算.价值单位把某些本来不同度量因而不能直接相加和对比的量,转化为可以直接相加和对比的量,并且可以综合反映产品的总量、商品销售总量等情况.使用现行价格便于反映现实状况和效益,使用不变价格可以将不同时期的指标数值进行比较.

3. 劳动指标　以劳动单位计量的总量指标称为**劳动指标**或**时间指标**. **劳动单位**亦称时间单位，是用一定时间内完成的一定工作量，或用一个标准劳动力工作一定时间做计量单位，反映劳动消耗量或完成一定劳动量所需时间的量，如工时、工日、人时、人日等.

1.3.2　相对指标

由两个相互联系的指标对比形成的统计指标称为**相对指标**，它反映事物或现象间的对比关系，例如，城镇人口在全国人口中的比重、城乡人口的比例、增长速度、人口密度、人均土地面积、人均国民生产总值等. 相对指标，有的为有名数，但多为无名数，一般用系数、倍数、成数（十分数）、百分数或千分数表示. 常见的相对数有结构相对数、比例相对数、比较相对数、计划完成相对数、强度相对数和动态相对数等.

1. 结构相对指标——总体的部分总量与总体总量对比形成的相对指标：

$$\text{结构相对指标}=\frac{\text{总体的一部分总量}}{\text{总体总量}}, \tag{1.1}$$

其中分子是分母的组成部分. 结构相对数反映总体内部的组成和结构，一般用百分数表示. 例如，第一、第二和第三产业在国民生产总值中所占比重（参见表 8.1）、频率分布的频率（参见第三章，表 3.3～表3.17），都是结构相对数.

2. 比例相对指标——同一总体某一指标两部分的总量对比形成的相对指标：

$$\text{比例相对指标}=\frac{\text{总体的某一部分的总量}}{\text{总体的另一部分的总量}}, \tag{1.2}$$

反映总体内各部分的比例关系. 例如，男性人口与女性人口的比例，城乡人口的比例，进出口贸易额的比例……都是比例相对数.

3. 比较相对指标——两个同类指标在不同总体（空间或条件下）的数值对比形成的相对指标：

$$\text{比较相对指标}=\frac{\text{一个总体的某一指标值}}{\text{另一总体的同一指标值}}, \tag{1.3}$$

多用于不同国家、地区、单位之间的比较，或先进与落后的比较，如不同地区物价、国民生产总值的比较.

为便于叙述,以 ω 表示单个个体,以 $\Omega=\{\omega\}$ 表示所有 ω 的集合——总体,以 $X=X(\omega)(\omega\in\Omega)$ 表示可以用数值计量的标志——数量标志. 下面进一步阐述总体、个体和标志的概念、种类、特点及相关问题.

4. 计划完成程度——反映一定时期内计划完成程度的相对指标,通常用百分数表示,等于实际完成数比计划数:

$$\text{计划完成程度}=\frac{\text{实际完成数值}}{\text{计划数值}}, \tag{1.4}$$

其用法是:(1)当计划数为绝对数、相对数或平均数时,直接按上式计算,以考核规模或水平计划的完成情况;(2)当计划数规定为增长(如劳动生产率)或降低(单位成本)的百分率时,计划完成程度 c 按如下公式计算:

$$c=\frac{1+V_S}{1+V_J}, \tag{1.5}$$

其中 V_S——实际增长率,V_J——计划增长率;V_S 和 V_J 大于 0 为增长,小于 0 为降低,等于 0 为持平. 超额完成计划程度等于 $c-1$. 实际上,该式不难理解. 设 a_0——基期水平,a_S——报告期实际水平,a_J——报告期计划水平,则

$$a_S=a_0(1+V_S) \quad \text{和} \quad a_J=a_0(1+V_J). \tag{1.6}$$

因此,计划完成程度为

$$\mathrm{c}=\frac{\mathrm{a_S}}{\mathrm{a_J}}=\frac{\mathrm{a_0(1+V_S)}}{\mathrm{a_0(1+V_J)}}=\frac{\mathrm{1+V_S}}{\mathrm{1+V_J}}. \tag{1.7}$$

因而(1.5)式得证.

例 1.1 (1)假设某企业 2002 年劳动生产率计划比 2001 年增长 5%,而实际增长了 7.1%,试求完成和超额完成劳动生产率增长的程度.

(2)假设某企业 2002 年某种产品的单位成本计划比 2001 年降低 5%,而实际降低了 6.9%,试求完成和超额完成单位成本降低计划的程度.

解:保留上面的记号. (1)根据条件,有 $V_S=7.1\%$,$V_J=5\%$. 因此,

根据(1.5)式,劳动生产率增长计划的完成程度为

$$c=\frac{1+7.1\%}{1+5\%}=\frac{107.1\%}{105\%}=102\%,$$

因而超额2%完成劳动生产率增长计划.

(2)这里,$V_J=-5\%$,$V_S=-6.9\%$.因此,根据(1.5)式,降低单位成本计划完成程度为

$$c=\frac{1-6.9\%}{1-5\%}=\frac{93.1\%}{95\%}=98\%,$$

因而超额2%完成单位成本降低计划.

5.强度相对指标——两个相互联系且性质不同的指标对比形成的相对指标.反映事物或现象的强度、密度、普遍程度或利用程度.强度相对指标,多用有名数表示,例如,人口密度或人均占有土地、劳动生产率或劳动密集程度、资金产值率或资金占用率等等.有的则无单位名称,如人口自然增长率等.强度相对指标一般由所考察指标与其媒介指标对比形成:

$$强度相对指标=\begin{cases}\dfrac{所考察指标}{媒介指标}(正指标),\\[2ex]\dfrac{媒介指标}{所考察指标}(逆指标).\end{cases}\tag{1.8}$$

一般,当媒介指标的数值固定时,如果强度相对指标的数值与所考察的指标的数值成正比例,则称作正指标;如果二者成反比例,则称作逆指标.上面列举的6个强度指标中,人口密度、劳动生产率、资金产值率为正指标,而人均占有土地、劳动密集程度、资金占用率为逆指标.

6.动态相对指标——同一指标在两个不同时间上的数值:报告期数值与基期数值对比形成的相对指标[①]

$$动态相对指标(发展速度)=\frac{某指标报告期数值}{同一指标基期数值}\tag{1.9}$$

反映事物或现象在时间上发展变化的趋势和规律性.应用中,发展速度和增长速度是动态相对指标.动态相对指标通常用百分数或倍数表示(参见第八章).

---

① 一般,把所考察的时期(点)称作**报告期**或**本期**(current period),把与之比较的时期(点)称作**基期**(base period).

1.3.3 平均指标

用平均数表示的统计指标称作**平均指标**,有总体的一般平均指标和序时平均指标两种类型.平均值,是参与平均的各数值的"代表值"、一般水平或普遍水平.但是二者有明显不同:一般平均是总体(空间)上同一标志在不同个体上的数值的平均;序时平均是同一指标在不同时间上的数值的平均.

一般平均指标,是同质总体内某个数量标志(在一定时间内)的平均值,等于总体的标志总量除以总体单位的总量[①].一般,平均指标是一般平均数,算术平均数、调和平均数、众数、中位数、修正算术平均数等一般平均数的常见形式,将在第三章(见§3.1)中专门介绍.例如,对于同型号零件的总体,全部零件的平均尺寸;对于工业企业的总体,各企业的平均职工人数;对于十周岁儿童的总体,平均身高、平均体重等等都是一般平均指标.

序时平均指标,是某一统计指标在不同时间的数值的平均值.诸如,五年间的年平均粮食产量、1995年至2001年间的年平均人口自然增长率等等都是序时平均指标.一般平均指标和序时平均指标,都代表相应数值的普遍水平.关于序时平均将在第八章中作专门介绍(见§8.2).

§1.4 样本和统计量

研究对象的全体称作**总体**,总体的一部分作为总体的"代表"称作**样本**,样本有时指总体的一部分个体的标志值的集合.例如,从1 000个同型号零件的总体中,以某种方式抽选出 n 个零件,则这 n 个零件就是

① 诸如人口密度或人均占有土地、劳动生产率等,是强度相对指标,而不是平均相对指标,因为这些指标的"分母"并不是"分子"所属的总体.

一个样本(或称样品);假如欲考察零件的尺寸,则 n 个零件的尺寸的数值就构成样本. 如果视随机变量 X 为总体,则样本就是对 X 的重复观测的结果——观测值的集合. 例如,记录上海市 n 个夏季的暴雨次数,所得 n 个数据是一个样本. **统计量**,指由统计数据计算得来的量,即样本的函数,亦称作**样本指标**或**抽样指标**. 例如,n 个零件的平均尺寸,上海 n 个夏季的暴雨的累计次数. 关于统计数据的数字特征详见第四章.

统计研究最根本的任务,就是由样本推断总体,由样本指标推断总体相应的指标或参数,即通过对样本的研究解决整个总体的问题. 下面对这些概念作较严格的表述.

1.4.1 样本和样本值

设 $\Omega=\{\omega\}$ 为一总体,而 $X=X(\omega)(\omega\in\Omega)$ 是所要考察的统计标志——**代表总体的统计标志**(或随机变量);$(\omega_{k_1},\omega_{k_2},\cdots,\omega_{k_n})$ 是用一定方式由 Ω 中抽选的 n 个个体,设 X_j 是个体 ω_{k_j} 的标志值,即 $X_j=X(\omega_{k_j})$ $(j=1,2,\cdots,n)$. 那么,称 $(X_1,X_2,\cdots,X_n)$ 为来自总体 Ω(或总体 X)的一个**样本**(sample);称 X_j 为第 j 个**观测值**(observation),称 n 为**样本容量**(sample size). 如果记 x_j 为 X_j 的具体值,则称 n 个具体的数据 $(x_1,x_2,\cdots,x_n)$ 为一个**样本值**(sample value),亦称 $(x_1,x_2,\cdots,x_n)$ 为样本 $(X_1,X_2,\cdots,X_n)$ 的**实现**(realization). 实际应用中,样本笼统地指观测结果,是 n 个随机变量;样本值指具体的统计数据.

1.4.2 统计量

设 $(X_1,X_2,\cdots,X_n)$ 为一样本,则称函数 $T=f(X_1,X_2,\cdots,X_n)$ 为**统计量**,亦称**抽样指标**. 例如,样本均值——样本观测值的算术平均值 $\overline{X}$ 和样本方差 S^2 定义为:

$$\overline{X}=\frac{1}{n}\sum_{j=1}^{n}X_j,\ S^2=\frac{1}{n-1}\sum_{j=1}^{n}(X_j-\overline{X})^2. \tag{1.10}$$

统计量

$$X_{(1)}=\min\{X_1,X_2,\cdots,X_n\}\quad 和\quad X_{(n)}=\max\{X_1,X_2,\cdots,X_n\} \tag{1.11}$$

相应为样本的最小观测值和最大观测值,而统计量

$$R=X_{(n)}-X_{(1)} \tag{1.12}$$

称作样本极差,这些都是统计推断中常用的统计量.

所谓"统计推断"就是由样本推断总体.实际中,进行统计推断时不便使用原始统计数据,一方面是因为原始数据量大而庞杂,虽然包含但不能直接提供统计推断所需信息;另一方面,就统计推断的目的而言,人们实际上并不关心具体个体的标志值,只关心总体的某些综合数字特征或参数.例如,统计观测某河流雨季的水位,每个观测值并不重要,重要的是该河流雨季的最高水位;多次重复观测某物理量(如在分析天平上重复称量某件物品),人们关心的不是各次测得的具体值,而是测量结果的平均值.应用中,统计量的选择和使用在统计中占重要地位,它不仅是统计研究的理论问题,而且也是统计工作的一种艺术.

习 题 1

●解答题●

1.1 简述统计的含义及特点.

1.2 统计资料的基本特点是什么?

1.3 统计工作的基本职能是什么?

1.4 什么是描述统计?什么是推断统计?

1.5 什么是统计总体?它有哪些主要类型?什么是个体?举例说明.

1.6 什么是统计标志?有哪些类型?

1.7 什么是变量?什么是随机变量?

1.8 什么是统计指标?什么是指标体系?

1.9 统计指标与统计标志的关系如何?

1.10 设置统计指标的基本原则是什么?

1.11 统计指标有哪些基本类型?举例说明.

1.12 什么是总量指标?有哪些类型?

1.13 什么是不变价格或可比价格?

1.14 什么是相对指标?有哪些基本类型?

1.15 某地区土地面积为4.4平方公里,其人口资料如下:

年　份	2000 年人数(千人)	2001 年人数(千人)
非农业人口	108	232
农业人口	292	130
合　计	400	363

(1) 指出可计算哪些相对指标;

(2) 计算每一种相对指标.

1.16　某地区 2001 年和 2002 年国内生产总值资料如下:

	2002 年		2001 年实际完成(亿元)	2002 年比 2001 年增长(%)
	实际完成(亿元)	比重(%)		
国内生产总值	424			4.8
第一产业		28.4	118	
第二产业			192	5.8
第三产业				

计算并填上表中所缺的数字.

1.17　某公司下属三个部门,2002 年商品销售额(万元)计划和实际资料如下:

部门	2002 年					2001 年实际销售额	2002 年比 2001 年增长(%)
	计　划		实　际		计划完成(%)		
	销售额	比重%	销售额	比重%			
A		30			102		
B	400		437				15
C					95	900	
合计	2 000					1 840	

计算并填上列表中所缺数字.

1.18　我国 2000 年～2001 年国内生产总值及各产业的资料如右表:

国内生产总值(亿元)	1991 年	2001 年
全　国	89 442.2	95 933.3
第一产业	14 628.2	14 609.9
第二产业	44 935.3	49 069.1
第三产业	29 878.7	32 254.3

根据上述资料计算：

(1) 求 2000 年和 2001 年第一、二、三产业的结构相对指标和比例相对指标.

(2) 国内生产总值及第一、二、三产业总产值的动态相对指标及增长的百分比.

1.19　某企业去年某种产品单位成本为 800 元，今年计划规定比去年下降 8%，实际下降 6%. 试计算今年单位产品成本计划完成程度.

1.20　假设某企业 2001 年的劳动生产率计划比 2000 年增长 10%，而实际增长了 12.2%，问 2001 年的劳动生产率增长计划超额完成多少？

1.21　假设某企业的单位成本去年计划比今年降低 5%，而实际降低了 8%，问单位成本降低计划超额完成多少？

1.22　某厂总产值计划今年比去年提高 8%，而实际执行结果只提高了 10%，问超额完成计划百分之几？

1.23　何谓样本、样本值、样本容量？

1.24　何谓统计量或抽样指标？举例说明.

●单项选择题●

1.25　统计一般有三个含义，即(　　).

(A) 统计调查、统计整理、统计分析

(B) 统计工作、统计资料、统计科学

(C) 统计活动、统计管理、统计预测

(D) 统计咨询、统计监督、统计信息

1.26　对于全国的人口的总体，总体单位是(　　).

(A) 每个省的人口　　(B) 每一居民户

(C) 每个人　　　　　　　　(D) 全国总人口

1.27　对某市高等学校的科研所进行调查，则统计总体是(　　).

(A) 该市所有的高等学校　　(B) 某一高等学校的所有科研所

(C) 该市的某一高等学校　　(D) 该市高等学校的一切科研所

1.28　一企业某一年的产值计划比上一年度增长8%，实际增长了4%，则计划完成程度为(　　).

(A) $\frac{0.04}{0.08}$　　(B) $\frac{0.08}{0.04}$

(C) $\frac{1.04}{1.08}$　　(D) $\frac{1.08}{1.04}$

1.29　对于我国人口的总体，总体单位是(　　).

(A) 全国的人口　　(B) 各省的人口

(C) 每个中国人　　(D) 每个居民户

1.30　诸如"健康状况"、"企业所有制"、"工资级别"等，一般都是(　　).

(A) 数量标志　　(B) 品质标志

(C) 数量指标　　(D) 质量指标

1.31　某企业几个工人的工资分别为1 000元、1 050元、1 100元和1 200元等，这几个数字都是(　　).

(A) 标志　　(B) 标志值

(C) 指标　　(D) 变量

1.32　学生英语四级考试成绩是(　　).

(A) 变量　　(B) 变量值

(C) 指标　　(D) 标志

1.33　下列指标中具有广泛的综合性和概括能力的指标是(　　).

(A) 标准实物指标　　(B) 价值指标

(C) 复合实物指标　　(D) 劳动指标

1.34　某国年进出口贸易总额与同期世界进出口贸易总额之比属于(　　).

(A) 结构相对指标　　(B) 比例相对指标

(C) 比较相对指标　　　　(D) 强度相对指标

1.35　统计总体的基本特点是(　).

(A) 社会性、具体性、数量性、大量性

(B) 整体性、数量性、变异性、社会性

(C) 同质性、变异性、大量性、综合性

(D) 有限性、重复性、数量性、变异性

1.36　全国男性和女性人口的比是(　　).

(A) 比较相对指标　　　　(B) 比例相对指标

(C) 强度相对指标　　　　(D) 结构相对指标

1.37　在相对指标中,一般用有名数来表现的相对指标是(　　).

(A) 结构相对指标　　　　(B) 动态相对指标

(C) 比较相对指标　　　　(D) 强度相对指标

1.38　全员劳动生产率和人均国民生产总值这两项指标(　　).

(A) 都是一般平均指标

(B) 前者是平均指标,后者是强度相对指标

(C) 都是强度相对指标

(D) 前者是强度相对指标,后者是平均指标

1.39　下列指标不是强度相对指标的为(　).

(A) 劳动密集程度　　　　(B) 全员劳动生产率

(C) 人均耕地面积　　　　(D) 工人劳动生产率

1.40　下列指标中属于时期指标的是(　　).

(A) 商品库存量　　　　(B) 在校学生人数

(C) 全国总人数　　　　(D) 新生婴儿人数

●多项选择题●

1.41　下列指标中属于时期指标的是(　　　　).

(A) 商品库存量　　(B) 存款余额　　(C) 职工人数

(D) 商品销售量　　(E) 产品产量

1.42　国内生产总值(GDP)是(　　　　).

(A) 价值指标　　(B) 实物指标　　(C) 总量指标

(D) 数量指标　　　　(E) 时期指标

1.43　下列指标中属于强度相对指标的是(　　　　).

(A) 人均粮食产量　　(B) 平均寿命　　　(C) 全员劳动生产率

(D) 人均国民收入　　(E) 人口密度

1.44　统计指标的基本特点是(　　　　).

(A) 综合性　　　　(B) 社会性　　　　(C) 大量性

(D) 数量性　　　　(E) 具体性

1.45　比较相对指标可用于(　　　　).

(A) 落后水平与先进水平的比较　(B) 不同时期的比较

(C) 实际水平与计划水平的比较　(D) 不同国家的比较

(E) 实际水平与平均水平的比较

1.46　下列标志中,属于品质标志的是(　　　　).

(A) 产品品种　　　(B) 企业所有制　　(C) 产值利润率

(D) 文化程度　　　(E) 劳动生产率

1.47　对于全国人口总体,可变标志有(　　　　).

(A) 民族　　　　　(B) 年龄　　　　　(C) 身高

(D) 性别　　　　　(E) 国籍

1.48　下列变量中,属于连续变量的是(　　　　).

(A) 工业总产值　　(B) 粮食产量　　　(C) 职工人数

(D) 商品库存额　　(E) 单位成本

第二章　统计数据的搜集和整理

统计数据的搜集，亦称统计观测或统计调查．对于自然现象和科学技术，取得统计数据的手段，主要是通过观测、试验或实验．对于社会经济现象，一般不能通过试验取得统计数据，只能进行实际观测以确认有关事实．因此，对于社会经济现象，取得统计数据的主要手段是统计调查．

统计数据的整理，旨在将大量庞杂的原始数据系统化、条理化，使之能有效地显示和提供所包含的统计信息．

§2.1　统计调查

对于社会经济现象，搜集统计资料的主要手段是统计调查．长期以来，我国在社会经济领域内的统计调查以全面调查为主．20 世纪 90 年代以来，我国逐步确定的统计调查原则是：建立以必要的周期性普查为基础，以经常性抽样调查为主体，同时辅之以全面统计报表、重点调查和科学推算综合运用的统计调查方法体系．

这一节将介绍统计调查的一般概念，全面调查和非全面调查（主要是抽样调查）的基本概念、基本知识和框架．

2.1.1　统计调查的一般概念

统计调查常用到如下一些术语和概念：调查对象、调查单位、填报单位、调查项目、调查方案．

调查对象指所要调查的统计总体;**调查单位**指总体单位;**调查项目**指向调查单位调查的统计标志;**填报单位**或**登记单位**指提供或填报调查项目的单位,其本身可以是调查单位,也可以与调查单位不同.例如,对于全国人口普查,全国人口的总体是调查对象,调查单位是每一个中国人,调查项目有姓名、性别、年龄、民族、职业、文化程度等;填报单位是家庭或集体户、街道或居民委员会等.又如,对于全国工业普查,调查对象是全国工业企业的总体,调查单位是每个工业企业,调查项目如企业的所有制、职工人数、固定资产、增加值、全员劳动生产率、实现利润额等;填报单位,可以是每个企业,也可以是企业的主管部门.**调查方案**是指进行统计调查必须制定周密的调查方案.调查方案是统计调查的实施计划和指导性文件.一项完整的调查方案应包含如下主要内容:调查的目的和任务、调查对象、调查项目、调查单位和填报单位、调查的时间和期限,以及调查的组织和实施计划.

2.1.2 统计调查的种类

统计调查,按被调查单位的范围分为全面调查和非全面调查,按时间概念分为时期调查和时点调查,按调查时间是否连续分为经常性调查和一次性调查,按调查的组织方式分为直接观察法和间接调查法(采访法、报告法等).

1.全面调查　对总体各单位逐一地进行调查和登记.例如,全面统计报表制度和普查就是全面调查.

统计报表制度　是依据国家有关法规,自下而上地逐级提供统计资料的一种制度,是一种经常性全面调查.统计报表以一定连续登记的原始记录为基础,按内容分为基本统计报表和专业统计报表;按范围分为国家、部门、地方和基层统计报表;按报送周期分为日报、旬报、季报、半年报和年报.

普查　是专门组织的一次性全面调查,主要应用于一定时期内或一定时点上,搜集不便用经常性全面调查取得全面统计资料的情形,如人口普查、工业普查、三次产业普查等.前面已经指出,我国的统计调查方法体系"以必要的周期性普查为基础",这是因为普查可以获得全面系统的国情和国力的基础资料.基于普查的统计资料,可以更有效地组织经常性的抽样调查和其他形式的非全面调查.

2.非全面调查　是只对总体的一部分单位实施调查.常用的非全面调查方法有抽样调查、典型调查、重点调查等.非全面调查遵循的基本原则是充分保障所得统计资料的代表性.非全面调查的主要优点是:(1)可以集中“精兵强将”和精密可靠的调查手段;(2)可以节省人力、物力和时间;(3)获得有代表性的、高质量的统计资料.对于有些总体只能进行非全面调查.例如,对于无限总体或容量很大的有限总体,以及对于带“破坏性”的调查(如带破坏性的产品验收),只能进行非全面调查.

抽样调查　抽样调查有广义和狭义之分.广义指以某种方式自总体抽选部分单位进行调查;狭义指按随机原则抽选单位的非全面调查.抽样调查一般指后者.这将在下小节(§2.1.3)进行专门介绍.

典型调查　是一种常用的非全面调查.在对调查对象进行初步分析并有一定认识的基础上,有意识地选择若干有代表性的单位,进行周密、系统、深入细致地调查.典型调查的关键是正确地选择典型单位,以保障所选单位具有充分的代表性.典型单位的标志值或表现应最能反映总体单位的一般水平.这大致可以分为两种情形:一种是通过个别单位的调查可见一般,即所谓“解剖麻雀”;另一种是首先划分典型组,然后再从各典型组中选择典型单位.在许多情形下,可以根据典型调查的结果推算总体的特征.

重点调查　是从总体中选择一部分重点单位进行调查.所谓重点单位,是指其标志值在总体标志值总量中占绝大部分比重的单位.例如,通过对少数几个大钢铁企业的调查,就可以掌握全国钢铁生产的基本情况.不过,由于重点单位与一般单位差别较大,故一般不能用重点调查的结果推算总体的某些特征,即一般通过重点调查只能了解基本情况,而不能了解全面情况.

2.1.3　抽样调查

抽样调查,是最重要的一类非全面调查方法.按随机原则组织的抽样调查,是最科学、最完善的抽样调查.根据随机抽样结果,不但可以估计总体的各种特征，而且可以评价和控制调查误差. 我们首先介绍抽样的基本概念、抽样调查的基本类型，然后介绍各种抽样方式和方法. 要求总体的各个单位被抽中的可能性完全相同或服从一定的概率律，不受调查者主观意志的影响，因而可以充分保障样本的代表性. 例如，国家统计局每年公布的年底人口数、人口的自然增长率、三次产业的从业人数都是根据抽样调查的结果推算的. 产品的抽样验收、城镇居民的家计调查等都是按随机原则组织的抽样调查.

1. 抽样调查的一些基本概念　前面已经指出，总体是调查对象，总体单位是调查单位. 此外，抽样调查有如下一些常用概念和术语：抽样单位、样本、抽样框.

抽样单位　指实际抽选的单位. 具体地说，若将总体划分为若干个互不相交的部分，那么实施抽样时就以每部分为一个抽样单位. 例如，人口抽样调查中，调查单位是每一个人，抽样单位可以是每个家庭、村庄或街道……每一个抽样单位可以划分为更小的抽样单位：前者可以称作**初级**或**一级抽样单位**，而后者可以称作**次级**或**二级抽样单位**……依次类推. 例如，人口普查中，可以以省为一级抽样单位，以县为二级抽样单位……

样本　指抽选入样的总体单位的集合，或被抽中各个总体单位之标志值的全体. 设

$$\{\omega_{j1},\omega_{j2},\cdots,\omega_{jn}\},X_k=X(\omega_{jk})$$

为入样总体单位的集合——样本，则$(X_1,X_2,\cdots,X_n)$亦称作样本，其中$X_k(k=1,2,\cdots,n)$是 n 个入样单位的标志值.

抽样框(sampling frame)　指一切抽样单位的“一览表”或“花名册”，也可以是关于一切抽样单位的“档案”或“地图”. 假如将所有抽样单位一一编号，所有编号的集合就是一个抽样框. 抽样框中的元素必须是互不重叠的：总体的每一单位属于且仅属于抽样框的一个元素. 对于同一总体，可以构造出多个抽样框. 例如，对于一个城市一切居民的总体，所有居民户的集合、所有街道或所有居民委员会的集合……都可以做抽样框. 抽样框是抽样方案的重要内容，在抽样调查中处于核心地位. 抽样框的选择需要兼顾抽样的有效性、经济性、准确性和可操作性.

事实上，无遗漏的包含一切抽样单位的完全抽样框很少见，多数情形下抽样框总有残缺不全或重复和模糊不清之处. 对于有些总体，得到比较完全的抽样框十分困难甚至不可能.

2. 抽样调查的种类　抽样调查的任何抽样方法，都应考虑两个因素:(1)是否遵循某种概率机制;(2)是否受抽样者的主观性影响. 根据这两个因素，可以将抽样方法划分为如下四种基本类型(见表 2.1):

表 2.1　抽样的基本类型

概率机制 / 主、客观	概率抽样 (probability sampling)	非概率抽样 (non-probability sampling)
客　观	按概率或随机原则的抽样 ——随机抽样	带有一定目的的抽样 ——有意抽样
主　观	按拟随机原则进行的抽样 ——拟随机抽样	基于判断进行的抽样 ——判断抽样

(1) 非概率抽样　不遵循概率原则、随机原则或拟随机原则的抽样称作非概率抽样. 例如，有意抽样(purposive sampling)、机会抽样(sampling by chance)、判断抽样(judgement sampling)、典型抽样(typical sampling)等都是非概率抽样. 在一定条件下，各种非概率抽样方法，都能得到有用的结果，但是不能运用抽样理论进行指导、检验、控制和评价.

有意抽样　亦称目的抽样，指为一定目的，有意识地抽选一些有代表性的单位的一种抽样方法. 有意抽样，一方面可以增强样本的典型性和代表性，另一方面它常伴随系统误差，并且样本的代表性会随着样本容量的增加而减小. 此外，有意抽样的结果也无法用抽样理论进行处理、控制和评价. 实践中常将随机抽样和有意抽样结合使用.

机会抽样，亦称偶遇抽样，是一种有意抽样. 这种抽样方法，调查时将随机遇到的单位入样，通常用于市场调查和民意测验. 例如，若调查单位是人，则只有随机遇到的人愿意回答时才能入样. 机会抽样也无法控制和评价误差.

判断抽样　抽样者根据主观判断，抽选一部分单位入样的一类抽样. 适用于以下情形:(1)总体容量不大而样本容量较小的情形，在类似的情形下，所考察的标志的变异性十分显著；(2)抽样者熟知总体的基本情况，并且有较高的业务水平.

典型抽样就是一种判断抽样，是根据抽样者的业务水平和主观判断力，从总体抽选部分典型单位作为样本，使这些单位的平均水平接近总体的平均水平.

(2) 概率抽样 广义概率抽样指一切应用概率论的抽样，狭义概率抽样指任何抽样单位或单位集被抽中入样的概率为已知的抽样. 概率抽样又分为随机抽样(random sampling)和拟随机抽样(pseudo-random sampling).

随机抽样 其广义指一切概率抽样，其狭义指各抽样单位被抽中入样的概率都相同的抽样——简单随机抽样. 随机抽样避免了主观因素的影响，可以充分保障样本的代表性. 随机抽样可以利用概率论、抽样理论和数理统计的理论与方法，根据样本推断总体，并且对抽样误差和估计误差进行控制、检验和评价. 随机抽样是最科学、最完善的非全面调查方法.

拟随机抽样 根据拟随机原则组织的抽样. 所谓"**拟随机原则**"，指的是具有随机原则的基本特点但同时又受主观因素制约的情形. 例如，小学某个新生班的班主任可以认为班上的学生是随机抽样的结果. 事实上，虽然这个班是随机形成的，但是它并不是按真正的"随机原则"进行抽样的结果. 下面将看到，等距抽样也是一种拟随机抽样.

3. *抽样方式* 随机抽样，按抽选单位的方式，分为还原抽样(sampling with replacement)和非还原抽样(sampling without replacement). **还原抽样亦称重复抽样**：每次抽选一个单位，记录其特征后，在抽下一个单位前将其还回总体(从而使总体还原)，再抽选下一个单位……照此继续进行抽样直到抽够样本容量所规定的单位数为止. **非还原抽样**亦称**不重复抽样**：凡是自总体抽出的单位均不再还回总体，因而同一单位不会在样本中重复出现. 还原抽样的结果便于统计处理，而非还原抽样便于实施. 显然，对于无限总体和容量很大且样本容量相对较小的总体，两种抽样方式没有实质性区别. 实际中，多采用非还原抽样.

2.1.4 基本抽样方法

按抽选单位的方法，可将抽样调查分为简单随机抽样(simple random sampling)、分层抽样(stratified sampling)、整群抽样(cluster sampling)和等距抽样(equidistant sampling). 在应用中常常是将几种方法联合使用：抽样分不同阶段，每一阶段采用一种抽样方法. 抽样方法在实际应用和统计理论研究中占有重要地位，已形成统计学的独立分支. 下面简要介绍各种抽样方法，在第五章将详细介绍抽样估计和抽样推断方法.

1. 简单随机抽样　每个抽样单位被抽到的可能性都相同的抽样方法，称作简单随机抽样. 包括自有限总体的简单随机抽样和对随机变量的独立重复观测两种情形.

(1) 自有限总体的简单随机抽样　设总体 $\Omega=\{\omega_1,\omega_2,\cdots,\omega_N\}$ 由 N 个抽样单位构成，则用简单随机抽样进行抽样，自有限总体的随机抽样的模型常有助于完成运算. 考虑自含 N 个元素的总体 $\Omega=\{\omega_1,\omega_2,\cdots,\omega_N\}$ 的抽样，假设每个元素被抽到的可能性都相同，抽样区分"还原与非还原"、"有序与无序"，各种情形的组合产生四种不同的抽样方式，可以形成 L 个容量为 n 的不同样本(见表 2.2，详见[23]第一章§8). 还原无序抽样在应用中较少见.

表 2.2　四种抽样方式下不同抽法的总数

	抽样方式		不同样本的总数 L
自含 N 个元素的总体 Ω 中 n 次简单随机抽样	还　原	有　序	N^n
		无　序	C_{N+n-1}^n
	非还原	有　序	$P_N^n=N(N-1)\cdots(N-n+1)$
		无　序	C_N^n

有序抽样——不仅考虑抽到的是哪些元素还要考虑各个元素出现的先后次序；无序抽样——只计抽到的是哪些元素，不计各个元素出现的先后次序.

对于简单随机抽样，每个容量为 n 的样本出现的可能性均为 $1/L$.

这样，简单随机抽样的"随机性"有两层含义：(1)总体的每个单位被抽中的可能性完全相同，都等于 $1/N$；(2)容量为 n 的一切可能的样本出现的可能性完全相同，都等于 $1/L$.

(2) 对变量的独立重复观测 如果视随机变量 X 为总体，则简单随机抽样就是对 X 的 n 次独立重复观测. 例如，在 n 年间每年对上海夏季暴雨的次数或最高气温的观测；在分析天平上重复 n 次称量同一件物品等等.

(3) 简单随机抽样的实施 进行简单随机抽样，可以借助抽签或利用均匀随机数表. 为此，首先将总体单位一一编号，然后利用抽签或随机数表抽取 n 个号码，将编号与抽中号码相同的单位入样，从而得到容量为 n 的样本.

抽签法，是先将总体单位的全部编号 1，2，…，n 分别标在 N 个相同的签上，并且混合均匀，然后(用还原或非还原方式)随意抽出 n 个签，并且将编号与签上号码相同的单位入样.

随机数法，是利用随机数实施抽样的一种方法. 关于随机数的构造方法将在第三章介绍. 随机数有专门编制的随机数表，随机数亦可在计算机上产生. 附表 2 就是一张均匀随机数表. 容量较大的随机数表可参见[29]～[34]. 利用随机数表进行抽样，实际上就是抽签法的变形. 例如，总体容量 $N=1\ 000$，样本容量 $n=10$；首先将总体各单位分别赋予号码 000，001，002，…，999，然后任选一张随机数表，在其中任选一行(或列)，从该行(或列)的任何一个数字向任意方向(左或右、上或下)依次读出 $n=10$ 个三位数，如，选附表 2 第 40 行第 1 列的数字为起点，自左向右依次读出 10 个三位数，得

112　209　474　707　399　374　084　850　923　929，

则编号与所得 10 个数字之一相同的总体单位构成样本.

2. *分层随机抽样* 简称**分层抽样**或**类型抽样**，是判断抽样和随机抽样相结合的一种混合型抽样方法. 进行分层抽样，首先将总体单位按某项标志划分成若干两两不相交的典型组，每一个典型组称作一层(类或组)；然后，用简单随机抽样法，自各层分别抽取容量相应为 n_1，n_2，…，n_r 的 r 个"小样本"，这些"小样本"构成容量为 $n=n_1+n_2+\cdots+n_r$

的样本.分层可以用如下一张表表示(表 2.3):

表 2.3 分层抽样的基本模式

分层		单位数	样本				样本均值	样本方差
总体 Ω		N	X_1	X_2	$\cdots$	X_n	$\overline{X}$	S^2
分	Ω_1	N_1	X_{11}	X_{12}	$\cdots$	X_{1n_1}	$\overline{X}_1$	S_1^2
	Ω_2	N_2	X_{21}	X_{22}	$\cdots$	X_{2n_2}	$\overline{X}_2$	S_2^2
	$\vdots$	$\vdots$	$\vdots$	$\vdots$	$\vdots$	$\vdots$	$\vdots$	$\vdots$
层	Ω_r	N_r	X_{r1}	X_{r2}	$\cdots$	X_{rn_r}	$\overline{X}_r$	S_r^2

表 2.3 表明,容量为 N 的总体 Ω 分为 r 层:$\Omega_1,\Omega_2,\cdots,\Omega_r$,各层容量相应为 $N_1,N_2,\cdots,N_r$;总样本容量为 n,各子样本容量相应为 $n_1,n_2,\cdots,n_r$;样本均值和样本方差按(1.10)式计算.**分层原则**主要是,使层内的变异性尽量小而层间的变异性相对较大.例如,抽样调查考生对考题的意见时,可以按考试成绩将考生分层、企业按规模分层、民意测验时征询对象按职业分层.有时,分层是自然的,如按班组、行业、行政区域等等分层.**抽样单位数的分配**,即总样本容量 n 在各层间的分配,对于样本的代表性也至关重要.存在如下一些常用分配方法:(1)按比例分配法;(2)定额抽样法;(3)奈曼(Neyman)分配法;(4)经济分配法.

按比例分配法 设总体容量为 N,而样本容量为 n,则按比例分配法,从第 i 层抽选的单位数 n_i 与该层的单位总数 N_i 成正比例,即(见例 5.7)

$$n_i=n\frac{N_i}{N}\quad(i=1,2,\cdots,r).\tag{2.1}$$

这样,每层入样单位的比例,恰好等于该层的单位总数 N_i 在总体单位总数 N 中所占的比例,即 $n_i/n=N_i/N(i=1,2,\cdots,r)$.

定额抽样法 亦称**配额抽样法**.根据调查的目的和要求,按事先规定比例配额确定从每层抽取的单位数 n_i——**定额**的一种抽样方法,属于非概率抽样.例如,按性别、民族、区域、经济发展水平等等分层,则在抽取样本时,要求样本单位中两种性别之间、各民族之间、各区域之间等等分别保持一定的比例.至于总体的每层包含哪些抽样单位,调查人员事先并不一定掌握.抽样者从每层一个一个地抽取单位直到完成定额为止.这里,样本的代表性是通过"定额"来保障的,因此单位的抽选未必是随机的,故定额抽样一般为非概率抽样.定额抽样,其调查对象多数情形是人,常用于民意测验和市场调查.

奈曼分配法 从每层抽选的单位数 n_i,与该层的单位总数 N_i 和样本标准差 S_i 之积成正比例的一种分配方法,即

$$n_i = n\frac{N_iS_i}{\sum_{j=1}^{r}N_jS_j} \quad (i=1,2,\cdots,r). \tag{2.2}$$

在样本容量 n 固定的情形下,这种分配抽样单位的方法是最优的.在第三章将说明,方差和标准差是表征变异性大小的数字特征.

经济分配法* 同时考虑变异性和费用的一种分配抽样单位的方法.设 $C_i(i=1,2,\cdots,r)$是第 i 层中每个抽样单位所需的调查费用,则(其中保留了表 2.3 的记号)

$$n_i = n\frac{N_iS_i/\sqrt{C_i}}{\sum_{j=1}^{r}(N_jS_j/\sqrt{C_j})} \quad (i=1,2,\cdots,r). \tag{2.3}$$

分层抽样多用于如下一些情形:(1)需要获得有关总体的分类数据,将每类视为一层;(2)总体的内部结构差异显著,为保持样本的代表性必须分层;(3)为提高总体指标或参数的估计的精度,需要分层;(4)为适应行政管理的需要而分层.

3. 整群抽样 是以群(组或族)为(初级)抽样单位且与全面调查相结合的一种混合型抽样.首先将总体划分为两两不交的群,然后用随机抽样方法抽取若干群,并由入样各群中的全部单位组成样本(见例 5.11).

(1) 群的划分 "群"通常是自然形成的,如成箱包装的同种产品、在校学生的教学班、家计调查中的居民小区或街道等等(见表 2.4).在需要划分群时,则应遵循"群间变异性要小,而群内变异性要大"的原则.

表 2.4 整群抽样群的划分

编号	总 体	总体单位	变量(所考察标志)	抽样单位——群
1	城市	每个家庭	家庭人均消费水平	居民小区、居民委员会、街道
2	农村	每个家庭	家庭年人均收入	每个行政村
3	某省高三学生	每个高三学生	对高考科目意见	每校高中三年级全体学生
4	某县的麦田	单位麦田面积	单位面积产量	每个行政村的麦田
5	1 000 箱某种瓷器	每件瓷器	破损与否	每箱瓷器
6	通过某桥的汽车	每辆汽车	出发地和目的地	每天通过该桥的汽车

群中的单位数称作**该群的容量**. 有些情形下,各群的容量是相等的,如表 2.4 中情形 5:成箱包装的瓷器. 但是在许多实际情形下群容量是不相等的. 特别是在涉及社会经济现象和自然现象的整群抽样中,群容量常是不等的. 在有些情形下,即便设计的群容量相等,但是在数据处理时由于数据的遗漏(如无回答或剔除了离群值),事实上也要面对不等容量群的情况.

(2) 整群抽样的特点 整群抽样的优点是便于实施. 整群抽样的如下一些特点,决定了它在实际中有广泛应用.

便于选择抽样框 进行简单随机抽样,必须有完全和可靠的抽样框——总体单位的"名单". 然而,编制一份完全的抽样框,往往需要花费很大的人力、财力、物力和时间,有时甚至无法实现. 例如,人口的抽样调查或农作物产量的抽样调查就是这样. 在类似的情况下,根据地图或行政区划编制一份以"区域"为单位的抽样框相对要容易得多,从而体现出整群抽样的优越性.

即便编制总体单位的"名单"是可行的,出于经济上的考虑,选择"较大"抽样单位往往也是可取的. 例如,某省为征询高中三年级学生对高考考试科目的意见,欲在全省高中三年级学生中抽取容量为 $n=1\ 000$的样本. 若进行简单随机抽样,需要有全省高中三年级学生的"花名册",然后从中按随机原则抽选1 000名学生. 为此,也许需要跑遍全省,需要花费很多的人力、财力、物力和时间. 如果以教学班或以学校为"群"进行整群抽样,则比较适宜.

费用和效果的权衡 简单随机抽样的结果一般比整群抽样"精确",而整群抽样便于实施,且节省人力、财力、物力和时间. 通常需要在二者之间权衡，以求得到最佳或满意效果．例如，由于节省了费用，可以适当加大样本容量，以求得精确度的提高（参见［13］，第九章；［14］，第五章；［15］，第六章）．

4．等距抽样　亦称**机械抽样**、**系统抽样**，是一种概率抽样，属于拟随机抽样．等距抽样，首先按照一定规则（或根据某个标志）将抽样单位依次**排列**，并随意确定一个抽样的“起点”、根据总体容量 N 和样本容量 n 确定抽样“间隔”——步长 $h=N/n$；然后，以“起点”为第一个抽取的单位，并且每经 h 个单位抽取一个单位，依此类推．

（1）排列方法　分为按与调查项目无关的标志排列和按与调查项目有关的标志排列两种．例如，按自然出现的顺序排列（如自动生产线上源源不断出现的产品、森林中的树木、交通干线上的车辆……）、按姓氏笔画排列等等是无关标志排列法；而家计调查按家庭收入排列、考试调查按学生的考试成绩排列等等是有关标志排列法．

（2）抽选步长　抽选步长（间隔）$h=N/n$ 的选取，应注意两个方面的问题：排列中可能存在某种“周期性”的变化，例如，一天 24 小时内高速公路某一地段的流量；商店一周内某一天的销售额等等．在这种情形下，要防止步长与周期相同或为周期的倍数，否则会产生系统偏差．如果欲研究周期结构，则可以利用等距抽样，否则最好采用简单随机抽样或分层随机抽样（参见［13］第 318～320 页）．当 $h=N/n$ 不是自然数时，应采取相应措施加以解决．例如，随机地删除一些单位，或采用首尾相连的排列方法及下面介绍的循环抽选法（参见［14］第 126～127 页）．

（3）抽选方法　保障样本的代表性，是等距抽样选择抽样起点的原则．常用的等距抽样方法有随机起点抽样法、中点定位抽样法、对称抽样法、半距起点抽样法、循环等距抽样法等等．设 N——总体容量，n——样本容量，h——抽样步长．

随机起点等距抽样法　随机起点抽样法在依次排列的前 h 个单位中随机抽取一个单位入样．假设第一个入样的单位的编号为 $k(1\leqslant k\leqslant h)$，第 $j(j=2,3,\cdots,n)$ 次抽样抽选第 $k+(j-1)h$ 个单位．不过，这种方法不宜用于抽样单位按有关标志排列的情形，因为这种抽选方法在这种情形下可能产生系统误差．

中点定位等距抽样法 在 N 个抽样单位排列中，选位于中点的单位做抽样起点的一种等距抽样方法. 设在 N 个抽样单位的排列中第 m 个抽样单位位于中点. 若总体容量 $N=2k+1$ 为奇数时，则第 $m=k+1$ 个单位位于中点位置；若总体容量 $N=2k$ 为偶数，则视中点为第 $m=k$ 或第 $k+1$ 个单位. 那么，抽选第 $m, m+h, m+2h, \cdots$ 个单位，以及第 $m-h, m-2h, \cdots$ 个单位入样.

对称等距抽样法 首先在依次排列在前面的 h 个抽样单位中，随机抽选一个做起点，假设其编号为 $k(1\leqslant k\leqslant h)$；然后依次抽选第 $2h-k, 2h+k, 4h-k, 4h+k, 6h-k, 6h+k, \cdots$ 个单位入样(见图 2.1).

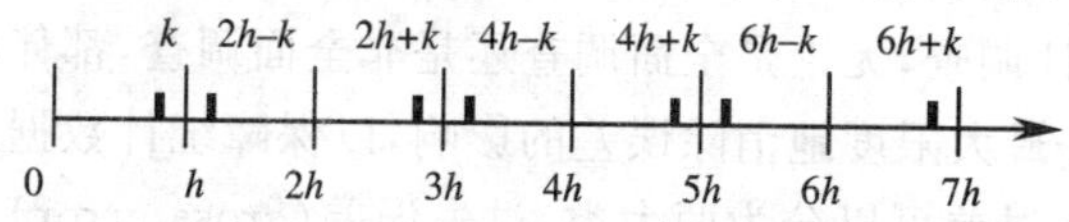

图 2.1 对称等距抽样法示意图

半步长起点机械抽样法 全部 N 个单位的排列分为长 h 的 n 段. 这种抽样方法，抽选位于各段中点的单位入样. 半步长起点等距抽样法，在实践中得到广泛应用，通常都能取得满意的结果. 其局限性在于，不能严格遵循随机原则，并且无法进行样本轮换(关于“样本轮换”见附录一).

循环等距抽样法 首先按一定规则或某个标志，全部 N 个总体单位排成首尾相连的圆形，设 h 为最接近 N/n 的自然数，而 k 是在前 N 个数中任意一个自然数；以第 k 个单位做起点、以 h 为步长一个一个单位地抽取直到抽够 n 个单位为止. 这种等距抽样方法，一般适用于 N/n 不是自然数的情形.

5. 多阶段抽样 亦称**多级抽样**，分为两个或两个以上阶段实施的抽样. 在不同阶段抽样单位的概念不同. 在抽样的第一阶段，抽选若干个“较大的”单位入样；在第二阶段，首先将入样的各一级抽样单位分为若干“较小的”二级单位，然后从入样的二级单位中各抽选若干二级单位入样，依此类推，直到获得最终样本. 实际中，大量抽样调查多是分阶段进行的，并且在不同阶段可能采用不同的抽样方式和方法. 例如，某城市欲通过抽样调查，估计全市初中三年级男生的平均身高. 为此，第一阶段，以学校为一级抽样单位，按城区分层进行分层抽样；第二阶段，对入样的每个学校，以初中三年级各教学班为“群”进行整群抽样，并测定被抽中班的每个学生的身高；最后由所有测得的身高值构成样本(值). 这是一种两阶段抽样.

分阶段抽样的总误差，等于各个阶段抽样误差相叠加. 因此，事前应对抽样各个阶段进行周密设计，以避免阶段分得过多，而导致抽样误差太大，甚至失去控制.

2.1.5 调查误差

任何统计调查，无论是全面调查还是非全面调查，都伴随着这样或那样的误差. 最大限度地消除误差的影响，以保障统计数据的可靠性至关重要. 调查误差可以分为两大类：过失误差(gross error)和代表性误差(representative error). 此外，还有舍入误差(rounding error). 舍入误差一般属于代表性误差的范畴.

1. 过失误差　亦称登记误差，是由调查过程中诸如错误的测量、抄录、计算、虚报、瞒报等等原因产生的误差. 在全面调查和非全面调查中都会产生这种误差，并且一般不能用统计的方法消除. 不过，含过失误差的数据与正常数据常有明显不同，因此往往不难识别. 有时，通过对数据的技术检查、逻辑检查、结构检查、计算检验等，可以发现和识别过失误差. 含过失误差的数据，统计上称为**离群值**(outlier)或**异常值**. 在一定条件下，利用统计方法可以发现和剔除离群值(见[8]，[9]，[15]).

2. 代表性误差　抽样调查中由样本的代表性引起的误差，表现为抽样指标与相应的总体指标之间的差异，是抽样调查所固有的一种误差，分为系统误差(systematic error)和随机误差(random error).

(1) 系统误差　指在一定调查方式或观测条件下取某固定值的误差，是由特定原因引起的. 例如，仪器的基点定得不准、测量条件发生了变化、核算口径问题等等，都可能引起系统误差：或使观测数据普遍偏高，或者总是偏低. 全面调查和非全面调查都可能产生系统误差. 实际中，系统误差一般可以用非统计方法发现和消除.

(2) 随机误差　指由大量偶然因素的影响引起的误差. 统计调查

特别是抽样调查中，除了可以控制的因素之外，观测结果还承受大量的、各种各样的、“变化多端的”、时隐时现和瞬息即逝的无法控制的偶然因素的影响. 这些偶然因素对观测结果的影响难以预料. 因此，随机误差客观地存在于一切观察和测量之中. 例如，产品抽样检验的结果、对调查问卷的回答、保险公司年赔偿金额、商店的日销售额、夏季暴雨的次数、设备无故障运转的时间、随机抽样和随机测量的结果等等，都含有随机误差. 一般而言，可以用概率分布描绘随机误差的统计规律性，从而可以控制和估计随机误差水平(见第五章).

(3) **舍入误差** 指在测量或计算过程中由于数据的舍位(例如，四舍五入)产生的误差. 测量工具的局限性也是产生舍入误差的原因. 在完全没有随机误差或随机误差相对较小时，一般将舍入误差视为系统误差；当舍入误差比随机误差相对较小时，则可以将舍入误差视为随机误差. 这时，只要数据个数充分多，则与随机误差一样，可以通过求平均消除舍入误差. 数理统计中，在一定的条件下可以导出舍入误差的概率分布. 此外，还存在消除舍入误差的数值方法(参见〔7〕第125页，“谢泼德校正”；《数学百科全书》，第四卷，科学出版社，“Sheppard 校正”).

2.1.6 试验、观测和抽样

习惯上，搜集有关社会经济现象的数据称为统计调查. 对于自然科学和技术，搜集统计数据的方式一般通过“观测”或“试验”(或实验)，统计数据就是**试验(实验)数据**(有的试验数据可以用于统计分析，有的则不能，只有前者才称作统计数据). 例如，观测某地区的地震或气象、测定某物理量、试验某药物的疗效等等，一般都通过试验或观测，而不是“调查”.

通过试验或者通过观测取得统计数据，可以视为“自某总体的随机抽样”，这里“总体”就是一切可能出现的试验结果(观测值)的集合. 例如，通过试验测定某物理量 μ，以 X 表示测定结果，则在无系统误差的情形下有：

$$X=\mu+e \tag{2.4}$$

其中 e 是试验误差. e 是随机变量，因此 X 也是随机变量. 这时，“进行 n

次测定","对随机变量进行 n 次观测","自 X 的一切可能值的集合进行 n 次抽样"以及"进行 n 次试验"都表示同一内容,而所得结果

$$X_j=\mu+e_j \quad (j=1,2,\cdots,n) \tag{2.5}$$

构成容量为 n 的样本,其中 e_j 表示第 j 次测定的随机误差.

在以后的叙述中,"n 次试验","对变量 X 的 n 次观测"和"n 次抽样",都作为同义语使用.

§2.2 统计数据的整理

统计整理,就是将统计数据条理化、系统化,使之符合统计分析和统计推断的要求.统计数据的整理,包括原始统计数据和某些综合数据资料的整理,我们主要讲原始统计资料的整理,其主要内容包括:统计数据的审核、分组、汇总和归纳、表示和描述.

2.2.1 统计整理的一般方法

统计数据,包括全面调查和非全面调查的数据,对于有限总体,就是变量在总体各单位上的全部数值,或关于具有某种统计标志的总体单位数的数据.这样,对于有限总体,全面调查的数据可以视为来自总体的容量为 $n=N$ 的样本数据,其中 N 是总体容量;对于无限总体,只能是非全面调查的样本数据.在以后的叙述中,只笼统地提统计数据 $x_1,x_2,\cdots,x_n$.统计整理大致有如下一些基本内容和方法:

1.统计数据的审核与订正　对数据进行全面检查与核对,必要时进行订正,其目的是消除过失误差和系统误差.这里主要运用非统计方法,进行技术上、逻辑上、数据结构上的检查.有时亦可利用统计检验来发现和剔除可能存在的离群值(参见[7]第 147 页;[8]第 190～191 页;[6]第 307～311 页).

2.统计分组与汇总　将统计数据或总体单位划分成若干组,统计出属于各组的观测值个数或总体单位数,并将所得结果用统计表或其

他形式表示，包括建立频率(数)分布(见第三章§2).

3. 计算综合数字特征　计算统计数据的各种数字特征，如样本均值、样本众数、样本中位数、修正算术平均数、样本极差、样本方差和标准差等等(见第四章).

4. 表示和描述　用统计表或统计图等表示和描述所得整理结果.

2.2.2 统计分组

统计分组，包括统计数据的分组和总体单位的分组. 我们首先阐述统计数据按标志值的分组，包括简单分组、平行分组与复合分组. 总体单位分组的做法与此也完全类似.

1. 简单分组　所谓简单分组，指按一个标志或变量值进行分组，包括单项分组和区间分组. 设 $x_1,x_2,\cdots,x_n$ 是对变量 X 的 n 次观测所取得的统计数据，我们可以按某一标志或变量的值对其进行分组.

(1) 单项分组　以每个变量值为一组的分组称作**简单分组**，适用于只有有限个可能值的离散型变量. 假设变量只有 $r(r\leqslant 2)$ 个可能值 $\{a_1,a_2,\cdots,a_r\}$，每个观测值 $x_j(j=1,2,\cdots,n)$ 只能等于这 r 个可能值之一. 等于 $a_i(i=1,2,\cdots,r)$ 的所有观测值为一组. 例如，每次射击命中目标的次数 X，只有 0 和 1 两个可能值，因此 n 次射击的结果分 0 和 1 两组；若以 X 表示每次射击命中的环数，则 n 次射击的结果分为 0, 1, 2, …, 10 等 11 组(见第三章，表 3.3～3.6)；以 X 表示夏季暴雨的次数，假设每年夏季中观测到的暴雨次数最多为 8 次(次数以一天为单位计算)，因此年观测结果可以分为 0, 1, 2, …, 8 等 9 组(见第三章表 3.7).

(2) 区间分组　亦称**组距分组**，将变量 X 的值域或统计数据 $x_1,x_2,\cdots,x_n$ 所处的范围，分为两两不相交小区间的一种分组方法，这种方法既适用于连续型变量，也适用于可能值较多的离散型变量. 设 a 和 b 分别为 n 次观测的最小观测值和最大观测值，即

$$a=\min\{x_1,x_2,\cdots,x_n\} \quad 和 \quad b=\max\{x_1,x_2,\cdots,x_n\}, \tag{2.6}$$

则区间 $[a,b]$ 包含全部观测值. 记 $R=b-a$，称作极差(range)或全距，表示全部数据波动的最大幅度. 那么，**区间分组**就是把区间 $[a,b]$ 或者

把变量的值域，划分为若干两两不相交的小区间：

$$[u_1, u_2), [u_2, u_3), \cdots, [u_r, u_{r+1}) \tag{2.7}$$

或表示为

$$u_1 \sim u_2, u_2 \sim u_3, \cdots, u_r \sim u_{r-1} \tag{2.8}$$

其中$-\infty < u_1 \leqslant a, b \leqslant u_{r+1} < \infty$. 下面分别说明分组的几个要素：组数、组距、组限和组中值.

组数 r　指所划分的小区间的个数，需要根据数据的个数 n、极差 R 以及数据的内容和问题的要求来定. 组数太多或太少都不能很好地显示数据的特点，一般以 5～20 组为宜. 单纯由数据个数确定组数 r 时，可以参考如下经验公式——斯特奇斯(Sturges)公式：

$$r = 1 + 3.3\lg n, \tag{2.9}$$

其中 lg 表示求以 10 为底的对数. 例如，当 $n=100$ 时，按此公式应分为 8 组.

组距 d　指每个小区间的长度，即 $d_i = u_{i+1} - u_i (i=1,2,\cdots,n)$. 各组组距都相同的分组称作**等距离分组**，否则称为**不等距离分组**. 等距离分组的组数 r、组距 d 和极差 R 有如下关系：

$$d = \frac{R}{r}.$$

不过，这样确定的组距未必适宜，往往需要根据具体情况进行调整(见例 3.6).

在处理实际问题时，应尽量采用等距离分组，因为等距离分组便于比较和进行各种运算. 只有必要时才采用不等距离分组. 不等距离分组主要用于变量值分布“不均匀”的情形：在数据比较集中的部位组可以分得细一些. 例如，按年龄分组、按工资水平分组、企业按产值分组等等常采用不等距离分组(第三章，例 3.7，表 3.15).

组限 u　分组各小区间的端点 $u_1, u_2, \cdots, u_r, u_{r+1}$，称作**组限**，每个小区间的左、右两个端点分别称作该组的**下限**和**上限**. 组限的表示法，应保证每个数据属于一组且只属于一组. 例如，对于原始数据中小数点后只有一位有效数字的情形，组限可以用小数点后两位有效数字的数表示. 也可以按如下统一格式处理：当某个数据恰好等于某一组限时，则将其归入它为下限的那一组.此外,第一组的下限可以是自然的或不设下限,而最末一组的上限可以是自然的或没有上限,类似的组称为开口组.例如,第一组为"u_2 以下"或($-\infty,u_2$),而最末一组为"u_r 以上"或(u_r,∞).

组中值 a　分组各小区间的中点称作**组中值**.区间$[u_i,u_{i+1})$的组中值为

$$a_i=\frac{u_i+u_{i-1}}{2}$$

对于等距离分组,假设组距为 d,开口组的组距规定为 d,第一组的组中值 a_1 和最后一组(第 r 组)的组中值 a_r 相应为

$$a_1=u_2-\frac{d}{2} \quad 和 \quad a_r=u_r+\frac{d}{2}.$$

对于不等距离分组,若第一组或最后一组为开口组,则其组距规定为与其相邻一组的组距,然后确定其组中值:对于第一组,为组上限减去半组距;对于最后一组,为组下限加上半组距(参见例 3.7).

组中值视为各组变量值的**代表值**,参与各种统计特征的计算.例如,设第 i 组的组中值为 a_i,属于该组数据的个数为 f_i,则以 a_if_i 做该组数据数值总和的近似值.

(3)混合分组　是对于按离散标志的分组,每个标志值(或标志的每种表现)为一组.但是,有个别组可能包含多个标志值(或多种表现).例如,按夏季暴雨次数可以分为 0,1,2,…,8 等 9 组,也可以分为 0,1,2,3,4,5 和"6 以上"等 7 组(见第三章,表 3.11);按文化程度分组,可以分为"高中毕业及以上"、"初中毕业"和"小学毕业及以下"等 3 组(见第三章,例 3.9 及表 3.18).类似的分组称为**混合分组**.

2.平行分组　亦称**并列分组**,指将两个或多个变量的观测值各自的简单分组并列而形成的分组.设$(x_1,x_2,\cdots,x_n)$和$(y_1,y_2,\cdots,y_n)$分别为对变量 X 和 Y 的 n 次重复观测的数据.分别对两组数据进行分组(单项分组或区间分组),所得结果记作

$$A_1,A_2,\cdots,A_s \quad 和 \quad B_1,B_2,\cdots,B_t \tag{2.10}$$

并称之为两组数据的平行分组,其中每一组可能是单项分组,也可能是区间分组.

3. 复合分组　亦称**联合分组**，是对两个或两个以上变量联合观测结果的一种统计分组，由各变量的观测数据的平行分组复合而成. 以两个变量的情形为例，设

$$(X_1,Y_1),(X_2,Y_2),\cdots,(X_n,Y_n) \tag{2.11}$$

是 X 和 Y 的 n 次重复联合观测的结果. 例如，X 和 Y 分别表示企业的职工人数和全员劳动生产率，或分别表示儿童的身高和体重，(2.10)式中的 n 对数据相应为 n 个企业的职工人数和全员劳动生产率，或相应为 n 个儿童的身高和体重. 分别对两组数据

$$(x_1,x_2,\cdots,x_n) \quad 和 \quad (y_1,y_2,\cdots,y_n)$$

进行简单分组，得形如(2.10)式的平行分组，将其进行复合，得含 $s\times t$ 个二元组 (A_i,B_j) 的复合分组(见表 2.5 和第三章例 3.9).

表 2.5　复合分组

X \ p_{ij} \ Y	B_1	B_2	$\cdots$	B_t
A_1	(A_1,B_1)	(A_1,B_2)	$\cdots$	(A_1,B_t)
A_2	(A_2,B_1)	(A_2,B_2)	$\cdots$	(A_2,B_t)
$\vdots$	$\vdots$	$\vdots$	$\cdots$	$\vdots$
A_s	(A_s,B_1)	(A_s,B_2)	$\cdots$	(A_s,B_t)

4. 总体单位的分组　根据统计研究的目的和要求，将总体单位按某个(些)标志划分为若干部分：把性质相同或相近的单位分在一组，把性质不同或差异显著的单位区分开. 分组所依据的标志称为**分组标志**，它们可以是数量标志也可以是品质标志. 分组标志的选择是统计分组的关键. 应力求选择与研究目的关系密切、最能说明现象本质的标志做分组标志.

(1) 分组方法　总体单位的分组多涉及有限总体. 按变量值对总体单位分组，与前面讲的统计数据的分组方法完全相同；按品质标志分组，一般为单项分组(或混合分组). 同样，在简单分组的基础上，可以进行平行分组和复合分组(见第三章表 3.18).

(2) 总体单位分组的作用　以社会经济现象总体的分组为例，统

计分组的作用可以归纳为以下几个方面.

划分社会经济类型 例如,企业可以按所有制、行业、规模等分组.按所有制可以划分为公有经济(国有经济和集体经济)和非公有经济(私营经济、个体经济、联营经济、外资经济等);国民经济按产业分为第一产业、第二产业和第三产业(见附录一).

揭示总体的内部结构和比例关系 统计上,**结构**或**构成**指总体的各部分在整个总体中所占比重,常用频率(数)分布表示,如人口的性别结构、民族结构;产业结构、产品结构等.**比例关系**指总体各部分之间的对比关系,如人口的性别比、城乡人口比等.

显示不同现象间的联系 复合分组除可以单独研究每一标志外,更重要的是分析和研究现象之间的相互关系或因果关系.第六章将专门介绍变量关系的统计分析方法.

2.2.3 排序

排序是统计整理的方法之一,就是将原始统计数据(样本观测值)$(x_1,x_2,\cdots,x_n)$按其值从小到大顺序排列,所得结果记作

$$x_{(1)},x_{(2)},\cdots,x_{(n)}, \tag{2.12}$$

其中 $x_{(i)}(i=1,2,\cdots,n)$称作第 i **顺序统计量**,其中 $x_{(1)}$是最小观测值,而 $x_{(n)}$是最大观测值.顺序统计量在统计分析和统计推断中有重要应用.

2.2.4 统计汇总

统计汇总是将原始统计数据进行汇集和归纳,是统计整理的重要内容之一,它贯穿统计整理的全过程,有多种形式和内容.统计汇总最基本的形式为:(1) 在统计分组的基础上,将原始统计数据按组汇总,汇总结果常以统计表的形式表示;(2) 计算统计数据的各种(抽样)指标和数字特征——样本特征.

1. 统计表 统计表是汇总统计数据的基本形式之一.统计表有多种形式,但是大致可以将其分为两大类型——总量型统计表和频率(数)型统计表.

总量型统计表　其中所列的数据为标志值的总和、平均水平或相对水平.例如,按省、市、自治区分别列出国民生产总值、全员劳动生产率或人均粮食产量的统计表;按年度列出历年的国民生产总值、城乡人口比或城镇登记失业率的统计表等等都是总量型统计表.

频率(数)型统计表　所列数据是频数或频率——属于各组或项目的数据个数(单位数)或比重.例如,工业总产值和农业总产值在工农业总产值中所占的比重;在国民生产总值中,第一、第二和第三产业所占定额的比重(见.表8.1)等等都是频率型统计表.频率(数)分布是最典型的频率(数)型统计表(见第三章表3.3～表3.18),下一章将专门介绍频率分布.

总量型和频率(数)型统计表的划分并不是绝对的.例如,按省、市、自治区分列的人口总数统计表,按三次产业分列的劳动者人数统计表,既可视为总量型统计表,也可视为频数型统计表.尽管如此,将统计表划分为总量型和频率(数)型仍然是有益的.

2.样本特征　计算统计数据的各种数字特征——抽样统计指标或统计量的数值,是统计整理的基本内容之一.抽样指标是总体相应指标的估计(推算)值.此外,还要计算反映统计数据本身结构和特点的数字特征.例如,反映数据集中位置、散布程度、分布形态的数字特征,以及反映不同现象间关系的特征.这些数字特征,在统计分析和统计推断中有重要应用.第三章将专门介绍统计数据的数字特征.

§2.3　统计图

根据统计资料绘制的各种图形,包括几何图、象形图和统计地图,统称为统计图.用统计图形象直观地表示统计资料,是统计整理和统计描述的重要方法之一,在实际中得到广泛应用.

统计图,按用途分为简单比较图、散点图、频率(数)分布图、相关图、统计地图等等。按形状分为线形图、条形图、多角图、面积图等等.绘制统计图常用的尺度有算术尺度(亦称均匀尺度或等差尺度)、对数尺度和概率尺度.

不同用途、形状和尺度的统计图大致可以分为总量型和频率型两大类.总量型统计图用于描绘和比较现象的总量及其相对水平或平均水平.当这些总量及其相对水平或平均水平随时间变化时,有关统计数据形成时间数列,相应的统计图称作时间数列图.频数型统计图描绘统计数据的频率分布,常用频率分布图有纵条图(图 3.1~3.3)、直方图(图 3.5)、累积频率分布图(图 3.4)、茎叶图(见[17])等等.此外,描绘变量间的统计相依关系的统计图,称作相关图(见第七章).

2.3.1 统计图的尺度

统计图一般采用算术尺度.此外,常用的尺度还有对数尺度和概率尺度.

1. *算术尺度* 亦称均匀尺度或自然尺度.在算术尺度下,点的坐标的绝对值等于它到原点的距离.通常,直角坐标系多采用算术尺度,坐标轴就是选定了原点、正向和均匀长度单位的直线.运用算术尺度便于不同总量的比较.

2. *对数尺度* 在坐标轴上,按算术尺度坐标为 a 的点,在对数尺度下坐标为 $\lg a$(图 2.2).

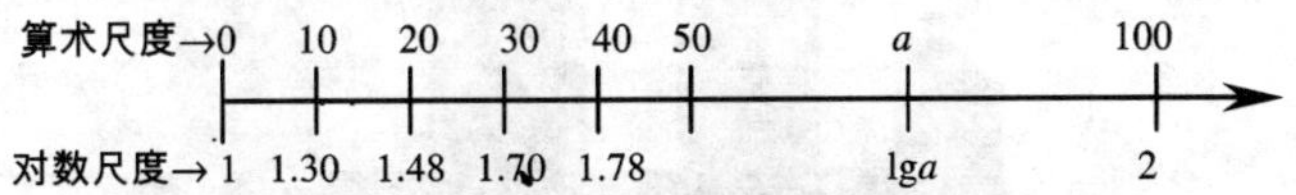

图 2.2 算术尺度和对数尺度对照示意图

对数尺度多用于反映变量的增长率.

3. *概率尺度* 在坐标轴上,按算术尺度坐标为 a 的点,在概率尺度下,坐标为变量 X 不大于 a 的概率:

$$p(a)=\mathrm{P}\{X\leqslant a\}$$

对于不同的概率分布,采用不同的概率尺度.例如,对于标准正态概率尺度,在算术尺度下坐标为 0 和 1.96 的点,在概率尺度下其坐标相应为 0.5 和 0.975(见图 2.3).

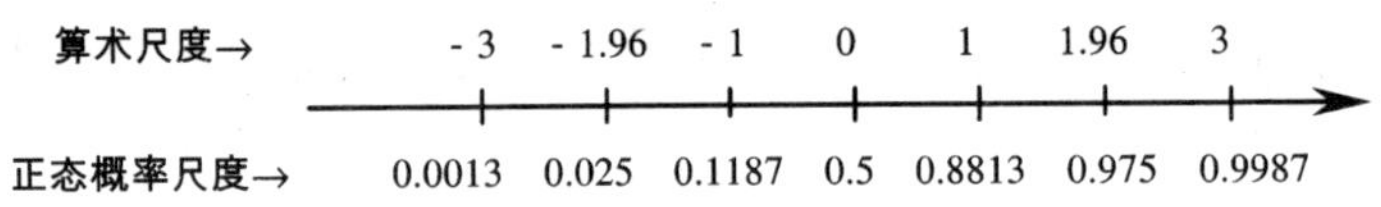

图 2.3　标准正态概率尺度示意图

对于特别编制的各种常用分布的概率纸，其横坐标采用算术尺度，而纵坐标则采用相应的概率尺度(参见附表 16).

2.3.2　总量型统计图

总量型统计图包括象形图、统计地图、条形图和面积图，也包括时间数列图，多用于描绘和比较现象的总量及其相对水平，或平均水平及其变动情况.

1. 象形图和统计地图　是以实物形象或一地图的形式，形象、生动、简明地表示统计资料的统计图，多用于宣传和展览.

象形图　是以实物的大小、多少、高低或长短形象地表示统计资料，以实物的形象做衬景或者用插图表示统计资料的一类统计图(见图 2.4).

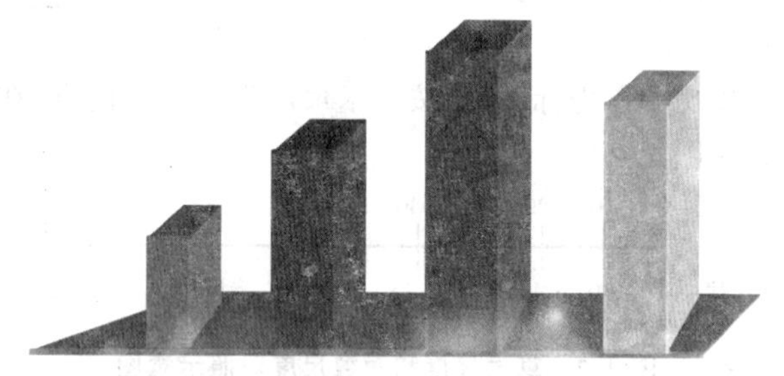

图 2.4　象形图(四个地区的住宅建设面积)

统计地图　以地图为底本，利用点、线、面、形象或标识来表现图中各地区的有关统计资料，描绘现象在地域上的分布情况，用于进行不同地区之间的直观比较. 不同的统计数据，用不同密度的点、不同疏密的线纹、不同的颜色或不同深度的颜色、不同的形象等等表示. 例如，用统计地图表示矿藏的分布，或表示不同地域的人口密度(见图 2.5).

2. 条形图　是一种简单而应用广泛的统计图，它用相同宽度、不同

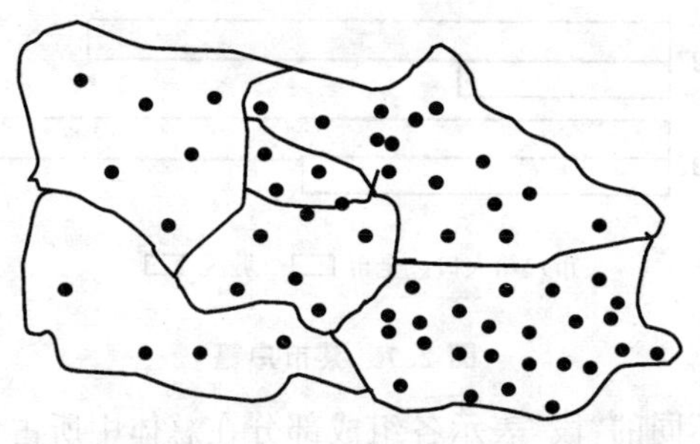

图 2.5 统计地图(各地区的人口)

高度或长度的条形或柱形图表示统计资料.条形图可以分为简单条形图、复合条形图和结构条形图.

简单条形图 用平行等宽的条形表示同一现象在不同情形下(或不同时间、不同地区……)的统计资料.例如,用不同高度或长度的条形图,表示不同年份或同一时期不同地域的国民生产总值或某城市不同年份的能源消费量(见图 2.6).

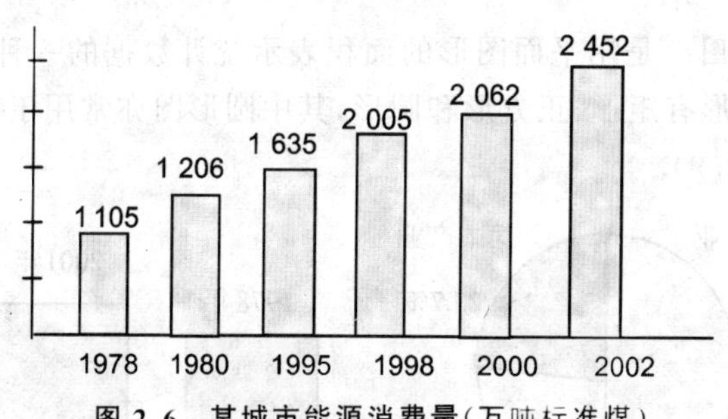

图 2.6 某城市能源消费量(万吨标准煤)

复合条形图 亦称分组条形图,以两个或两个以上项目为一组表示在一定情形下(或一定时间上、一定空间上等等)的统计资料;每一组可以包含两个或两个以上项目,如,进口额和出口额,第一、二、三产业的从业人数等等.不同项目的数据用不同线纹的条形表示,其高度或长度与相应统计数据相对应.这种条形图直观且便于比较(如图 2.7 所示).

结构条形图 亦称分量(段)条形图、多重条形图.以条形代表整个

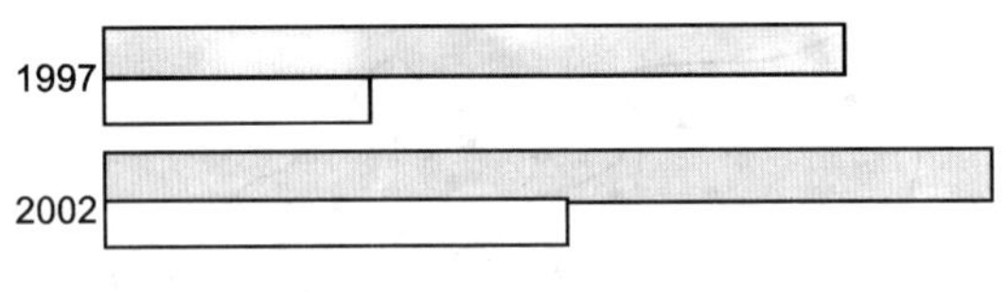

图 2.7　某市户籍

总体，以其中不同的“段”表示各组成部分在总体中所占比重，分别用不同的线纹或不同的颜色表示，从而可以直观地表现总体的结构（见图 2.8）．

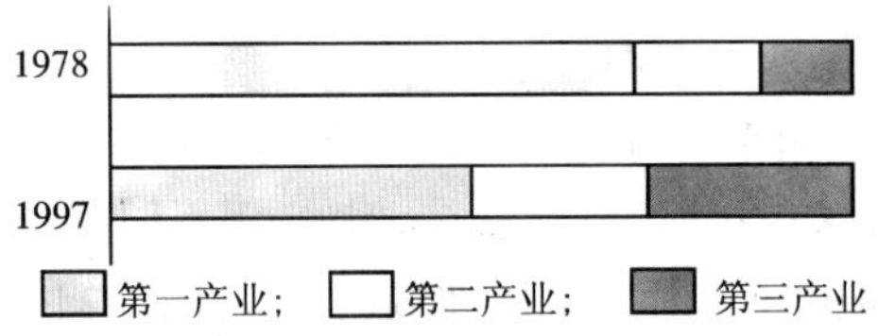

图 2.8　我国从业人员的产业结构

3．面积图　是用平面图形的面积表示统计数据的一种统计图，常用的平面图形有矩形、正方形和圆形，其中圆形图亦常用于表示总体的结构（见图 2.9）．

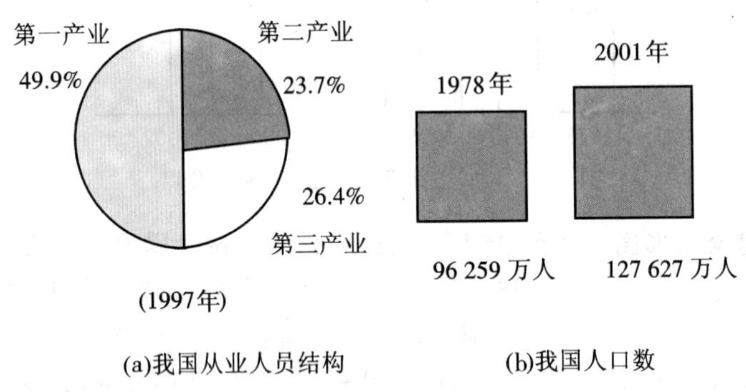

(a)我国从业人员结构　　(b)我国人口数

图 2.9　我国人口示意图

4．时间数列图　反映事物或现象的统计特征在不同时间的数值，按时间先后顺序排列形成的数列，称为**时间数列**（这部分内容可以结合

第八章来读). 以 $a(t)$表示所考察的统计特征(指标或标志)在时间 t 的数值,它在时间 $t_0\leqslant t_1\leqslant t_2\leqslant\cdots\leqslant t_n$ 的数值形成时间数列:

$$a_0,a_1,a_2,\cdots,a_n \tag{2.13}$$

其中 $a_k=a(t_k)$. 时间数列图,指在直角坐标系中,由一系列的点(a_k,t_k) $(k=1,2,\cdots,n)$形成的散点图,或依次连接这些点形成的折线图(见图2.10). 时间数列图,可以直观清晰地描绘现象随时间变化的过程和趋势.

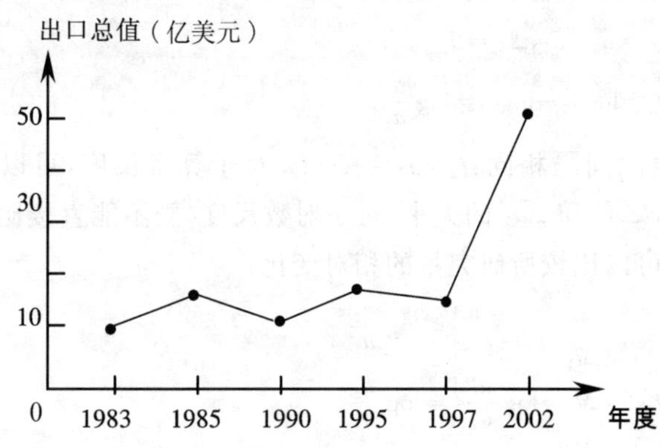

图 2.10　某市对外贸易出口总值

时间数列半对数图　半对数图,是一种时间数列图的特殊情形,用于现象随时间变化速度快且幅度大的时间数列. 半对数图,亦称单对数图,是在纵轴采用对数尺度而横轴采用算术尺度的直角坐标系中绘制的时间数列图. 在纵轴和横轴都采用算术尺度的普通直角坐标系中,点$(\log a_t,t)$$(t=1,2,\cdots,n)$形成的散点图,就是半对数图.

算术尺度图描绘绝对量的变化趋势,而半对数图描绘比率的变化趋势. 设 $a(t)$是时间的函数,$l(t)=\log a(t)$;

$$\Delta a=a(t+\Delta t)-a(t);$$

$$\Delta l=\log a(t+\Delta t)-\log a(t)=\log\frac{a(t+\Delta t)}{a(t)}.$$

在算术尺度图上,相同的绝对量用相等的距离表示. 因此算术尺度图反映绝对量的变动情况,便于对不同时期变动的绝对数量进行比较. 如果各个时期时间数列都呈现相同的变动,则相应的图形就是一条直

线.

在处理有些问题时，一个量的绝对变动关系不大，量的增长或减少的快慢更为重要. 这时适宜采用半对数图. 所谓**半对数图**，就是横坐标轴采用算术尺度，而纵坐标轴采用对数尺度的直角坐标系中的时间序列图. 在半对数度图上，纵坐标轴标的不是所研究的量本来的数值，而是其数值的对数. 纵坐标轴上相同距离表示所研究的量的相对变化.

例如，设 $a(t)$ 是时间的函数，$t_1<t_2<t_3$，$a_k=a(t_k)$，$l_k=\log a(t_k)$：

$$\Delta a_1=a_2-a_1,\Delta a_2=a_3-a_2;$$

$$\Delta l_1=\log a_2-\log a_1=\log\frac{a_2}{a_1}.$$

假设时间间隔相同：$t_2-t_1=t_3-t_2$. 对于算术尺度，可以直接比较绝对增长量 Δa_1 和 Δa_2 的大小. 对于对数尺度，则不能直接比较绝对增长量，但是可以比较所研究量的相对变化：

$$\Delta l_2\begin{cases}<\Delta l_1\\=\Delta l_1\\>\Delta l_1\end{cases}\Rightarrow\log\frac{a_3}{a_2}\begin{cases}<\log\dfrac{a_2}{a_1}\\=\log\dfrac{a_2}{a_1}\\>\log\dfrac{a_2}{a_1}\end{cases}\tag{2.14}$$

例 2.1 （1）假设 $a(t)=\alpha+\beta t$，则其算术尺度图是一条直线，而半对数图是一条对数曲线（图 2.11）. 在这种情形下，绝对量呈线性增长，而相对量（发展速度）增长较慢——呈对数增长.

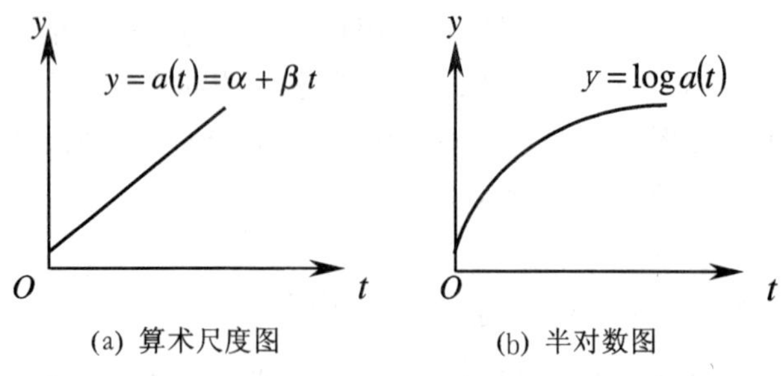

图 2.11 算术尺度图与半对数图比较示意图

（2）假设 $a(t)=10^{\beta t}$，则其算术尺度图是一条指数曲线，而半对数图是一条直线(图 2.12).在这种情形下,绝对量按指数函数增长极快,而相对量(发展速度)呈线性增长.

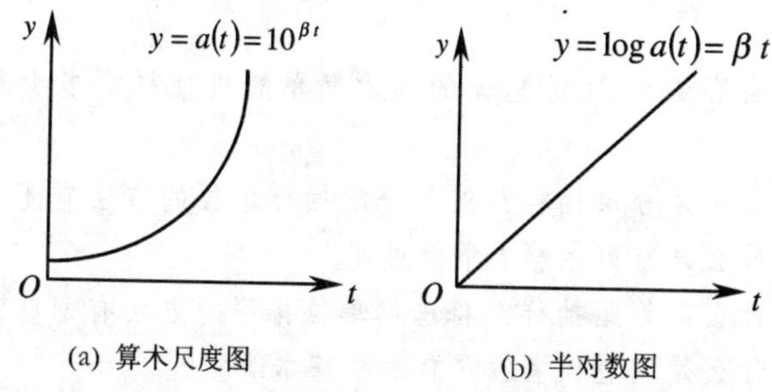

图 2.12 算术尺度图与半对数图比较示意图

2.3.3 频率型统计图

频率型统计图是用于描绘频率分布的一类统计图.频率分布是统计整理的重要形式之一,将在第三章介绍.常用频率型统计图有:离散型频率分布的纵条图(见图 3.1,图 3.2),连续型频率分布的直方图和分布折线(见例 3.6,图 3.5),累积频率分布图(见图 3.4).这些统计图的绘制方法和性质将在第三章介绍.

习 题 2

2.1 什么是统计调查?一个完整的调查方案应包含哪些内容?

2.2 全面调查有哪些常用方式?

2.3 非全面调查有哪些形式?

2.4 什么是抽样调查?它有哪些基本方法?

2.5 什么是典型调查?举例说明.

2.6 什么是重点调查?举例说明.

2.7 什么是抽样框?举例说明.

2.8 什么是概率抽样?什么是非概率抽样?举例说明.

2.9 什么是随机抽样?什么是拟随机抽样?举例说明.

2.10 什么是有意抽样?什么是判断抽样?举例说明.

2.11 基本的抽样方法有几种类型?举例说明.

2.12　什么是简单随机抽样？举例说明.

2.13　什么是还原抽样和非还原抽样？它们之间有哪些区别和联系？

2.14　自容量为 N 的总体的 n 次简单随机抽样有多少种不同的抽法？

2.15　什么是分层抽样？按层分配抽样单位的方法有哪些？

2.16　什么是整群抽样？举例说明.

2.17　什么是等距抽样？将总体单位排序的方法有哪些？

2.18　什么是调查误差？它有哪些基本类型？

2.19　什么是统计整理？统计整理有哪些主要方法？

2.20　什么是统计单位分组？

2.21　统计分组有哪些作用？统计分组有哪些种类？

2.22　什么是简单分组、平行分组与复合分组？

2.23　统计表有哪些基本类型？

2.24　什么是算术尺度、对数尺度和概率尺度？

2.25　统计图有哪些基本类型？

2.26　什么是半对数图？其用途如何？

2.27　何谓茎叶图？其用途如何？

2.28　为了解五种品牌的瓶装矿泉水的市场占有率，在某一超市随机抄录了56名顾客购买矿泉水的品牌，下表是记录的原始数据：

A B C A C D A D A A E B A C B A B A A
B A D A D E A B A B C B A D A A E A B
A A D B C E A D B A D C B D E A B C

试根据上面的资料编制(品质资料的)频率分布.

2.29　宏发电脑公司在全国各地有39家销售分公司，为了分析各公司的销售情况，宏发公司调查了这39家公司上个月的销售额，得如下数据(单位:万元)：

70 60 60 62 65 65 66 67 70 71 72 73 74
65 75 76 76 76 76 77 78 78 79 79 80 82
80 83 84 84 86 87 88 89 89 90 91 92 92

(1) 根据上面的资料,进行等距离分组:利用斯特奇斯(Sturges)公式确定组数和组距;

(2) 编制频数分布表.

2.30 下表是某教学班50名学生的统计学考试成绩:

55 58 61 65 65 68 69 69 70 71 71 72 73 73 74 74 75
75 79 79 80 80 81 81 81 82 83 83 83 84 84 84 84 86
86 87 87 87 89 89 90 91 92 92 94 94 97 97 97 99

试据此制作茎叶图.

●单项选择题●

2.31 某灯泡厂为了掌握该厂的产品质量,拟进行一次全厂的质量大检查,这种检查应当选择( ).

(A) 统计报表　　(B) 重点调查
(C) 全面调查　　(D) 抽样调查

2.32 重点调查中的重点单位是指( ).

(A) 在工作中占重要地位单位
(B) 在全局中占重要地位单位
(C) 标志总量在总体中占较大比重的单位
(D) 数量在整个总体中占较大比重的单位

2.33 对一个企业的全体工人按技术等级和工资水平分组,属于( ).

(A) 简单分组　　(B) 复合分组
(C) 区间分组　　(D) 并列分组

2.34 在统计调查中,调查单位和填报单位( ).

(A) 是一致的　　(B) 是不相关的两个概念
(C) 是不同的　　(D) 一般不同,有时一致

2.35 按地理区域划片所进行的区域抽样方法属于( ).

(A) 简单随机抽样　　(B) 等距抽样
(C) 类型抽样　　(D) 整群抽样

2.36 调查新生对高考试题的意见,按报到顺序每经10人发一张

问卷，这种调查方式属于(　　).

(A) 整群抽样　　(B) 等距抽样

(C) 类型抽样　　(D) 简单随机抽样

2.37　在分组时，遇到某个体的变量值恰好等于相邻两组上下限数值时，一般是(　　).

(A) 将其值归入上限所在一组

(B) 将其值归入下限所在一组

(C) 将其值归入就近的任一组

(D) 将其值单独地再设立一组

2.38　对某连续变量进行组距式分组，最后一组为 500 以上，又知其相邻组的组中值为 480，则最后一组的组中值为(　　).

(A) 520　　(B) 510

(C) 500　　(D) 490

2.39　在全距一定的条件下，等距分组中组距与组数的关系是(　　).

(A) 组数越多，组距越大　　(B) 组数越多，组距越小

(C) 组数越小，组距越小　　(D) 组数与组距没有关系

2.40　对离散变量进行统计分组(　　).

(A) 只能用单项分组

(B) 只能用区间分组

(C) 既可用单项分组，也可用区间分组

(D) 既不用单项分组，也不用区间分组

2.41　抽样调查所遵循的基本原则是(　　).

(A) 大量性原则　　(B) 随机性原则

(C) 可比性原则　　(D) 准确性原则

2.42　抽样调查中(　　).

(A) 可能只有过失误差，没有代表性误差

(B) 不可能有过失误差，只有代表性误差

(C) 既没有过失误差，也没有代表性误差

(D) 既可能有过失误差，也有代表性误差

2.43 在某大学在学生中进行一项问卷调查,抽取样本的方法是先抽选若干教学班,然后对抽中班的学生全部进行调查,这种抽样方法属于( ).

(A) 等距抽样　　(B) 分层抽样

(C) 整群抽样　　(D) 简单随机抽样

2.44 自包含N个个体的总体中随意抽出n个组成一个样本,各种不同的结果数目为( ).

(A) $n!$　　(B) $N!$

(C) P_N^n　　(D) C_N^n

2.45 下列调查中属于全面调查的是( ).

(A) 典型调查　　(B) 重点调查

(C) 经常调查　　(D) 人口普查

2.46 人口普查属于( ).

(A) 典型调查　　(B) 经常性调查

(C) 重点调查　　(D) 一次性调查

2.47 设人口普查按年龄分组为:1～3,4～6,7～12,…,60～65,65～70,71～80,81～90,91～99,100以上,那么最后一组的组中值为( ).

(A) 109　　(B) 110

(C) 105　　(D) 104.5

2.48 某市为了掌握在春节期间的销售情况,拟对占该市商品销售额80%的五个大商场进行调查,这种调查方式属于( ).

(A) 普查　　(B) 重点调查

(C) 抽样调查　　(D) 统计报表

2.49 某教学班的学生按"统计学"的考试成绩分组,应采用( ).

(A) 单项分组　　(B) 复合分组

(C) 区间分组　　(D) 并列分组

第三章　统计分布

统计分布多指概率分布，有时也指频率分布．本书中，频率分布专指统计数据的分组和数据出现在各组的频率二者的总称．

频率分布是基于统计数据的经验分布，概率分布是基于理论模型的理论分布．人们根据经验分布为总体选配理论模型，而由理论分布可以更深入地认识总体．频率分布与概率分布有着深刻的内在联系，这种联系的基础是频率和概率的联系，而沟通频率和概率的桥梁是频率的稳定性．

§3.1　频率和概率

试验、观测或抽样的每一种可以观测到的结果称作事件．频率反映事件在试验中出现的频繁程度，概率反映事件在试验中出现的客观可能性大小．可以用频率估计概率的值．

3.1.1　事件的频率

事件 A 在 n 次重复试验（观测或抽样）中出现的次数 $f_n(A)$，称作在这 n 次试验中 A 出现的**频数**，而

$$w_n(A)=\frac{f_n(A)}{n} \tag{3.1}$$

称作 A 在这 n 次试验中出现的**频率**．频率不但与试验次数 n 有关，而且在完全相同条件下不同轮的 n 次试验中，频率可能取不同的值．显

然,对于任意事件 A,有 $0\leqslant f_n\leqslant 1, 0\leqslant w_n\leqslant 1$.

例如,自总体 $\Omega=\{\omega\}$ 的 n 次抽样,具有某种特征 A 的个体出现的次数和比重,相应地称作频数和频率;对某变量 X 的 n 次重复观测取得的统计数据 $X_1, X_2, \cdots, X_n$ 和统计分组 $A_1, A_2, \cdots, A_n$,属于 A_i 的数据个数和比重分别称作第 i 组的频数和频率.

表 3.1　我国人口的统计资料

(单位:万人;年底数)

年份		1950	1960	1970	1980	1990	2000
总数	全部	55 196	66 207	82 992	98 705	114 333	126 743
	男	28 669	34 283	42 686	50 785	58 904	65 672
	女	26 527	31 924	40 306	47 920	55 429	61 306
比重	男	0.519 4	0.517 8	0.514 3	0.514 5	0.515 2	0.514 6
	女	0.480 6	0.482 2	0.485 7	0.485 5	0.484 8	0.485 4

表 3.2　瑞典 1935 年新生婴儿的统计资料

(单位:人)

月份		1	2	3	4	5	6	7	8	9	10	11	12	全年
总数	全部	7 280	6 957	7 883	7 884	7 892	7 609	7 585	7 393	7 203	6 903	6 552	7 132	88 273
	男婴	3 743	3 550	4 017	4 173	4 117	3 944	3 964	3 797	3 712	3 512	3 392	3 761	45 682
	女婴	3 537	3 407	3 866	3 711	3 775	3 665	3 621	3 596	3 491	3 391	3 160	3 371	42 591
比重	男婴	.514	.510	.510	.529	.522	.518	.523	.514	.515	.509	.518	.527	.517 5
	女婴	.486	.490	.490	.471	.478	.482	.477	.486	.485	.491	.482	.473	.482 5

表 3.1 和表 3.2 分别是我国人口和瑞典新生婴儿的统计资料.尽管各年(各月)的男、女所占比重不同,但是男性人口和女性人口在全部人口中的比重分别稳定在 51.5%和 48.5%附近,而男婴和女婴在全部新生婴儿中的比重,也分别稳定在 51.5%和 48.5%附近.此外,瑞典 1871 年～1900 年 30 年间共记录了 $n=2\ 644\ 757$ 个新生婴儿,其中男婴和女婴的比重分别为 0.514 1 和 0.485 9,也表现出同样的稳定性.实际中,这样的例子不胜枚举.

频率的稳定性　在第一章我们曾提到**统计规律性**,这是现象大量重复出现时表现出来的一种规律性.频率的稳定性,是统计规律性最典型的一种表现，这是一条经验规律．事件的频率本身因受偶然因素的影响，具有不确定性，但也有其规律性的一面．试验和经验表明，当试验次数较少时，频率的不确定性和波动性比较明显，但是随着试验次数的增大，这种不确定性明显减弱，并且趋于稳定，这就是频率的稳定性．

3.1.2 事件的概率

任何试验中出现的事件都有三种情形：必然事件——在每次试验中一定出现的事件，记作 Ω；不可能事件——在任何一次试验中都不出现的事件，记作 φ；随机事件——在每次试验中既可能出现也可能不出现的事件．习惯上用前面几个大写拉丁字母 $A,B,\cdots$或用$\{\cdots\cdots\}$表示事件，大括号中用文字或式子表示事件的内容．

1．概率的概念　事件在试验中出现可能性大小的数值度量，称作事件的概率．用

$$\mathbf{P}(A) \quad 和 \quad \mathbf{P}\{\cdots\cdots\}$$

分别表示事件 A 和$\{\cdots\cdots\}$的概率．例如，$\mathbf{P}(\varphi)=0$，$\mathbf{P}(\Omega)=1$；对于任何事件 A，$0\leqslant\mathbf{P}(A)\leqslant1$；若 X 表示上海市夏季暴雨的次数，则 $\mathbf{P}\{X=3\}$ 表示夏季恰好出现 3 次暴雨的概率．

2．概率的计算　概率作为事件出现可能性大小的数值度量，与线段的长度、平面图形的面积、立体的体积、物质的质量的数值度量是同一类概念．区别仅在于，概率最大是 1，而其他度量无此限制．明确了概率的概念之后，就要解决如何具体选择或确定这种度量的问题．确定事件的概率大致有如下几种途径：

（1）概率的直接计算　在某些特定情形下，利用试验结局等的可能性和均衡性，可以直接计算概率的值．例如，设1 000个零件的总体中恰好有 50 件不合格品，则事件 $A=\{$随意抽出一个零件恰好是不合格品$\}$的概率为：

$$\mathbf{P}(A)=\frac{50}{1\ 000}=0.05$$

概率论中把类似的情形称作**古典型概率**．此外，利用几何度量来计算概率的情形，称作**几何型概率**（参见[6]，[7]，[8]，[12]，[23]）．

(2) 用频率估计概率 在最一般的情形下,用事件在大量重复试验中出现的频率估计其概率的值. 这样做的依据是频率的稳定性. 形象地说,频率是测定概率的"尺子",测定的"精度"是靠增大试验次数来保障的(参见第五章§3).

(3) 主观概率 有时用前两种方法难以测定事件的概率,则由决策者综合各种信息并靠其经验和判断力对事件的概率作出估计. 这种估计值称作**主观概率**(subjective probability). 主观概率不假定现象的可重复性,甚至可能用于个别一次性现象. 例如,足球比赛对两队的胜、负可能性的估计,企业对产品未来市场份额增长或下降可能性的估计. 在事件出现的真实可能性缺乏有效估计时,主观概率法也不失为解决问题的一种办法. 不过,现在对主观概率法的应用尚存在争议.

(4) 概率的推算 利用概率的性质和基本公式,由较简单事件的概率推算较复杂事件的概率(见[12]).

3.1.3 频率与概率的关系

前面已经指出,可以用事件的频率估计其概率,其根据就是频率的稳定性. 事实上,一个事件出现的可能性越大,它在重复试验中就出现得越频繁;反之,事件在重复试验中出现得越频繁,说明它在每次试验中出现的可能性就越大. 频率的稳定性表明,只要试验次数充分大,事件的频率就趋于稳定在某个常数附近:频率的稳定值既与具体试验次数无关,也与试验进行的轮次无关. 我们称该常数为频率的稳定值,自然可以用此"稳定值"来度量事件出现的可能性大小——**概率**.

于是,由频率的稳定性,可见事件出现的可能性可以用数值度量,并且当试验次数充分大时可以用频率估计概率.

§3.2 频率分布

频率分布是表示统计数据的一种重要形式. 在社会经济统计中,频率分布又称作变量数列.频率分布,有一元和多元之分,又有离散型和连续型之别.二元(及二元以上的)频率分布亦称作联合频率分布.

3.2.1 一元频率分布

下面将分别讲述基于单项分组的离散型频率分布和基于区间分组(组距分组)的连续型频率分布.

1. 离散型频率分布 包括离散型变量的频率分布和品质标志的频率分布.社会经济统计中,前者称作单项变量数列,后者称作品质数列.

(1) 离散型变量的频率分布的一般形式 假设 $X_1,X_2,\cdots,X_N$ 是变量 X 的 n 个观测值,其一切可能值为 $a_1,a_2,\cdots,a_r$. 以 $v_i(i=1,2,\cdots,r)$表示实际观测频数——n 个观测值中恰好等于 a_i 的观测值个数,$w_i=v_i/n$. 那么称 v_i 为 n 次观测中 a_i 出现的**频数**(frequency number),称 w_i 为 a_i 出现的频率(frequency rate or relative frequency),称

$$F_i=w_1+w_2+\cdots+w_i(i=1,2,\cdots,r)$$

为累积频率(cumulative frequency). 变量 X 的频率(数)分布由如下统计表表示(表 3.3).

表 3.3 离散变量的频率(数)分布

变量值 a_k	a_1	a_2	$\cdots$	a_r	$\sum$
频数 v_k	v_1	v_2	$\cdots$	v_r	n
频率 w_k	w_1	w_2	$\cdots$	w_r	1
累积频率 F_k	F_1	F_2	$\cdots$	F_r	—

表 3.3 中,第一行连同第二行称作频数分布,第一行连同第三行称作频率分布,第一行连同第四行称作**累积频率分布**. 频率分布还可以用如下图形——频率分布纵条图表示(图 3.1). 图中每一铅直线条的高度表示相应变量值 a_k 出现的频率 w_k(或频数 v_k).

例 3.1 在相同条件下,接连进行 50 次射击,其结果可以用不同方式表示. 例如,每次只记录命中的频数 $x_i(i=1,2,\cdots,50)$,则 x_i 只有 0 和 1 两个可能值;若每次记录命中的环数 $y_i(j=1,2,\cdots,50)$,则 y_i 有 11 个可能值 $0,1,\cdots,10$.

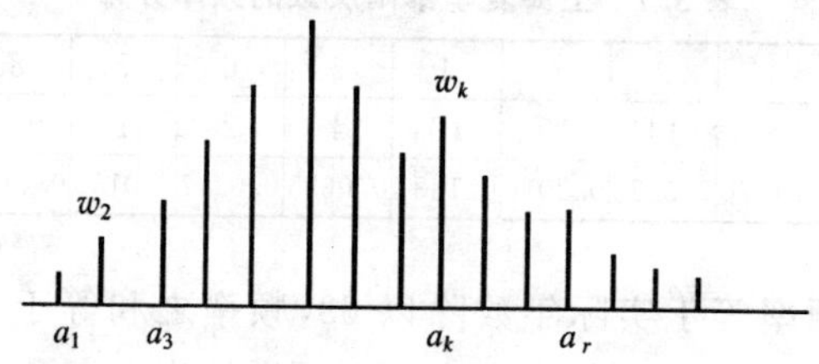

图 3.1 离散型变量的频率分布纵条图

1）假设 50 次射击命中 45 次，脱靶 5 次，即命中的频率为 0.90，脱靶的频率为 0.10，则得频率分布——表 3.4.

表 3.4 50 次射击命中次数的频率(数)分布

命中次数	0	1	合计
命中频数	5	45	50
命中频率	0.10	0.90	1

2）假设 $y_1, y_2, \cdots, y_{50}$ 是 50 次射击各次实际命中的环数，将实际的统计结果列表如下(表 3.5)：

表 3.5 50 次射击命中环数的频率(数)分布

环数	0	1	2	3	4	5	6	7	8	9	10	合计
各环出现频数	5	3	5	4	7	10	8	4	2	1	1	50
各环出现频率	0.10	.06	.10	.08	.14	.20	.16	.08	.04	.02	0.02	1

例 3.2 表 3.6 是 200 名生产工人日组装成品件数的统计资料——频数分布.

表 3.6 200 名生产工人日组装成品件数的频数分布

日组装件数	3	5	6	7	8	合计
工人数	44	56	48	36	16	200

例 3.3 在 1875 年至 1955 年的 81 年间的 63 年中，上海夏季(5 月～9 月)共记录了 180 次暴雨(暴雨次数以天为单位计算)，得如下统计资料(表 3.7).

表 3.7 上海夏季暴雨次数的频率分布

暴雨次数	0	1	2	3	4	5	6	7	8	≥9	合计
实际年数	4	8	14	19	10	4	2	1	1	0	63
出现频率	0.0635	0.1270	0.2222	0.3016	0.1587	0.0635	0.0317	0.0159	0.0159	0.0000	0.9999

表 3.7 中的频率等于实际年数除以 63,频率之和等于 0.9999,误差 0.0001是由于舍入误差所致. 由表 3.7 可以绘出上海夏季暴雨次数的频率分布的纵条图(图 3.2).

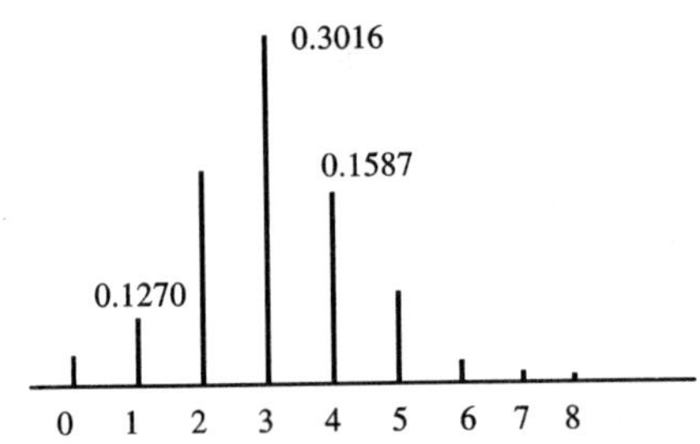

图 3.2 上海暴雨次数的频率分布纵条图

(2) 品质标志的频率分布 品质标志都是离散型的,其不同表现一般是仅有有限种. 假设品质标志 A 有 r 种不同表现(状态或等级) $A_1, A_2, \cdots, A_r$,那么,对标志 A 的 n 次观测的结果,自然地用 r 组来统计其频数和频率,从而形成品质标志的频率分布,可以用相应的统计表表示(表 3.8).

表 3.8 品质标志的频率(数)分布

标志 A 的表现	A_1	A_2	$\cdots$	A_r	合计
A_i 出现的频数	v_1	v_2	$\cdots$	v_r	n
A_i 出现的频率	w_1	w_2	$\cdots$	w_r	1

表中 v_k 和 $w_k = v_k/n (k=1,2,\cdots,r)$ 相应为 n 次观测中,品质标志的表现 A_i 出现的频数和频率. 品质标志的分布用与图 1.1 类似的纵条图表示(见图 3.3),有时则可以用条形图或象形图表示(见图 2.4、图 2.7 和图 2.8).

例 3.4 随机地对某居民区 500 个居民进行问卷调查，征询对商业网点设置的意见. 得如下统计资料(表 3.9).

表 3.9 500 个居民对商业网点设置意见的频率(数)分布

回答意见	优	良	中	差	合计
人数	170	210	70	50	500
比重	0.34	0.42	0.14	0.10	1

例 3.5 抽样检验某车间 200 件产品，得如下统计资料(表 3.10).

表 3.10 200 件产品等级的频率(数)分布

产品等级	1	2	3	4(等外)	合计
产品件数	75	65	40	20	200
产品比重	0.375	0.325	0.200	0.100	1

表 3.10 表示的品质标志——产品等级的频率分布，也可以用纵条图(图 3.3)表示，因为产品等级是有序品质标志.

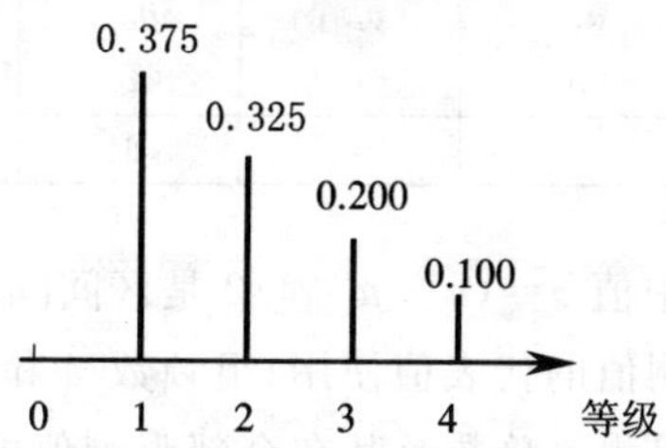

图 3.3 200 件产品等级的频率分布图

(3) 混合型频率分布 离散型频率分布基于单项分组，但有些组的频数往往偏小，不能满足统计推断的要求. 这时可以将若干这样的组合并为一组，新组的频数和频率相应等于各并入组的频数和频率之和. 例如，将例 3.3 中表 3.7 的 6,7,8 并为一组，得：

表 3.11 表 3.7 的变形

暴雨次数	0	1	2	3	4	5	≥6	合计
实际年数	4	8	14	19	10	4	4	63
频率	0.0365	.1270	.2222	.3016	.1587	.0635	0.0635	1

2. 连续型频率分布　我们称基于区间分组的频率分布为连续型频率分布. 连续型频率分布用于表示和描述来自连续型变量的统计数据. 实际中,有些离散型变量的可能值较多而且十分"密集",人们也用连续型频率分布表示和描述其统计数据.

(1) 连续型频率分布的一般形式　假设 X 是一连续型变量,x_1, $x_2,\cdots,x_n$ 是对 X 的 n 个观测值(来自 X 的容量为 n 的样本值);$[u_1, u_2),[u_2,u_3),\cdots,[u_r,u_{r-1})$是形如(2.3)式的统计分组,那么连续型频率分布(组距变量数列)的一般形式为表 3.12.

表 3.12　连续型频率分布(一般情形)

编号 k	分组 $u_k \sim u_{k+1}$	组中值 a_k	组频数 v_k	组频率 w_k	频率密度 f_k	累积频率 F_k
1	$u_1 \sim u_2$	a_1	v_1	w_1	f_1	F_1
2	$u_2 \sim u_3$	a_2	v_2	w_2	f_2	F_2
⋮	⋮	⋮	⋮	⋮	⋮	⋮
$r-1$	$u_{r-1} \sim u_r$	a_{r-1}	v_{r-1}	w_{r-1}	f_{r-1}	F_{r-1}
r	$u_r \sim u_{r+1}$	a_r	v_r	w_r	f_r	F_r
合计	$u_1 \sim u_{r+1}$	—	n	1	—	—

表 3.12 中,组中值 $a=(u_i+u_{i+1})/2$ 是区间$[u_i,u_{i+1})$的中点,可以作为属于该组的观测值的代表值使用;组频数 ν_i 和组频率 $w_i=\nu_i/n$,相应为属于第 i 组的观测值总数及其在全部观测值中的比重;$d_i=u_{i+1}-u_i$ 是第 i 组的组距.

$$f_k=\frac{w_i}{d_i}\ (k=1,2,\cdots,r) \tag{3.3}$$

称作**频率密度**,它对于不等距离分组具有可比性,对于等距离分组用起来也很方便①. **累积频率**

$$F_k=w_1+w_2+\cdots+w_r(k=1,2,\cdots,r) \tag{3.4}$$

表示第 1 组到第 i 组中观测值总数在全部 n 个观测值中的比重.

---

① 类似地可以定义**频数密度** $g_i=v_i/d_i$;此外,还使用**标准频数** $m_i=v_id_0/d_i$ 和**标准频率** $w_i=w_id_0/d_i$,其中 d_0 是适当选择的正数,称作**标准组距**. d_0 的选择是任意的,以简便为宜,例如可以选择不等距离分组的最小组距. 这些都是为了解决不等距分组的可比性.

(2) 连续型频率分布的图形表示 表示连续型频率分布的常用图形,有直方图(histogram)、多边图或多角图(polygon)、累积频率曲线(cumulative frequency curve)和分布折线(distribution broke line).

直方图和分布折线 既适用于等距分组,也可用于不等距分组.建立直方图的步骤是:首先将各组端点 $u_1,u_2,\cdots,u_r,u_{r+1}$标在直角坐标系的横轴上;然后分别以线段为底边,以该组频率密度 f_i(或频数密度 g_i)为另一边作矩形,那么 r 个矩形构成**直方图**(图 3.5);其次,将横坐标为 $u_1-d_1/2$ 的点,及每个小矩形的上底边的中点和横坐标为 $u_{r+1}+d_r/2$的点依次相连,即可得到频率**分布折线**,它与横轴形成的图形称作频率**多边图或多角图**.显然,频率(数)直方图中每个小矩形的面积等于相应组的频率(数),而各矩形的总面积恰好等于 1(相应地等于 n).

累积频率分布图 由(3.5)式中定义的函数 $\hat{F}_n(x)$的阶梯状图形,称作**累积频率分布图**(图 3.4),其中 $F_1,F_2,\cdots,F_{r-1},F_r=1$.如果连接各阶梯线段的中点,则所得折线称作**累积频率分布折线**.

$$\hat{F}_n(x)=\begin{cases}0, & 若\ x<u_1,\\ F_i, & 若\ u_i\leqslant x<u_{i+1},(1\leqslant i\leqslant r),\\ 1, & 若\ x\geqslant u_{r+1}.\end{cases} \tag{3.5}$$

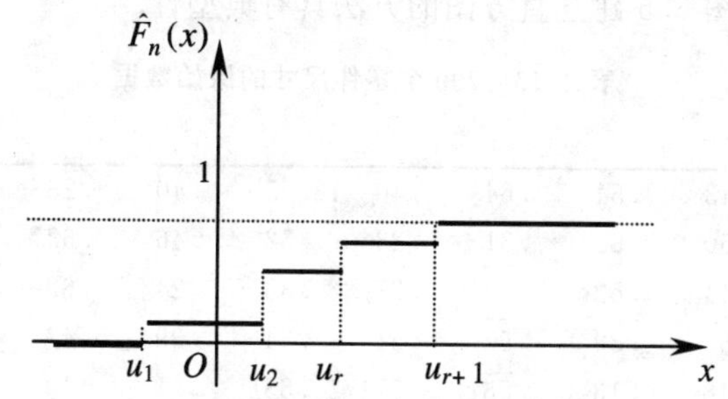

图 3.4 累积频率分布

例 3.6 假设从成批生产的某种零件中,随意抽选了 200 个测定其尺寸(单位:毫米),得所列的 200 个数据(表 3.13),其中最小值为 13.13,最大值为 13.69;极差 $R=0.56$,组距 $d\approx R/12=0.046$.取组距 $d=0.05$,进行等距离分组,并按表 3.12 分别统计出各组频数、频率,则得 200 个零件尺寸的频率(数)分布——表 3.14.

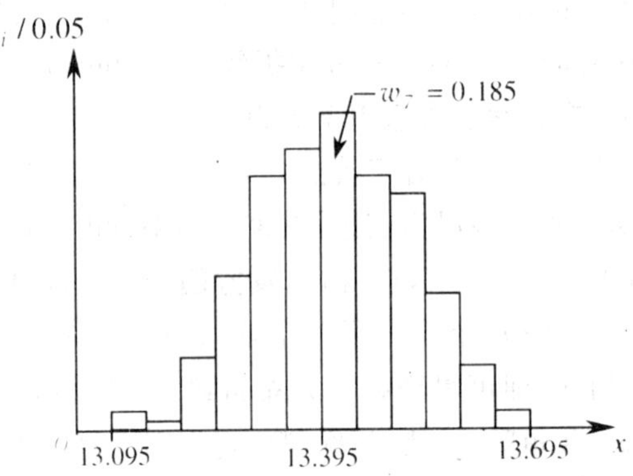

图 3.5　200 个零件尺寸的频率分布直方图

图 3.5 是表 3.14 表示的频率分布的**直方图**(histogram):它由一系列的矩形构成,其中第 $i(i=1,2,\cdots,n=12)$个矩形底边是第 i 个区间,其另一个边等于第 i 组的频率密度 $w_i/0.05$,其面积恰好等于第 i 组的频率 w_i,而直方图的总面积恰好等于 1.若将各个矩形的顶边的中点依次相连,则得折线,称作频率分布**分布折线**,亦称频率分布**多角图**(polygon).图 3.5 建立直方图的方法具有典型性.

表 3.13　200 个零件尺寸的原始数据

(单位:毫米)

13.39	.43	.54	.64	.40	13.55	.40	.26	.38	.32
.42	.50	.32	.31	.28	.52	.46	.63	.34	.42
.38	.44	.52	.53	.37	.33	.24	.62	.57	.28
.53	.53	.39	.57	.51	.34	.39	.47	.26	.32
.51	.48	.13	.58	.57	.33	.51	.40	.33	.39
13.30	.48	.40	.57	.51	13.40	.52	.56	.54	.46
.40	.34	.23	.37	.48	.48	.62	.35	.50	.32
.40	.36	.45	.48	.29	.58	.44	.56	.31	.58
.28	.59	.47	.46	.62	.54	.20	.38	.37	.20
.43	.35	.20	.51	.47	.40	.29	.56	.33	.45
13.46	.44	.42	.29	.41	13.39	.50	.48	.30	.39

续表

.53	.34	.45	.42	.29	.38	.45	.50	.37	.35
.55	.33	.32	.69	.46	.32	.48	.32	.40	.38
.29	.25	.44	.60	.43	.51	.43	.28	.28	.43
.24	.58	.38	.31	.31	.45	.43	.44	.31	.41
13.34	.49	.50	.38	.48	13.43	.37	.29	.18	.35
.54	.33	.36	.46	.23	.44	.38	.27	.61	.40
.66	.26	.40	.52	.59	.48	.46	.40	.36	.58
.43	.26	.50	.38	.43	.34	.41	.14	.49	.34
.42	.55	.37	.41	.38	.24	.42	.52	.45	.45

表 3.14　200 个零件尺寸的频率分布

（单位：毫米）

编号	分　组	组中值	组频数	组频率	累积频率
1	13.095～13.145	13.12	2	0.010	0.010
2	.145～　.195	.17	1	.005	.015
3	.195～　.245	.22	8	.040	.055
4	.245～　.295	.27	17	.085	.140
5	13.295～13.345	13.32	27	0.135	0.275
6	.345～　.395	.37	30	.150	.425
7	.395～　.445	.42	37	.185	.610
8	.445～　.495	.47	27	.135	.745
9	13.495～13.545	13.52	25	0.125	0.870
10	.545～　.595	.57	17	.085	.955
11	.595～　.645	.62	7	.035	.990
12	.645～　.695	.67	2	.010	1.000
合计	13.095～13.695	—	200	1.000	—

例 3.7　表 3.15 是某市年销售总额超亿元的 113 家批发贸易企业销售额的频率分布，采用不等距分组；表中企业比重是销售额属于相应组的企业数除以 113 求出的，频率密度是企业比重除以组距.

表 3.15　某市 113 家批发贸易企业年销售额的频率分布

编号	销售额(亿元)	组　距	企业数	企业比重	频率密度
1	1.0～1.2	0.2	18	0.1593	0.7965
2	1.2～1.4	0.2	19	0.1681	0.9305
3	1.4～2.0	0.6	11	0.0973	0.1622
4	2.0～3.0	1.0	14	0.1239	0.1239
5	3.0～4.0	1.0	19	0.1681	0.1681
6	4.0～6.0	2.0	14	0.1239	0.0620
7	6.0～10.0	4.0	10	0.0885	0.0221
8	10.0～30.0	10.0	7	0.0619	0.0088
9	30.0～80.0	50.0	0	0.0000	0.0000
10	80.0～90.0	10.0	1	0.0088	0.0009

例 3.8　有的计数资料的分布本身虽然是离散型的,但由于可能值较多不便使用单项分组,因此也可以采用表示连续型频率分布的表 3.12 的形式. 表 3.16 是某企业 452 名生产工人日产产品件数的频率分布.

表 3.16　452 名生产工人日完成产品件数的频率(数)分布

编号	日完成件数(件/人)	组中值	工人人数	工人所占比重
1	50 以下	45	34	0.0752
2	50～60	55	85	.1881
3	60～70	65	131	.2892
4	70～80	75	101	0.2335
5	80～90	85	71	.1571
6	90 以上	95	30	.0664
合计	—	—	452	1.0000

3.2.2　联合频率分布(列联表)

形如表 2.4 的两个标志的复合分组,与对两标志联合观测结果属于相应二元组(A_i, B_j)的频数 v_{ij}(或频率 w_{ij}),二者统称为两个标志**联合频率分布**或**二元频率分布**. 类似地可以引进多个标志的联合频率(数)分布——多元频率分布.

列联表　我们主要考虑两个标志的情形.两个标志,可以都是变量或都是品质标志,也可以一个是变量而另一个是品质标志.联合频率分布常用**列联表**(contingency table)表示.表 3.17 是列联表的一般形式.表 3.17 中,

$$(A_1,A_2,\cdots,A_s)\quad 和\quad (B_1,B_2,\cdots,B_t)$$

相应为按标志 X 和 Y 的分组,而 $v_{ij}(w_{ij})$是对 X 和 Y 的联合观测结果属于二元组(A_i,B_j)的频数(频率).显然,表的第一列和右侧两列,恰好是标志 X 的频数(率)分布;同样,表的第一行和最下边两行恰好是 Y 的频数(率)分布.列联表在统计推断中,分析两个标志的关系时有重要应用.

表 3.17　联合频率分布

频率(率) Y / X	B_1	B_2	$\cdots$	B_t	$v_{i\cdot}=\sum_{j=1}^{t}v_{ij}$	$w_{i\cdot}=\sum_{j=1}^{t}w_{ij}$
A_1	$v_{11}(w_{11})$	$v_{12}(w_{12})$	$\cdots$	$v_{1t}(w_{1t})$	$v_{1\cdot}$	$w_{1\cdot}$
A_2	$v_{21}(w_{21})$	$v_{22}(w_{22})$	$\cdots$	$v_{2t}(w_{2t})$	$v_{2\cdot}$	$w_{2\cdot}$
$\vdots$	$\vdots$	$\vdots$	$\vdots$	$\vdots$	$\vdots$	$\vdots$
A_s	$v_{s1}(w_{s1})$	$v_{s2}(w_{s2})$	$\cdots$	$v_{st}(w_{st})$	$v_{s\cdot}$	$w_{s\cdot}$
$v_{\cdot j}=\sum_{i=1}^{s}v_{ij}$	$v_{\cdot 1}$	$v_{\cdot 2}$	$\cdots$	$v_{\cdot t}$	n	—
$w_{\cdot j}=\sum_{i=1}^{s}w_{ij}$	$w_{\cdot 1}$	$w_{\cdot 2}$	$\cdots$	$w_{\cdot t}$	—	1

例 3.9　某地区抽样调查了 500 名待业青年,由所得统计资料建立的性别和文化程度的联合频率分布,以及性别和文化程度单独的频率分布,用表 3.18 表示.

表 3.18　500 名待业青年性别和文化程度的联合频数分布

文化程度 / 性别	高中毕业及以上	初中毕业	小学毕业及以下	合　计	比　重
男	46	34	160	240	0.480
女	60	60	140	260	0.520
合计	106	94	300	500	—
比重	0.212	0.188	0.600	—	1

500 名待业青年性别的频率分布

性别	男	女	合计
人数	240	260	500
比重	0.48	0.52	1

500 名待业青年文化程度的频率分布

文化程度	高中及以上	初中	小学及以下	合计
人数	106	94	300	500
比重	0.212	0.188	0.600	1

§3.3 概率分布

随机变量就是取值带随机性的变量.随机变量的一切可能值的集合(值域),以及它取各可能值的概率或在值域内各部分取值的概率,二者总称为**概率分布**.概率分布是理论分布,相应的频率分布是经验分布.

3.3.1 概率分布的种类

频率分布有离散型和连续型两大类,实际中遇到的概率分布也有离散型和连续型两大类.和频率分布一样,概率分布也分为一个变量的一元分布和多个变量的联合分布.

1.离散型概率分布　只有有限或可数个可能值的变量称作离散型变量.表 3.3 给出了离散型频率分布的一般形式.根据频率与概率的关系,将频率换成相应的概率,即得到离散型概率分布的一般形式,其中设 $a_1<a_2<\cdots<a_r<\cdots$ 为变量 X 的 r 个或可数个可能值,$0<p_i<1$(见表 3.19).表示离散型概率分布的方法,常用的有如下几种:

$$\mathbf{P}\{X=a_i\}=p_k \quad (k=1,2,\cdots r,\cdots) \tag{3.6a}$$

$$X\sim\begin{pmatrix} a_1 & a_2 & \cdots & a_r & \cdots \\ p_1 & p_2 & \cdots & p_r & \cdots \end{pmatrix} \tag{3.6b}$$

表 3.19　离散型变量 X 的概率分布

变量值 a_k	a_1	a_2	$\cdots$	a_r	$\cdots$	合计
$\mathbf{P}\{X=a_k\}$	p_1	p_2	$\cdots$	p_r	$\cdots$	1

亦可用与图3.1类似的纵条图表示离散型概率分布(参见图3.7).

2. 连续型概率分布　连续型变量的值域是直线上的有限或无限区间,其值有无限多个且不可数,故不能像表3.19或(3.6)式那样表示其概率分布.我们将形如表3.12的连续型频率分布中的频率换成概率、频率密度换成概率密度,即可得到连续型概率分布.不过,问题的形式可以更简洁些,我们只需对任意区间(a,b)给出变量X在其中取值的概率$\mathbf{P}\{a<X<b\}$.这样的概率是通过一个非负函数$f(x)\geqslant 0$的积分来求的:

$$\mathbf{P}\{a<X<b\}=\int_a^b f(x)\,\mathrm{d}x \tag{3.7a}$$

特别,

$$\int_{-\infty}^{\infty} f(x)\mathrm{d}x=\mathbf{P}\{-\infty<X<\infty\}=1 \tag{3.7b}$$

函数$f(x)(-\infty<x<\infty)$称作**概率密度函数**,简称**概率密度**或**密度**(图3.8).

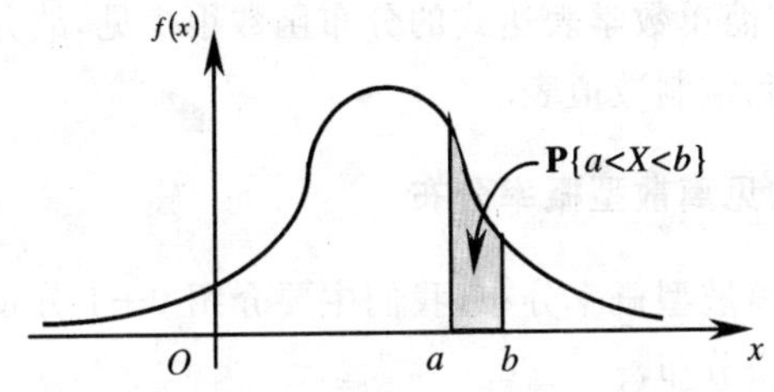

图 3.6　分布曲线示意图

于是,连续型变量的概率分布完全决定于概率密度函数:只要给出满足(3.7b)式的非负函数$f(x)$,就等于给出了概率分布.

3. 联合概率分布　由联合频率分布的概念,可以引出联合概率分布.以下仅限于考虑两个变量的联合概率分布,两个以上变量的联合分布与此完全类似.

对于离散型变量X和Y,设其一切可能值的集合分别为$\{a_i\}$和$\{b_j\}$,则X和Y的联合概率分布可以表示为:

$$\mathbf{P}\{X=a_i,Y=b_j\}=p_{ij} \tag{3.8}$$

其中 $0 \leqslant p_{ij} \leqslant 1$，$\sum\limits_i \sum\limits_j p_{ij} = 1$；亦可将 p_{ij}表示为形如表 3.17 的列联表，只需将其中的 $v_{ij}(w_{ij})$换成 p_{ij}(见表 3.24).

对于二连续型变量 X 和 Y，(X,Y)可视为平面上的点. 对于平面上的任意区域 G，点(X,Y)属于 G 的概率通过一非负函数 $f(x,y)$的积分表示：

$$\mathbf{P}\{(X,Y) \in G\} = \iint\limits_G f(x,y)\mathrm{d}x\mathrm{d}y \tag{3.9}$$

特别，若 $G=\{(x,y):a<x<b,c<y<d\}$是矩形，则

$$\mathbf{P}\{a < X < b, c < Y < d\} = \int_a^b \int_c^d f(x,y)\mathrm{d}x\mathrm{d}y \tag{3.10}$$

4. 分布函数　离散型分布由变量的一切可能值和它取各可能值的概率表示，连续型分布由概率密度表示. 而分布函数，可以以统一的形式表示任何类型的概率分布. 对于任意随机变量，函数

$$F(x)=\mathbf{P}\{X \leqslant x\}(-\infty<x<\infty) \tag{3.11}$$

称作 X 的分布函数或累积分布函数(cumulative distribution function). 具有简单数学表达式的分布函数很少见，故分布函数主要用于一般性讨论和编制数值表.

3.3.2　常见离散型概率分布

关于常见离散型概率分布，我们主要介绍 0—1 分布、二项分布、超几何分布和泊松分布.

1. 0—1 分布　称随机变量 X 服从 0—1 分布，参数为 $p(0<p<1)$，如果它只能取 0 和 1 两个可能值，且

$$\mathbf{P}\{X=0\}=q, \mathbf{P}\{X=1\}=p \tag{3.12}$$

典型应用　考虑只有两种对立结局的试验：一种结局称作“成功”，另一种结局称作“失败”. 例如，射击：命中——成功，脱靶——失败；抽到不合格品——成功，抽到合格品——失败. 以 X 表示试验成功的次数，则 X 服从 0—1 分布，参数 p 是成功的概率，而 $q=1-p$ 是失败的概率.

2. 二项分布　称随机变量 X 服从二项分布，参数为(n,p)，如果

$$\mathbf{P}\{X=k\}=C_n^k p^k q^{n-k} \quad (k=0,1,2,\cdots,n) \tag{3.13}$$

其中 $0<p<1, q=1-p$，记作 $X\sim B(n,p)$.

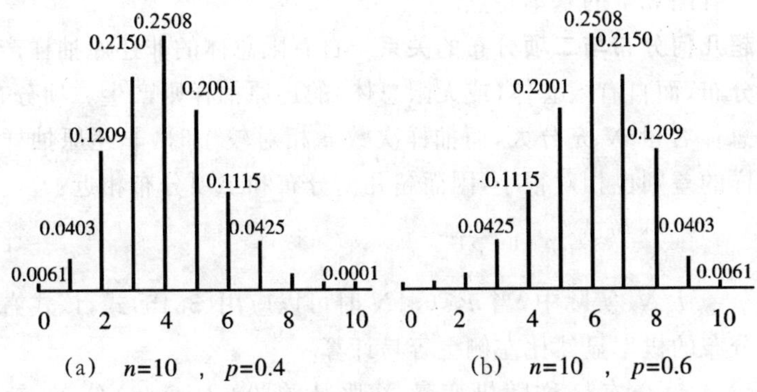

图 3.7 二项分布纵条图

典型应用 (1)独立重复试验成功次数的分布 将只有"成功"和"失败"两种对立结局的试验独立地重复作 n 次，以 X 表示 n 次试验成功的次数，则 X 服从二项分布，参数 p 是成功的概率，而 $q=1-p$ 是失败的概率. 例如，n 次重复射击命中的次数服从二项分布，参数 p 是每次射击的命中率.

(2)自有限总体的还原抽样 设总体 $\Omega=\{\omega_1,\omega_2,\cdots,\omega_N\}$ 含 N 个个体，其中 M 个具有某种特征 A(如不合格品). 以 X 表示 n 次还原抽样中具有特征 A 的个体出现的次数，则 X 服从参数为(n,p)的二项分布，其中 $p=M/N$. 例如，n 次还原简单随机抽样不合格品出现的次数，服从二项分布，参数 p 是不合格品率(见[12]第 55～57 页). 可以用纵条图表示二项分布(见图 3.7).

3. 超几何分布 称随机变量 X 服从超几何分布，参数为(n,N,M)，如果

$$\mathbf{P}\{X=k\}=\frac{C_M^k C_{N-M}^{n-k}}{C_N^n} \quad (k=0,1,\cdots,n) \tag{3.14}$$

其中 $n\leqslant M\leqslant N$.

典型应用 假设总体 $\Omega=\{\omega_1,\omega_2,\cdots,\omega_N\}$ 含 N 个个体，其中 M 个具有某种特征 A(如不合格品). 以 X 表示 n 次非还原抽样具有特征 A

的个体出现的次数，则 X 服从参数为 (n,N,M) 的超几何分布．超几何分布在自有限总体的非还原抽样理论中占重要地位．超几何分布的纵条图具有图 3.7 的基本特点．

超几何分布与二项分布的关系 自有限总体的非还原抽样产生超几何分布，而自有限总体（或无限总体）的还原抽样则产生二项分布．由于当总体容量 N 充分大，而抽样次数 n 相对较小时，非还原抽样和还原抽样的差别也相对很小，因而超几何分布和二项分布相近：

$$\frac{C_M^k C_{N-M}^{n-k}}{C_N^n} \approx C_n^k p^k (1-p)^{n-k} \tag{3.15}$$

其中 $p=M/N$．实际中，当 $n \leqslant 0.1N$ 时可以应用（3.15）式，该式右侧的二项分布的概率显然比左侧更容易计算．

4．泊松分布 称随机变量 X 服从泊松（Poisson）分布，参数为 $\lambda>0$，如果

$$\mathbf{P}\{X=k\}=\frac{\lambda^k}{k!}e^{-\lambda} \quad (k=0,1,2,\cdots) \tag{3.16}$$

图 3.8 是泊松分布纵条图．

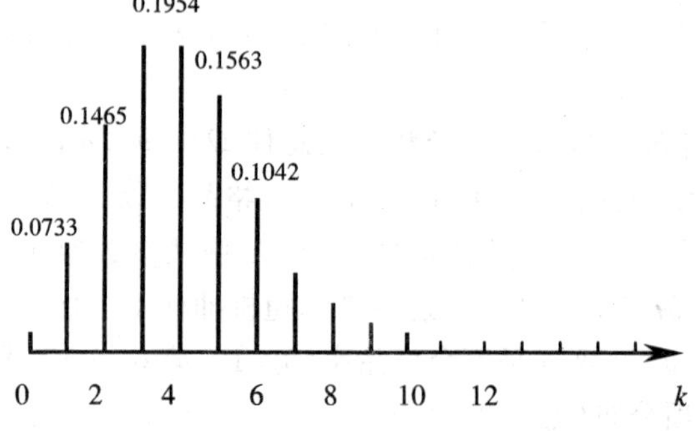

图 3.8 泊松分布纵条图（$\lambda=4$）

典型应用（1）二项分布概率的近似计算 假设 X 服从二项分布，参数 n 充分大而 p 充分小，则（3.13）式的二项分布概率可以利用泊松分布概率（3.16）式近似计算：

$$C_n^k p^k (1-p)^{n-k} \approx \frac{(np)^k}{k!}\mathrm{e}^{-np} \quad (k=0,1,\cdots,n) \tag{3.17}$$

实际中，当 $n \geqslant 100, p \leqslant 0.1$ 时即可用(3.17)式，不过 n 应尽量地大，否则近似效果不佳.

(2) 随机质点流　我们把源源不断地出现在随机时刻的事件(或质点)形成的流，称作随机质点流. 例如，到达商店的顾客、用户对商品质量的投诉、暴雨、交通事故、重大刑事案件、大震后的余震等等所形成的随机质点流. 以 $v(t)$ 表示在长为 t 的时间内出现的随机质点数. 在相当广泛的情形下，$v(t)$ 作为随机变量服从参数为 λt 的泊松分布：

$$\mathbf{P}\{v(t)=k\}=\frac{(\lambda t)}{k!}\mathrm{e}^{-\lambda t} \quad (k=0,1,2,\cdots) \tag{3.18}$$

其中 λ 是单位时间出现的随机质点的平均个数，称作质点流的强度.

例 3.10　1) 为验证(3.17)式的效果，我们将参数 $n=500, p=0.01$ 的二项分布概率与参数为 $\lambda=np=5$ 的泊松分布概率比较，将其概率列入表 3.20，可见

$$C_{500}^{k}0.01^{k}0.99^{500-k}\approx\frac{5^{k}}{k!}\mathrm{e}^{-5}$$

表 3.20　泊松分布和二项分布的概率的比较($n=500, p=0.01; \lambda=np=5$)

可能值 k	0	1	2	3	4	5	6	7	8	≥9
二项概率	.006 6	.033 2	.083 6	.140 2	.176 0	.176 4	.147 0	.104 8	.065 2	.067 0
泊松概率	.006 7	.033 7	.084 2	.140 4	.175 5	.175 5	.146 2	.104 4	.065 3	.068 1

2) 例 3.3 建立了上海夏季暴雨次数的频率分布(表 3.7)，而表 3.21列出了上海夏季暴雨次数的实际频数分布与泊松分布和相应理论期望频数的对照.

表 3.21　上海市夏季暴雨次数的频率分布和概率分布

暴雨次数	0	1	2	3	4	5	6	7	8	≥9
实际年数	4	8	14	19	10	4	2	1	1	0
出现频率	.063 5	.127 0	.222 2	.301 6	.158 7	.063 5	.031 7	.015 9	.015 9	.000 0
出现概率	.051 3	.163 8	.234 2	.223 3	.159 7	.091 3	.043 5	.017 8	.006 4	.008 7
期望年数	3.60	10.32	14.76	14.07	10.06	5.75	2.74	1.12	0.40	0.55

计算表 3.21 的概率时，泊松分布的参数 λ 采用上海每个夏季暴雨的平均次数：上海 63 年共记录了 180 次暴雨，因此 $\lambda=180/63\approx2.86$.

表中有关数据的比较说明用泊松分布可以较好地描绘暴雨次数,以后我们还要用统计推断的方法证明这一点,相应的方法基于实际频数与期望频数的比较.

3.3.3 常见连续型概率分布

连续型概率分布完全决定于概率密度函数,故给出了概率密度就等于给出了概率分布.最基本和常用的连续型概率分布有均匀分布、正态分布和指数分布等.

1. 均匀分布 称随机变量 X 在区间 $[a,b]$ 上均匀分布,如果它有密度

$$f(x)=\begin{cases}\dfrac{1}{b-a}, & 若\ a\leqslant x\leqslant b,\\ 0, & 若不然.\end{cases} \tag{3.19a}$$

均匀分布的分布函数有简单的表达式

$$F(x)=\begin{cases}0, & 若\ x<a,\\ \dfrac{x-a}{b-a}, & 若\ a\leqslant x\leqslant b,\\ 1, & 若\ x\geqslant b.\end{cases} \tag{3.19b}$$

图 3.9 是均匀分布密度 $f(x)$ 及其分布函数 $F(x)$ 的图形.

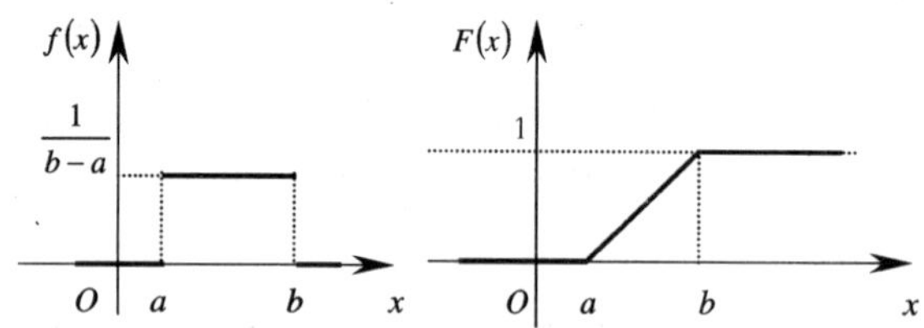

图 3.9 均匀分布密度 $f(x)$ 及其分布函数 $F(x)$

典型应用 均匀分布在统计模拟(仿真)中有重要应用.统计模拟法(亦称**蒙特卡罗法**),按均匀分布律产生大量均匀随机数,并通过均匀随机数进行模拟;利用随机数还可以模拟各种随机抽样.均匀随机数还用于数值计算.例如,对于多重积分的数值计算,统计模拟法是最主要的方法.

随机数 按随机的顺序编排的一系列数字,可以视为对随机变量

进行一系列的观测取得的数据.例如,**均匀随机数**可视为服从均匀分布随机变量的实现.附录中附表2就是一张均匀随机数表.表中的数字可以视为从0,1,…,9简单随机抽样的结果.例如,从附表2中任意取一行(如第10行)自右至左(或自左至右),依次各取5个数字,并分别冠以小数点,便可得到区间[0,1]上的10个均匀随机数:

0.113 06　0.818 61　0.279 25　0.366 53　0.334 76

0.251 35　0.916 74　0.387 58　0.973 36　0.822 84

用类似的方法可以获取任何所需要的随机数.运用均匀随机数,可以模拟各种分布律的随机数[见(3.28)～(3.30)式],可以模拟随机试验和随机抽样.实际应用所需要的随机数一般是大量的,电子计算机可以迅速地产生大量随机数.关于随机数的产生和用其进行模拟的方法,可参阅[7]第112～116页.

2. 正态分布　称随机变量 X 服从参数为 $(\mu\sigma^2)$ 的正态分布,记作 $X\sim N(\mu,\sigma^2)$,如果它有概率密度

$$\varphi(x)=\frac{1}{\sqrt{2\pi}\,\sigma}e^{-\frac{(x-\mu)^2}{2\sigma^2}}\quad(-\infty<x<\infty) \tag{3.20}$$

其分布函数不能表示为初等函数,只能用积分表示

$$F(x)=\frac{1}{\sqrt{2\pi}\,\sigma}\int_{-\infty}^{x}e^{-\frac{(t-\mu)^2}{2\sigma^2}}dt\quad(-\infty<x<\infty) \tag{3.21}$$

当分布参数 $\mu=0,\sigma^2=1$ 时,正态分布称作标准正态分布,记作 $N(0,1)$.不难证明,若 $X\sim N(\mu,\sigma^2)$,则 $U=(X-\mu)/\sigma\sim N(0,1)$.标准正态分布 $N(0,1)$ 有编好的详尽的数值表(见附表1).

(1) 正态分布曲线　正态分布密度 $\varphi(X)$ 的图形称作正态分布曲线(图3.10):曲线关于直线 $x=\mu$ 对称;参数 μ 决定曲线的位置,参数 σ^2 决定曲线的形态;曲线和横坐标轴所夹面积等于1,曲线和任意区间 $[a,b]$ 所夹的面积恰好等于随机变量 X 在该区间取值的概率.

(2) 标准正态分布函数值表　标准正态分布函数 $\Phi(x)$ 是一个用积分表示的函数,其值只能用数值方法求得,并编制成数值表.附表1就是标准正态分布函数的数值表.用 $\Phi(x)$ 表示标准正态分布函数:

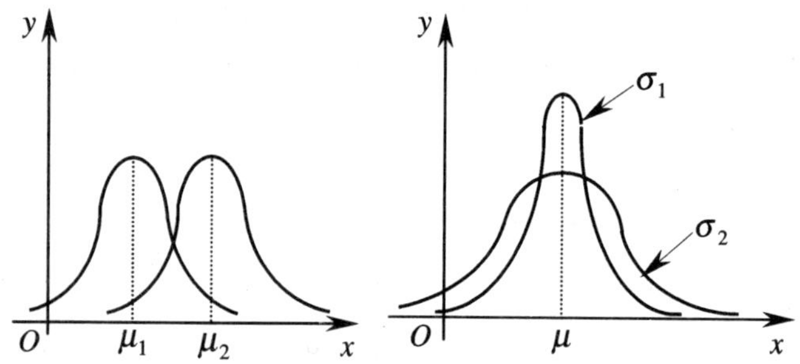

图 3.10 正态分布曲线($\mu_1<\mu_2,\sigma_1<\sigma_2$)

$$\Phi(x)=\frac{1}{\sqrt{2\pi}}\int_{-\infty}^{x}\mathrm{e}^{-\frac{u^2}{2}}\mathrm{d}u \tag{3.22}$$

附表 1 只对于 $x\geqslant 0$ 给出了 $\Phi(x)$的值,因为 $x<0$ 时可以利用公式

$$\Phi(x)=1-\Phi(-x) \tag{3.23}$$

求 $\Phi(x)$的值. 例如,由附表 1 知,$\Phi(1)=0.8413$,而由(3.23)式,得 $\Phi(-1)=1-\Phi(1)=0.1587$. 由附表 1 可以查变量 $X\sim N(\mu,\sigma^2)$在直线上任一区间取值的概率. 例如,若 $X\sim N(0,1)$,则

$$\begin{aligned}\mathbf{P}\{|X|<1\}&=\Phi(1)-\Phi(-1)=2\Phi(1)-1\\&=2\times 0.8413-1=0.6826;\end{aligned}$$

$$\begin{aligned}\mathbf{P}\{|X|<1.96\}&=\Phi(1.96)-\Phi(-1.96)=2\Phi(1.96)-1\\&=2\times 0.9750-1=0.95;\end{aligned}$$

$$\begin{aligned}\mathbf{P}\{|X|<2\}&=\Phi(2)-\Phi(-2)=2\Phi(2)-1\\&=2\times 0.9772-1=0.9544;\end{aligned}$$

$$\begin{aligned}\mathbf{P}\{|X|<3\}&=\Phi(3)-\Phi(-3)=2\Phi(3)-1\\&=2\times 0.9987-1=0.9974\end{aligned}$$

若 $X\sim N(\mu,\sigma^2)$,则 $U=(X-\mu)/\sigma\sim N(0,1)$,因此由上式可得:

$$\mathbf{P}\{\mu-\sigma<X<\mu+\sigma\}=\mathbf{P}\{|U|<1\}=0.6826;$$

$$\mathbf{P}\{\mu-1.96\sigma<X<\mu+1.96\sigma\}=\mathbf{P}\{|U|<1.96\}=0.95;$$

$$\mathbf{P}\{\mu-3\sigma<X<\mu+3\sigma\}=\mathbf{P}\{|U|<3\}=0.9974$$

附表 4 是标准正态分布 $N(0,1)$水平 a 的**双侧分位数** u_a 的数值表:若 $X\sim N(\mu,\sigma^2)$,则对于任意 $a(0<a<1)$,u_a 满足

$$\mathbf{P}\{\mu-u_a\sigma<X<\mu+u_a\sigma\}=\mathbf{P}\{\frac{|X-\mu|}{\sigma}<u_a\}=1-a \tag{3.24}$$

例如，当 $a=0.05$ 时，$u_a=1.96$. 此表在抽样推断中经常使用.

(3) 典型应用 正态分布在统计描述和统计推断中，有非常广泛的应用，在各种分布中居首要地位.

1°实际中，许多自然现象和社会现象、工农业生产和管理以及科学技术和科学试验中的很多现象，都可以用正态分布律来描述.

2°许多重要概率分布，例如统计推断中最常用的 x^2 分布、t 分布和 F 分布都是正态变量函数的分布.

3°中心极限定理：许多概率分布的**极限分布**是正态分布.

1）当 n 充分大时，参数为(n,p)的二项分布的极限分布是正态分布：

$$C_n^k p^k q^{n-k}\approx\frac{1}{\sqrt{2\pi npq}}\mathrm{e}^{-\frac{(k-np)^2}{2npq}}, \tag{3.25}$$

$$\sum_{k=k_1}^{k_2}C_n^k p^k q^{n-k}\approx\frac{1}{\sqrt{2\pi}}\int_{u_1}^{u_2}\mathrm{e}^{-\frac{u^2}{2}}\mathrm{d}u, \tag{3.26}$$

其中 $u_i=(k_i-np)/\sqrt{npq}\quad(i=1,2)$.

2）许多重要统计量、统计数据的数字特征，只要数据个数（样本容量）n 充分大，一般都近似服从正态分布. 例如，多次重复观测结果 X_1，X_2，…，X_n 的算术平均值（样本均值）$\overline{X}$ 近似服从正态分布.

注 实际中，特别是在抽样理论中，(3.25)和(3.26)式应用非常广泛. 在实际运用(3.25)和(3.26)式时应注意以下几个问题.

1°连续性校正[①] 为减少计算性误差，需要对(3.26)式进行校正：

$$\sum_{k=k_1}^{k_2}C_n^k p^k q^{n-k}\approx\frac{1}{\sqrt{2\pi}}\int_{u_1}^{u_2}\mathrm{e}^{-\frac{u^2}{2}}\mathrm{d}u, \tag{3.26a}$$

其中

$$u_1=\frac{k_1-np-0.5}{\sqrt{npq}},\quad u_2=\frac{k_2-np+0.5}{\sqrt{npq}} \tag{3.26b}$$

---

① 参见 W. Feller, An Introduction to Probability Theory and Its Applications, Vol. 1 [Ch. 7 (2.20)], Wiley, 1968.

2°关于 u_i 值的限制　(3.25)和(3.26)式只宜用于 $|u_i|$ 不大于 3 的情形,并且以区间 (u_1, u_2) 包含 np 为佳,否则误差较大;或者要求 n 充分大(见例 3.11).

3°关于 n 的限制①　原则上(3.25)和(3.26)式适用于任何给定的 p 和充分大的 n. 一般,对于 $0.1 \leqslant p \leqslant 0.9$, n 的容许值最小应满足 $npq \geqslant 9$,才宜使用(3.25)和(3.26)式,否则近似效果不佳. 当 $p \leqslant 0.1$ 或 $p \geqslant 0.9 (q \leqslant 0.1)$ 时,宜选用近似公式(3.17). 对于给定的 $0.1 \leqslant p \leqslant 0.5$ 或 $0.5 \leqslant q \leqslant 0.9$,满足 $npq \geqslant 9$ 的最小 n 列入表 3.22,可以参考使用.

表 3.22　用正态分布近似计算二项分布概率时的参数 n 和 p

p	0.50	0.45	0.40	0.35	0.30	0.25	0.20	0.15	0.10
q	0.50	0.55	0.60	0.65	0.70	0.75	0.80	0.85	0.90
n	36	37	38	40	43	48	57	71	100

(4) 正态随机数　假设随机变量 $X \sim N(\mu, \sigma^2)$,其分布完全决定于参数 μ 和 σ^2 的值. 对于给定的参数 μ 和 σ^2 的值,产生 n 个随机数,相当于自总体 X 进行 n 次随机抽样. 这种模拟的随机抽样显然具有很大的实用意义. 有编制好的标准正态随机数表(见[33]). 此外,产生正态随机数的方法很多,这些方法都基于均匀随机数(参见[7]第 115 页;[8]第 135 页). 下面介绍两种便于使用的方法. 设 $X \sim N(\mu, \sigma^2)$,则

$$U = \frac{X-\mu}{\sigma} \sim N(0,1)$$

因此,当 μ 和 σ^2 已知时,为得到关于 X 的随机数,只需产生一个标准正态分布 $N(0,1)$ 随机数. 我们只限于给出方法.

1)设 R 是区间[0,1]上的均匀随机数,则

$$U = \sqrt{\frac{\pi}{8}} S \ln \frac{1+R}{1-R} \tag{3.27}$$

就是一个 $N(0,1)$ 随机数,其中当 $R \leqslant 0.5$ 时, $S=-1$,当 $R>0.5$ 时, $S=1$; $X=\sigma U+\mu$ 就是 $N(\mu, \sigma^2)$ 随机数.

---

① 参见 A. Hald, Statistical Theory with Engineering Applications, New York-London, 1952.

2)设 $R_1,R_2,\cdots,R_n$ 是[0,1]区间上的 n 个随机数,其中 n 充分大,则

$$U=\sqrt{\frac{12}{n}}\sum_{i=1}^{n}R_i-\sqrt{3n} \tag{3.28}$$

就是一个 $N(0,1)$ 随机数.理论上(3.29)式中 n 应充分大,但是实际应用中 $n=12$ 时即可得到满意的结果.这时

$$U=\sum_{i=1}^{n}R_i=6. \tag{3.29}$$

例 3.11 1)例 3.6 中图 3.5 的光滑曲线勾画出直方图的轮廓,直观上这些曲线很像正态分布曲线,表明 200 个零件尺寸的频率分布近似正态分布.

2)表 3.23 是二项分布概率 B_i 与正态分布概率 N_i 的比较,其中 B_i 和 N_i 分别按(3.27a)式左侧和右侧计算,而参数 $n=100,p=0.30$, $np=30,npq=21$;表的最后一栏是 N_i 对 B_i 的相对误差.表 3.23 表明,成功次数 μ_n 越接近 $np=30$,公式(3.27a)的相对误差越小;相反,成功次数 μ_n 离 $np=30$ 越远,则相对误差越大.例如,对于$\{9\leqslant\mu_n\leqslant 11\}$,按(3.27b)式计算 $u_1=-4.0370,u_2=-3.3824$;这时,经计算可得正态概率 N 与二项概率 B 的相对误差为 400%;对于$\{12\leqslant\mu_n\leqslant 14\}$,$u_1=-3.3824,u_2=-2.9459$,$N$ 与 B 的相对误差为 100%.因此我们说当 $|u|>3$时,不宜用近似公式(3.27).

表 3.23 二项分布概率与正态分布概率的比较($n=100,p=0.30$)

编号 i	成功次数 $k_1\leqslant\mu_n\leqslant k_2$	二项概率 B_i	正态概率 N_i	相对误差(%) $\Delta_i=(N_i-B_i)/B_i$
1	15~17	0.002 01	0.002 83	40
2	18~20	0.014 30	0.015 99	12
3	21~23	0.059 07	0.058 95	0
4	24~26	0.148 87	0.144 47	−3
5	27~29	0.237 94	0.234 05	−2
6	31~33	0.230 13	0.234 05	2
7	34~36	0.140 86	0.144 47	3

续表

编号 i	成功次数 $k_1\leqslant\mu_n\leqslant k_2$	二项概率 B_i	正态概率 N_i	相对误差(%) $\Delta_i=(N_i-B_i)/B_i$
8	37～39	0.058 86	0.058 95	0
9	40～42	0.017 02	0.015 99	6
10	43～45	0.003 43	0.002 83	−17

3. 指数分布　称随机变量 X 服从参数为 $\lambda>0$ 的指数分布，如果它有密度

$$f(x)=\begin{cases}\lambda e^{-\lambda x}, & 若\ x>0.\\ 0, & 若\ x\leqslant 0.\end{cases}\tag{3.30}$$

指数分布函数具有简单的数学表达式

$$F(x)=\begin{cases}1-e^{-\lambda x}, & 若\ x>0.\\ 0, & 若\ x\leqslant 0.\end{cases}\tag{3.31}$$

典型应用　泊松分布描绘随机质点流中，在给定时间段上出现的随机点数的概率分布，指数分布描绘相继出现的两个随机质点时间间隔的概率分布，这样的时间间隔称作**等待时间**. 例如，设备无故障运转的时间、设备的使用寿命或维修时间、设备相继出现两次故障的时间间隔等等都是“等待时间”.

3.3.4　统计推断常用的三个概率分布

统计推断中最常用的三个概率分布：χ^2 分布、t 分布和 F 分布，都是连续型分布. 三个分布的随机变量都是正态随机变量的函数. 对于实际应用，这些分布的概率密度的数学形式并不重要. 因此，我们仅限于给出：(1)分布曲线的形状；(2)产生分布的典型模式；(3)分布的分位数. 具体的应用将在以后各章陆续介绍.

1. χ^2 分布　χ^2 分布是非负随机变量的连续型分布，其唯一参数称作自由度. χ^2 分布是统计推断中最常用的分布之一.

χ^2 分布曲线和分位数　图 3.11 是 χ^2 分布曲线示意图及 χ^2 分布上侧分位数 $\chi^2_{\alpha,\nu}$.

设随机变量 χ^2 服从自由度为 ν 的 χ^2 分布，其水平 α 上侧分位数

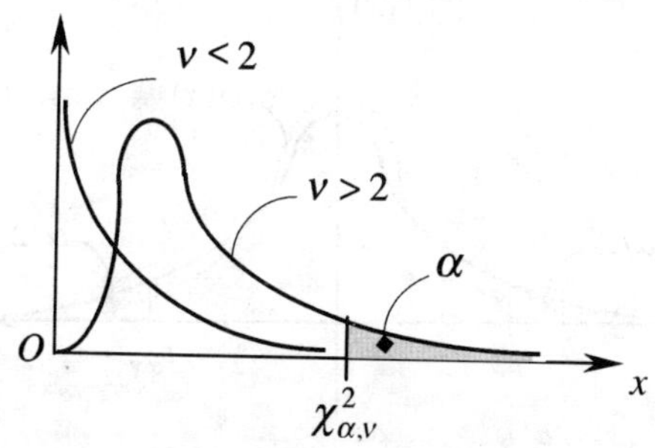

图 3.11　分布曲线和分位数

$\chi^2_{\alpha,\nu}$决定于如下等式：

$$\mathbf{P}\{\chi^2 \geqslant \chi^2_{\alpha,\nu}\} = \alpha. \tag{3.32}$$

附表 6 是自由度为 ν 的水平 α 上侧分位数 $\chi^2_{\alpha,\nu}$的数值表.

χ^2 变量的典型模式　设随机变量 $X_1, X_2, \cdots, X_\nu$ 独立且同服从标准正态分布 $N(0,1)$，则随机变量：

$$\chi^2 = X_1^2 + X_2^2 + \cdots + X_\nu^2 \tag{3.33}$$

服从自由度为 ν 的 χ^2 分布. 于是，独立标准正态随机变量的平方和服从 χ^2 分布，自由度 ν 是被加项数.

2. *t* 分布　亦称 Student 分布，是一种连续型分布，其唯一参数 ν 称作自由度. t 分布在统计中用于均值的推断和比较.

t 分布曲线和分位数　t 分布曲线与标准正态分布曲线非常接近，它关于纵坐标轴对称. t 分布多采用**双侧分位数**，记作 $t_{\alpha,\nu}$(见图 3.12)，其中 $\alpha(0<\alpha<1)$是显著性水平，v 是 t 分布的自由度. $t_{\alpha,\nu}$决定于如下等式：

$$\mathbf{P}\{|t| \geqslant t_{\alpha,\nu}\} = \alpha \tag{3.34}$$

其中 t 表示服从自由度为 ν 的 t 分布随机变量. 附表 7 是分布的双侧分位数表.

变量的典型模式　设变量 $U \sim N(0, 1^2)$，χ^2_ν 是服从自由度为 ν 的 χ^2 分布变量，且与 U 独立，则随机变量

$$t = \frac{U}{\sqrt{\chi^2_\nu / \nu}} \tag{3.35}$$

服从自由度为 ν 的 t 分布. 由附表 7 可见，当自由度 ν 充分大时，t 分布

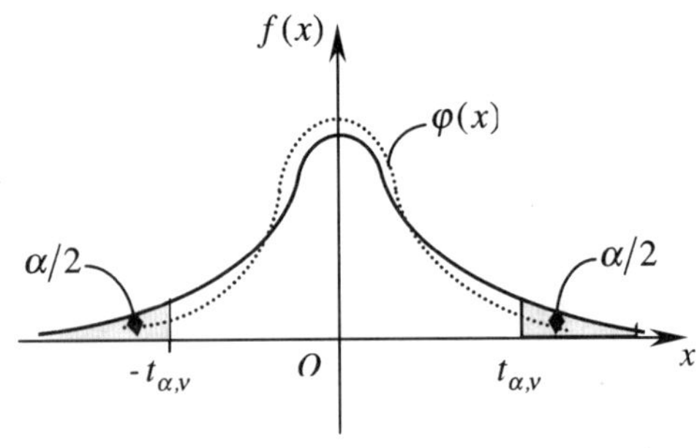

图 3.12　t 分布曲线和分位数

的双侧分位数十分接近标准正态分布的双侧分位数．事实上，当 ν 充分大时，t 分布十分接近标准正态分布 $N(0,1)$．实际中，只有当 $\nu<30$ 时才必须强调两个表——附表 4 和附表 7 的差异．

3．F 分布　亦称**方差比分布**，是非负随机变量的一种连续型分布，依赖于两个参数 (f_1,f_2)，分别称作**第一自由度**和**第二自由度**．F 分布在统计中用于方差的比较，在方差分析、回归分析和相关分析中有重要的应用．

F 分布曲线和分位数　F 分布曲线与 χ^2 分布曲线有类似的形状（图 3.13）．F 分布有编制好的上侧分位数表（附表 8）．

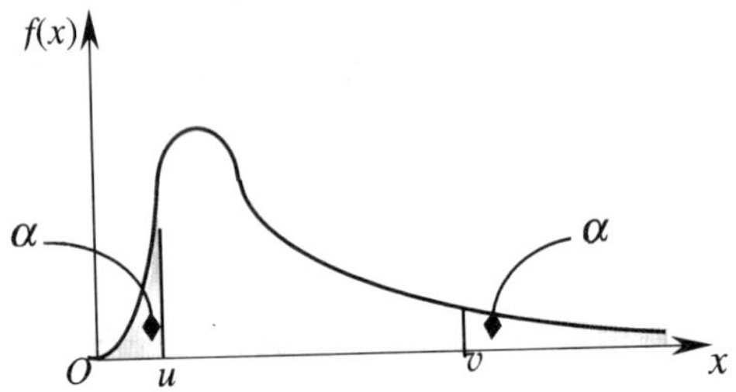

图 3.13　F 分布曲线和分位数 $u=F_{1-\alpha}(f_1,f_2)$，$\nu=F_\alpha(f_1,f_2)$

附表 8 是自由度为 (f_1,f_2) 的 F 分布水平 α 上侧分位数 $F_\alpha(f_1,f_2)$ 数值表，它确定于如下等式：

$$\mathbf{P}\{F>F_\alpha(f_1,f_2)\}=\alpha. \tag{3.36}$$

其中 F 表示服从自由度为(f_1,f_2)的 F 分布的随机变量.对于不同的自由度(f_1,f_2)和 $\alpha<0.50$,编制了 F 分布分位数的数值表(见[29]~[33]).而对于 $\alpha>0.50$,可以利用如下关系式求出分位数:

$$F_{1-\alpha}(f_1,f_2)=\frac{1}{F_\alpha(f_2,f_1)}. \tag{3.37}$$

例如,由附表 8 可见,

$$F_{0.95}(4,5)=\frac{1}{F_{0.05}(5,4)}=\frac{1}{6.26}=0.1579.$$

F 变量的典型模式 设随机变量 χ_1^2 和 χ_2^2 相互独立,都服从 χ^2 分布,自由度分别为 f_1 和 f_2,则随机变量

$$F=\frac{\chi_1^2/f_1}{\chi_2^2/f_2} \tag{3.38}$$

服从 F 分布,自由度为(f_1,f_2).由于(3.39)式,自由度 f_1 和 f_2 又分别称作**分子自由度**和**分母自由度**.

3.3.5 联合概率分布

由联合频率分布自然引出联合概率分布.以下主要考虑两个变量 X 和 Y 的情形.实际中的联合概率分布也分为离散型和连续型两大类.

1.离散型联合概率分布 设 X 和 Y 都是离散型变量,$\{x_i\}$和$\{y_j\}$分别是 X 和 Y 的一切可能的集合,则 X 和 Y 的联合概率分布表示为列联表(表 3.24).

表 3.24 离散型随机变量 X 和 Y 的联合概率分布

X \ p_{ij} \ Y	y_1	y_2	…	y_t	…	$p_{i\cdot}=\sum_j p_{ij}$
x_1	p_{11}	p_{12}	…	p_{1t}	…	$p_{1\cdot}$
x_2	p_{21}	p_{22}	…	p_{2t}	…	$p_{2\cdot}$
⋮	⋮	⋮	…	⋮	⋮	⋮
x_s	p_{s1}	p_{s2}	…	p_{st}	…	$p_{s\cdot}$
⋮	⋮	⋮	…	⋮	⋮	⋮
$p_{\cdot j}=\sum_i p_{ij}$	$p_{\cdot 1}$	$p_{\cdot 2}$	…	$p_{\cdot t}$	…	1

表中第一列和最后一列恰好是 X 的概率分布，第一行和最后一行恰好是 Y 的概率分布；或表示为

$$\mathbf{P}\{X=x_i,Y=y_j\}=p_{ij}, \tag{3.39}$$

其中

$$p_{ij}\geqslant 0,\sum_i\sum_j p_{ij}=1.$$

变量 X 和 Y 的联合分布完全决定 X 的概率分布和 Y 的概率分布（称作联合分布的**边缘分布**）：

$$\begin{aligned}\mathbf{P}\{X=x_i\}&=\sum_j\mathbf{P}\{X=x_i,Y=y_j\}=\sum_j p_{ij}=p_{i\cdot},\\ \mathbf{P}\{Y=y_j\}&=\sum_i\mathbf{P}\{X=x_i,Y=y_j\}=\sum_i p_{ij}=p_{\cdot j}.\end{aligned} \tag{3.40}$$

2. 连续型联合概率分布　与一个随机变量的情形类似，连续型随机变量 X 和 Y 的联合概率分布，或连续型随机变量 (X,Y) 的概率分布通过一非负函数 $f(x,y)\geqslant 0$ 的积分表示（见(3.9)和(3.10)式），称函数 $f(x,y)$ 为**联合概率密度**，它不但完全决定 X 和 Y 的联合概率分布，而且完全决定 X 的概率分布和 Y 的概率分布. 以 $f_1(x)$ 和 $f_2(y)$ 分别表示 X 和 Y 的概率密度，则

$$\begin{aligned}f_1(x)&=\int_{-\infty}^{\infty}f(x,y)\mathrm{d}y\quad(-\infty<x<\infty),\\ f_2(y)&=\int_{-\infty}^{\infty}f(x,y)\mathrm{d}x\quad(-\infty<y<\infty),\end{aligned} \tag{3.41}$$

而 $f_1(x)$ 和 $f_2(y)$ 都称作 $f(x,y)$ 的**边缘密度**.

(1) 二元均匀分布　设 G 是平面区域，$S(G)$ 是其面积，称随机变量 X 和 Y 的联合分布为区域 G 上的均匀分布，如果其联合密度为

$$f(x,y)=\begin{cases}\dfrac{1}{S(G)}, & 若(x,y)\in G,\\ 0, & 若不然.\end{cases} \tag{3.42}$$

特别，若 $G=\{(x,y):a\leqslant x\leqslant b,c\leqslant y\leqslant d\}$，则

$$f(x,y)=\begin{cases}\dfrac{1}{(b-a)(d-c)}, & 若\ a\leqslant x\leqslant b,c\leqslant y\leqslant d,\\ 0, & 若不然.\end{cases} \tag{3.43}$$

(2) 二元正态分布　二元正态联合密度为：

$$f(x,y)=\frac{1}{2\sigma_1\sigma_2\sqrt{1-\rho^2}}\exp\left\{-\frac{u^2-2\rho uv+v^2}{2(1-\rho^2)}\right\}, \tag{3.44}$$

其中 $u=(x-\mu_1)/\sigma_1, v=(y-\mu_2)/\sigma_2$，而 $\exp\{\cdots\}=e^{\{\cdots\}}$. 若变量 X 和 Y 的联合概率密度为 $f(x,y)$，则 $X\sim N(\mu_1,\sigma_1^2), Y\sim N(\mu_2,\sigma_2^2)$. 虽然二元正态分布的两个边缘分布都是正态分布，但是 X 和 Y 都服从正态分布，还不能保证其联合分布是二元正态分布（参见[23] 第三章，习题12）. 关于二元、三元和 $n(n\geqslant 2)$ 元正态分布的一般形式和性质，可参见[6]第三章§3.3.4，第141、142页；[12]第三章第123～127页；[9]第六章§4；图3.14是二元正态密度的图形.

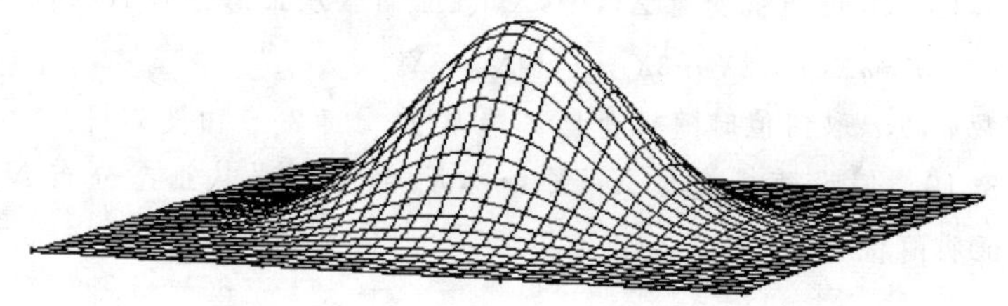

图3.14 二元正态概率密度

习 题 3

3.1 何谓事件的频率？何谓频率的稳定性？

3.2 何谓事件的概率？事件的频率和概率的关系如何？

3.3 何谓频率分布？何谓频率(数)密度？何谓标准频率(数)？

3.4 频率分布有哪些常用的图形表示法？

3.5 如何建立连续型频率分布的直方图？

3.6 何谓概率分布？概率分布与频率分布的关系如何？

3.7 产生二项分布的典型模式如何？

3.8 产生超几何分布的典型模式如何？

3.9 (均匀)随机数如何构造和使用？

3.10 中心极限定理常用形式如何表示？

3.11 指数分布有哪些典型应用？

3.12　产生 χ^2 分布的典型模式是什么？

3.13　产生 t 分布的典型模式是什么？

3.14　产生 F 分布的典型模式是什么？

3.15　阐述 F 分布水平 α 和水平 $1-\alpha(0<\alpha<1)$ 的上侧分位数之间的关系.

3.16　设随机变量 X 服从自由度为 f 的，证明随机变量 X^2 服从自由度为 $(1,f)$ 的 F 分布.

3.17　设随机变量 X 服从自由度为 (f_1,f_2) 的 F 分布，证明随机变量 $Y=1/X$ 服从自由度为 (f_1,f_2) 的 F 分布.

3.18　假设随机变量 $X_1,\cdots,X_5$ 独立同服从正态分布 $N(0,2^2)$；

$$Y=aX_1^2+b(2X_2+3X_3)^2+c(4X_4-5X_5)^2.$$

问常数 a,b,c 取何值时随机变量 Y 服从 χ^2 分布？自由度如何？

3.19　假设随机变量 $X_1,X_2,\cdots,X_8$ 独立同服从正态分布 $N(0,3^2)$. 证明随机变量

$$Y=\frac{X_1+X_2+X_3+X_4}{\sqrt{X_5^2+X_6^2+X_7^2+X_8^2}}$$

的概率分布是自由度为 4 的 t 分布.

3.20　假设随机变量 $X_1,X_2,\cdots,X_{15}$ 独立同正态分布 $N(0,9)$，证明随机变量

$$Y=\frac{1}{2}\cdot\frac{X_1^2+X_2^2+\cdots+X_{10}^2}{X_{11}^2+X_{12}^2+\cdots+X_{15}^2}$$

的概率分布是自由度为 $(10,5)$ 的 F 分布.

第四章　统计数据的数字特征

第二章讲述统计整理的基本思路和方法，第三章是统计整理和描述的重要内容之一——频率分布和频数分布，及其理论模型——概率分布；这一章集中讲统计整理和描述的另一重要内容——统计数据的数字特征，及相应的理论特征——概率分布的数字特征，并阐述二者之间的关系.统计数据的数字特征是经验特征，概率分布的数字特征是理论特征，主要包括：位置特征、散布特征、形态特征和关系特征等.一方面，它们各自从一定的角度或侧面更具体、更准确地反映数据或变量的性质和特点；另一方面，这些数字特征，又是统计分析和推断的重要工具.

§4.1　统计数据的位置特征

位置特征主要是平均数，包括表征数据的集中位置、分布中心、平均水平或一般水平的一类数字特征.常用的统计数据的位置特征主要有累积平均数(cumulative average)和结构平均数(structural average)两大类.常用累积平均数主要包括：算术平均数、调和平均数、几何平均数等，它们都是由变量值(或变量的函数值)先求和再求平均得到的平均数；结构平均数是由数据的结构获得的平均数，反映数据结构的特点，常用的主要有：众数、中位数、修正算术平均数、中列数等.它们的计算方法不同，指标的含义、应用场合和性质也有所不同.下面，我们就分别对其加以研究.

4.1.1 累积平均数

按“先求和再平均”求得的平均数称作累积平均数. 对于任意一组数据 $x_1,x_2,\cdots,x_n$ 以及任意一个适当选定的函数 $\varphi(x)$ 和非负数 $v_1,v_2,\cdots,v_n$，累积平均数 $\bar{x}$ 决定于方程

$$\varphi(\bar{x})=\frac{v_1\varphi_1(x)+v_2\varphi_2(x)+\cdots+v_n\varphi_n(x)}{v_1+v_2+\cdots+v_n} \tag{4.1}$$

或

$$\varphi(\bar{x})=w_1\varphi_1(x)+w_2\varphi_2(x)+\cdots+w_n\varphi_n(x), \tag{4.2}$$

其中

$$w_i=\frac{v_1}{v_1+v_2+\cdots+v_n}\quad (i=1,2,\cdots,n), \tag{4.3}$$

w_i 称作**权重**，而 v_i 称作**权数**，统称为**权**(weight). 显然，权重满足条件：$0\leqslant w_i\leqslant 1, w_1+w_2+\cdots+w_n=1$. 当 $v_1=v_2=\cdots=v_n=1$ 时，即当

$$w_1=w_2=\cdots=w_n=\frac{1}{n}$$

时，称 $\bar{x}$ 为**简单平均数**，否则称 $\bar{x}$ 为**加权平均数**.

选择不同的函数形式 $\varphi(x)$，便可以得到各种平均数中常用的算术平均数(arithmetic average)、调和平均数(harmonic average)和几何平均数(geometric average)等累积平均数①.

1. 算术平均数　公式(4.1)中，当 $\varphi(x)=x$ 时，得到算术平均数：

$$\bar{x}_a=\begin{cases}\dfrac{x_1+x_2+\cdots+x_n}{n} & (\text{简单算术平均}),\\[2ex] \dfrac{x_1v_1+x_2v_2+\cdots+x_nv_n}{v_1+v_2+\cdots+v_n} & (\text{加权算术平均}).\end{cases} \tag{4.4}$$

算术平均数是平均数中应用最广泛、最普遍的一种形式. 当谈到平均数而又未说明其形式时，通常指的就是算术平均数. 一般情况下，算术平均数的计算可以归结为：加总所有数据，并将所得到的总和除以数据总个数. 具体计算过程中，根据未经分组的原始数据求平均时，一般

① 所列举的三种平均数都属于所谓“幂平均数”，对应于幂函数 $\varphi(\chi)=\chi^{\alpha}$：当 $\alpha=1$ 时得算术平均数；当 $\alpha=-1$ 时得调和平均数；当 $\alpha\to 0$ 时得几何平均数.

计算简单算术平均数，简单算术平均数多适用于数据量较小的情况. 当数据量较大时，我们一般用分组或频率(数)分布进行计算——以频率或频数为权数，用加权算术平均数的形式来求算术平均数.

例 4.1 200 名生产工人日组装成品件数的统计资料见表 3.6，求每个工人日平均组装成品件数.

解 考虑到完成日组装成品件数的工人人数不尽相同，因此不能采用简单算术平均数，而要计算加权算术平均数：

$$\bar{x}=\frac{x_1v_1+x_2v_2+\cdots+x_5v_5}{v_1+v_2+\cdots+v_5}=\sum_{i=1}^{5}x_iw_i=\frac{1\,080}{200}=5.4.$$

如果用频率做权数，则也有相同的结果.

根据数据资料的不同，用来作为权的主要有两种形式[①]：一种是数据的各可能值——变量值出现的次数(频数)，另一种是频率. 这两种权的本质相同，计算结果也相同. 显然，当各变量值的权都相等，即 $v_1=v_2=\cdots=v_n$ 时，权也就失去了权衡轻重的作用，这时加权算术平均数即为简单算术平均数.

利用连续型频率(数)分布计算算术平均数，与用离散型频率(数)分布情形类似，所不同的只是前者要利用**组中值**(class mark)做变量代表值进行计算. 在实际的连续型频率(数)分布中，并不计算组平均数，而是以组中值来代表属于该组的一切值，对此将在下面"连续型频率分布的平均数"一节(§4.1.3)中详细介绍.

算术平均数的基本性质 在计算算术平均数的过程中，利用这些性质能够减少计算量.

(1)对于任意常数 a 和 b，有 $y_1=ax_1+b,\cdots,y_n=ax_n+b$ 的算术平均数为：

$$\bar{y}_a=a\bar{x}_a+b;$$

(2)离差之和等于 0

$$\sum_{i=1}^{n}(x_i-\bar{x}_a)v_i=0;$$

---

① 当然，还有一种情形. 例如，经济效益指数的权数反映相应指标对经济效益的重要程度. 一般由专家评议确定(见附录一中词条"工业经济效益综合指数").

(3)对任意常数 c,有

$$\sum_{i=1}^{n}(x_i-\overline{x}_a)^2v_i\leqslant\sum_{i=1}^{n}(x_i-c)^2v_i.$$

算术平均数含义通俗易懂,直观清晰,适合用代数方法的演算,易于掌握,应用非常广泛.任何一组数据都有且仅有唯一的算术平均数.计算时,所有的数据均参加运算.但是,算术平均数容易受极端变量值的影响.当数据的波动范围较大的时候,算术平均数的代表性较差.在类似的情形下,常使用修正算术平均数(见§4.1.2中(4.10)式).

2.调和平均数　公式(4.1)中,设 $\varphi(x)=1/x$,则得调和平均数,其计算公式为:

$$\overline{x}_h=\begin{cases}\dfrac{n}{\dfrac{1}{x_1}+\dfrac{1}{x_2}+\cdots+\dfrac{1}{x_n}} & \text{(简单调和平均)},\\ \dfrac{v_1+v_2+\cdots+v_n}{\dfrac{v_1}{x_1}+\dfrac{v_2}{x_2}+\cdots+\dfrac{v_n}{x_n}} & \text{(加权调和平均)}.\end{cases}\qquad(4.5)$$

在实际应用中,调和平均数多作为算术平均数的变形使用.在某些场合,所给的统计资料不能直接计算算术平均数,只能以另一种形式的平均数——调和平均数来计算.这时,调和平均数与算术平均数的计算结果相同,实际意义也完全相同,只是由于所掌握的资料不同,计算过程不同而已.下面我们分别通过举例来说明其用法.

例 4.2　某企业所属 6 个销售点的计划完成情况统计资料如表 4.1.试求该企业所属 6 个销售点的平均计划完成程度.

表 4.1　某企业各销售点计划完成情况统计资料

(单位:万元)

销售点	1	2	3	4	5	6	合计
实际销售额 v_i	2.55	17.1	24.0	34.45	35.65	30.0	143.75
销售计划完成程度 x_i	85%	95%	100%	105%	115%	120%	

解　销售额的计划平均完成程度,等于实际销售总额与计划销售总额之比.由于只掌握有各销售点的实际销售额和计划完成程度,而无计划销售额的数据,因此只能由前两组数据推算出来,从而平均计划完

成程度的计算公式具有加权调和平均数的形式，其权为实际销售额. 因此平均计划完成程度为：

$$\bar{x}=\frac{\sum_{i=1}^{6} v_i}{\sum_{i=1}^{6} \frac{v_i}{x_i}}=\frac{143.75}{133.81}=107.43\%$$

如果已掌握资料为各销售点计划销售额和计划完成程度，则用算术平均数形式即可求得平均计划完成程度，二者计算结果亦相同. 这是在由相对数计算平均数时，调和平均数的一个典型应用.

3. 几何平均数　公式(4.1)中，当 $\varphi(x)=\ln x$ 时，得到几何平均数：

$$\bar{x}_g=\begin{cases}\sqrt[n]{x_1 x_2,\cdots,x_n} & \text{（简单几何平均）}\\ \sqrt[v]{x_1^{v_1},x_2^{v_2},\cdots,x_n^{v_n}}, & \text{（加权几何平均）}\end{cases} \tag{4.6}$$

其中 $v=v_1+v_2+\cdots+v_n$.

几何平均数的应用　几何平均数是若干变量值的连乘积的 n 次方根，其中 n 是变量值的个数. 几何平均数说明事物在一段时间按几何级数规律变化的量的平均水平，它主要用于计算平均发展速度（见§8.2）. 平均发展速度是环比发展速度时间序列的序时平均数，其形式恰好是几何平均数.

几何平均数的性质　以 $\bar{x}_g$ 表示几何平均数，则几何平均数具有如下性质：

(1) $\ln\bar{x}_g$ 等于 $\ln x_1,\ln x_2,\cdots,\ln x_n$ 的算术平均数；

(2) $1/x_1,\cdots,1/x_n$ 的几何平均数等于 $1/\bar{x}_g$；

(3) 设 $\bar{x}_g$ 和 $\bar{y}_g$ 分别为 $x_1,x_2,\cdots,x_n$ 和 $y_1,y_2,\cdots,y_n$ 的几何平均数，则 $x_1y_1,x_2y_2,\cdots,x_ny_n$ 的几何平均数等于 $\bar{x}_g\cdot\bar{y}_g$；$x_1/y_1,x_2/y_2,\cdots,x_n/y_n$ 的几何平均数等于 $\bar{x}_g/\bar{y}$；

(4) 如果数据中含有 0，则其几何平均数为 0.

当统计数据数量较大时，利用以上性质，可以减少计算量.

例 4.3　1995 年～2000 年间我国人口总数及其逐年发展速度的数据见表 4.2 的前三行：

表 4.2　我国人口统计资料

（单位:万人）

年度	1995	1996	1997	1998	1999	2000	合计
人口	121 121	122 389	123 626	124 761	125 786	126 743	—
年人口发展速度 x_i		101.05%	101.01%	100.92%	100.82%	100.76%	
年人口增长速度 x_i-1	—	1.05%	1.01%	0.92%	0.82%	0.76%	—
$\ln x_i$	—	0.0104	0.0100	0.0092	0.0082	0.0076	

试求我国人口总数在 1995 年～2000 年间的平均增长速度①.

解　这是一组呈几何级数变化的量,因此采用几何平均数.由公式(4.6)可得

$$\bar{x}_g=\sqrt[5]{x_1x_2\cdots x_5}=\sqrt[5]{1.0464}=100.91\%.$$

考虑到开高次方根计算起来比较麻烦,利用性质可先求各数值的对数的算数平均数:

$$\ln\bar{x}_g=\frac{\sum\limits_{i=1}^{5}\ln x_i}{5}=\frac{0.0454}{5}=0.0091.$$

于是,$\bar{x}_g=e^{ln\bar{x}_g}=e^{0.0091}=100.91$,我国人口在 1991 年～1996 年间的平均增长速度为:

$$100.91\%-1=9.1‰.$$

4. 三种平均数的关系　可以证明,对于任意一组均大于 0 的数据 $x_1,x_2,\cdots,x_n$,其调和平均数 $\bar{x}_h$、几何平均数 $\bar{x}_g$ 和算术平均数 $\bar{x}_a$ 之间有如下关系:

$$\bar{x}_h\leqslant\bar{x}_g\leqslant\bar{x}_a, \tag{4.7}$$

三者相等当且仅当 $x_1=x_2=\cdots=x_n$. 关系式(4.7)用初等数学方法即可证明,在此就不作介绍了.

当数据波动幅度较小时,三种平均数的值差别较小.掌握了对同一组数据三种平均数之间的这种关系,能够帮助我们从数值上确定某一

① 发展速度和增长速度将在第九章介绍:

$$发展速度=\frac{报告期人口}{基期人口},增长速度=\frac{报告期人口-基期人口}{基期人口}=发展速度-1.$$

平均数的范围.但是必须强调,这只是一种数量关系,并不能因此而放弃计算几何平均数,而用算术平均数代替.几何平均数是平均指标的一种独立形式,与算术平均数和调和平均数在统计意义上是有很大差别的.只有数据的连乘积等于总比率或总速度的现象,才能使用几何平均数计算其平均发展速度.这就要求我们在实际应用中,必须根据研究目的,具体分析社会经济现象的客观性质,选择合理的平均指标的形式,只有这样才能客观、真实地反映事物的发展水平.否则,应当选用算术平均数时而误用了几何平均数,必然低估了数据的平均水平;反之,将高估数据的一般水平.尤其对于以几何比率变动的社会经济现象,其一般发展水平估计的误差,反映在绝对值上的差别往往是很明显的.

4.1.2 结构平均数

结构平均数亦称**描述平均数**(descriptive average),是反映数据结构特点的位置特征.常用的结构平均数有中位数(median)、众数(mode)、修正算术平均数(modified arithmetic average)和中列数(mid-range)等,其中中位数、修正算术平均数和中列数等,由于在全部数据按大小顺序排列的数列中处于完全确定的位置,所以又称作**顺序平均数**(order average).

1. 中位数　亦称**中值**(mid-value),位于数据的中间位置的数值:一半数据在其下,另一半在其上.确切地说,对于任意一组数据 $x_1,x_2,\cdots,x_n$,将其由小到大顺序排列,得到新的数列:

$$x_{(1)}\leqslant x_{(2)}\leqslant\cdots\leqslant x_{(n)}.$$

若 $n=2m+1$ 是奇数,则 $x_{(m+1)}$ 就是中位数;若 $n=2m$ 是偶数,则位于中间的两个数为 $x_{(m)}$ 和 $x_{(m+1)}$ 的算术平均数称作**中位数**,记作 $x_{1/2}$:

$$x_{1/2}=\begin{cases} x_{(m+1)}, & \text{若 } n=2m+1 \text{ 为奇数}, \\ \frac{1}{2}(x_{(m)}+x_{(m+1)}), & \text{若 } n=2m \text{ 为偶数}. \end{cases} \tag{4.8}$$

当数据较少时,可用公式(4.8)直接求中位数.如 10 名评委对某歌手的评分为:

9.85　9.90　9.80　9.85　9.75　9.85　9.88　9.80　9.70　9.80

则 $x_{(5)}=9.80$，$x_{(6)}=9.85$，中位数为 9.825.

对于数据较多的情况，通常总是先将原始统计资料分组并建立频率或频数分布，然后求其中位数. 对于离散型频率或频数分布，容易由(4.8)式确定中位数. 对于根据区间分组数据建立的连续型频率分布，可以求出中位数的近似值. 对此将在§5.1.3中详细介绍.

中位数作为统计数据“中心”位置的度量，其最大的优点是受数据中异常值的影响较小，因为它是由数据按大小排列的相对顺序决定的，对数据具体取值的变动并不敏感. 当掌握的统计数据较少，而且各变量值差异程度较大或统计分布为偏态时，用中位数作为其典型水平代表性更强. 对于统计推断，中位数的统计优良性，一般要比算术平均数差.

2. 众数　亦称**最可能数**(most probable number)，记作 $\hat{x}$，是统计数据中出现次数最多或出现频率最高的数值，是数据最为密集的地方. 众数通常存在，但未必唯一. 也就是说，一组数据至少有一个众数，也可能有若干个众数. 例如，10名裁判对某运动员的评分为：

9.85　9.90　9.80　9.75　9.85　9.88　9.80　9.70　9.85　9.80

显然各有三名裁判出示了 9.85 和 9.8. 于是 9.8 和 9.85 都是众数. 不过，假如有多个众数，则其代表性也就降低了.

也可以利用频率(数)分布求众数的值. 对基于单项分组数据建立的离散型频率(数)分布，频率(数)最大的那一组(或几组)的变量值即为所求众数；对基于区间分组数据建立的连续型频率(数)分布，将在下面“连续型频率分布的平均数”中详细介绍.

例 4.4　200名生产工人日组装成品件数的统计资料见表3.6，求其中位数和众数.

解　由表3.6中数据计算其累积频率，结果为：当 $x=5$ 时，累积频率 $F_{(i)}=50\%$，当 $x=6$ 时，累积频率 $F_{(i)}$ 首次超过 50%，于是，$x_{1/2}=(5+6)/2=5.5$. 各组的最大频数是 56，因此众数为 $\hat{x}=5$.

同中位数一样，众数不受数据中异常值的影响，它既可以表示数量资料的最密集位置，又可以表示品质资料的最集中位置. 但是，当数据频率(数)分布图如字母“U”呈先降后升的趋势时(如人的死亡率按年龄的分布)，或呈单调下降或单调上升的趋势时(如:游泳初学者考试通过率按训练时间的分布)[①]，众数的代表性较差. 当数据中众数个数过多时，实际应用中较难对其进行比较和说明. 只有当数据量比较大，并且有明显的集中趋势时，众数才能较好地反映数据的一般平均水平.

平均数、中位数和众数的关系 至于算术平均数、中位数和众数这三个位置特征中哪一个度量数据的平均水平更具有代表性，并无普遍的判断标准，需要具体情况具体分析. 对于多数常见只有一个众数的统计数据，一般中位数 $x_{1/2}$ 介于众数 $\hat{x}$ 与平均数 $\overline{x}$ 之间(可能有例外)：

$$\hat{x}\leqslant x_{1/2}\leqslant \overline{x}$$

并且 $\hat{x}=x_{1/2}=\overline{x}$ 当且仅当数据分布对称，这时三个指标的代表性一样；当数据集中在较小的数一侧，即数据分布右偏时，$\hat{x}\leqslant x_{1/2}\leqslant \overline{x}$；当数据集中在较大的数一侧，即数据分布左偏时，$\overline{x}\leqslant x_{1/2}\leqslant \hat{x}$. 当数据向一侧偏斜时，中位数能更好地反映数据的中心位置. 它既不会像平均数那样受异常值影响而偏移，也不会像众数那样受到数值出现频数的影响.

对于多数常见分布，有如下近似的经验关系：

$$\overline{x}-\hat{x}\approx 3(\overline{x}-x_{1/2}) \tag{4.9}$$

必须强调的是，这只是一个经验结果，只有对多数常用数据的分布，上述结论才成立，即(4.9)式并非普遍成立. 此外，对于统计推断，只要数据可靠(无异常数据)，则算术平均数的统计性质一般比其他位置特征都要好.

3. 修正算术平均数 剔除最大和最小观测值后计算的算术平均数，称作修正算术平均数. 将任意一组统计数据 $x_1, x_2, \cdots, x_n$ 按从小到大的顺序排列，得 $x_{(1)}\leqslant x_{(2)}\leqslant\cdots\leqslant x_{(n)}$. 记

---

① 连续型概率分布，当其密度函数只有唯一极小值(且无极大值)时称作 U 形分布(反众数分布)，当其密度函数为单调函数时称作 J 形分布. 例如，参数 $0<\alpha<1, 0<\beta<1$ 的 B 分布是 U 形分布；指数分布是 J 形分布. U 形分布和 J 形分布都不多见. 分布密度的极小值点称作反众数(antimode).

$$\bar{x}_{\langle n\rangle}=\frac{1}{n}(x_{(1)}+x_{(2)}+\cdots+x_{(n-1)}+x_{(n)});$$

$$\bar{x}_{\langle n-2\rangle}=\frac{1}{n-2}(x_{(2)}+x_{(3)}+\cdots+x_{(n-2)}+x_{(n-1)});$$

$$\cdots\ \cdots\ \cdots\ \cdots\ \cdots\ \cdots \tag{4.10}$$

$$\bar{x}_{\langle 2\rangle}=\frac{1}{2}(x_{(k)}+x_{(k+1)}) \qquad (若\ n=2k);$$

$$\bar{x}_{\langle 1\rangle}=x_{(k+1)} \qquad (若\ n=2k+1).$$

这时 $\bar{x}_{\langle n\rangle}=\bar{x}$ 是算术平均数，而称 $\bar{x}_{\langle n-2\rangle},\cdots,\bar{x}_{\langle 2\rangle},\bar{x}_{\langle 1\rangle}$ 为**修正算术平均数**，亦称为**广义中位数**(generalized median). 由于数据中的异常值通常是极大或极小的数据，因此修正算术平均数克服了算术平均数容易受异常观测值影响的缺点. 当数据分布波动幅度较大时，修正算术平均数比算术平均数有更好的代表性. 最常用的修正算术平均数有 $\bar{x}_{\langle n-2\rangle}$ 和 $\bar{x}_{\langle n-4\rangle}$，而 $\bar{x}_{\langle 1\rangle}$ 或 $\bar{x}_{\langle 2\rangle}$ 实际就是中位数.

例 4.5 合唱比赛中，10 名评委对某一参赛单位的评分结果如表 4.3，求该参赛单位最后得分.

表 4.3 10 名评委对某参赛单位评分统计数据

评委编号	1	2	3	4	5	6	7	8	9	10	合计
评分 x_i	9.85	9.9	9.8	10.0	9.8	9.85	9.8	9.75	9.88	9.82	98.45

解 为增强客观公正性，去掉一个(或两个)最高分 10.0 分和一个(两个)最低分 9.75 分，计算最后平均分 $\bar{x}_{\langle n-2\rangle}$ 得：

$$\bar{x}_{\langle 8\rangle}=\frac{1}{8}\sum_{i=1}^{8}x_{(i)}=9.3838$$

4. 中列数 对于任意一组数据 $x_1,x_2,\cdots,x_n$，其最大观测值和最小观测值的算术平均数

$$\tilde{x}=\frac{x_{(1)}+x_{(n)}}{2} \tag{4.11}$$

称其为**中列数**，记作 $\tilde{x}$. 中列数亦称**极差中心**(center of range)，它恰好是区间$[x_{(1)},x_{(n)}]$的中点. 由于它只决定于极端值 $x_{(1)}$ 和 $x_{(n)}$，故计算简便. 但是，数据中极端值最可能是异常值，因此中列数受异常值的影响较大. 当数据波动范围较小，数据分布比较均匀时，中列数对数据平均

水平的代表性较好,有时甚至优于中位数和平均数.

为了减少异常观测值对中列数的影响,我们可以采用**修正中列数**(modified mid-range)

$$\widetilde{x}_{\langle n-2\rangle}=\frac{(x_{(2)}+x_{(n-1)})}{2},\quad \widetilde{x}_{\langle n-4\rangle}=\frac{(x_{(3)}+x_{(n-2)})}{2}. \tag{4.12}$$

仍以例 4.6 中表 4.4 的数据为例,其中列数 $\widetilde{x}=(9.75+10.0)/2=9.875$,偏大;修正中列数 $\widetilde{x}_{\langle n-2\rangle}=(9.8+9.9)/2=9.85$,$\widetilde{x}_{\langle n-4\rangle}=(9.8+9.88)/2=9.84$.

4.1.3 连续型频率分布的平均数

当原始统计资料的数据数量较大时,一般先将原始数据分组整理建立数据的频率(数)分布,然后再求其位置特征.对于离散型频率分布,只需对变量值计算以频率(数)为权的加权算术平均数;对于连续型频率分布的平均数,就是对分组数据由组频率和组中值求数据的平均数,包括:频率分布的均值(mean of frequency distribute)、频率分布的中位数(median of frequency distribute)、频率分布的众数(mode of frequency distribute)等.这样得到的平均数一般只是原始统计数据平均数的近似值.

1.连续型频率分布均值　对于根据任意一组数据 $x_1,x_2,\cdots,x_n$ 建立的连续型频率(数)分布,假定各组中数据的分布均匀,称

$$\bar{x}_f=\frac{1}{n}\sum_{i=1}^{r}v_ia_i=\sum_{i=1}^{r}w_ia_i \tag{4.13}$$

为**频率分布均值**,记作 $\bar{x}_f$,其中 r 是分组组数,a_i 是组中值,w_i 和 v_i 分别是第 i 组的频率和频数,$i=1,2,\cdots,m$.由于公式(4.13)中以各组的组中值代替组平均数进行计算,而实际上分组时不可能做到各组中分布绝对均匀,因此组中值与组平均数之间难免会有一定差异,从而使得频率分布的均值仅仅是原始数据的平均值的一个近似值.这也从另一个侧面要求我们在分组时,尽可能使数据在各组中分布均匀.

例 4.6　某市 20 个卡车销售点某周销售量如表 4.4 所示,分组整理后统计分布见表 4.5,求其一周的平均销售量.

表 4.4　某市 20 个卡车销售点某周销售量(未分组资料)

销售点	销售量 x_i	销售点	销售量 x_i	销售点	销售量 x_i	销售点	销售量 x_i
1	23	6	26	11	16	16	46
2	8	7	12	12	9	17	42
3	14	8	28	13	11	18	30
4	31	9	8	14	27	19	7
5	5	10	36	15	32	20	22

表 4.5　某市 20 个卡车销售点某周销售量(分组资料)

组别	0～7	8～15	16～23	24～31	32～39	40～47	合计
组中值 a_i	3.5	11.5	19.5	27.5	35.5	43.5	
频　数 v_i	2	6	3	5	2	2	20
频　率 w_i	0.10	0.30	0.15	0.25	0.10	0.10	1.00

解　由原始数据计算算术平均值,得

$$\overline{x}_a=\frac{1}{20}\sum_{i=1}^{20}x_i=\frac{433}{20}=21.65.$$

根据统计分布资料表 4.5,由公式(4.13)计算频率分布的平均值,得:

$$\overline{x}_f=\sum_{i=1}^{6}a_iw_i=21.5\approx\overline{x}_a.$$

2. 频率分布中位数　对于根据任意一组数据 $x_1,x_2,\cdots,x_n$ 建立的连续型频率(数)分布(见表 3.12),假定各组中数据的分布均匀,称

$$x_{1/2}\approx\widetilde{x}_f=u_{k-1}+\Delta u\,\frac{0.5-\hat{F}_{k-1}}{w_k} \tag{4.14}$$

为**频率分布的中位数**,记作 $\widetilde{x}_f$,其中$[u_{k-1},u_k)$是累积频率大于或等于 0.5 的第一个分组区间,称作**中位区间**;$\Delta u=u_k-u_{k-1}$为中位区间的组距;w_k 为中位区间$[u_{k-1},u_k)$的频率;$\hat{F}_{k-1}$为区间$[u_{k-2},u_{k-1})$的累积频率. 频率分布的中位数是原始统计数据中位数的近似值.

3. 频率分布众数　对于根据任意一组数据 $x_1,x_2,\cdots,x_n$ 建立的等距分组的连续型频率(数)分布(见表 3.12)

$$\hat{x}_f=u_{k-1}+\Delta u\,\frac{w_k-w_{k-1}}{2w_k-w_{k-1}-w_{k+1}} \tag{4.15}$$

称作**频率分布众数**，它为原始统计数据众数的近似值. 其中$[u_{k-1},u_k)$是频率(数)最大的区间，称作为**众数区间**；$\Delta u=u_k-u_{k-1}$是众数区间的长度；w_{k-1},w_k,w_{k+1}分别是第 $k-1,k,k+1$ 个区间的频率. 假定数据在众数区间及其相邻的两个区间里呈二次抛物线形式分布，在众数处频率达到最大，近似公式(4.15)的思路和推导过程较繁琐，故在此不作介绍.

例 4.7 某市 20 个卡车销售点某周销售量分组资料见表 4.5. 求其中位数和众数.

解 由表 4.5 最后一行计算出的累积频率 $\hat{F}_i$ 可知区间$[16,23)$是中位区间，中位区间长 $\Delta u=23-16=7$，$w_i=0.15$，$\hat{F}_{k-1}=0.4$，根据公式(4.14)频率分布的中位数为：

$$\hat{x}_{1/2}\approx u_{k-1}+\Delta u\,\frac{0.5-\hat{F}_{k-1}}{w_k}=20.67.$$

从而 $x_{1/2}\approx 20.67$.

由表 4.5 可知$[8,15)$是众数区间，将 $\Delta u=7$，$w_{k-1}=0.1$，$w_k=0.3$，$w_{k+1}=0.15$ 代入公式(4.15)，可得

$$\hat{x}_f=u_{k-1}+\Delta u\,\frac{w_k-w_{k-1}}{2w_k-w_{k-1}+w_{k+1}}=12.$$

非等距分组情况下，频率分布的众数计算公式较为繁杂，这里就不再赘述了(参见[8]，第 145 页).

§4.2 统计数据的散布特征

统计数据的位置特征，如平均数、中位数和众数等等，描述统计数据的分布中心位置和集中位置，反映变量值的一般水平. 但是位置特征相同的数据，其分布情况并不一定相同. 例如，两组数据：$-2,-1,0,1,2$ 和 $-0.02,-0.01,0,0.01,0.02$，它们的平均数都是 0，但是它们的散布程度差异非常明显，其平均数的代表性也不同. 为了度量平均指标对数据的代表性，我们引进描述统计数据散布特征，用以反映数据在中心

位置附近集中的程度，以便对数据的分布特征作出一个更全面的了解.统计数据的散布特征主要有：极差(range)、方差(variance)和标准差(standard deviation)、平均绝对离差(mean absolute deviation)和平均差(mean difference)、变异系数(coefficient of variation)等.

这里讲的散布特征，是统计数据的散布特征，是经验特征或样本特征.在需要强调的时候，我们将在相应的散布特征前面冠以“样本”二字，如样本极差、样本方差和样本标准差等以示与总体相应散布特征的区别.

4.2.1 极差

极差亦称**全距**，是表示统计数据波动的最大幅度的散布特征，等于统计数据中的最大值与最小值之差.对于任意一组数据 $x_1, x_2, \cdots, x_n$，其各观测值按从小到大的顺序排列，得 $x_{(1)} \leqslant x_{(2)} \leqslant \cdots \leqslant x_{(n)}$，最大观测值 $x_{(n)}$ 和最小观测值 $x_{(1)}$ 之差称为**极差**，记作 R_n，即

$$R_n = x_{(n)} - x_{(1)} = \max_{i,j} |x_i - x_j| \tag{4.16}$$

极差只考虑了数据中最大值与最小值，而没有涉及数据中的其他值.极差的计算简单易行，便于理解，但是，由于极差忽略了其余观察值之间的本来差异，所以只能粗略地反映统计数据的分布程度.两组数据极差相等，其散布情况却可能相差甚远.另外，由于数据的最大值和最小值受异常偶然因素影响的可能性最大，所以极差极易受异常值影响.

修正极差 为了消除可能出现的异常值的影响，有时使用**修正极差**(modified range) $R_{(n-2)}, R_{(n-4)}, \cdots$.其中，

$$R_{(n-2)} = x_{(n-1)} - x_{(2)}, R_{(n-4)} = x_{(n-2)} - x_{(3)}. \tag{4.17}$$

显然，一般根据连续型频率(数)分布不便计算其极差和修正极差.

4.2.2 方差和标准差

方差和标准差是统计数据最重要的散布特征.对于任意一组数据 $x_1, x_2, \cdots, x_n$，称 $(x_i - \overline{x})^2 (i = 1, 2, \cdots, n)$ 为观测值 x_i 的**平方偏差**；称

$$S^2 = \frac{1}{n-1} \sum_{i=1}^{n} (x_i - \overline{x})^2 \tag{4.18}$$

为 $x_1,x_2,\cdots,x_n$ 的**平均平方偏差**，简称**方差**(或**均方差**)，其中 $\overline{x}$ 是 $x_1,x_2,\cdots,x_n$ 的算术平均数；称方差 S^2 的算术平方根 S 为**标准差**或**根方差**. 方差和标准差越大，说明数据的波动幅度越大，变量值变异程度越大，数据越分散. 标准差与被观测的变量有相同的单位名称. 方差和标准差是最重要和应用最广的散布特征，以后的统计推断中将会看到，S^2 具有许多优良的性质.

在统计应用中有时还使用(未修正)方差：

$$S_0^2=\frac{1}{n}\sum_{i=1}^{n}(x_i-\overline{x})^2=\frac{1}{n}\sum_{i=1}^{n}x_i^2-\overline{x}^2,S^2=\frac{n}{n-1}S_0^2. \tag{4.19}$$

例 4.8 某公司 8 个销售点一年的总销售额为 2 768 万元；各销售点一年的销售额(单位：万元)相应为：

331 333 347 351 341 358 345 362

求 8 个销售点销售额的极差、修正极差、方差、标准差和未修正方差.

解 各销售点中最大销售额 $x_{(8)}=362$，最小销售额 $x_{(1)}=331$，根据公式(4.16)，极差为

$$R_8=x_{(8)}-x_{(1)}=362-331=31;$$

修正极差为

$$R_{(6)}=358-333=25,\quad R_{(4)}=351-341=10.$$

由公式(4.4a)，$\overline{x}=346$，代入(4.18)式得方差

$$S^2=\frac{1}{7}\sum_{i=1}^{8}(x_i-\overline{x})^2=120.86$$

$$S=\sqrt{120.86}\approx 10.99\quad S_0^2=\frac{8-1}{8}S^2=105.75$$

连续型频率分布的方差和标准差 利用连续型频率分布计算方差和标准差时，以组中值代表标志值，得到样本方差 S^2 的近似值①

$$S_w^2=\sum_{i=1}^{r}(a_i-\overline{x}_w)^2w_i,\overline{x}_w=\sum_{i=1}^{r}x_iw_i \tag{4.20}$$

其中 r——分组数，a_i——第 i 组的组中值，$\overline{x}_w$——频率分布的均值.

---

① 当分布对称或近似对称，并且 $n\geqslant 500$，组距 $d\geqslant R_n/20$ 时，为减少误差，需对 S_w^2 进行校正(即所谓"谢波德矩校正"，见[7]，[8])：

$$\widetilde{S}_w^2=S_w^2-\frac{d^2}{12}$$

方差和标准差的性质：

(1)对于任意常数 c，有

$$\sum_{i=1}^{n}(x_i-\overline{x})^2\leqslant\sum_{i=1}^{n}(x_i-c)^2$$

(2)对于任意 $a,b,y_i=a+bx_i(i=1,2,\cdots,n)$，有

$$S_y^2=b^2S_x^2$$

其中，

$$S_y^2=\frac{1}{n-1}\sum_{i=1}^{n}(y_i-\overline{y})^2,S_x^2=\frac{1}{n-1}\sum_{i=1}^{n}(x_i-\overline{x})^2.$$

4.2.3 平均离差和平均差

平均离差和平均差是两个不同的概念．在实际应用中，与方差和标准差相比较平均离差和平均差用得都较少，其中平均差用得更少一些．

1．平均离差　设 $x_1,x_2,\cdots,x_n$ 是对 X 的观测取得的任意一组数据，设 $\overline{x}$ 是其算术平均数，称 $|x_i-\overline{x}|$ 为数据 x_i 对 $\overline{x}$ 的**绝对离差**(absolute deviation)，称各数据对 $\overline{x}$ 的绝对离差 $|x_1-\overline{x}|,|x_2-\overline{x}|,\cdots,|x_n-\overline{x}|$ 的算术平均数为**平均绝对离差**，简称**平均离差**或**平均偏差**，记作 **MD**X 或 m：

$$\mathrm{MD}X=m=\frac{1}{n}\sum_{i=1}^{n}|x_i-\overline{x}|,\tag{4.21}$$

其中 $\overline{x}$ 是 $x_1,x_2,\cdots,x_n$ 的算术平均数．对于连续型频率分布，如果以组中值代替该组的一切变量值，得到平均离差的近似值：

$$m_f=\sum_{i=1}^{r}|a_i-\overline{x}_f|w_i\tag{4.22}$$

其中 r——组数，a_i——组中值，w_i——组频率，$\overline{x}_f$——频率分布均值．

平均离差的性质　平均离差作为散布特征，其含义直观且便于理解，但是因含绝对值而不便于计算．此外，平均离差用于统计推断时，其统计性质也远不如标准差优良(见[8]第 238～240 页)．因此在统计推断中，平均离差比标准差用得较少．这里，仅限于指出如下两条性质：

(1) 对于任意常数 c，有

$$\frac{1}{n}\sum_{i=1}^{n}|x_i - x_{1/2}| \leqslant \frac{1}{n}\sum_{i=1}^{n}|x_i - c|, \tag{4.23}$$

其中 $x_{1/2}$是中位数.

(2) 平均离差可以按如下公式计算：

$$\frac{1}{n}\sum_{i=1}^{n}|x_i - \overline{x}| = \frac{1}{n}\Big[\sum_{x_i<\overline{x}}(\overline{x} - x_i) + \sum_{x_i>\overline{x}}(x_i - \overline{x})\Big]. \tag{4.24}$$

2. 平均差　对于任意一组数据 $x_1, x_2, \cdots, x_n$,称它们两两之绝对差 $|x_i - x_j|$的算术平均数为**平均差**,记作 $\mathbf{Md}X$ 或 d：

$$\mathbf{Md}X = d = \frac{2}{n(n-1)}\sum_{j=1}^{n}\sum_{i=1}^{j-1}|x_i - x_j|. \tag{4.25}$$

当数据总量 n 较大时,平均差中项数过多,计算量很大,使用较少.有些文献中把由(4.21)式定义的平均离差(mean deviation)称作平均差(mean difference),从而混淆了两个不同的数字特征.

例 4.9　试求例 3.6 的表 3.13 中 200 个零件尺寸的频率分布的中位数、众数、平均数、平均离差、方差和标准差.

解　表 3.13 中数据取组距 $d=0.05$,计算过程见表 4.6 第 3～7 列.

表 4.6　200 个零件尺寸频率分布

(单位:毫米)

编号	组中值 a_i	频率 w_i	$a_i w_i$	$\lvert a_i - \overline{x}\rvert$	$\lvert a_i - \overline{x}\rvert w_i$	$(a_i - \overline{x}_w)^2 w_i$
1	13.12	0.010	0.1312	0.2559	0.0030	0.0000
2	13.17	0.005	0.0659	0.2457	0.0012	0.0003
3	13.22	0.040	0.5288	0.1957	0.0078	0.0015
4	13.27	0.085	1.1280	0.1457	0.0124	0.0018
5	13.32	0.135	1.7982	0.0957	0.0129	0.0012
6	13.37	0.150	2.0055	0.0457	0.0069	0.0069
7	13.42	0.185	2.4827	0.0043	0.0008	0.0000
8	13.47	0.135	1.8185	0.0543	0.0073	0.0004
9	13.52	0.125	1.6900	0.1043	0.0030	0.0014
10	13.57	0.085	1.1535	0.1543	0.0031	0.0020
11	13.62	0.035	0.4767	0.2043	0.0072	0.0072
12	13.67	0.010	0.1367	0.2543	0.0025	0.0025
—	合计	1.00	13.4157	—	0.0881	0.0252

易见，第 6 组的累积频率为 0.4250，第 7 组的累积频率为 0.6100，因此第 7 组是中位数组. 故由公式(4.14)，可得频率分布中位数：

$$x_{1/2}\approx 13.395+\frac{0.5-0.425}{0.185}\times 0.05=13.4156;$$

显然，第 7 组是众数组，故由公式(4.15)，得频率分布众数：

$$\hat{x}_f\approx 13.395+\frac{0.185-0.15}{0.185\times 2-0.15-0.135}\times 0.05=13.415;$$

由公式(4.13)，得频率分布平均数：

$$\bar{x}_f=13.12\times 0.01+13.17\times 0.005+\cdots+13.67\times 0.01=13.4155;$$

由公式(4.23)，得频率分布平均离差：

$$m_f=\sum_{i=1}^{r}|a_i-\bar{x}_f|w_i=0.0846,$$

其中

$$\bar{x}_f=\sum_{i=1}^{12}a_i w_i=13.42;$$

由公式(4.18)，频率分布方差 S_f^2 和标准差 S_f 为：

$$S_f^2=\sum_{i=1}^{m}(a_i-\bar{x}_w)^2 w_i=0.0252,$$

$$S_f=\sqrt{0.0252}=0.1587.$$

例 4.10 某公司 8 个销售点一年的销售额(单位：万元)相应为 331，333，347，351，341，358，345 和 362，合计为 2 768，求销售额的平均离差.

解 由公式(4.22)，有

$$m=\frac{1}{8}\sum_{i=1}^{n}|x_i-\bar{x}|=\frac{1}{8}\times 68=8.5.$$

4.2.4 变异系数

极差、方差和标准差、平均离差和平均差等散布特征，都是反映统计数据散布程度的绝对数字特征. 然而，这些特征的数值不仅取决于数据的散布程度，而且还受数据本身水平高低的影响. 对数量级及单位名称不同的数据，这些特征无法用于对其散布程度进行横向对比. 为弥补这一缺陷，常使用变异系数(coefficient of variation).

对于任意一组数据 $x_1,x_2,\cdots,x_n$，其绝对散布特征与平均数之比：

$$V_R=\frac{R_n}{\bar{x}},V_S=\frac{S}{\bar{x}},V_m=\frac{m}{\bar{x}} \tag{4.26}$$

相应地称为极差系数、标准差系数和平均离差系数，统称为**变异系数**. 在各种变异系数中，标准差系数 V_S 最常用，在以后的叙述中，如不特别说明，变异系数指的就是标准差系数.

例 4.11 假设某包装车间两台自动包装机 A 和 B 包装同一种产品. 由某天的统计资料计算已知机器 A 平均每小时包装 400 件，标准差为 15 件；机器 B 平均每小时包装 240 件，标准差为 10 件. 那么这两台机器哪一台的稳定性较好？

解 从两台机器这一天的每小时平均产量来看，A 的生产能力比 B 要强，因此不能简单地从 A 的标准差比 B 大，就得出 B 机器稳定性比 A 机器强的结论. 需要比较它们的变异系数：

$$V_A=\frac{15}{400}=0.0375,V_B=\frac{10}{240}=0.0417.$$

由此可见，实际上机器 A 的稳定性比较好.

§4.3 统计数据的矩和形态特征*

位置特征和散布特征是统计数据最重要和应用范围最广泛的两类数字特征：位置特征描述数据的平均水平和集中位置；散布特征描绘数据相对平均数的分散程度. 为描绘统计数据的其他一些性质和特点，还需要其他一些数字特征. 例如，平均数水平与分散程度相同的数据，形态上可能不尽相同，为此我们还需要引进一类数字特征，以反映数据分布的对称或偏斜程度，以及“陡峭”还是“平坦”等特点. 下面所介绍的偏度与峰度，就是反映数据分布形态的数字特征，而矩是描绘它们主要是数据分布形态的更广泛的一类数字特征，其中偏度与峰度就是通过矩定义的. 此外，有些位置特征和散布特征，例如算术平均数、方差和标准差也都属于矩一类数字特征.

4.3.1 矩

在力学和物理学中，用矩(moments)来描绘质量的分布. 例如，一阶矩是重心——质量分布的中心位置. 统计学中，矩用来描绘数据的分布，如平均数是一阶矩，它是数据分布的中心位置. 方差、平均离差等也都是矩，变异系数也是通过矩来计算的. 因此矩是描绘数据分布特点的一类数字特征，统计数据的许多数字特征是通过矩来定义的，在理论研究和实际应用中都具有十分重要的作用. 常用的矩有两大类：原点矩(origin moment)和中心矩(central moment).

1. 矩的定义　设 $x_1, x_2, \cdots, x_n$ 是任意一组数据，$k \geqslant 0$ 是任意实数.

(1) 原点矩　称 $x_1^k, x_2^k, \cdots, x_n^k$ 的算术平均数

$$\bar{\alpha}_k = \frac{1}{n}\sum_{i=1}^{n} x_i^k \tag{4.27}$$

为数据 $x_1, x_2, \cdots, x_n$ 的 k **阶原点矩**，简称 k **阶矩**.

(2) 中心矩　称 $(x_1-\bar{x})^k, (x_2-\bar{x})^k, \cdots, (x_n-\bar{x})^k$ 的算术平均

$$\bar{\mu}_k = \frac{1}{n}\sum_{i=1}^{n} (x_i - \bar{x})^k \tag{4.28}$$

为数据 $x_1, x_2, \cdots, x_n$ 的 k **阶中心矩**，其中 $\bar{x}$ 是数据 $x_1, x_2, \cdots, x_n$ 的算术平均数(一阶原点矩).

显然，数据的算术平均数是一阶原点矩，(未修正)方差是二阶中心矩. 最常用的是前四阶矩. 例如，下面讲的形状特征——偏度和峰度，分别由三阶矩和四阶矩定义.

2. 矩换算公式　原点矩和中心矩之间可以互相换算，在计算中常要用到，其基本换算公式为：

$$\bar{\alpha}_r = \sum_{k=0}^{r} C_r^k \bar{\mu}_{r-k} \bar{\alpha}_1{}^k, \tag{4.29}$$

$$\bar{\mu}_r = \sum_{k=0}^{r} C_r^k (-\bar{\alpha}_1)^{r-k} \bar{\alpha}_k. \tag{4.30}$$

特别，前四阶矩之间的换算公式为：

$$\begin{cases}\bar{\alpha}_0=1,\bar{\alpha}_1=\bar{x}\\ \bar{\alpha}_2=\bar{\mu}_2+\bar{\alpha}_1^{\ 2}\\ \bar{\alpha}_3=\bar{\mu}_3+3\bar{\alpha}_1\bar{\mu}_2+\bar{\alpha}_1^{\ 3}\\ \bar{\alpha}_4=\bar{\mu}_4+4\bar{\alpha}_1\bar{\mu}_3+6\bar{\alpha}_1^{\ 2}\bar{\mu}_2-\bar{\alpha}_1^{\ 4}\end{cases} \tag{4.31}$$

$$\begin{cases}\bar{\mu}_0=1,\bar{\mu}_1=0\\ \bar{\mu}_2=\bar{\alpha}_2-\bar{\alpha}_1^{\ 2}\\ \bar{\mu}_3=\bar{\alpha}_3-3\bar{\alpha}_1\bar{\alpha}_2+2\bar{\alpha}_1^{\ 3}\\ \bar{\mu}_4=\bar{\alpha}_4-4\bar{\alpha}_1\bar{\alpha}_3+6\bar{\alpha}_1^{\ 2}\bar{\alpha}_2-3\bar{\alpha}_1^{\ 4}\end{cases} \tag{4.32}$$

3. 频率分布的矩　频率分布的矩,一般为加权平均的形式:

$$\bar{\alpha}_{kf}=\sum_{i=1}^{m}a_i^k w_i,\bar{\mu}_{kf}=\sum_{i=1}^{m}(a_i-\bar{x}_f)^k w_i, \tag{4.33}$$

其中对于离散型频率分布,a_i 是变量的第 i 个可能值;对于连续型频率分布,a_i 是第 i 组的组中值;w_i 为第 i 组的频率.

4.3.2 偏度

偏度亦称**"偏斜度"**、**"偏态系数"**,是对统计数据分布偏斜程度的度量,是描述分布非对称程度的数字特征. 偏度(skewness)是利用三阶矩来定义的,对于任意一组数据 $x_1,x_2,\cdots,x_n$,称

$$\bar{S}_k=\frac{\bar{\mu}_3}{\bar{\mu}_2^{3/2}}=\frac{\frac{1}{n}\sum_{i=1}^{n}(x_i-\bar{x})^3}{s_0^3} \tag{4.34}$$

为其偏度. 分布的偏斜有右偏(亦称正偏)和左偏(亦称负偏)两种情形.

对绝大多数非对称分布数据而言,若右偏,即较小的数据比较集中时,$\bar{S}_k>0$;若左偏,即较大数据比较集中时,则 $\bar{S}_k<0$(见图 4.1). 实际应用中的数据右偏者居多. 显然,如果数据 $x_1,x_2,\cdots,x_n$ 关于 $\bar{x}$ 对称,则其偏度 $\bar{S}_k=0$.

皮尔逊偏度　对于只有一个众数的情形,常用

$$\bar{S}_{kp}=\frac{\bar{x}-\hat{x}}{S_0}\quad 或\quad \bar{S}_{kp}=\frac{3(\bar{x}-x_{1/2})}{S_0} \tag{4.35}$$

做数据偏斜程度的度量,并称之为**皮尔逊偏度**.

皮尔逊偏度 $\bar{S}_{kp}$具有与 $\bar{S}_k$ 类似的性质. 与偏度一样,有如下经验结果:数据分布左偏,则 $\bar{S}_{kp}<0$,并且 $\bar{S}_{kp}$值越小说明其左偏程度越高;数

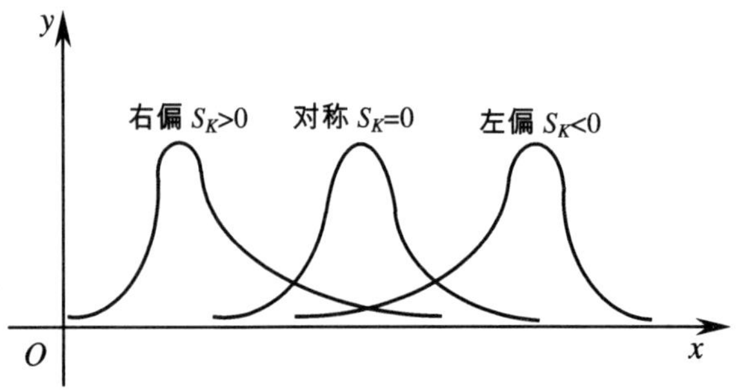

图 4.1 偏度示意图

据分布右偏，则 $\overline{S}_{kp}>0$，并且 $\overline{S}_{kp}$ 值越大说明其右偏程度越高. 数据分布对称时，显然 $\overline{S}_{kp}=0$.

4.3.3 峰度

峰度亦称**峭度**、**峰态**、**峰态系数**等，是对统计数据分布陡峭程度的度量. 峰度(kurtosis)是用四阶矩定义的，对于任意一组单峰分布的数据 $x_1,x_2,\cdots,x_n$，称

$$\overline{E}_k=\frac{\overline{\mu}_4}{\overline{\mu}_2^2}-3=\frac{\sum_{i=1}^{n}(x_i-\overline{x})^4 w_i}{s_0^4}-3 \tag{4.36}$$

为其峰度. 其中 $\overline{\mu}_4$ 和 S_0^2 分别是数据的四阶中心矩和二阶中心矩.

峰度分为**正态峰度**、**尖顶峰度**和**平顶峰度**. 可以证明，对服从正态分布律的数据，峰度 $\overline{E}_k$ 等于或接近 0. 对绝大多数不服从正态分布律的数据，有这样的经验结果：当分布曲线较正态分布更加“陡峭”时，$\overline{E}_k>0$，并称为尖顶峰度；当分布曲线较正态分布“平坦”时，$\overline{E}_k<0$，并称为平顶峰度(见图 4.2). 一般来说，$\overline{E}_k$ 的值越大，则图形越陡峭，$\overline{E}_k$ 的值越小，则图形越平坦.

例 4.12 200 名生产工人日组装成品件数的统计资料见表 3.6，求其皮尔逊偏度 $\overline{S}_{kp}$.

解 由例 4.4 可知 $\overline{x}=5.4$，$\hat{x}=5$，则 $\overline{x}-\hat{x}=0.4$. 并且，由公式(4.18)计算得：

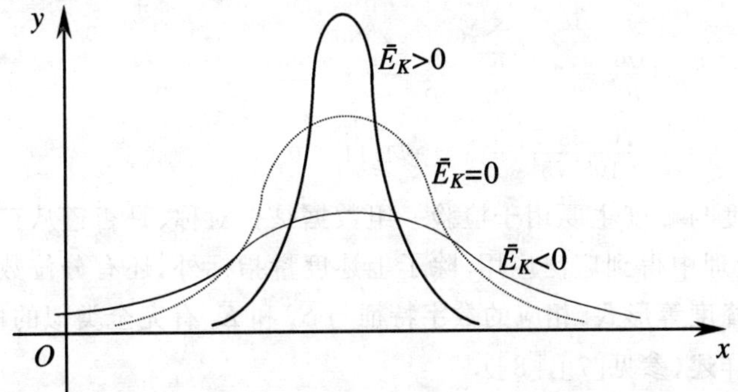

图 4.2　峰度示意图

$$S_0^2=\sum_{j=1}^{5}(x_i-\overline{x})^2w_i=2.4.$$

于是

$$\overline{S}_{kp}=\frac{\overline{x}-\widehat{x}}{S_0}=\frac{0.4}{\sqrt{2.4}}=0.258>0,$$

可见数据分布右偏.

例 4.13　某公司 8 个销售点一年的销售额(单位:万元)分别为 331,333,347,351,341,358,345 和 362,合计为 2 768,求这组数据的峰度、偏度.

解　由例 4.8 已得 $\overline{\mu}_2=S_0^2=105.75$,$\overline{x}=346$,由公式(4.29)计算得:

$$\overline{\mu}_3=\frac{1}{8}\sum_{i=1}^{n}(x_i-\overline{x})^3=31.5.$$

从而

$$\overline{S}_k=\frac{\overline{\mu}_3}{\overline{\mu}_2^{3/2}}=\frac{31.5}{(\sqrt{105.75})^3}=0.029>0.$$

由公式(4.29)计算,得:

$$\overline{\mu}_4=\frac{1}{8}\sum_{j=1}^{8}(x_i-\overline{x})^4=20\ 838.75;^*$$

代入公式(4.37)得:

$$\overline{E}_k = \frac{\overline{\mu}_4}{\overline{\mu}_2{}^2} - 3 = \frac{\sum_{i=1}^{n}(x_i - \overline{x})^4 w_i}{S_0{}^4} - 3$$

$$= \frac{20\ 838.75}{105.75^2} - 3 = -1.14 < 0$$

偏度与峰度主要用于检验一组数据是否对称、是否遵从正态分布律，在管理中得到广泛应用. 除了上述度量指标外，还有分位数偏度和分位数峰度等形式. 相应的数字特征与 $\overline{S}_k$ 和 $\overline{E}_k$ 有完全类似的性质，这里不再详述(参见[7],[8]).

§4.4 统计数据的联合特征

自然界和人类社会的一切现象都是相互联系、相互影响和相互制约的. 统计数据之间也存在着直接或间接的联系. 总的来讲，数据间的关系有函数关系和统计相依关系两大类. 两个变量间的函数关系，是一种完全确定的关系，如圆的面积和半径的关系. 但是有些变量间的关系是一种非确定的依存关系. 例如，一定年龄组儿童的身高与体重、空气湿度和降雨量、商店规模和销售额、流通费用和利润率等关系都是不确定关系，都是统计相依关系，亦称**相关关系**. 协方差(covariance)和相关系数(coefficient of correlation)，就是度量这种统计相依关系的重要特征.

1. 联合观测数据　研究两个变量 X 和 Y 的统计相依关系，基于对 X 和 Y 的 n 次重复联合观测结果所得统计数据 $(x_1, y_1), (x_2, y_2), \cdots, (x_n, y_n)$. 设 $\overline{x}$ 和 $\overline{y}$ 及 S_x 和 S_y 相应为统计数据 $x_1, x_2, \cdots, x_n$ 和数据 $y_1, y_2, \cdots, y_n$ 的平均数和(未修正)标准差.

2. 协方差和相关系数　称

$$C_{xy} = \frac{1}{n}\sum_{i=1}^{n}(x_i - \overline{x})(y_i - \overline{y}) = \overline{xy} - \overline{x}\overline{y} \tag{4.37}$$

为数据 $(x_1, y_1), (x_2, y_2), \cdots, (x_n, y_n)$ 的**协方差**，其中 $\overline{xy}$ 是 $x_1y_1, x_2y_2,$

$\cdots, x_n y_n$ 的算术平均数；称

$$r=\frac{C_{xy}}{S_x S_y}=\frac{\overline{xy}-\overline{x}\overline{y}}{S_x S_y} \tag{4.38}$$

为数据$(x_1, y_1), (x_2, y_2), \cdots, (x_n, y_n)$的**相关系数**.

3. 相关系数的性质　可以证明，相关系数介于± 1之间，并且相关系数的绝对值$|r|$越小，两个变量X和Y的相关性也越小；$|r|$越大，两个变量X和Y的相关性也越大；当$|r|$接近1时，变量X和Y之间呈明显的线性函数关系. 因此，它可以用于度量两组统计数据间以及两个变量间的相关程度.

当$r=0$时，称两组数据不相关；当$r\neq 0$时. 我们称两组数据**相关**. 特别是当$r>0$时，称两组数据**正相关**，这时两组数据数值表现为同方向变动；当$r<0$时，称之为**负相关**，这时两组数据数值表现为反方向变动. 可以看到，随着$|r|$从0到1的变动，两组数据相关关系从不相关到呈完全的线性函数关系.

例 4.14　表4.7列出了某企业近8年的年利润和科研经费统计数据. 试求科研经费与年利润数据间的协方差和相关系数.

表 4.7　某企业年利润和科研经费统计数据

（单位：万元）

年　份 i	1	2	3	4	5	6	7	8	合计
科研经费 y_i	10	9	12	13	12	11	11	10	88
年利润 x_i	120	150	300	280	310	300	320	300	2 080

解　经计算，得$\overline{x}=260, \overline{y}=11; xy=2\ 916.25; S_x=73.3144, S_y=1.2247$. 由(4.38)式，可见：

$$C_{xy}=\overline{xy}-\overline{x}\overline{y}=2\ 916.25-260\times 11=56.25,$$

$$r=\frac{C_{xy}}{S_x S_y}=\frac{56.25}{73.3144\times 1.2247}=0.6265.$$

协方差的可比性较差，直观意义也不明显. 而相关系数与数据的单位名称无关，且具有可比性，因此实际应用中更多地采用相关系数. 相关系数的应用，必须建立在定性分析的基础上，并经过统计检验的分析结果才具有实际意义. 由(4.39)式定义的相关系数又称作简单相关系

数，它是计算其他各种相关系数的基础. 在第七章中将详细介绍基于相关系数的相关分析，这在实际中有重要而广泛的应用.

§4.5 总体的数字特征

在第一章讲述样本和样本值时，我们曾经指出：每当所要考察的是总体 Ω 上的变量 X 时，我们把"**总体** Ω"、"**总体** X"和"(随机)**变量** X"当作同义术语使用. 于是，**总体** Ω 的数字特征，就是(表征总体的)随机变量 X 的数字特征，也是随机变量的 X 概率分布的数字特征.

统计数据的数字特征是经验特征，而总体的数字特征是理论特征，后者是前者的理论值. 二者的关系就像在天平上称量一件物品，称量结果的平均数与该物品的质量的关系一样.

有如下一些常用的总体的数字特征：总体均值(数学期望)、散布特征、矩、形态特征和联合特征. 由于有关内容在概率统计课程中已经详细讲述过，故在此只作简单介绍(参见[4]～[8]，[12]，[11]).

4.5.1 总体的位置特征

总体的位置特征主要有：总体均值——数学期望(mathematical expectation)，中位数(median)，众数(mode)和分位数(quantile)，其中数学期望最重要.

1. 数学期望(总体均值) 亦称**概率平均数**，简称期望，记作 $\mathbf{E}X$. 它是变量的一切可能值的集中位置和分布中心.

定义 (1) 对于离散型随机变量 X，

$$\mathbf{E}X = \sum_i x_i P\{X = x_i\}, \tag{4.39}$$

其中 $\sum$ 表示对于变量 X 的一切可能值 x_i 求和.

(2) 对于连续型随机变量 X，

$$\mathbf{E}X = \int_{-\infty}^{\infty} xf(x)\mathrm{d}x, \tag{4.40}$$

其中 $f(x)$是随机变量 X 的概率密度.

(3) 设 $y=g(x)$是连续或分段连续函数,则随机变量 X 的函数 $Y=g(X)$的数学期望为:

$$\begin{aligned}\mathbf{E}Y &= \mathbf{E}g(X) = \sum_i g(x_i)\mathbf{P}\{X = x_i\},\\ \mathbf{E}Y &= \mathbf{E}g(X) = \int_{-\infty}^{\infty} g(x)f(x)\mathrm{d}x.\end{aligned} \tag{4.41}$$

数学期望基本性质 假设对于随机变量 $X,X_1,X_2,\cdots,X_m$ 都存在数学期望,则

(1) 对任意常数 c,若 $\mathbf{P}\{X=c\}=1$,则 $\mathbf{E}X=c$;

(2) 对任意常数 λ,有 $\mathbf{E}\lambda X=\lambda\mathbf{E}X$;

(3) 对任意 $m\geqslant 2$,有

$$\mathbf{E}(X_1+X_2+\cdots+X_m)=\mathbf{E}X_1+\mathbf{E}X_2+\cdots+\mathbf{E}X_m;$$

(4) 对任意 $m\geqslant 2$,如果总体 $X_1,X_2,\cdots,X_m$ 相互独立,则

$$\mathbf{E}(X_1X_2\cdots X_m)=\mathbf{E}X_1\mathbf{E}X_2\cdots\mathbf{E}X_m.$$

2. 总体中位数 随机变量 X 的**中位数**,亦称**最可能数**(most probable number),记作 $\mathbf{Me}X=m_{1/2}$,由如下关系式决定:

$$\mathbf{P}\{X<m_{1/2}\}\leqslant\frac{1}{2}\leqslant\mathbf{P}\{X\geqslant m_{1/2}\}. \tag{4.42}$$

中位数主要用于连续型随机变量.对于概率密度为 $f(x)$的连续型随机变量 X,$m_{1/2}$由如下关系式决定:

$$\int_{-\infty}^{m_{1/2}} f(x)\mathrm{d}x = \int_{m_{1/2}}^{\infty} f(x)\mathrm{d}x. \tag{4.43}$$

3. 总体众数 随机变量的**众数**,亦称**最可能数**,就是它最可能取的值.以 $\mathbf{Mo}X=m_0$ 表示变量 X 的众数.

(1) 对于离散型随机变量 X,众数 m_0 决定于

$$\mathbf{P}\{X=m_0\}=\max_{x_i}\mathbf{P}\{X=x_i\}. \tag{4.44a}$$

(2) 对于连续型随机变量 X,众数 m_0 决定于

$$f(m_0)=\max_X f(x), \tag{4.44b}$$

其中 max 表示对于变量 X 的一切可能值 x_i 和 x，求 $\mathbf{P}\{X=x_i\}$ 和 $f(x)$ 最大值.

众数不一定唯一. 连续型随机变量的概率分布，若只有一个众数，则称之为**单峰的**(unimodal)，否则称为**多峰的**(multimodal). 多数连续型随机变量的分布是单峰的. 此外，对于多数常见分布，众数、中位数和数学期望有与相应经验特征类似的关系.

4. 分位数　是统计推断常用的一类数字特征，亦称分位点，主要用于连续型随机变量的分布. 常用的分位数有**上侧分位数**(upper quantile)和**双侧分位数**(two-side quantile)两种. 我们只讲连续型随机变量的分布的分位数. 对于一些常见连续型分布，如正态分布、χ^2 分布、F 分布和 t 分布，都有编制好的分位数表(见附表 4 至附表 7).

上侧分位数　设 $f(x)$是连续型随机变量 X 的概率密度. 对于给定的 $\alpha(0<\alpha<1)$，满足

$$\int_{F_\alpha}^{\infty} f(x)\mathrm{d}x=\alpha \tag{4.45}$$

的 F_α 称作该分布的水平 α 上侧分位数(图 3.11 和图 3.13；附表 6 和附表 8).

双侧分位数　对于概率密度 $f(x)$关于纵坐标轴对称的分布(如标准正态分布和 t 分布等)，使用双侧分位数比较方便. 对于给定的 $\alpha(0<\alpha<1)$，满足

$$\int_{-T_\alpha}^{T_\alpha} f(x)\mathrm{d}x=1-\alpha \tag{4.46}$$

的 T_α 称作该分布的水平 α 双侧分位数(图 3.12；附表 4、附表 7 和附表 9).

例如，由附表 4 知，标准正态分布的水平 $\alpha=0.05$ 的双侧分位数 $u_\alpha=1.959964\approx1.96$；由附表 7 知，自由度为 10 的 t 分布水平 $\alpha=0.05$ 的双侧分位数 $t_{\alpha,10}=2.228$. 由附表 6 知，自由度为 10 的 χ^2 分布水平 $\alpha=0.05$的双侧分位数 $\chi^2_{\alpha,10}=18.307$.

4.5.2 总体的散布特征

度量变量取值的分散程度的数字特征，称作散布特征.常用的散布特征有：方差和标准差，平均离差和变异系数.此外，比较常用的散布特征有：四分位间距，十分位间距，半内四分位间距，四分位变差等（参见[7]，[8]）.

1.*总体方差和标准差* 方差和标准差是常用的随机变量的散布特征，反映变量取值相对其数学期望的分散程度.**方差**又称“均方差”，总体 X 的方差记作 $\mathbf{D}X$，定义为

$$\mathbf{D}X=\mathbf{E}(X-\mathbf{E}X)^2=\mathbf{E}X^2-(\mathbf{E}X)^2, \tag{4.47}$$

即，当总体为离散型时，

$$\mathbf{D}X=\sum_i(x_i-\mathbf{E}X)^2\mathbf{P}\{X=x_i\}; \tag{4.47a}$$

当总体为连续型，且其概率密度为 $f(x)$ 时，

$$\mathbf{D}X=\int_{-\infty}^{\infty}(x-\mathbf{E}X)^2 f(x)\mathrm{d}x. \tag{4.47b}$$

标准差亦称“**根均方差**”（root mean square deviation），是总体方差的算术平方根，记作 $\sigma_x=\sqrt{\mathbf{D}X}$.

方差基本性质 假设总体 $X,X_1,X_2,\cdots,X_m$ 都有数学期望和方差，则

（1）$\mathbf{D}X\geqslant 0$，并且 $\mathbf{D}X=0$ 当且仅当 $\mathbf{P}\{X=\mathbf{E}X\}=1$；

（2）对任意常数 λ，有 $\mathbf{D}\lambda X=\lambda^2\mathbf{D}X$；

（3）如果总体 $X_1,X_2,\cdots,X_m$ 两两独立，则

$$\mathbf{D}(X_1+X_2+\cdots+X_m)=\mathbf{D}X_1+\mathbf{D}X_2+\cdots+\mathbf{D}X_m,$$

其中 $m\geqslant 2$.

2.*总体平均离差* 平均绝对离差的全称，是变量 X 对其数学期望 $\mathbf{E}X$ 的绝对离差的数学期望：

$$D_x=\mathbf{E}|X-\mathbf{E}X|. \tag{4.48}$$

3.*总体变异系数* 一种相对散布特征，等于相应的散布特征与其数学期望 $\mathbf{E}X$ 的比：

$$V_\sigma=\frac{\sqrt{\mathbf{D}X}}{\mathbf{E}X},V_D=\frac{\mathbf{E}|X-\mathbf{E}X|}{\mathbf{E}X} \tag{4.49}$$

分别称作**标准差系数**和**平均离差系数**,统称为**变异系数**.

4.5.3 总体的矩

对任意实数 $k\geqslant 0$,称 $\alpha_k=\mathbf{E}X^k$ 为总体 X 的 **k 阶原点矩**,简称 k 阶矩.

(1) 对离散型总体

$$\alpha_k=\mathbf{E}X^k=\sum_i x_i^k\mathbf{P}\{X=x_i\}; \tag{4.50a}$$

(2) 对连续型总体

$$\alpha_k=\mathbf{E}X^k=\int_{-\infty}^{\infty}x^kf(x)\mathrm{d}x. \tag{4.50b}$$

称 $\mu_k=\mathbf{E}(X-\mathbf{E}X)^k$ 为总体的 **k 阶中心矩**. 显然,总体的一阶原点矩 α_1 为数学期望,二阶中心矩 μ_2 为总体的方差:$\alpha_1=\mathbf{E}X,\mu_2=\mathbf{D}X$.

4.5.4 总体的联合数字特征

设 X 和 Y 是两个随机变量情形,则协方差和相关系数是反映它们之间关系的数字特征.

1. 定义 设 $a=\mathbf{E}X$ 和 $b=\mathbf{E}Y,\sigma_x^2=\mathbf{D}X$ 和 $\sigma_y^2=\mathbf{D}Y$,分别为 X 和 Y 的数学期望及方差.

(1) 协方差 称

$$\mathrm{cov}(X,Y)=\mathbf{E}(x-a)(y-b)=\mathbf{E}XY-ab \tag{4.51a}$$

为变量 X 和 Y 的协方差;

(2) 相关系数 称

$$\rho=\frac{\mathrm{cov}(X,Y)}{\sigma_x\sigma_y} \tag{4.51b}$$

为变量 X 和 Y 的相关系数.

2. 相关系数的性质 相关系数的如下三条基本性质,决定了它的重要应用.

(1) 相关系数 ρ 的值介于 -1 和 1 之间:$-1\leqslant\rho\leqslant 1$;

(2) 若变量 X 和 Y 相互独立，则相关系数 ρ 等于 0(反之未必)；假如变量 X 和 Y 的联合分布为正态分布，则相关系数 ρ 等于 0 是变量 X 和 Y 相互独立的充分必要条件；

(3) 相关系数 ρ 的绝对值等于 1，是变量 X 和 Y 互相为线性函数的充分必要条件：

$$Y=a+bX, X=c+dY. \tag{4.52}$$

以上相关系数的三条性质清楚地说明，随着变量 X 和 Y 之间的关系由相互独立到互为线性函数，两者相关系数 ρ 的绝对值从 0 增加到 1，因此相关系数 ρ 确实可以做两个变量统计相依程度的度量.

4.5.5 常见分布的数字特征

我们把一些常见分布的数字特征：数学期望、方差、中心矩、偏度和峰度等列成一张表(表 4.8). 这些数字特征的推导和计算，可参阅有关资料(见[6],[11],[23]). 表中"索引"指的是相应分布在本书中的页码.

表 4.8 常见分布的数字特征

分　布	数学期望	方　差	$\mu_k=\mathbf{E}(X-\mathbf{E}X)^k$	偏度	峰度	索引(页码)
二项 $B(n,p)$	np	$npq(q=1-p)$	$\mu_3=npq(1-2p)$ $\mu_4=npq[1+3(n-2)pq]$	$\dfrac{1-2p}{\sqrt{npq}}$	$\dfrac{1-6p}{npq}$	P72
超几何	$np(p=M/N)$	$npq\dfrac{N-n}{N-1}$ $(q=1-p)$				P73
泊　松	λ	λ				P74
均　匀	$(a+b)/2$	$(b-a)^2/12$	$\mu_3=0, \mu_4=(b-a)^4/80$	0	0	P76
指　数	$1/\lambda$	$1/\lambda^2$		2	6	P82
$N(\mu,\sigma^2)$	μ		$\mu_{2k+1}=0$; $\mu_{2k}=\sigma^{2k}(2k-1)!!$	0	0	P77
χ^2	ν(自由度)	$2v$		$2\sqrt{2/\nu}$	$12/\nu$	P82
t	0	$\nu/(\nu-2)(\nu>2)$ ν(自由度)		0	$6/(\nu-4)$ $(\nu>4)$	P83

§4.6 样本特征和抽样分布

在本章我们系统地讲述了统计数据的数字特征.通过试验、观测或抽样取得的统计数据,可视为:“进行 n 次测定”,“对变量 X 进行 n 次观测”,“自变量 X 的一切可能值的集合进行 n 次抽样”或“进行 n 次试验”.所取得的结果称作来自 X 的**样本**,记作 $(X_1, X_2, \cdots, X_n)$,称 n 为**样本容量**;记 x_i 为 X_i 的具体值,则称 n 个具体的统计数据 $(x_1, x_2, \cdots, x_n)$ 为一个**样本值**,亦称样本 $(X_1, X_2, \cdots, X_n)$ 的**实现**.实际应用中,样本笼统地指观测结果,样本值指具体的统计数据.由统计数据计算出来的量,即样本的函数称作**统计量**;统计数据的数字特征,亦称作**样本数字特征**.

所谓**抽样分布**,主要指统计量的概率分布,其中主要是样本数字特征的分布.掌握抽样分布律,是进行统计推断的基础.

4.6.1 样本数字特征

为便于叙述,样本和样本数字特征用大写字母表示,而其具体值用相应的小写字母表示:$(X_1, X_2, \cdots, X_n)$——随机样本;$(x_1, x_2, \cdots, x_n)$——样本值.常用样本数字特征为:

$$\overline{X} = \frac{1}{n}\sum_{j=1}^{n} X_j \qquad \text{(样本均值)};$$

$$\bar{\alpha}_k = \overline{X^k} = \frac{1}{n}\sum_{j=1}^{n} X_j^k \qquad \text{(k 阶样本原点矩)};$$

$$\bar{\mu}_k = \frac{1}{n}\sum_{j=1}^{n} (X_j - \overline{X})^k \qquad \text{(k 阶样本中心矩)};$$

$$S^2 = \frac{1}{n-1}\sum_{j=1}^{n} (X_j - \overline{X})^2 \qquad \text{(样本方差)};$$

$$S_0^2 = \frac{1}{n}\sum_{j=1}^{n} (X_j - \overline{X})^2 \qquad \text{(二阶中心矩)}. \tag{4.53}$$

顺序统计量 以 $X_{(1)}, X_{(2)}, \cdots, X_{(n)}$ 依次表示 n 次抽样的最小观测

值，第二小的观测值……$X_{(n)}$是最大观测值，统称为顺序统计量(order statistic). 特别，

$$X_{(1)}=\min\{X_1,X_2,\cdots,X_n\} \quad \text{和} \quad X_{(n)}=\max\{X_1,X_2,\cdots,X_n\}. \tag{4.54}$$

由顺序统计量，可得：

$$R=X_{(n)}-X_{(1)} \qquad \text{(样本极差)};$$

$$X_{1/2}=\begin{cases} X_{(k)}, & \text{若 } n=2k+1, \\ \dfrac{X_{(k)}+X_{(k+1)}}{2}, & \text{若 } n=2k. \end{cases} \qquad \text{(样本中位数)}. \tag{4.55}$$

4.6.2 正态总体抽样分布

对于统计推断，正态总体的抽样分布结果最完满，应用最广泛. 下面介绍研究正态总体样本均值和样本方差的抽样分布：正态分布、χ^2分布、t 分布、F 分布.

1. 一个正态总体的抽样分布　假设 $X_1,X_2,\cdots,X_n$ 是来自正态总体 $N(\mu,\sigma^2)$的简单随机样本，$\overline{X}$ 是样本均值，S^2 是样本方差，则

(1) 样本均值 $\overline{X}$ 服从正态分布：

$$\overline{X}\sim N\left(\mu,\frac{\sigma^2}{n}\right); \tag{4.56}$$

(2) 样本均值 $\overline{X}$ 和样本方差 S^2 相互独立；

(3) 随机变量

$$\chi^2=\frac{(n-1)S^2}{\sigma^2} \tag{4.57}$$

服从自由度 $\nu=n-1$ 的 χ^2 分布；

(4) 随机变量

$$t=\frac{\overline{X}-\mu}{S/\sqrt{n}} \tag{4.58}$$

服从自由度为 $\nu=n-1$ 的 t 分布.

上述结果说明正态总体中的抽样分布，当总体方差已知时，样本均值的抽样分布仍是正态分布，并且抽样分布的数学期望等于总体均值，抽样分布的方差是总体方差的 n 分之一，而且随着样本容量 n 的增加而减小. 样本均值抽样分布的这些性质在抽样推断中是非常重要的. 当总体方差未知时，样本均值的抽样分布是 t 分布.

2. 两个正态总体的情形　如果 $X_1, X_2, \cdots, X_n$ 和 $Y_1, Y_2, \cdots, Y_m$ 分别为来自正态总体 $N(\mu_1, \sigma_1^2)$ 和 $N(\mu_2, \sigma_2^2)$ 的简单随机样本，并且相互独立；$\overline{X}$ 和 $\overline{Y}$ 分别为其样本均值，S_x^2 和 S_y^2 分别为其修正样本方差，称

$$S_{xy}^2 = \frac{(n-1)S_x^2 + (m-1)S_y^2}{m+n-2}$$

为两个样本的联合方差.

(1) 样本均值差服从正态分布：

$$\overline{X} - \overline{Y} \sim N\left(\mu_1 - \mu_2, \frac{\sigma_1^2}{n} + \frac{\sigma_2^2}{m}\right); \tag{4.59}$$

(2) 当 $\sigma_1^2 = \sigma_2^2$ 时，随机变量

$$t = \frac{(\overline{X} - \overline{Y}) - (a-b)}{S_{xy}} \sqrt{\frac{mn}{m+n}} \tag{4.60}$$

服从自由度为 $\nu = m+n-1$ 的 t 分布；

(3) 随机变量

$$F = \frac{S_x^2/\sigma_1^2}{S_y^2/\sigma_2^2} \tag{4.61}$$

服从自由度为 $(n-1, m-1)$ 的 F 分布.

例 4.15　假定某储蓄所各储户的活期存款余额 X(千元)服从 $N(2, 0.60^2)$，试求随意抽取的 100 个储户的平均存款余额 $\overline{X}$ 在 1 900 元到 2 100 元间的概率.

解　由(4.56)式，可知 $\overline{X} \sim N(2, 0.60^2/100)$，则

$$\mathbf{P}\{1.9 \leqslant \overline{X} \leqslant 2.1\} = \mathbf{P}\left\{\frac{1.9-2.0}{0.6/10} \leqslant \frac{\overline{X}-2.0}{0.6/10} \leqslant \frac{2.1-2.0}{0.6/10}\right\}$$

$$= \mathbf{P}\{|U| \leqslant 1.67\} = \Phi(1.67) - \Phi(-1.67) = 2\Phi(1.67) - 1.$$

查附表 1，得 $\Phi(1.67) = 0.9525$，代入上式得：

$$\mathbf{P}\{1.9 \leqslant \overline{X} \leqslant 2.1\} = 2 \times 0.9525 - 1 = 90.5\%.$$

例 4.16　假定 $(X_1, X_2, \cdots, X_{16})$ 和 $(Y_1, Y_2, \cdots, Y_9)$ 是分别来自两个正态总体 $N(a, 5^2)$ 和 $N(b, 5^2)$ 的独立简单随机样本，$\overline{X}$ 和 $\overline{Y}$ 为其样本均值. 记

$$Q_1 = \sum_{j=1}^{16} (X_j - \overline{X})^2, Q_2 = \sum_{j=1}^{9} (Y_j - \overline{Y})^2.$$

试求满足下列等式的常数 c 和 d；a_1 和 a_2；b_1 和 b_2.

$$\mathbf{P}\{c<Q_1<d\}=0.9,\mathbf{P}\{|\overline{X}-a|\leqslant a_1\}=0.95;$$

$$\mathbf{P}\left\{\frac{|\overline{Y}-b|}{\sqrt{Q_2}}\leqslant a_2\right\}=0.95,\mathbf{P}\left\{b_1<\frac{Q_1}{Q_2}<b_2\right\}=0.95.$$

解　由公式(4.56)可知,样本均值$\overline{X}\sim N(a,5^2/16)$,$\overline{Y}\sim N(b,5^2/9)$.由公式(4.57)可知,统计量

$$\chi_1^2=\frac{1}{5^2}Q_1 \quad 和 \quad \chi_2^2=\frac{1}{5^2}Q_2$$

都服从χ^2分布,自由度分别为$\nu_1=15$和$\nu_2=8$.

1）由附表6,有$\chi^2_{0.05,15}=24.996$,$\chi^2_{0.95,15}=7.261$;由

$$\mathbf{P}\{c<Q_1<d\}=\mathbf{P}\left\{\frac{c}{25}<\frac{Q_1}{25}<\frac{d}{25}\right\}$$

$$=\mathbf{P}\{\chi^2_{0.95,15}<\chi_1^2<\chi^2_{0.05,15}\}=0.9,$$

可以得出$c=7.261\times25=181.525$,$d=24.996\times25=624.9$.

2）由于$\overline{X}\sim N(a,5^2/16)$,可见

$$\mathbf{P}\{|\overline{X}-a|\leqslant a_2\}=\mathbf{P}\left\{\frac{|\overline{X}-a|}{5/4}\leqslant\frac{a_2}{5/4}\right\}=0.95;$$

另一方面,由附表4,可知$u_{0.05}=1.96$.因此,$4a_1/5=1.96$,从而$a_1=2.45$.

3）由公式(4.58)可知,变量

$$t=\frac{\overline{Y}-b}{\sqrt{\frac{Q_2}{8}/9}}$$

服从t分布,自由度$\nu=8$.因此

$$\mathbf{P}\left\{\frac{|\overline{Y}-b|}{\sqrt{Q_2}}\leqslant a_2\right\}=\mathbf{P}\{|t|\leqslant\sqrt{8\times9}a_2\}$$

$$=\mathbf{P}\{|t|\leqslant t_{0.05,8}\}=0.95$$

从而,$\sqrt{72}a_2=2.31$,$a_2=0.2772$.

4）由公式(4.61)可知,统计量

$$F=\frac{Q_1/15}{Q_2/8}$$

服从自由度为(15,8)的F分布,因此,有

$$\mathbf{P}\left\{b_1<\frac{Q_1}{Q_2}<b_2\right\}=\mathbf{P}\left\{\frac{8}{15}b_1<\frac{Q_1/15}{Q_2/8}<\frac{8}{15}b_2\right\}$$

$$=\mathbf{P}\left\{\frac{8}{15}b_1<F<\frac{8}{15}b_2\right\}$$

$$=\{F_{0.95}(15,8)<F<F_{0.05}(15,8)\}=0.95.$$

由附表 8，知 $F_{0.025}(15,8)=4.10$，$F_{0.975}(15,8)=F_{0.025}^{-1}(8,15)\approx 3.21^{-1}\approx 0.31$. 因为附表 8 中没有 $F_{0.025}(8,15)$ 的值. 可以用内插法由 $F_{0.025}(8,14)=3.29$ 和 $F_{0.025}(8,16)=3.12$ 的算术平均数近似地求 $F_{0.025}(8,15)\approx 3.21$ 的值. 于是，有

$$b_1=\frac{15}{8}\times 0.31=0.58;b_2=\frac{15}{8}\times 4.10=7.69.$$

4.6.3 极限抽样分布

极限抽样分布是精确抽样分布的极限形式，指在样本容量 n 充分大时的近似抽样分布. 实际应用中，总体并不都是正态总体，有的可能偏离正态分布甚远，有的难以得知其精确分布，这时广泛采用极限抽样分布. 许多分布的极限分布是正态分布（见第三章，正态分布的典型应用）.

假设 $X_1,X_2,\cdots,X_n$ 是来自任一总体的简单随机样本，总体的期望 μ 和方差 σ^2 存在；$\overline{X}$ 是样本均值，S^2 是样本方差. 可以证明：

（1）当样本容量 n 充分大时，$\overline{X}$ 近似服从正态分布 $N(\mu,\sigma^2/n)$；

（2）当样本容量 n 充分大时，样本方差 S^2 渐近服从正态分布

$$N\left[\sigma^2,\frac{1}{n}(\mu_4-\sigma^4)\right];$$

（3）当样本容量 n 充分大时，修正样本标准差 S 渐近服从正态分布

$$N\left[\sigma,\frac{\mu_4-\sigma^4}{4n\sigma^2}\right].$$

以上结论说明，无论总体分布如何，只要样本容量 n 充分大（一般，当样本容量 $n\geqslant 30$ 时），就可认为其样本均值和样本修正方差近似服从正态分布.

例 4.16 某企业全部推销人员的年收入平均数为 1.5 万元，标准差为2 000元. 现在随机抽选了 36 人，试求其年平均收入 $\overline{X}$ 大于 1.5 万元的概率.

解 由样本均值的渐近正态性,可知 $\overline{X} \sim N(1.5, 0.2^2/36)$,则

$$\mathbf{P}\{\overline{X} > 1.575\} = \mathbf{P}\left\{\frac{\overline{X}-1.5}{0.2/6} > \frac{1.575-1.5}{0.2/6}\right\}$$

$$\approx \mathbf{P}\{U > 2.25\} = 1 - \Phi(2.25)$$

其中 $\Phi(x)$ 是标准正态分布函数.查附表 2,得 $\Phi(2.25) = 0.9878$,代入上式,得

$$\mathbf{P}\{\overline{X} > 1.575\} \approx 1 - 0.9878 = 0.0122.$$

习　题　4

4.1 何谓累积平均数?何谓结构平均数?它们分别有哪些常用类型?

4.2 何谓统计数据中位数和众数?何谓修正算术平均数?

4.3 统计数据的中位数、众数和算术平均数三者的关系如何?

4.4 何谓散布特征?统计数据有哪些常用的散布特征?

4.5 统计数据的偏度和峰度如何计算?

4.6 随机变量有哪些常用的位置特征?

4.6 随机变量有哪些常用的散布特征?

4.7 相关系数有哪些基本性质?

4.8 何谓抽样分布?试举两个抽样分布的例子.

4.9 举例说明抽样分布为 χ^2 分布的情形.

4.10 举例说明抽样分布为 t 分布的情形.

4.11 举例说明抽样分布为 F 分布的情形.

4.12* 假设 $X_1, X_2, \cdots, X_n$ 是来自任一总体的简单随机样本,总体的数学期望为 μ,方差为 σ^2.证明:当样本容量充分大时,样本均值为 $\overline{X}$ 和样本修正方差为 S^2 都近似服从正态分布.

4.13 设某地区交通事故的次数有如下表的统计资料:

日交通事故次数	0	1	2	3	4	合　计
天　数	10	14	26	30	20	100

试求日发生交通事故的中位数、众数、算术平均数、极差和方差.

4.14 某企业400名工人各种补贴的发放情况如下表：

金额(百元)	2	4	6	8	10	合 计
工人数	40	80	110	90	80	400

试求每个工人的平均补贴金额，以及补贴金额的中位数、众数、极差和方差.

4.15 某射击爱好者在一次训练中，50次射击命中环数统计结果如下表：

命中环数	0	1	2	3	4	5	6	7	8	9	10	合计
各环出现频数	5	3	5	4	7	10	8	4	2	1	1	50

试求此人此次训练中每次射击的平均命中环数，以及命中环数的中位数、众数、极差和方差.

4.16 抽查了100袋某种袋装食品测得其实际重量如下表：

每袋实际重量(克)	98～99	99～100	100～101	101～102	合 计
袋 数	10	20	50	20	100

试求每袋重量的平均数和方差. 问中位数在哪一组？

4.17 某中学100名高中一年级男生身高(单位：厘米)的频数分布如下表：

身高	155～160	160～165	165～170	170～175	175～180	180～185
人数	2	8	28	36	18	8

试求该校高一男生身高的平均数、中位数和众数.

4.18 某企业第一季度月产值计划的完成情况有如下表的统计资料：

月 份	一月	二月	三月
实际完成产值(万元)	500	612	832
实际完成计划产值的(%)	100%	102%	104%

试求第一季度月计划的平均完成程度和平均超额完成计划程度.

4.19　假设某企业计划在未来5年中实现销售收入翻两番的目标,试求其销售收入年平均增长速度.

4.20　一药材批发站1998年第四季度某种药材的批发情况有如下表的统计资料:

药材等级	一级	二级	三级	合　计
单价(元/克)	60	50	35	
贸易金额(元)	400	600	200	1 200

试求1998年第四季度该药材批发站此种药材的平均批发价格.

4.21　一水果店三种水果的销售情况有如下表的记录,试求三种水果的平均售价.

药材等级	芦柑	香蕉	苹果	合　计
单价(元/千克)	1.80	1.90	1.50	
销售额(元)	400	600	200	1 200

4.22　某公司经营A,B,C三种不同商品,上半年实际完成出口额以及出口额累计履约率有如下表的统计资料:

商品种类	实际出口额(百万元)	履约率(%)
A	22	54
B	15	44
C	18	56

试求三种商品出口额的平均履约率.

4.23　某自选市场4种商品价格的下调幅度和调价后一个月的销售额(单位:万元)有如下表的统计资料:

商品种类	价格下调幅度(%)	调价后一个月的销售额
A	12.5	35
B	7.0	12.5
C	10.0	17.0
D	12.5	82.0

试求与调价前一个月相比4种商品价格的平均下调幅度.

4.24 某企业去年上半年各月的广告费(单位:万元)支出情况如下表:

月份	1	2	3	4	5	6	合　计
广告费	47.1	45.2	46.7	44.0	43.4	43.6	270

试求其极差 R、标准差 S 和平均离差 m.

4.25 某毛纺厂工人工龄分组数据如下表:

工龄	0~5	5~10	10~15	15~20	20~25	25~30	合　计
人数	13	48	23	10	4	2	100

试求该毛纺厂工人的平均工龄及其方差和标准差.

4.26 甲乙两个车工加工同种零件.根据某月22个工作日的统计资料,经计算得:甲平均每个工作日加工零件180件,标准差为10件;乙平均每个工作日加工零件160件,标准差为8件.问甲乙两人谁的技术水平更稳定?

4.27 甲乙两名运动员在近10次模拟比赛中,跳远成绩(单位:米)如下表:

甲	4.08	4.30	4.12	4.10	4.15	4.25	4.06	4.26	4.19	4.28
乙	4.05	4.28	4.15	4.20	4.18	4.30	4.33	4.21	4.29	4.31

就这些成绩而言,试问谁的技术水平发挥更稳定些?

4.28 从某校高一新生中随机选出12名学生,其数学和物理入学成绩如下表:

学生	1	2	3	4	5	6	7	8	9	10	11	12
数学	77	75	93	65	87	98	71	68	84	80	87	89
物理	74	82	86	72	85	91	80	72	89	78	85	91

求这两科成绩的样本相关系数.

4.29 某次毕业生体检中,医生随机选取了8名男生,记录下他们的裸眼视力 Y 的数据如下表：

学生编号 k	1	2	3	4	5	6	7	8
裸眼视力 Y	5.5	4.2	4.8	5.0	4.4	4.8	5.0	4.4

试求：(1) 平均数和极差；(2) 未修正方差、方差和平均离差；(3) 其变异系数和偏度.

4.30 下表为10名成年男子的身高(厘米)与体重(公斤)的数据：

身高	173	168	169	175	180	176	174	181	177	184
体重	70	65	70.5	78	77.2	80	75	78	74	79.5

求身高与体重数据间的相关系数.

4.31 已知总体 X 与总体 Y 独立，并且都服从参数为(10,0.2)的二项分布.求 $U=2X+Y$ 和 $V=2X-Y$ 的相关系数.

4.32 设总体 X 服从正态分布 $N(5,2.5^2)$，$(X_1,X_2,\cdots,X_{16})$ 为来自总体 X 的简单随机样本，试求样本均值的概率分布及 $\{4.5\leqslant\overline{X}\leqslant 6\}$ 的概率.

4.33 设总体 X 服从正态分布 $N(\mu,3^2)$，要以90%的可靠性使简单随机样本的样本均值 $\overline{X}$ 对 μ 的绝对偏差小于0.4，至少需要多大容量的样本？

4.34 设总体 X 服从正态分布 $N(\mu,\sigma^2)$，$(X_1,X_2,\cdots,X_{10})$ 为来自总体 X 的简单随机样本，试求下列概率：

$$\mathbf{P}\left\{\frac{\sigma^2}{2}\leqslant\frac{1}{10}\sum_{i=1}^{10}(X_i-\mu)^2\leqslant\frac{3\sigma^2}{2}\right\};$$

$$\mathbf{P}\left\{\frac{\sigma^2}{2}\leqslant\frac{1}{10}\sum_{i=1}^{10}(X_i-\overline{X})^2\leqslant\frac{3\sigma^2}{2}\right\}$$

$$\mathbf{P}\left\{\frac{\sigma^2}{3}\leqslant S^2\leqslant\frac{2\sigma^2}{3}\right\}.$$

4.35 假设总体 X 与总体 Y 独立，并且均服从正态分布 $N(\mu,4^2)$，$(X_1,X_2,\cdots,X_{16})$ 和 $(Y_1,Y_2,\cdots,Y_9)$ 分别为来自总体 X 与总体 Y 的简单随机样本.试求：

(1) 样本均值差 $\overline{X}-\overline{Y}$ 的概率分布及事件 $\{|\overline{X}-\overline{Y}|\leqslant 1.5\}$ 的概

率.

(2) 求样本修正方差之比 S_x^2/S_y^2 的概率分布及事件 $\{S_x^2 \geqslant 1.6S_y^2\}$ 的概率.

4.36 假设 $(X_1,X_2,\cdots,X_9)$ 和 $(Y_1,Y_2,\cdots,Y_{16})$ 为来自总体 $N(\mu,2^2)$ 的两个相互独立的简单随机样本,令

$$Q_1 = \sum_{i=1}^{9}(X_i - \overline{X})^2, Q_2 = \sum_{i=1}^{16}(Y_i - \overline{Y})^2,$$

求满足下列各式的常数 a,b 和 c.

$$\mathbf{P}\left\{\frac{|\overline{Y}-b|}{\sqrt{Q_1}} \leqslant a\right\} = 0.95, \mathbf{P}\left\{b \leqslant \frac{Q_1}{Q_2} \leqslant c\right\} = 0.95.$$

4.37 假设某地区成年女子平均身高为 1.58 米,标准差为 0.06 米. 现在自该地区随机选取 49 名成年女子,求该地区成年女子平均身高介于 1.55 米到 1.65 米之间的概率.

第五章 统计推断——估计

在前几章里介绍了描述统计的基本知识,本章及以后两章将介绍统计推断的基本知识.统计推断,亦称抽样推断,就是由样本推断总体,即通过对样本的分析和研究对总体作出推测和判断.统计推断是统计学的核心内容.统计学的众多分支,可以说都是围绕着统计推断建立起来的.尽管统计学的分支众多,统计推断所要解决的问题也多种多样,但是其基本问题可以归结为两类:估计和检验.

这一章针对各种抽样方式和方法,讲述统计估计问题和统计估计方法.下一章讲述统计假设的检验问题和常用检验方法.

§5.1 统计估计的基本概念

统计估计,亦称抽样估计,就是根据样本来估计或推算总体的各种特征:总体的结构、总体参数或指标.这一节讲述统计估计的基本概念,统计估计方法的基本类型及其评价标准和抽样误差等概念.在以后各节将分别介绍对根据各种抽样方法取得的样本进行统计估计的方法.对于初学者,只需首先掌握§5.1和§5.2.

5.1.1 估计问题的提法

实际中存在许多统计推断问题可以归结为估计问题,即在许多情形下需要根据调查结果,特别是根据抽样调查结果进行估计、推算或预测.例如,我国每年公布的总人口数(年底数)、出生率、死亡率和自然增长率，第一、二、三产业从业人员人数(年底数)，城镇居民家计调查的有关资料等等，都是根据抽样调查的结果推算(估计)的；根据市场调查的抽样结果，预测(估计)各种消费品的需求情况；产品验收，需要根据抽样检验的结果，推算或估计整批产品的不合格品率；可以根据抽样取得的部分文件(原始单据、凭证等等)审计企业的财务；根据随机测量的结果估计被测量物理量的值等等. 总之，不管是宏观还是微观管理，都存在根据调查结果，特别是根据抽样调查结果进行推算、估计或预测的问题.

由样本估计总体，就是根据样本来估计总体的结构、估计总体的各种参数或指标. 在以后的叙述中，统称之为参数估计. 参数估计方法有两种类型：点估计和区间估计. 点估计(point estimation)，就是用适当选择的统计量(抽样指标)的值估计未知参数的值；区间估计(interval estimation)，就是根据抽样调查的结果，指出未知参数的范围. 此外，估计的质量应该有完善的评价标准.

记号 在以后的叙述中常要使用如下记号：X——总体，$X_1, X_2, \cdots, X_n$——来自总体 X 的随机样本，n——样本容量；$\mu=\mathbf{E}X$——总体均值(数学期望)，τ——总体总值(或总体某种标志或单位的总量)；$\sigma^2=\mathbf{D}X$——总体方差，$\sigma=\sqrt{\mathbf{D}X}$——总体标准差；$\overline{X}$——样本均值，$X_{1/2}$——样本中位数；$S^2$——样本方差，$S$——样本标准差，$R$——样本极差.

对于不同的抽样方式和方法，样本的结构以及 $\overline{X}$ 和 S^2 计算方法都有所不同，以后将分别介绍. 特别是，对于(还原和非还原)简单随机抽样，

$$\overline{X}=\frac{1}{n}\sum_{i=1}^{n}X_i, S^2=\frac{1}{n-1}\sum_{i=1}^{n}(X_i-\overline{X})^2. \tag{5.1}$$

一般，以 θ 表示所要估计的未知参数，以 $\hat{\theta}=T(X_1, X_2, \cdots, X_n)$ 表示估计参数所用的统计量，又称作未知参数 θ 估计量.

5.1.2 未知参数的点估计

点估计又称作定值估计，就是根据抽样结果用一个统计量的值对

未知参数的值作出估计,而相应的统计量称作估计量. 同一个参数可以用不同的统计量做它的估计量,因此必须有评价估计量优劣的标准.

1. 估计量　用来估计未知参数的统计量称作**估计量**(estimator). 例如,样本均值 $\overline{X}$,样本中位数 $X_{1/2}$ 都可以做总体均值(数学期望)$\mu=\mathbf{E}X$ 的估计量;修正样本方差 S^2 和未修正样本方差 S_n^2,都可以做总体方差 $\sigma^2=\mathbf{D}X$ 的估计量;修正样本标准差 S 和样本极差 R 都可以做总体标准差 $\sigma=\sqrt{\mathbf{D}X}$ 的估计量;抽验 n 件产品,其中不合格品出现的频率,可以做整批产品的不合格品率 p 的估计量. 一般来说,对于任意未知参数 θ,其估计量记作:

$$\hat{\theta}=T(X_1,X_2,\cdots,X_n),$$

它是由统计数据计算出来的量,是样本的函数.

如果抽样带有随机性,则样本也是随机的,从而估计量是随机变量. 例如,对于任意 $n\geqslant 1$,可以组成多个容量为 n 的样本,各个样本的均值可能取不同的值(见(5.22)式),因此由样本的随机性可见样本均值是随机变量.

2. 评价估计量的标准　前面已经提到,同一未知参数可能有多个供选择的估计量. 因此就产生了在不同的估计量中选择最优或满意估计量的问题,从而必须制定评价统计量优劣的标准. 由于估计量的取值具有随机性,因此我们实际上是用一个随机变量的值估计未知参数的值. 因此有关评价标准都是用"平均"和"概率"的语言表述的. 使用这样的标准,从不同的角度评价估计量,其中最基本的是:无偏性(unbiasedness)、有效性(efficiency)、相合性(consistency)、充分性(sufficiency).

无偏性　如果一个估计量的数学期望等于被估计的未知参数,则该估计量称作**无偏的**. 具体地说,若 $\hat{\theta}$ 取值的平均水平恰好等于参数 θ 的值,即若

$$\mathbf{E}\hat{\theta}=\theta, \tag{5.2}$$

则 $\hat{\theta}$ 称作参数 θ 的**无偏估计量**.

有效性　亦称**最小方差性**. 由于方差是随机变量取值分散程度的数字特征,同为参数 θ 的两个无偏估计量 $\hat{\theta}_1,\hat{\theta}_2$,以方差较小者为佳. 确

切地说，设 $\hat{\theta}_1$ 和 $\hat{\theta}_2$ 都是参数 θ 的无偏估计量，若

$$\mathbf{D}\hat{\theta}_1<\mathbf{D}\hat{\theta}_2, \tag{5.3}$$

则称估计量 $\hat{\theta}_1$ 比 $\hat{\theta}_2$ 更有效. 而在一切可供选择的无偏估计量中，应该选方差最小者. 最小方差无偏估计量称作**最优估计量**.

相合性 亦称**一致性**，是估计量所应具备的最基本的性质：当样本容量 n 充分大时，估计量 $\hat{\theta}$ 的几乎所有值都十分接近未知参数 θ 的值. 确切一点说，只要 n 充分大，就有：

$$\mathbf{P}\{\hat{\theta}_n\approx\theta\}\approx 1. \tag{5.4}$$

充分性 对于所估计的未知参数 θ，如果估计量 $\hat{\theta}$"吸纳"了包含在样本中的关于 θ 的全部信息，则 $\hat{\theta}$ 称作参数 θ 的**充分估计量**. 例如，样本均值 $\overline{X}$ 是总体均值 $\mu=\mathbf{E}X$ 的充分估计量；频率是概率的充分估计量.

无偏性与相合性一般容易证明；最小方差性和充分性的证明，则要用到较多的数学知识. 例如，样本方差 S^2 是总体方差 $\sigma^2=\mathbf{D}X$ 的无偏估计量与相合估计量. 对于正态总体，样本均值 $\overline{X}$ 是总体均值(数学期望)$\mu=\mathbf{E}X$ 的无偏、最小方差、相合与充分估计量；样本方差 S^2 是总体方差 $\sigma^2=\mathbf{D}X$ 的无偏、最小方差、相合与充分估计量. 频率 $\hat{p}$ 是概率 p 的无偏、最小方差、相合与充分估计量. 此外，有些有偏估计量经过矫正可以变为无偏的. 例如，样本标准差 S 和样本极差 R，都是总体标准差 σ 的有偏估计量. 对于正态总体，只需将 S 和 R 相应地乘以系数，即可得到 σ 的无偏估计. 而这些系数有编制好的数值表(附表 13 和附表 14). 例如，对于正态总体 $N(\mu,\sigma^2)$，估计量

$$\hat{\sigma}_1=\frac{S}{M_{n-1}} \quad 和 \quad \hat{\sigma}_2=\frac{R}{d_n} \tag{5.5}$$

都是总体标准差 σ 的无偏估计量，其中 M_{n-1} 和 d_n 分别是由附表 13 和附表 14 给出的系数，n 是样本容量. 不过，当样本容量 n 充分大时，系数 $1/M_{n-1}$ 十分接近于 1，因此估计量接近无偏. 至于估计量 $\hat{\sigma}_2$，只适宜于样本容量 n 较小的情形，因为当样本容量 n 较大时，其有效性极低(参见[6]，第 262～263 页；[7]，第 134～135 页；[8]，第 164～165 页).

5.1.3 未知参数的区间估计

我们首先介绍区间估计的基本形式和置信区间的概念，然后介绍一种常用的构造置信区间的方法，最后说明区间估计和点估计的关系.

1.置信区间　未知参数 θ 的置信区间，是根据样本 $X_1,X_2,\cdots,X_n$ 构造的一个随机区间 $(\hat{\theta}_1,\hat{\theta}_2)$，使之以较大的概率包含 θ，其中 $\hat{\theta}_1,\hat{\theta}_2$ 是统计量.确切地说，未知参数 θ 的置信区间，是以统计量 $\hat{\theta}_1,\hat{\theta}_2$ 为端点的随机区间 $(\hat{\theta}_1,\hat{\theta}_2)$，满足条件：

$$\mathbf{P}\{\hat{\theta}_1<\theta<\hat{\theta}_2\}=1-\alpha, \tag{5.6}$$

其中概率 $1-\alpha(0<\alpha<1)$ 称作**置信度**(confidence level)，端点 $\hat{\theta}_1$ 和 $\hat{\theta}_2$ 称作**置信限**(confidence limits).随机区间 $(\hat{\theta}_1,\hat{\theta}_2)$ 称作参数 θ 的置信度为 $1-\alpha$ 的**置信区间**(confidence interval)，简称 $1-\alpha$ 置信区间.

对于具体的统计数据——样本值，若统计量 $\hat{\theta}_1,\hat{\theta}_2$ 分别取 a 和 b 为值，则由 $(\hat{\theta}_1,\hat{\theta}_2)$ 得到一个普通的区间 (a,b)，称作置信区间 $(\hat{\theta}_1,\hat{\theta}_2)$ 的一个**实现**(realization).置信度 $1-\alpha=0.95$ 表示在置信区间 $(\hat{\theta}_1,\hat{\theta}_2)$ 的大量实现中，平均有 95%的实现包含未知参数 θ，不包含 θ 的值的实现平均只有 5%.

2.置信区间的构造　构造置信区间，一般要考虑如下三个因素：n——样本容量，$\iota=\hat{\theta}_2-\hat{\theta}_1$——区间的长度，$1-\alpha$——置信度.显然，三个量 n,α,ι 都是越小越好.然而，由于样本的随机性，使得三个量都任意小是做不到的，最后要在 n,α,ι 三者之间权衡.一般而言，对于任何构造置信区间的方法，只能控制其中两个量.此外，置信区间还与总体的变异程度有关.下面通过一个简单的例子，介绍一种常用的构造置信区间的方法.

例 5.1　假设总体 X 服从正态分布 $N(\mu,\sigma_0^2)$，其中方差 σ_0^2 已知.根据按还原抽样方式自总体 X 抽取的容量为 n 的简单随机样本 $X_1,X_2,\cdots,X_n$，建立总体均值 μ 的 $1-\alpha$ 置信区间.

解　首先按(5.1)式计算样本均值 $\overline{X}$，其次注意到 $\overline{X}$ 服从正态分布 $N(\mu,\sigma_0^2/n)$.因此，

$$U=\frac{\overline{X}-\mu}{\sigma_0/\sqrt{n}}\sim N(0,1). \tag{5.7}$$

于是对于任意给定的 α，由附表 3 查得标准正态分布水平 α 双侧分位数 u_α，有

$$\begin{aligned}1-\alpha &= \mathbf{P}\{-u_\alpha<U<u_\alpha\}=\mathbf{P}\left\{-u_\alpha<\frac{\overline{X}-\mu}{\sigma_0/\sqrt{n}}<u_\alpha\right\} \\ &= \mathbf{P}\left\{\overline{X}-u_\alpha\frac{\sigma_0}{\sqrt{n}}<\mu<\overline{X}+u_\alpha\frac{\sigma_0}{\sqrt{n}}\right\}.\end{aligned} \tag{5.8}$$

从而，得到 μ 的 $1-\alpha$ 置信区间：

$$(\overline{X}-\Delta,\overline{X}+\Delta), \tag{5.9}$$

其中

$$\Delta=u_\alpha\frac{\sigma_0}{\sqrt{n}}. \tag{5.10}$$

置信区间(5.9)式的构造方法具有典型性.(5.10)式中的 Δ 反映置信区间的长度：$\iota=2\Delta$；u_α 反映置信度，有时称作**置信因子**或**可靠因子**；而

$$\sigma_{\overline{x}}=\sqrt{\mathbf{D}\overline{X}}=\frac{\sigma_0}{\sqrt{n}} \tag{5.11}$$

是样本均值 $\overline{X}$ 的标准差，称作**抽样平均误差**，它反映总体的变异程度和样本容量.因此，利用(5.11)式在 n,α,Δ 三个量中，根据给定的任意两个量可以求出另一个量.

3. *区间估计与点估计的关系*　一方面，构造置信区间一般要利用未知参数的点估计及其抽样分布；另一方面，利用置信区间可以对点估计的准确性和可靠性进行控制.例如，$\mu=\mathbf{E}X$ 的置信区间(5.9)式的两个端点为：

$$\overline{X}\pm\Delta=\overline{X}\pm u_\alpha\frac{\sigma_0}{\sqrt{n}}, \tag{5.12}$$

其中 Δ 恰好是用 $\overline{X}$ 估计 $\mu=\mathbf{E}X$ 所产生的误差的界限：

$$\mathbf{P}\{|\overline{X}-\mu|<\Delta\}=\mathbf{P}\{\overline{X}-\Delta<\mu<\overline{X}+\Delta\}=1-\alpha, \tag{5.13}$$

而 $1-\alpha$ 是估计量 $\overline{X}$ 对它所估计的参数 $\mu=\mathbf{E}X$ 的偏差小于 Δ 的概率.

5.1.4 抽样误差

抽样误差(sampling error),泛指抽样调查中所产生的一切误差.与任何调查误差一样,分为过失误差和代表性误差,而代表性误差又分为系统误差和随机误差;狭义的抽样误差专指随机误差.随机误差是由大量无法控制的偶然因素的影响和制约而产生的.影响抽样误差的因素主要有:抽样单位的标志或被观测变量值的变异程度、样本容量以及抽样的方式和方法.抽样误差主要表现为:抽样指标与相应总体指标、估计量与被估计参数之间的差异.

对于抽样调查,过失误差又称为非抽样误差.非抽样误差又可以分为:抽样框误差(frame error)、无回答误差(nonresponse error)和计量误差(measurement error).对此感兴趣的读者,可以参阅[16].

下面介绍抽样误差的表现形式及其描述和计量方法.设 $\hat{\theta}=T(X_1, X_2,\cdots,X_n)$ 是未知参数 θ 的(无偏或有偏)估计量.那么,估计量 $\hat{\theta}$ 与 θ 之差 $\hat{e}=\hat{\theta}-\theta$ 称作抽样误差.

1. *均方误差* 称 $\hat{e}^2=(\hat{\theta}-\theta)^2$ 为平方抽样误差,显然二者都是随机变量.平方抽样误差的数学期望

$$\delta^2=\mathbf{E}\hat{e}^2=\mathbf{E}(\hat{\theta}-\theta)^2 \tag{5.14}$$

称作**均方误差**(mean square error).估计量 $\hat{\theta}$ 的数学期望与参数 θ 的真值之差

$$b=\mathbf{E}\hat{\theta}-\theta \tag{5.15}$$

称作估计量 $\hat{\theta}$ 与对参数 θ 的**偏倚**(bias),亦称偏差或偏误.特别,若 $\hat{\theta}$ 是 θ 的无偏估计量,则 $b=0$.不难证明:

$$\mathbf{E}(\hat{\theta}-\theta)^2=\mathbf{E}(\hat{\theta}-\mathbf{E}\hat{\theta})^2+(\mathbf{E}\hat{\theta}-\theta)^2, \tag{5.16}$$

其中 $\mathbf{E}(\hat{\theta}-\mathbf{E}\hat{\theta})^2=\mathbf{D}\hat{\theta}$ 是估计量 $\hat{\theta}$ 的方差.

2. *绝对误差* 称 $|\hat{e}|=|\hat{\theta}-\theta|$ 为**绝对离差**(absolute deviation)或绝对误差;称绝对离差的数学期望

$$\mathbf{E}|\hat{e}|=\mathbf{E}|\hat{\theta}-\theta| \tag{5.17}$$

为**平均绝对离差**(mean absolute diviation)或平均绝对偏差,简称**平均离差**.

3. 极限抽样误差　(5.12)式中的量 Δ 称作极限抽样误差(limit sampling error),它与样本容量 n、置信度 $1-\alpha$ 相互影响和制约. 应用中,往往对 Δ 加以限制:规定一个上界 Δ_0,要求极限抽样误差 $\Delta \leqslant \Delta_0$. 我们称 Δ_0 为**允许抽样误差**(admissible sampling error). 这样,n,α,Δ_0 三个量决定置信区间的质量和相应点估计的"准确"程度. 虽然三个量都是越小越好,然而三个量都任意地小是做不到的. 一般,给定了其中任意两个就可以确定另外一个. 例如,在(5.10)式中,设,$\sigma_0=4,\alpha=0.05,\Delta_0=2$,则由

$$u_\alpha \frac{\sigma_0}{\sqrt{n}}=\Delta \leqslant \Delta_0, \tag{5.18}$$

可得

$$n=u_\alpha^2\left(\frac{\sigma_0}{\Delta}\right)^2 \geqslant u_\alpha^2\left(\frac{\sigma_0}{\Delta_0}\right)^2=1.96^2\left(\frac{4}{2}\right)^2 \approx 16. \tag{5.18a}$$

对于不同的抽样方式和方法,极限抽样误差的计算公式也不尽相同,我们以后将陆续介绍.

§5.2 简单随机抽样估计方法

在第二章我们已经讲到简单随机抽样,现在介绍如何根据简单随机抽样的结果进行估计. 简单随机抽样,有两种不同情形:自有限总体的(还原和非还原)简单随机抽样和对变量的独立重复观测(或自无限总体的简单随机抽样).

我们首先阐述对简单随机样本的两种理解,然后介绍基于简单随机样本估计总体均值、总值、比率等等参数和指标的问题.

5.2.1 简单随机样本

设 $X_1,X_2,\cdots,X_n$ 是简单随机抽样获得的样本. 自有限总体 Ω 的还原和非还原简单随机样本,与对随机变量 X 独立重复观测所获得的样本有所不同:在一种情形下,$X_1,X_2,\cdots,X_n$ 是同分布但并不独立的随

机变量;在另一种情形下,$X_1,X_2,\cdots,X_n$ 是独立同分布随机变量.

1. 自有限总体的简单随机样本 设总体 $\Omega=\{\omega_1,\omega_2,\cdots,\omega_N\}$ 恰好含 N 个元素,所考察的标志 $X=X(\omega),\omega\in\Omega$ 在各个个体上(未必两两不等)的值为 $\{x_1,x_2,\cdots,x_N\}$:$x_j=X(\omega_j)$,以 μ 和 σ^2 分别表示总体的均值(数学期望)和方差:

$$\mu=\frac{1}{N}\sum_{j=1}^{N}x_j,\sigma^2=\frac{1}{N}\sum_{j=1}^{N}(x_j-\mu)^2. \tag{5.19}$$

(1) 非还原简单随机样本 设 $X_1,X_2,\cdots,X_n$ 是自总体 Ω 的 n 次非还原简单随机抽样获得的样本;由表 2.2 的情形 4 可知它总共有 $L=C_N^n$ 个可能值:

$$(x_{k1},x_{k2},\cdots,x_{kn}),x_{ki}\in\{x_1,x_2,\cdots,x_N\}\quad(k=1,2,\cdots,C_N^n,i=1,2,\cdots,n). \tag{5.20}$$

容易理解的是,由非还原抽样获得的样本,其观测值有相同的分布但是不独立.由此不难计算出样本均值 $\overline{X}$ 的数学期望和方差:

1)样本均值 $\overline{X}$ 是数学期望 μ 的无偏估计量:$\mathbf{E}\overline{X}=\mu$;

2)样本均值 $\overline{X}$ 的方差为:

$$\mathbf{D}\overline{X}=\frac{\sigma^2}{n}\left(\frac{N-n}{N-1}\right). \tag{5.21}$$

(2) 还原简单随机抽样 简称简单随机样本.设 $X_1,X_2,\cdots,X_n$ 是自总体 Ω 的 n 次还原简单随机抽样获得的样本;由(2.1)式可知它有 $L=N^n$ 个可能值.容易理解的是,由还原抽样获得的样本,其观测值有相同的分布并且相互独立.这样,容量为 n 的(还原)简单随机样本,是 n 个独立同分布随机变量.不难证明:

1)样本均值 $\overline{X}$ 是数学期望的无偏估计量:$\mathbf{E}\overline{X}=\mu$;

2)样本均值的方差为:

$$\mathbf{D}\overline{X}=\frac{\sigma^2}{n}. \tag{5.23}$$

证明 上述结论可以用与非还原抽样的情形完全类似的方法证明.但是,由于 $X_1,X_2,\cdots,X_n$ 现在是独立同分布随机变量,所以可以利用数学期望和方差的性质直接证明.因为同分布,所以 $\mathbf{E}X_i=\mu$,$\mathbf{D}X_i=\sigma^2(i=1,2,\cdots,n)$,其中 μ 和 σ^2 是总体的数学期望和方差.因此,

有

$$\mathbf{E}\overline{X}=\mathbf{E}\left(\frac{1}{n}\sum_{i=1}^{n}X_i\right)=\frac{1}{n}\sum_{i=1}^{n}\mathbf{E}X_i=\mu;$$

$$\mathbf{D}\overline{X}=\mathbf{D}\left(\frac{1}{n}\sum_{i=1}^{n}X_i\right)=\frac{1}{n^2}\sum_{i=1}^{n}\mathbf{D}X_i=\frac{\sigma^2}{n}.$$

2. *对变量的独立重复观测*　设 X 是一随机变量,我们视 X 为总体. 自总体 X 的 n 次简单随机抽样,就是对 X 的 n 次独立重复观测,所得结果是 n 个独立同分布的随机变量 $X_1,X_2,\cdots,X_n$,称作容量为 n 的简单随机样本,其性质类似于自总体的还原随机抽样.

5.2.2　总体均值的估计

现在讨论总体 X 的均值(数学期望)μ 和总值(或总量)T 的估计问题. 以下仅限于考虑由还原抽样取得的简单随机样本 $X_1,X_2,\cdots,X_n$,即 $X_1,X_2,\cdots,X_n$ 相互独立且与总体 X 同分布.

1. *总体均值 μ 和总值 T 的点估计*　对于任意总体 X,样本均值 $\overline{X}$ 是总体均值的无偏估计量:$\mathbf{E}\overline{X}=\mu$,并且是相合估计量;在许多情形下(例如,对于正态总体)$\overline{X}$ 也具有最小方差性和充分性.

对于正态总体,除样本均值 $\overline{X}$ 外,修正算术平均值、样本中位数和样本众数,也是总体均值的无偏估计量与相合估计量,但是其有效性都比样本均值 $\overline{X}$ 差,即上述三个估计量的方差都比样本均值 $\overline{X}$ 的方差大. 不过,修正算术平均值、样本中位数和样本众数的优点,是受异常观测值(离群值)影响较小.

总体总值 T 的点估计　由总体均值的无偏估计量——样本均值 $\overline{X}$,立即可以得到总体的总值(或总量)T 的无偏估计量:

$$\hat{T}=N\overline{X},\tag{5.24}$$

其中 N 是总体容量.

2. *总体均值 μ 和总值 T 的区间估计*　建立区间估计,需要知道抽样分布. 我们首先讨论样本均值的抽样分布,再建立总体均值 μ 和总值 T 的置信区间,最后建立满足一定要求的区间估计所需要的样本容量.

(1) 样本均值 $\overline{X}$ 的分布　区分总体服从正态分布和非正态分布

两种情形.

正态总体 如果总体服从正态分布 $N(\mu,\sigma^2)$,则对于任意样本容量 $n\geqslant 1$,样本均值 $\overline{X}$ 服从正态分布 $N(\mu,\sigma^2/n)$,从而

$$U=\frac{\overline{X}-\mu}{\sigma_{\overline{x}}}=\frac{\overline{X}-\mu}{\sigma/\sqrt{n}} \tag{5.25}$$

服从标准正态分布 $N(0,1)$,其中 σ 和 $\sigma_{\overline{x}}=\sigma/\sqrt{n}$ 分别是总体的标准差和样本均值的标准差. 若总体标准差未知,则可以用样本标准差 S 代替 σ,由(5.25)式,得

$$t=\frac{\overline{X}-\mu}{S/\sqrt{n}}, \tag{5.26}$$

变量 t 服从 t 分布,自由度为 $n-1$.

非正态总体 对于任意总体,只要样本容量 n 充分大,则

$$T=\frac{\overline{X}-\mu}{S/\sqrt{n}} \quad \text{或} \quad \frac{\overline{X}-\mu}{\sigma/\sqrt{n}} \tag{5.27}$$

近似服从标准正态分布 $N(0,1)$(参见[6],(5.35)式).

(2)总体均值 μ 和总值 T 的置信区间 有了样本均值 $\overline{X}$ 的分布,就可以利用与例 5.1 完全类似的方法得到总体均值 μ 的区间估计.

正态总体 若总体服从正态分布 $N(\mu,\sigma^2)$,则当 $\sigma=\sigma_0$ 已知时,μ 的 $1-\alpha$ 置信区间为

$$(\overline{X}-\Delta,\overline{X}+\Delta), \tag{5.28}$$

其中极限抽样误差为

$$\Delta=\begin{cases} u_\alpha\dfrac{\sigma_0}{\sqrt{n}}, & \text{若 } \sigma=\sigma_0 \text{ 已知,} \\ t_{\alpha,n-1}\dfrac{S}{\sqrt{n}}, & \text{若 } \sigma \text{ 未知.} \end{cases} \tag{5.28a}$$

其中 u_α 是标准正态分布水平 α 双侧分位数(附表 3);$t_{\alpha,n-1}$ 是自由度为 $n-1$ 的 t 分布水平 α 双侧分位数(附表 5).

注 对于容量为 N 的有限总体,当采用非还原简单随机抽样时,数学期望 μ 的 $1-\alpha$ 置信区间的端点宜修正为(原则上应要求 N 和 n 都充分大,而且 n 相对 N 较小):

$$\overline{X}\pm\Delta\sqrt{\frac{N-n}{N-1}}, \tag{5.29}$$

其中 Δ 仍按(5.28a)式计算.

非正态总体 当总体不服从正态分布时,只要样本容量 n 充分大,则总体均值 μ 的置信区间与(5.28)式形式上类似:

$$(\overline{X}-\Delta,\overline{X}+\Delta) \tag{5.30}$$

其中,

$$\Delta=\begin{cases} u_\alpha \dfrac{\sigma_0}{\sqrt{n}}, & 若\ \sigma=\sigma_0\ 已知, \\ u_\alpha \dfrac{S}{\sqrt{n}}, & 若\ \sigma\ 未知. \end{cases} \tag{5.31}$$

只是置信度近似地等于 $1-\alpha$.

(3) 总值 T 的区间估计 由(5.24)式可见,只需将数学期望 μ 的 $1-\alpha$ 置信区间(5.28)式～(5.31)式的端点乘以总体容量 N 便可得到总体的总值(或总量)T 的 $1-\alpha$ 置信区间.

例 5.2 某市区每户月人均煤气用量 X 服从正态分布 $N(\mu,\sigma^2)$. 现在随机抽样调查了 10 个居民户二月份的人均煤气用量,得如下数据(单位:米^3):

14.49 9.14 9.01 11.60 10.39 12.40 9.14 9.57 10.67 8.71

试就如下两种情形分别建立全区户人均煤气用量 μ 的 0.95 置信区间:(1)σ 未知;(2)$\sigma=2$ 已知.

解 经计算,得样本均值 $\overline{X}=10.51$,样本方差 $S^2=1.85^2$. 户人均煤气用量 μ 的 0.95 置信区间按(5.30)式计算,其中极限抽样误差 Δ 按(5.31)式计算:$u_\alpha=1.96$;自由度的 $\nu=10-1=9$ 的 t 分布水平 $\alpha=0.05$ 双侧分位数 $t_{0.05,9}=2.26$.

(1)当 σ 未知时,有

$$\Delta=2.26\,\frac{1.85}{\sqrt{10}}=1.32,$$

从而,μ 的 0.95 置信区间为:

$$(10.51-1.32,10.51+1.32)=(9.19,11.83).$$

(2) 当 $\sigma=2$ 已知时,有

$$\Delta=1.96\,\frac{2}{\sqrt{10}}=1.24,$$

因而，μ 的 0.95 置信区间为：

$$(10.51-1.24,10.51+1.24)=(9.27,11.75).$$

3. *样本容量 n 的确定* 用类似于(5.18)式的方法，可以确定估计总体均值和总值所必需的样本容量 n. 对于给定的置信度 $1-\alpha$ 和允许抽样误差 Δ_0，由(5.28a)式，可见当 σ 已知时，有

$$n=u_\alpha^2\left(\frac{\sigma}{\Delta}\right)^2\geqslant u_\alpha^2\left(\frac{\sigma}{\Delta_0}\right)^2; \tag{5.32}$$

当 σ 未知时，应采用某种方法预先估计 σ 的值. 对于自容量为 N 的有限总体，由(5.31)式，可见

$$u_\alpha\frac{S}{\sqrt{n}}\sqrt{\frac{N-n}{N-1}}=\Delta\leqslant\Delta_0,$$

从而，得

$$n\geqslant\begin{cases}u_\alpha\dfrac{\sigma^2}{\Delta_0^2}, & \text{对于还原抽样},\\ \dfrac{Nu_\alpha^2S^2}{(N-1)\Delta_0^2+u_\alpha^2S^2}, & \text{对于非还原抽样}.\end{cases} \tag{5.32a}$$

例 5.3 某地区欲通过随机抽样调查，估计该地区五年级男生的平均身高 μ. 假设随机抽选的一名五年级男生的身高 X(单位：厘米)服从正态分布 $N(\mu,\sigma^2)$，并且根据以往统计资料知 $\sigma=10$. 问至少需要抽选多少五年级男生，才能以 95%的把握保障估计值——样本均值对 μ 的绝对偏差不大于 2.5(厘米)?

解 利用(5.32)的第一个公式，其中 $\alpha=0.05$，$u_\alpha=1.96$；$\sigma=10$，抽样允许误差 $\Delta_0=2.5$. 从而，需要抽选的五年级男生人数 n 应满足：

$$n\geqslant 1.96^2\frac{10^2}{2.5^2}=61.47\approx 62.$$

5.2.3 总体比率的估计

我们把某种特征 A 的个体在总体中所占的百分比，称作特征 A 在总体中的**比率**(rate). 这样，比率指部分在总体中所占的分量，是一种结构相对数，亦称作**比重**或**成数**，例如，不合格品率、人口总体中各民族人口的比率等等. 具有某种特征 A 的个体在总体中的比率 p，等于自该总体进行(简单)随机抽样恰好抽到具有特征 A 的个体的概率，即

$\mathbf{P}(A)=p$. 因此,对比率的估计就是对概率的估计[①].

两个同类数相比较,其中一个数是另一个数的几倍或几分之几,亦称**比例**(proportion). 例如,人口总体中男性与女性的比例,城乡人口的比例等等. 比例是同一总体两部分数量的对比形成的统计指标——比例相对指标,有些文献中称此为比率(例如,[7]"比率估计法";[13] §2.11"比率的估计",第6章"比率估计量";亦见《中华人民共和国国家标准》).

1. 比率的点估计　设总体 $\Omega=\{\omega_1,\omega_2,\cdots,\omega_N\}$ 恰好含 N 个单位,其中 M 个单位具有特征 A,则具有特征 A 的单位的比率为 $p=M/N$. 自总体 Ω 进行 n 次简单随机抽样,以 $\mu_n=\mu_n(A)$ 表示具有特征 A 的单位出现的频数,以

$$\hat{p}_n=\hat{p}_n(A)=\frac{\mu_n(A)}{n} \tag{5.33}$$

表示具有特征 A 的单位出现的频率.

频率 $\hat{p}_n$ 是比率 p 的最优估计量　频率 $\hat{p}_n$ 是比率 p 的最小方差无偏估计量: $\mathbf{E}\hat{p}_n=p$;

$$\mathbf{D}\hat{p}_n=\begin{cases}\dfrac{p(1-p)}{n}, & \text{对于还原抽样},\\[2ex] \dfrac{p(1-p)}{n}\left[\dfrac{N-n}{N-1}\right], & \text{对于非还原抽样}.\end{cases} \tag{5.33a}$$

频率 $\hat{p}_n$ 还是比率 p 的相合估计量与充分估计量.

特征 A 单位数的估计　由具有特征 A 的个体的比率为 $p=M/N$ 的估计量 $\hat{p}_n$,得具有特征 A 的个体数 M 的估计量:

$$\hat{M}=N\hat{p}_n=N\frac{\mu_n(A)}{n}. \tag{5.34}$$

$\hat{M}$ 是 M 的最优估计量.

2. 比率的区间估计　建立比率的置信区间,有基于大样本和基于小样本两种情形. 实际应用中估计比率多利用大样本,以下主要介绍大样本方法. 大样本方法基于二项分布的近似计算. 对于充分大的样本容

① 参见《中华人民共和国国家标准》"统计数据的处理和解释",A41 GB 4087.1—83,二项分布参数的点估计;A41 GB 4087.2—83,二项分布参数的区间估计.

量 n，当 $0.10 \leqslant \hat{p}_n \leqslant 0.90$ 时，宜利用二项分布的正态分布逼近——近似公式(3.27)；当 $\hat{p}_n \leqslant 0.10$ 或 $\hat{p}_n \geqslant 0.90$ 时，宜利用二项分布的泊松分布逼近——近似公式(3.17). 当样本容量较小时，由于所得区间估计范围“较宽”，因而往往失去实用意义. 有关方法，可参阅[6]，[7]，[8]，[29].

(1) 利用正态分布逼近 假设样本容量 n 充分大(见表 3.21)，$0.10 \leqslant \hat{p}_n \leqslant 0.90$，则比率 p 的置信度近似等于 $1-\alpha$ 的置信区间(参阅[6]，第 253～254 页)：

$$(\hat{p}_n-\Delta, \hat{p}_n+\Delta), \tag{5.35}$$

其中，

$$\Delta=\begin{cases} u_\alpha \sqrt{\dfrac{\hat{p}_n(1-\hat{p}_n)}{n}}, & \text{对于还原抽样}, \\ u_\alpha \sqrt{\dfrac{\hat{p}_n(1-\hat{p}_n)}{n}\left[\dfrac{N-n}{N-1}\right]}, & \text{对于非还原抽样}. \end{cases} \tag{5.36}$$

置信区间(5.35)式适用于任何 $p(0<p<1)$，不过当 $0.10 \leqslant \hat{p}_n \leqslant 0.90$ 时，效果较好.

例 5.4 在某市区随机抽样调查了 500 个居民户，其中 120 户拥有空调器. 试求该区(按户计算的)空调器拥有率 p 的 0.95 置信区间.

解 可以认为该区户数 N 充分大，故利用(5.35)式求 p 的 0.95 置信区间时，可以按(5.36)式的第一个公式计算抽样极限误差 Δ，其中 $\alpha=0.05, u_\alpha=1.96; n=500, \mu_n=120, \hat{p}_n=120/500=0.24$. 从而，

$$\Delta=1.96\sqrt{\frac{0.24\times 0.76}{500}}=0.0374.$$

于是，所求空调器拥有率 p 的 0.95 置信区间为：

$$(0.24-0.0374, 0.24+0.0374)=(20.26\%, 27.74\%).$$

(2) 利用泊松分布逼近* 假设样本容量 n 充分大且频率 $\hat{p} \leqslant 0.10$ 或 $\hat{p} \geqslant 0.90$，利用近似公式(3.17)，以及泊松分布的累积概率和 χ^2 分布函数的关系(见[6]，第 255 页)，可得比率 p 的置信度近似等于 $1-\alpha$ 的置信区间(参阅[6]，第 273 页)：

当 $\hat{p}_n \leqslant 0.10$ 较小时，为

$$(\hat{p}_1, \hat{p}_2); \tag{5.37}$$

当 $\hat{p}_n \geqslant 0.90$ 较大时，为

$$(1-\hat{p}_2, 1-\hat{p}_1), \tag{5.37a}$$

其中

$$\hat{p}_1 = \frac{a}{2n-\mu_n+a/2+1}, \hat{p}_2 = \frac{b}{2n-\mu_n+b/2} \tag{5.37b}$$

而 $a=\chi^2_{1-\alpha/2,\nu}, b=\chi^2_{\alpha/2,\nu+2}, \nu=2\mu_n$.

例 5.5 假设进行 $n=200$ 次简单随机抽样，具有特征 A 的单位出现的次数 $\mu_n=10$. 试求具有特征 A 的单位在总体中所占比率 p 的0.95置信区间.

解 置信区间具有(5.37)式的一般形式，其中 $n=200$，，$\mu_n=10$，自由度

$$\nu=2\mu_n=20; a=\chi^2_{0.975,20}=9.59, b=\chi^2_{0.025,22}=34.17;$$

$$\hat{p}_1=\frac{9.59}{400-10+9.59/2+1}=0.0242;$$

$$\hat{p}_2=\frac{34.17}{400-10+34.17/2}=0.0839.$$

于是，具有特征 A 的单位在总体中所占比率 p 的 0.95 置信区间为 (2.42%，8.39%).

3. 样本容量 n 的确定　用类似于(5.18)式的方法，可以确定估计总体比率所必需的样本容量 n. 对于给定的置信度 $1-\alpha$ 和允许抽样误差 Δ_0，由(5.36)式可得

$$n \geqslant \begin{cases} u_\alpha^2 \dfrac{pq}{\Delta_0^2}, & \text{对于还原抽样,} \\ \dfrac{Nu_\alpha^2 pq}{(N-1)\Delta_0^2+u_\alpha^2 pq}, & \text{对于非还原抽样.} \end{cases} \tag{5.38}$$

其中 $q=1-p$. 实际上，当 N 充分大时(5.38)式中两式并无实质差别. 当 p 和 q 未知时，可以用 p 估计值；或者将 pq 换成其最大值 1/4，不过这时对 n 的估计将偏大.

例 5.6 假设往年的统计资料表明，在城镇登记失业人员中青年人占 60%左右. 现在欲进行随机抽样调查，以估计今年青年人在城镇登记失业人员中的比重 p. 问至少需要抽样调查多少名登记失业人员，

才能保证以95%的把握估计误差:1)不大于5%?2)不大于2%?

解 我们利用(5.38)式.由于登记失业人员总数N充分大,故可以选该式的第一个公式,其中$\alpha=0.05$,$u_\alpha=1.96$;p未知,可以用$\hat{p}=0.60$代替.

1)当允许抽样误差为$\Delta_0=0.05$时,抽样调查n次数满足:

$$n\geqslant 1.96^2\frac{0.60\times 0.40}{0.05^2}=368.79\approx 369.$$

2)当允许抽样误差为$\Delta_0=0.02$时,抽样调查n次数满足:

$$n\geqslant 1.96^2\frac{0.60\times 0.40}{0.02^2}=2\,304.96\approx 2\,305.$$

§5.3 分层随机抽样估计方法*

分层随机抽样,简称分层抽样,亦称类型抽样,是最基本的抽样方法之一.我们在第二章中介绍了分层抽样的方法和技术,现在讨论根据分层抽样的结果进行统计推断的问题.

5.3.1 分层随机样本

表2.3给出了分层随机抽样的基本模式.现在,我们首先计算总体及各层的均值和方差,然后讨论分层样本的结构和数字特征,从而为统计推断做了必要的准备.

1. *总体分层* 假设将容量为N的总体$\Omega=\{\omega_1,\omega_2,\cdots,\omega_N\}$以某种方式分为$R$层:$\Omega_1,\Omega_2,\cdots,\Omega_R$,各层容量相应为$N_1,N_2,\cdots,N_R$.欲考察变量(统计标志)$X=X(\omega)$,$\omega\in\Omega$;$x_j=X(\omega_j)$,$j=1,2,\cdots,N$,是变量值.分别以$\mu=\mathbf{E}X$和$\sigma^2=\mathbf{D}X$表示总体的均值(数学期望)和方差(见表5.1).

表 5.1　总体分层及总体均值和方差

分层		容量	单位(元素)			变量值			均值	方差
总体 Ω		N	ω_1,	$\cdots$	ω_N	x_1,	$\cdots$	x_N	μ	σ^2
分层	Ω_1	N_1	ω_{11},	$\cdots$	ω_{1N_1}	x_{11},	$\cdots$	x_{1N_1}	μ_1	σ_1^2
	Ω_2	N_2	ω_{21},	$\cdots$	ω_{2N_2}	x_{21},	$\cdots$	x_{2N_2}	μ_2	σ_2^2
	$\vdots$	$\vdots$	$\cdots$,	$\cdots$	$\cdots$	$\cdots$,	$\cdots$	$\cdots$	$\vdots$	$\vdots$
	Ω_R	N_R	ω_{R1},	$\cdots$	ω_{RN_R}	x_{R1},	$\cdots$	x_{RN_R}	μ_R	σ_R^2

其中，

$$\mu_k=\frac{1}{N_k}\sum_{j=1}^{N_K}x_{kj},\sigma_k^2=\frac{1}{N_k}\sum_{j=1}^{N_k}(x_{kj}-\mu_k)^2;$$

$$\mu=\frac{1}{N}\sum_{j=1}^{N}x_j=\frac{1}{N}\sum_{k=1}^{R}\sum_{j=1}^{N_k}x_{kj}=\frac{1}{N}\sum_{k=1}^{R}N_k\mu_k;$$

$$\sigma^2=\frac{1}{N}\sum_{j=1}^{N}(x_j-\mu)^2=\frac{1}{N}\sum_{k=1}^{R}\sum_{j=1}^{N_k}(x_{kj}-\mu)^2; \tag{5.39}$$

$$\overline{\sigma^2}=\frac{1}{N}\sum_{k=1}^{R}N_k\sigma_k^2. \tag{5.39a}$$

以上各式中，μ_k 和 σ_k^2——第 k 层的均值和方差；$\mu=\mathbf{E}X$ 和 $\sigma^2=\mathbf{D}X$——总体的均值(数学期望)和方差；$\overline{\sigma^2}$——**平均层内方差**，反映各层内平均变异的程度.

2. *分层样本*　总体 Ω 分层后，自各层分别进行简单随机抽样，总样本容量为 $n=n_1+n_2+\cdots+n_R$，而 $n_1,n_2,\cdots,n_R$ 相应为自各层抽选的子样本容量. 表 5.2 列出了分层样本及相应的样本均值和样本方差.

表 5.2　分层样本及其均值和(修正)方差

分层		样本容量	样本				样本均值	样本方差
总体 Ω		n	X_1	X_2	$\cdots$	X_n	$\overline{X}$	S^2
分层	Ω_1	n_1	X_{11}	X_{12}	$\cdots$	X_{1n_1}	$\overline{X}_1$	S_1^2
	Ω_2	n_2	X_{21}	X_{22}	$\cdots$	X_{2n_2}	$\overline{X}_2$	S_2^2
	$\vdots$	$\vdots$	$\vdots$	$\vdots$	$\vdots$	$\vdots$	$\vdots$	$\vdots$
	Ω_R	n_R	X_{R1}	X_{R2}	$\cdots$	X_{Rn_R}	$\overline{X}_R$	S_R^2

其中

$$\overline{X}_k = \frac{1}{n_k}\sum_{j=1}^{n_k} X_{kj}, S_k^2 = \frac{1}{n_k - 1}\sum_{j=1}^{n_k}(X_{kj} - \overline{X}_k)^2;$$

$$\overline{X} = \frac{1}{n}\sum_{k=1}^{R}\sum_{j=1}^{n_j} X_{kj} = \frac{1}{n}\sum_{k=1}^{R} n_k \overline{X}_k, \overline{X}_{st} = \frac{1}{N}\sum_{k=1}^{R} N_k \overline{X}_k. \tag{5.40}$$

$$\overline{S^2} = \frac{1}{n}\sum_{k=1}^{R}\sum_{j=1}^{n_k}(X_{kj} - \overline{X}_k)^2 = \frac{1}{n}\sum_{k=1}^{R}(n_k - 1)S_k^2. \tag{5.41}$$

以上各式中,$\overline{X}_k$ 和 S_k^2——第 k 层的样本均值和(修正)样本方差;$\overline{X}$——总体的样本均值;$\overline{S^2}$——各层的**平均样本方差**;$\overline{X}_{st}$——总体均值 μ 的无偏估计量(见§5.3.2),对于按比例抽样,显然有 $\overline{X}_{st}=\overline{X}$.

根据(2.2)和(2.3)式,总容量 n 分配到第 k 层的"子样本"的容量为:

$$n_k = \begin{cases} \dfrac{nN_k}{N}, & \text{(按比例分配法)}, \\ \dfrac{nN_k\sigma_k}{\sum\limits_{i=1}^{R} N_i\sigma_i}, & \text{(奈曼分配法)}. \end{cases} \tag{5.42}$$

当 $\sigma_k(k=1,2,\cdots,R)$未知时,可将式中 σ_k 换成其估计值.以下我们主要讨论按比例抽样.

例 5.7 某企业有不同工种的1 200名生产工人.现在欲通过抽样调查,研究在一天中工作时间之内的平均间歇时间.因为工作中的间歇与工种关系密切,所以决定采用分层随机抽样:将全部生产工人分为四个类型组——层,然后随机地从每组抽选 50 名工人(不等比例抽样),分别记录每个人一天内工作中的间歇时间.所得统计数据经整理列入表 5.3 中.

表 5.3 1 200 名工人的分层样本及其均值和标准差

分层 k	工种 Ω_k	工人总数 N_k	抽选人数 n_k	抽样比例 n_k/N_k	平均间歇时间 (分)$\overline{X}_k$	标准差 S_k
1	铣　工	200	50	0.25	40	10
2	车　工	350	50	0.14	30	9
3	装配工	150	50	0.33	20	7
4	其　他	500	50	0.10	30	8
—	合　计	N=1 200	n=200	0.16	$\overline{X}$=30.42	—

根据表 5.3 的统计数据，可以按(5.41)式计算各层的平均样本方差$\overline{S^2}$：

$$\overline{X}_{st}=\frac{1}{1\ 200}(8\ 000+10\ 500+3\ 000+15\ 000)=30.42;$$

$$\overline{S}^2=\frac{49}{200}(100+81+49+64)=72.03.$$

5.3.2 总体均值的估计

现在讨论基于分层随机样本估计总体均值(数学期望)和各层的均值 $\mu_k(k=1,2,\cdots,R)$，以及总体总值 T 和各层的总值 $T_k(k=1,2,\cdots,R)$.

1. *总体均值和总值的点估计*　基于来自总体 X 的分层随机样本，用第 k 层的样本均值 X_k 估计第 k 层均值 μ_k.(5.40)式中的统计量 $\overline{X}_{st}$ 是总体均值 μ 的无偏估计量；对于按比例抽样，样本均值 $\overline{X}$ 是总体均值 μ 的无偏估计量.

(1) 总体均值的估计　容易证明，1)统计量 $\overline{X}_{st}$是总体均值 μ 的无偏估计：$\mathbf{E}\overline{X}_{st}=\mu$；第 k 层的样本均值 $\overline{X}_k$ 是第 k 层均值 μ_k 的无偏估计：$\mathbf{E}\overline{X}_k=\mu_k(k=1,2,\cdots,R)$. 2)统计量 $\overline{X}_{st}$的方差和第 k 层的样本均值 $\overline{X}_k$ 的方差为：

$$\mathbf{D}\overline{X}_k=\begin{cases}\dfrac{\sigma_k^2}{n_k}, & \text{对于还原抽样},\\ \dfrac{\sigma_k^2}{n_k}\left(\dfrac{N_k-n_k}{N_k-1}\right), & \text{对于非还原抽样},\end{cases}\tag{5.43a}$$

$$\sigma_{st}^2=\mathbf{D}\overline{X}_{st}=\sum_{k=1}^{R}\frac{N_k^2}{N^2}\mathbf{D}\overline{X}_k.\tag{5.43b}$$

特别，对于按比例抽样，当 N_k 充分大时用 N_k 代替 N_k-1，则由等式 $n_k/N_k=n/N$，$n_k/n=N_k/N$ 可见，

$$\frac{N_k-n_k}{N_k-1}\approx 1-\frac{n_k}{N_k}=1-\frac{n}{N}.\tag{5.44}$$

于是，对于按比例分层简单随机抽样，

$$\sigma_{st}^2=\mathbf{D}\overline{X}_{st}=\mathbf{D}\overline{X}=\begin{cases}\dfrac{\overline{\sigma^2}}{\sqrt{n}}, & \text{对于还原抽样},\\ \dfrac{\overline{\sigma^2}}{\sqrt{n}}\left(1-\dfrac{n}{N}\right), & \text{对于非还原抽样}.\end{cases}\tag{5.45}$$

其中$\overline{\sigma^2}$是平均层内方差，n——样本容量，N——总体容量.

(2) 总体总值的估计 由总体和各层均值的无偏估计，立即可以得到总体总值 T 和各层总值 T_k 的无偏估计：

$$\hat{T}_k = N_k\overline{X}_k, \hat{T} = N\overline{X}_{st}. \tag{5.46}$$

易见，$\mathbf{D}\hat{T} = N^2\mathbf{D}\overline{X}_{st}$，$\mathbf{D}\hat{T}_k = N_k^2\mathbf{D}\overline{X}_k$.

2. *总体均值和总值的区间估计* 建立区间估计，一般假设总体服从或近似服从正态分布律. 根据中心极限定理，当各层的容量以及各层子样本的容量都充分大时，总体及各层近似服从正态分布律.

(1) 总体均值 μ 的置信区间 基于分层简单随机样本，可以建立总体均值 μ 的 $1-\alpha$ 置信区间.

按比例抽样 对于按比例抽样，总体均值 μ 的 $1-\alpha$ 置信区间为：

$$(\overline{X}-\Delta, \overline{X}+\Delta), \tag{5.47}$$

其中 $\overline{X}$ 是样本均值[(5.40)式]；极限抽样误差

$$\Delta = \begin{cases} u_\alpha \dfrac{\bar{\sigma}}{\sqrt{n}}, & \text{对于还原抽样,} \\ u_\alpha \dfrac{\bar{\sigma}}{\sqrt{n}}\sqrt{1-\dfrac{n}{N}}, & \text{对于非还原抽样.} \end{cases} \tag{5.47a}$$

而 u_α 是标准正态分布的水平 α 双侧分位数(附表 3)，$\overline{\sigma^2}$——总体平均层内方差[(5.39a)式]，未知时可以换成样本平均层内方差[(5.41)式]，n——(总)样本容量，N——总体容量.

一般情形 总体均值 μ 的 $1-\alpha$ 置信区间为：

$$(\overline{X}_{st}-\Delta_{st}, \overline{X}_{st}+\Delta_{st}), \tag{5.48}$$

其中 $\overline{X}_{st}$是总体均值 μ 的无偏估计量[(5.40)式]；极限抽样误差 $\Delta_{st} = u_\alpha\mathbf{D}\overline{X}_{st}$，而 $\mathbf{D}\overline{X}_{st}$按(5.43b)式计算.

例 5.8 ①例 5.4 是不等比例非还原分层随机抽样，故应按(5.48)式求置信区间. 由表 5.4 知，$\overline{X}_{st}=30.42$. 取 $\alpha=0.05$，则由附表 3 知，$u_\alpha=1.96$. 由(5.43b)及(5.34)式知，对于非还原抽样，

$$\sigma_{st}^2 = \mathbf{D}\overline{X}_{st} = \sum_{k=1}^{R}\frac{N_k^2}{N^2}\mathbf{D}\overline{X}_k = \sum_{k=1}^{R}\frac{N_k^2}{N^2}\frac{\sigma_k^2}{n_k}\left(1-\frac{n_k}{N_k}\right). \tag{5.49}$$

在(5.49)式中用(5.40)式的 S_k^2 估计 σ_k^2，即可得到 $\mathbf{D}\overline{X}_{st}$的估计量，记作 S_{st}^2. 基于表 5.3 的数据，现在由表 5.4 完成 S_{st}^2的计算.

表 5.4　总体均值 μ 的置信区间计算表

分层 k	工种（分层）	$\frac{N_k}{N}$	$\frac{N_k^2}{N^2}$	$\left(1-\frac{n_k}{N_k}\right)$	S_k^2	$\frac{S_k^2}{n_k}$	$\frac{N_k^2}{N^2}\frac{S_k^2}{n}\left(1-\frac{n_k}{N_k}\right)$
1	铣　工	0.17	0.028	0.75	100	2.00	0.042 000
2	车　工	0.29	0.084	0.86	81	1.62	0.117 028
3	装配工	0.13	0.016	0.67	49	0.98	0.010 505
4	其　他	0.41	0.168	0.90	64	1.28	0.193 536
	合　计	1.00	—	—	—	—	$S_{st}^2=0.363\ 069$

于是，

$$\Delta=u_{0.05}S_{st}=1.96\ \sqrt{0.363069}=1.96\times0.6025=1.1810.$$

总体均值 μ 的 $1-\alpha=0.95$ 置信区间为：

$$(30.42-1.18,30.42+1.18)=(29.24,31.60).$$

②现在考虑按比例分配样本容量的情形（见表 5.6）.

表 5.5　1 200 名工人的分层样本及其均值和修正方差

分层 k	工　种 Ω_k	工人总数 N_k	抽选人数 $n_k=nN_k/N$	$\frac{N_k}{N}$	平均间歇时间（分）$\overline{X}_k$	标准差 S_k
1	铣　工	200	34	0.17	40	10
2	车　工	350	58	0.29	30	9
3	装配工	150	25	0.13	20	7
4	其　他	500	83	0.41	30	8
—	合　计	$N=1\ 200$	$n=200$		$\overline{X}=30.45$	—

为了便于比较，我们有意保留了平均间歇时间和标准差的数据. 样本均值

$$\overline{X}=\frac{1}{n}\sum_{k=1}^{R}n_k\overline{X}_k=\frac{1}{200}(34\times40+58\times30+25\times20+83\times30)=30.45;$$

$$\overline{S}^2=\frac{1}{200}(33\times100+57\times81+24\times49+82\times64)=71.71\approx8.47^2;$$

于是，$\overline{S}=8.47$. 取 $\alpha=0.05$，$u_\alpha=1.96$. 由(5.47a)式，有

$$\Delta_{st}=u_\alpha\frac{\overline{S}}{\sqrt{n}}\sqrt{\left(1-\frac{n}{N}\right)}=1.96\ \frac{8.47}{\sqrt{200}}\sqrt{\left(1-\frac{200}{1200}\right)}=1.0714.$$

最后，求得总体均值 μ 的 $1-\alpha=0.95$ 置信区间为：

$$(30.45-1.0714, 30.45+1.0714)=(29.38, 31.52).$$

比较两个置信区间：(29.38,31.52)和(29.24,31.60)，可见在相同条件下得到的置信区间，采用按比例抽样的比采用不等比例抽样的好——两个置信区间相比前者比后者要短.

(2) 总体总值 T 和层总值 T_k 的区间估计 设$(\overline{X}_{st}-\Delta_{st}, \overline{X}_{st}+\Delta_{st})$是总体均值的区间估计，则

$$(N\overline{X}_{st}-N\Delta_{st}, N\overline{X}_{st}+N\Delta_{st}) \tag{5.50}$$

是相应的总体总值的区间估计.

3. *样本容量的确定* 我们只考虑按比例抽样的情形. 对于给定的允许抽样误差 Δ_0 和 α，用与(5.18)式类似的方法，由(5.47)式可以得到，建立总体均值 μ 的置信度为 $1-\alpha$，且极限抽样误差 $\Delta \leqslant \Delta_0$ 置信区间，所以必要的样本容量 n：

$$n \geqslant \begin{cases} u_\alpha^2 \dfrac{\overline{\sigma^2}}{\Delta_0^2}, & \text{对于还原抽样,} \\ \dfrac{N u_\alpha^2 \overline{\sigma^2}}{N\Delta_0^2+u_\alpha^2 \overline{\sigma^2}}, & \text{对于非还原抽样.} \end{cases} \tag{5.51}$$

其中 u_α 是标准正态分布的水平 α 双侧分位数(附表 4)，$\overline{\sigma^2}$——由(5.39a)式定义的总体平均层内方差.

例 5.9 某企业有不同工种的1 200名生产工人. 现在欲通过抽样调查，研究在一天中工作时间之内的平均间歇时间 X. 因为工作中的间歇与工种关系密切，所以决定采用分层随机抽样：将全部生产工人分为四个类型组——层. 假设已知各工种的工人总数，并且根据以往统计资料已掌握各工种平均间歇时间 X 的标准差(见表 5.6).

表 5.6 样本容量的确定(基础数据)

分层 k	工 种 Ω_k	工人总数 N_k	标准差 σ_k
1	铣 工	200	10
2	车 工	350	9
3	装配工	150	7
4	其 他	500	8
—	合 计	$N=1\,200$	$\overline{\sigma^2}=73.08$

假设要求建立全部 1 200 名工人平均间歇时间的置信区间，置信度为 0.95 而允许抽样误差为 $\Delta_0=2$(分钟). 需要确定所必要的样本容量 n.

对于按比例抽样，平均层内方差为

$$\overline{\sigma^2}=\frac{1}{N}\sum_{k=1}^{N}N_k\sigma_k^2=\frac{1}{1\,200}(200\times 10+\cdots+500\times 8)=73.08.$$

将 73.08 代入(5.51)式，可见

$$n\geqslant\begin{cases}1.96^2\,\dfrac{73.08}{4}=70.19, & \text{对于还原抽样;}\\[2ex] \dfrac{1\,200\times 1.96^2\times 73.08}{1\,200\times 4+1.96^2\times 73.08}=66.31, & \text{对于非还原抽样.}\end{cases}$$

于是，为建立置信度为 0.95 而允许抽样误差为 $\Delta_0=2$(分钟)的置信区间，对于非还原抽样，只需抽取容量为 $n=67$ 的样本；对于还原抽样，只需抽取容量为 $n=71$ 的样本.

5.3.3 总体比率 p 的估计

以 p 表示总体 Ω 中具有某种特征 A 的个体所占的比率. 与简单随机抽样的情形类似，基于分层随机抽样的结果，可以建立比率 p 的点估计和区间估计. 保留表 5.1 中总体分层的记号和表 5.2 中分层样本的记号.

1. 比率 p 的点估计　设 $p_k(k=1,2,\cdots,R)$是第 k 层中特征 A 所占的比率，则特征 A 在总体中所占的比率

$$p=\frac{1}{N}\sum_{k=1}^{R}N_n p_k. \tag{5.52}$$

设 $\hat{p}_k(k=1,2,\cdots,R)$是自第 k 层 n_k 次简单随机抽样中，特征 A 出现的频率. 记

$$\hat{p}_{st}=\frac{1}{N}\sum_{k=1}^{R}N_k\hat{p}_k;\hat{p}=\frac{1}{n}\sum_{k=1}^{R}n_k\hat{p}_k. \tag{5.53}$$

那么不难证明：

(1) 对于按比例抽样，$\overline{\hat{p}}_{st}=\overline{\hat{p}}$；

(2) 统计量$\overline{\hat{p}}_{st}$是 p 的无偏估计量；

(3) 统计量$\overline{\hat{p}}_{st}$的方差为

$$\sigma_{st}^2 = \mathbf{D}\hat{p}_{st} = \sum_{k=1}^{R} \frac{N_k^2}{N^2}\mathbf{D}\hat{p}_k \text{,} \tag{5.54}$$

$$\sigma_k^2 = \mathbf{D}\hat{p}_k = \begin{cases} \dfrac{p_k(1-p_k)}{n_k}, & \text{对于还原抽样,} \\ \dfrac{p_k(1-p_k)}{n_k}\left[\dfrac{N_k-n_k}{N_k-1}\right], & \text{对于非还原抽样.} \end{cases} \tag{5.54a}$$

$$(k=1,2,\cdots,R).$$

2. 比率的区间估计　设 N_k 和 $n_k(k=1,2,\cdots,R)$ 都充分大,且 n_k 相对 N_k 较小,则比率 p 的置信度为 $1-\alpha$ 的置信区间具有如下一般形式:

$$(\hat{p}_{st}-\Delta_{st}, \hat{p}_{st}+\Delta_{st}), \tag{5.55}$$

其中 $\Delta_{st}=u_\alpha S_{st}$,而 u_α 是标准正态分布的水平 α 双侧分位数(附表 3),

$$S_{st}^2 = \sum_{k=1}^{R} \frac{N_k^2}{N^2}\hat{\sigma}_k^2 \text{,} \tag{5.56}$$

而 $\hat{\sigma}_k^2$ 按(5.54a)式计算:只需将其中的 p_k 换成 $\hat{p}_k(k=1,2,\cdots,R)$——自第 k 层 n_k 次简单随机抽样中特征 A 出现的频率.

例 5.10　某企业有不同工种的1 200名生产工人.欲通过抽样调查,研究在一天的工作时间之内"间歇时间超过 30 分钟"的工人所占比率 p.为此,采用按比例分层抽样,随机抽选了 200 名工人,并观察其在一天的工作时间之内的间歇时间是否超过 30 分钟,所得结果列入表 5.7.试建立比率 p 的 0.95 置信区间.

表 5.7　1 200 名工人的按比例分层样本结果(例 5.10)

分层 k	工种 Ω_k	工人数 N_k	抽选人数 n_k	$\frac{n_k}{n}=\frac{N_k}{N}$	间歇时间超 30 分钟的工人的比率 $\hat{p}_k$	标准差 S_k
1	铣　工	200	34	0.17	0.65	6.48
2	车　工	350	58	0.29	0.55	0.50
3	装配工	150	25	0.13	0.45	0.50
4	其　他	500	83	0.41	0.48	0.50
—	合　计	$N=1200$	$n=200$		$\hat{p}_{st}=0.525\,3$	$S_{st}=0.032\,0$

其中 $\hat{p}_{st}$ 按(5.53)式计算,S_{st} 按(5.56)式计算:

$$\hat{p}_{st}=0.17\times0.65+0.29\times0.55+0.13\times0.45+0.41\times0.30=0.525\,3;$$

$$S_{st}^2 = \sum_{k=1}^{4} \frac{n_k^2}{n^2} \frac{\hat{p}_k(1-\hat{p}_k)}{n_k} \frac{N_k - n_k}{N_k - 1} = 0.032\,0^2 .$$

抽样极限误差

$$\Delta_{st} = u_{0.05} S_{st} = 1.96 \times 0.0320 = 0.062\,7.$$

于是，由(5.55)式可见，间歇时间超过 30 分钟的工人所占比率 p 的 0.95 置信区间为：

$$(0.525\,3 - 0.062\,7, 0.525\,3 + 0.062\,7) = (46.26\%, 58.80\%).$$

3. 样本容量的确定　我们仅限于讨论按比例抽样的情形，关于其他情形读者可参阅[13]，[14]，[15] 等. 利用与(5.18)式类似的方法可以证明，对于给定的允许抽样误差 Δ_0 和 α，建立比率 p 的置信区间，使置信度为 $1-\alpha$ 且极限抽样误差 $\Delta \leqslant \Delta_0$，所必要的样本容量 n，按(5.51)式测算，其区别仅在于其中的$\overline{\sigma^2}$应按下列公式计算：

$$\overline{\sigma^2} = \frac{1}{N} \sum_{k=1}^{R} N_k p_k (1 - p_k) . \tag{5.57}$$

当 p_k 未知时可用其估计值代替.

§5.4　整群抽样估计方法*

我们在第二章里介绍了整群抽样的概念、基本特点和实际应用问题. 现在讨论基于整群抽样结果的估计方法.

整群抽样，首先将总体分为若干群：群常常是自然形成的，有的是根据抽样的目的和要求划分的. 划分群的基本原则是“群间的变异性要小，而群内的变异性要大”. 群内所含总体单位的数目称作群容量. 按各群容量是否相等，分为等群抽样和不等群抽样，二者的估计方法有所不同. 我们主要介绍等群抽样的估计方法.

5.4.1　整群随机样本

整群抽样的抽样单位是群. 整群随机抽样，采用简单随机抽样抽取若干群，并由被抽到的群中全部单位的标志值构成样本. 这样，整群抽样就是对于群采用简单随机抽样，而对于抽到的群则是全面调查.

1. 总体分群　假设将容量为 N 的总体 Ω 划分为 R 个两两不相交的群 $\Omega_1,\Omega_2,\cdots,\Omega_R$，各层的容量分别为 $N_1,N_2,\cdots,N_R$；$X=X(\omega)$，$\omega\in\Omega$，是所考察的变量(标志). 可以仿照表 5.2 分层抽样的样式建立总体分群基本模式(表 5.8).

表 5.8　总体分群及总体均值和总值

分群		容量	单位(元素)			变量值			均值	总值
总体 Ω		N	ω_1,	$\cdots$	ω_N	x_1,	$\cdots$	x_N	μ	T
分群	Ω_1	N_1	ω_{11},	$\cdots$	ω_{1N_1}	x_{11},	$\cdots$	x_{1N_1}	μ_1	T_1
	Ω_2	N_2	ω_{21},	$\cdots$	ω_{2N_2}	x_{21},	$\cdots$	x_{2N_2}	μ_2	T_2
	$\vdots$	$\vdots$	$\cdots$,	$\cdots$	$\cdots$	$\cdots$,	$\cdots$	$\cdots$	$\vdots$	$\vdots$
	Ω_R	N_R	ω_{R1},	$\cdots$	ω_{RN_R}	x_{R1},	$\cdots$	x_{RN_R}	μ_R	T_R

记

$$\mu_k=\frac{1}{N_k}\sum_{j=1}^{N_k}x_{kj}, T_k=N_k\mu_k=\sum_{j=1}^{N_k}x_{kj};$$

$$\mu=\frac{1}{N}\sum_{j=1}^{N}x_j=\frac{1}{N}\sum_{k=1}^{R}\sum_{j=1}^{N_k}x_{kj}=\frac{1}{N}\sum_{k=1}^{R}N_k\mu_k;$$

$$T=N\mu=\sum_{k=1}^{R}\sum_{j=1}^{N_k}x_{kj};$$

$$\sigma_B^2=\frac{1}{N}\sum_{k=1}^{R}N_k(\mu_k-\mu)^2. \tag{5.58}$$

其中 μ_k 和 T_k——第 k 群的均值和总值，$\mu=\mathbf{E}X$ 和 T——总体的均值(数学期望)和总值；σ_B^2——群间方差，是群间变异程度的度量.

2. 整群随机样本　以群为抽样单位，采用简单随机抽样，自总体随机抽出 r 群，所得结果列入表 5.9：

表 5.9　整群抽样的基本模式

入样群	Ω_{j_1}			Ω_{j_2}			$\cdots$	Ω_{j_r}		
单位数	n_1			n_2			$\cdots$	n_r		
样　本	X_{11}	$\cdots$	X_{1n_1}	X_{21}	$\cdots$	X_{2n_2}	$\cdots$	X_{r1}	$\cdots$	X_{rn_r}
组内样本均值	$\overline{X}_1$			$\overline{X}_2$			$\cdots$	$\overline{X}_r$		
特征 A 的比率	$\hat{p}_1$			$\hat{p}_2$			$\cdots$	$\hat{p}_r$		

记

$$\overline{X}_k=\frac{1}{n_k}\sum_{j=1}^{n_k}X_{kj},$$

$$\overline{X}_{cl}=\frac{1}{n}\sum_{k=1}^{r}\sum_{j=1}^{n_k}X_{kj}=\frac{1}{n}\sum_{k=1}^{r}n_k\overline{X}_k;$$

$$S_B^2=\frac{1}{r-1}\sum_{k=1}^{r}(X_k-\overline{X})^2 \tag{5.59}$$

其中 $\overline{X}_k$——第 k 群样本均值，$\overline{X}_{cl}$——总体的样本均值，S_B^2——群间样本方差.

3. 等群抽样　各群容量都相等时，整群抽样简称为等群抽样，否则称为不等群抽样. 我们下面只准备介绍等群抽样的估计方法. 至于不等群抽样的估计方法，其计算一般比较复杂，感兴趣的读者可以参阅有关文献(例如，[13]，[14]，[15]，[18]).

等群抽样与简单随机抽样　设容量为 N 的总体 Ω 划分为 R 个两两不相交且容量相等的群 $\Omega_1,\Omega_2,\cdots,\Omega_R$，各层的容量 $N_0=N/R$；$G=\{\Omega_1,\Omega_2,\cdots,\Omega_R\}$是以群为元素的总体. 为便于叙述，我们称 Ω 为“原总体”，而称 G 为“群总体”. 群总体 G 的第 k 个“元素”——Ω_k 的标志恰好是第 k 群的均值. 对于等群抽样，两个总体的均值显然同等于(5.58)式的 μ，而原总体 Ω 的群间方差 σ_B^2 就是群总体 G 的方差. 对于群总体 G，抽样调查所要考察的变量(标志)就是群均值.

这样，自原总体 Ω 的整群抽样，可以视为自群总体 G 的简单随机抽样. 自群总体 G 的 r 次简单随机抽样，得(5.59)式的样本均值 $\overline{X}_{cl}$和样本方差 S_B^2，即群总体的样本方差就是原总体的群间样本方差.

样本均值 $\overline{X}_{cl}$和方差 S_B^2　不难证明，$\overline{X}_{cl}$是总体均值 μ 的无偏估计，S_B^2 是总体 Ω 的群间方差 σ_B^2 的无偏估计；样本均值 $\overline{X}_{cl}$的方差：

$$\sigma_{cl}^2=\mathbf{D}\overline{X}_{cl}=\begin{cases}\dfrac{\sigma_B^2}{r}, & \text{对于还原抽样，}\\[2ex] \dfrac{\sigma_B^2}{r}\left(\dfrac{R-r}{R-1}\right), & \text{对于非还原抽样.}\end{cases} \tag{5.60}$$

其中 σ_B^2——群间方差，R——总群数，r——抽选群数.

5.4.2 总体均值的估计

前面已经指出,(5.59)式的样本均值 $\overline{X}_{cl}$,是总体均值 μ 的无偏估计.因此,$\hat{T}_{cl}=N\overline{X}_{cl}$是总体总值 T 的无偏估计.

1.总体均值 μ 的区间估计　在与(5.28)式类似的条件下,可得总体均值 μ 的置信度为 $1-\alpha$ 的置信区间:

$$(\overline{X}_{cl}-\Delta_{cl},\overline{X}_{cl}+\Delta_{cl}),\tag{5.61}$$

其中极限抽样误差为

$$\Delta_{cl}=\begin{cases}u_\alpha\sigma_{cl}, & \text{若 } \sigma_{cl}\text{已知},\\ u_\alpha S_{cl}, & \text{若 } \sigma_{cl}\text{未知}.\end{cases}\tag{5.62}$$

其中 u_α 是标准正态分布水平 α 双侧分位数(附表 3);σ_{cl}由(5.60)式决定,S_{cl}^2由(5.60)式中将 σ_B 换成 S_B 求得.

2.总体总值 T 的区间估计　总体总值 T 的置信度为 $1-\alpha$ 的置信区间为:

$$(N\overline{X}_{cl}-N\Delta_{cl},N\overline{X}_{cl}+N\Delta_{cl}),\tag{5.63}$$

其中保留了(5.61)式的全部记号,而N是总体容量.

例 5.11　假设对 1 000 箱袋装茶叶进行抽样验收:每箱装 50 袋茶叶,每袋茶叶按规定应为 500 克.现在随机抽出了 10 箱,分别对各箱每袋茶叶进行逐一称量,得表 5.10 的数据.试求这1 000箱茶叶每袋的平均重量 μ 的置信度为 0.95 的置信区间.

表 5.10　整群抽样抽出的 10 箱每箱 50 袋茶叶每袋的平均重量

抽出的 10 箱	1	2	3	4	5	6	7	8	9	10
每箱平均重量	50.26	49.86	50.75	49.88	49.72	50.30	49.64	49.66	50.12	49.25
不足 50 克袋数	27	32	28	33	26	30	29	32	26	31

解　这是一个整群抽样问题:总共有 $R=1\ 000$ 群(每箱为一群),每群的容量同为 50;随机抽选出 $r=10$ 群.据(5.59)、(5.60)和(5.62)式,

$$\overline{X}_{cl}=\frac{1}{10}(50.26+49.86+\cdots+49.25)=49.95,$$

$$S_B^2=\frac{1}{9}[(50.26-49.95)^2+\cdots+(49.25-49.95)^2]=0.43^2,$$

$$S_{cl}^2=\frac{S_B^2}{r}\frac{R-r}{R-1}=\frac{0.43^2}{10}\times\frac{990}{999}=0.0183=0.14^2,$$

$$\Delta_{cl}=1.96\times0.14=0.2744.$$

由整群抽样得每袋的平均重量 μ 的置信度为 0.95 的置信区间为

$$(49.95-0.27,49.95+0.27)=(49.68,50.22).$$

5.4.3 比率的估计

仿照(5.35)式，基于整群抽样的结果，可以建立具有某种特征的个体在总体中所占比率 p 的置信区间. 保留表 5.10 的记号. 对于等群抽样，比率 p 的置信度为 $1-\alpha$ 的置信区间为：

$$(\hat{p}_{cl}-\Delta_p,\hat{p}_{cl}+\Delta_p), \tag{5.64}$$

其中，

$$\hat{p}_{cl}=\frac{1}{r}\sum_{k=1}^{r}\hat{p}_k, \tag{5.65}$$

$$\Delta_p=\begin{cases} u_\alpha\dfrac{S_p}{\sqrt{r}}, & \text{对于还原抽样,} \\ u_\alpha\dfrac{S_p}{\sqrt{r}}\sqrt{\dfrac{R-r}{R-1}}, & \text{对于非还原抽样;} \end{cases} \tag{5.66}$$

而 $\hat{p}_k(k=1,2,\cdots,r)$ 由表 5.10 定义，S_p 是群间样本标准差：

$$S_p^2=\frac{1}{r-1}\sum_{k=1}^{r}(\hat{p}_k-\hat{p}_{cl})^2. \tag{5.67}$$

例 5.11 在例 5.10 的条件下，求重量不足 50 克袋茶所占比率 p 的置信度为 0.95 的置信区间.

解 由表 5.10 及(5.64)式～(5.67)式，可见

$$\hat{p}_{cl}=\frac{1}{10}\times\frac{27+32+\cdots+26+31}{60}=0.49,$$

$$S_p^2=\frac{1}{9}\left[\left(\frac{27}{60}-0.49\right)^2+\cdots+\left(\frac{31}{60}-0.49\right)^2\right]=0.0432^2;$$

$$\Delta_p=\frac{0.0432}{\sqrt{10}}\sqrt{\frac{1000-10}{1000-1}}=0.0136.$$

于是，重量不足 50 克袋茶所占比率 p 的 0.95 置信区间为：

$(0.49-0.0136, 0.49+0.0136)=(47.64\%, 50.36\%)$.

§5.5 等距抽样估计方法*

等距抽样,亦称机械抽样和系统抽样.在第二章里介绍了等距抽样的方法,现在讨论基于等距抽样结果的估计方法.

5.5.1 等距抽样的样本

假设有容量为 N 的总体 $\Omega=\{\omega_1,\omega_2,\cdots,\omega_N\}$,其 N 个单位是按某种方式顺序排列的;$X=X(\omega)(\omega\in\Omega)$ 为欲考察变量(统计标志);相应的变量值为 $x_j=X(\omega_j)$, $j=1,2,\cdots,N$.保留第二章§2.1.3的记号:N——总体容量,n——样本容量,$h=N/n$——抽选步长.从顺序排列的第一个单位起,每 h 个单位为一段,共分为 n 段(见表5.11).

表5.11 等距抽样总体单位的排列和分段

分段	1				2				…	n			
排 列	ω_{11}	ω_{12}	…	ω_{1h}	ω_{21}	ω_{22}	…	ω_{2h}	…	ω_{n1}	ω_{n2}	…	ω_{nh}
变量值	x_{11}	x_{12}	…	x_{1h}	x_{21}	x_{22}	…	x_{2h}	…	x_{n1}	x_{n2}	…	x_{nh}
均 值	μ_1				μ_2				…	μ_n			

由表中数据,可见各段均值 μ_k 和总体均值 μ 的计算公式为:

$$\mu_k=\frac{1}{h}\sum_{j=1}^{h}x_{kj},\mu=\frac{1}{N}\sum_{k=1}^{n}\sum_{j=1}^{h}x_{kj}. \tag{5.68}$$

第二章介绍了等距抽样的五种抽选单位的方法:随机起点抽选法、中点定位抽选法、对称抽选法、半步长起点抽选法和循环抽选法.每一种抽选法,都是从每一段各抽选一个且只抽选一个单位,由这些单位的变量值组成样本:$X_1,X_2,\cdots,X_n$.其特点是,一旦起点选定,样本观测值就完全确定了.以随机起点抽选法为例,如果起点选中第一段的第二个单位,则得样本值为:$(x_{12},x_{22},x_{32},\cdots,x_{n2})$.显然,一切可能的样本值总共有 h 个.

5.5.2 总体均值的点估计

等距抽样的样本均值 $\overline{X}$ 是总体均值 μ 的无偏估计量.但是,其方差的计算比较复杂,并且依赖于抽选方法(参阅[13]第 303～310 页;[14]第 128～131 页;[15]第 120～128 页).

一般来说,如果总体单位按与调查项目无关的标志排列,则等距样本可以按简单随机样本处理;如果总体单位按与调查项目有关的标志排列,则等距样本可以按分层样本处理(见[14]第 128～131 页).

习 题 5

5.1 何谓无偏估计量?何谓相合估计量?

5.2 何谓极限抽样误差或允许抽样误差?

5.3 基于简单随机样本,举例说明正态总体均值有哪些无偏估计量?其有效性如何?

5.4 基于简单随机样本,正态总体标准差有哪些常用无偏估计量?其有效性如何?

5.5 基于分层随机样本,如何构造总体均值的无偏估计量?其方差如何?

5.6 基于整群抽样的随机样本,如何构造总体均值的无偏估计量?其方差如何?

5.7 设 2.80,3.13,2.90,3.40,3.27 是来自正态总体 $N(\mu,\sigma^2)$ 的(还原)简单随机样本值,试求总体标准差 σ 的无偏估计量.

5.8 已知(20.42%,22.21%)和(20.56%, 22.06%)是比率 p 的两个置信区间,置信度相应为 0.95 和 0.90,试求 p 的上、下置信度为 0.95 的单侧置信区间.

5.9 假设在某省抽样调查的1 600名城镇待业人员中有1 024名青年,试利用正态逼近法求待业人员中青年所占比重的 0.95 置信区间.

5.10 假设总体 $X\sim N(\mu,\sigma^2)$,基于来自总体 X 的容量为 16 的简单随机样本,测得样本均值 $\overline{X}=31.645$,样本方差 $S^2=0.09$,试求数学

期望 μ 的置信度为 0.98 的置信区间.

5.11 假设总体 $X \sim N(\mu,\sigma^2)$，基于来自总体 X 的容量为 9 的简单随机样本，测得样本方差 $S^2=0.81$，试求总体 X 方差 σ^2 的置信度为 0.95 的置信区间.

5.12 设 2.80，3.13，2.90，3.40，3.27 是来自正态总体 $N(\mu,\sigma^2)$ 的简单随机样本值，则用两种不同的方法求 μ 的无偏估计值.

5.13 在一批滚珠中，随机抽取 10 个，测量其直径(毫米)为：

14.6 14.7 15.1 14.9 14.8

15.0 15.1 15.2 14.8 15.3

假设滚珠的直径服从正态分布，试求总体均值 μ 的 90%的置信区间，假如，

(1) 已知标准差 $\sigma=0.1$；

(2) 标准差 σ 未知.

5.14 用简单随机抽样，从容量为 800 的总体中抽取一个容量为 50 的样本，得样本均值 $\bar{x}=215$，样本标准差 $s=20$. 试求：

(1) 总体均值的点估计；

(2) 总体均值置信度为 95%的置信区间.

5.15 某居民区为了解居民用电情况，随机抽样调查了 100 个居民户，结果测得月平均用电量为 96 度，标准差为 24 度. 试求该居民区各居民户平均用电量的置信度为 95%的置信区间.

5.16 假设某火车站停车场统计了 60 辆汽车的停放时间，测得平均停放时间为 45 分钟，标准差为 20 分钟. 试求整个停车场每辆汽车的平均停放时间的置信度为 95%的置信区间.

5.17 某大学随机抽取了 50 名男生，测得他们的平均身高为 174.5 厘米，标准差为 6.9 厘米.

(1) 试求该大学所有男生平均身高的置信度为 90%的置信区间.

(2) 若以 174.5 厘米作为男生平均身高的估计值，则在 95%的置信度下，抽样极限误差为多少？

5.18 在某段时间内，在某段公路上随机选取 64 辆汽车，测得它们的平均时速为 60 公里/小时，时速的标准差为 15 公里/小时，试求汽

车平均时速的置信度为95%的置信区间.

5.19　为估计每个家庭月平均收入,抽取若干家庭作为随机样本.若以95%的概率使抽样极限误差在180元之内,需要抽取多少家庭?(假设样本标准差为350元)

5.20　假设一家企业有职工5 000人,为了解全体职工上、下班花费在路途上的平均时间 a,进行随机抽样调查.首先经过预抽样,得标准差为10分钟.问为使对 a 的估计的绝对误差以95%的概率不大于5分钟,至少需要抽查多少名职工?

5.21　某大型企业抽样调查了80名职工,其福利补贴与工资的平均比例为14.3%,标准差为6.5%.试求该企业职工补贴与工资平均比例的置信度为95%的置信区间.

5.22　假设某城市在全社会劳动者中,随机抽样调查了1 600名劳动者,其中400名在集体所有制单位工作,试求集体所有制单位劳动者在全社会劳动者中所占比率的置信度为95%的置信区间.

5.23　某市为了解住房情况,抽查了2 000户,其中人均住房面积不足5平方米的困难户有214户,试求该市住房困难户所占比率的置信度为95%的置信区间.

5.24　某生产作业在180天内共发生事故30次,试求平均发生事故次数的置信度为95%的置信区间.

5.25　在某校随机抽查100名男生,其中有20人爱好游泳,试求该校男生爱好游泳者所占比率的置信度为0.95的置信区间.

5.26　为估计某城市全社会劳动者中,集体所有制的劳动者所占比率 p,进行了一次抽样调查.问为使对 p 的估计的绝对误差以95%的概率不大于4%,至少需要抽查多少名劳动者?分别考虑如下两种情形:

(1) 关于 p 没有任何信息;

(2) 假设已知 p 不大于30%.

5.27　某电子元件厂日产10 000只元件,经多次测试测得一等品率为92%.现采用随机抽样进行抽验,若以95%的概率要求允许误差在2%之内,则需要抽取多少只电子元件?

5.28　下表是分层抽样的结果：

层	层内单位总数	抽选单位数	层内样本均值	层内样本方差
1	100	10	35	9
2	200	20	45	10
3	300	30	60	8

试求：(1) 总体均值的无偏估计；(2) 抽样平均误差.

5.29　某校在全体四个年级各随机抽选了若干名学生，调查他们每周参加文体活动的时间，得如下表资料：

年级	学生人数	抽样调查人数	每个学生每周平均参加文体活动时间(小时)	每人每周活动时间的标准差
一	1 000	50	12	4
二	800	40	14	5
三	1 200	60	10	3
四	1 000	50	8	4

(1) 问这是何种抽样？样本容量为多少？

(2) 求该校全体学生每人每周平均文体活动的置信度为95%的置信区间.

5.30　某市对600个个体户的月零售额进行抽样调查，现按申报资金分为大、中、小三类，调查结果如下表：

分　层	N_i	n_i	$\bar{x}_i$(千元)	s_i(千元)
大	60	30	20	4
中	240	40	8	2
小	300	40	1	0.71

试求该市每个个体户的月平均零售额，并求平均月零售额的置信度为95%置信区间.

5.31　下表是分层抽样的结果：

分　层	层内单位数 N_i	层内样本标准差 s_i
1	300	150
2	600	75
3	500	100

若以 95%的概率要求允许误差在 20 之内,则需要抽取多少单位?分别用等比例分配和奈曼分配确定各层的单位数.

5.32　某广告公司要了解电视广告的作用,决定在有关对象中调查收看电视广告者的比例.设对象分为三层,$N_1=155$,$N_2=62$,$N_3=93$,样本容量为 40.采用按比例分层抽样,调查结果表明收看电视广告的比例分别为 0.8,0.25,0.5.试求收看电视广告比例的置信度为 95%的置信区间.

5.33　假设总体分为 25 组,每组含 10 个单位.为估计总体标志 X 的算术平均数 a,随意抽取 5 组,测得组内各单位的标志 X 的平均数 $\overline{x}_i$ 和方差 S_i^2 资料如下表:

被抽到组的编号 i	1	2	3	4	5
组平均数 $\overline{x}_i$	4.0	4.7	4.3	4.4	4.7
组内方差 S_i^2	1.50	5.75	2.65	6.73	5.67

试求 a 的置信度为 95%的置信区间.

5.34　假设从一大批 1 000 箱同种产品中,随机抽出 10 箱进行全面检验,结果不合格品率分别为(%):5,3,2,5,6,3,4,4,3,5.试求整批产品不合格品率的置信度为 95%的置信区间.

5.35　从某乡 50 个村中随机抽取 5 个村,对 5 个村所有养猪专业户进行全面调查,资料如下表:

中选村编号	1	2	3	4	5
每户平均存栏生猪(头)	50	70	80	85	90
优良品种比重(%)	90	80	50	70	55

试求该乡养猪专业户平均每户存栏生猪数和优良品种率的置信度为 95%的置信区间.

第六章 统计推断——检验

统计推断的基本问题之一——统计检验，是根据样本对关于总体的假设做出判断．实际中，统计假设检验问题常表现为统计比较问题．例如，一批产品的不合格品率 p 与规定的界限 p_0 比较，两种或多种现象的统计特征的比较，理论的期望结果与实际观测结果的比较等等都可以归结为统计假设的检验．

这一章讲述统计假设的检验的一般原理和常用方法．

§6.1 统计检验的基本概念和原理

在介绍常用的统计检验方法之前，首先讲述统计假设的基本概念和类型，统计假设的检验的一般程序，以及未知参数的假设检验与区间估计的关系．

6.1.1 统计假设的概念和类型

统计假设，简称为**假设**(hypothesis)，指关于总体的各种论断或命题、"猜测"或推测、设想或假说．为便于叙述，通常以字母"H"表示假设．例如：

H_1：某一批产品的不合格品率 p 不超过规定的界限 p_0；

H_2：两组统计数据有相同的统计结构；

H_3：新税则的税收总额高于旧税则；

H_4：地区甲的零售物价指数不高于地区乙；

H_5:失业率与文化程度无关;

H_6:两个地区人口的性别比相同;

H_7:总体服从正态分布. (6.1)

假设分为:基本假设(original hypothesis)与备选假设(alternative hypothesis),参数假设(parametric hypothesis)与非参数假设(non-parametric hypothesis),简单假设(simple hypothesis)与复合假设(composite hypothesis).

基本假设与备选假设 两个二者必居其一的假设 H_0 和 H_1,其中一个称为基本假设,而另一个则称为备选假设.一般,以 H_0 表示基本假设,而以 H_1 表示备选假设. 基本假设,亦称为**原假设**或**零假设**(null hypothesis)①. 备选假设亦称为**对立假设**. 对于两个相互对立的假设,一般把要重点考察且统计分析便于操作和处理的那个假设选为基本假设,并且在统计分析过程中始终假定基本假设成立. 例如,基本假设 H_0 和备选假设 H_1 分别为

H_0:$p=p_0$,H_1:$p\neq p_0$;

H_0:X 和 Y 独立,H_1:X 和 Y 不独立.

参数假设与非参数假设 可以用有限个参数表示的假设称为**参数假设**,否则称为**非参数假设**. 例如,上述前两个假设都是参数假设,而后两个假设都是非参数假设.

简单假设与复合假设 完全决定总体分布的假设称为**简单假设**,否则称为**复合假设**. 例如,H_0:$p=p_0$ 是简单假设,而 H_1:$p\neq p_0$;H_0:总体服从标准正态分布,是简单假设,H_1:总体服从正态分布,是复合假设.

一方面,需要了解假设类型的区分,因为对于不同类型的假设,处理的方式有所不同;而且通过假设类型的划分,可以很好地显示假设的基本特点,有助于更深入地理解假设的概念. 另一方面,假设类型的区分并不是绝对的,这在一定意义上是描述性的.

---

① 零假设的原义为"无差异假设". 例如,因为 H_0:$\mu=\mu_0$ 可表示为 $\mu-\mu_0=0$,故亦称 H_0 为零假设. 不过,我们将在更广泛的意义下理解"基本假设"的概念.

6.1.2 统计假设检验

统计假设的检验(testing of statistical hypothesis),指按照一定规则——检验准则,根据样本判断所作假设 H_0 的真伪,并作出接受还是否定假设 H_0 的决定.

检验准则(test criterion),简称为**检验**(test),指接受还是否定假设 H_0 所依据的规则.常用检验有显著性检验(significance testing)和拟合优度检验(goodness of fit test).前者基于所谓"小概率原则",后者基于所作假设与样本吻合的程度——拟合优度.

1. 显著性检验　显著性检验基于"小概率原则".所谓"小概率原则",就是选择一个可以认为"充分小"的数 $\alpha(0<\alpha<1)$,当事件 V 的概率 $\mathbf{P}(V)$ 不大于 α 时,就认为 V 是"实际不可能事件",其中 α 称作**显著性水平**(significance level). α 的具体值的选取应根据实际问题要求而定,若事件 V 的出现将造成严重后果或重大损失,则 α 应选得小一些,否则可以选得大一些.常选 $\alpha=0.001, 0.01, 0.05, 0.10$ 等.这种划一的选法主要是为了造表方便.

(1) 显著性检验的一般程序

1) 明确基本假设　把欲考察的问题以基本假设 H_0 的形式提出,并且在作出最后的判断之前,将始终在假设 H_0 成立的假定下进行分析.

2) 规定显著性水平 $\alpha(0<\alpha<1)$.

3) 建立检验准则　检验准则常以**否定域**(rejection region)的形式表示.所谓假设 H_0 的否定域 V,指一切可能样本值集合中的区域,满足条件:在 H_0 成立的条件下,事件[①] $V=\{$样本值落入区域 $V\}$ 的概率不大于 α,即

$$\mathbf{P}(V \mid H_0) \leqslant \alpha, \tag{6.2}$$

换句话说,如果假设 H_0 事实上成立,则事件 $V=\{$样本值落入区域 $V\}$ 实际上不可能出现;因此,样本值落入区域 V 时,应否定假设 H_0.

---

① 注意,为方便计,"区域 V"和事件"样本值落入区域 V",都用字母 V 表示.

4）根据样本值作判断　通过抽样、试验或观测，取得统计数据——样本值，若样本值属于区域 V，则否定假设 H_0，否则不否定 H_0.

（2）检验的显著性水平　我们对显著性水平的概念作进一步说明. 检验准则是：每当样本值落入否定域 V，就否定假设 H_0. 不过，即便假设 H_0 事实上成立，由于随机性的影响，样本值仍然有可能落入否定域 V，在这种情形下，“否定假设 H_0”的决定显然是错误的. 这样，显著性水平 α 恰好是事件“假设 H_0 本来成立，却被否定了”这一错误决定的概率的上限.

（3）否定域的构造　否定域亦称为**拒绝域**或**临界域**. 实际应用中，否定域 V 常是通过适当选择的某个统计量（抽样指标）T 来构造的. 这时，否定域 V 是统计量 T 的值域内的区间（见例 6.1）. 假设 H_0 的显著性水平为 α 的否定域，简称为 H_0 的**水平 α 否定域**；由统计量 T 构造的检验称为 T **检验**，而统计量 T 称作**检验的统计量**.

具体构造否定域时，需要知道，在假设 H_0 成立的条件下，检验的统计量 T 的分布——抽样分布，并根据给定的显著性水平 α，由相应的数值表查出决定假设 H_0 取舍的临界值（分位数）T_α. 最常用的统计量是由（4.56）式～（4.60）式定义的 t,χ^2 和 F，以及（6.4）式中的 U；而相应的检验分别称作 t 检验、χ^2 检验、F 检验和 U 检验. 这些检验是统计推断中应用最广泛的检验，其相应的否定域分别有如下一些常见的形式：

$$\{|U|\geqslant u_\alpha\};\{|t|\geqslant t_{\alpha,\nu}\};\{\chi^2\geqslant\chi^2_{\alpha,\nu}\};\{F\geqslant F_\alpha(f_1,f_2)\},\tag{6.3}$$

其中相应的临界值（分位数）$u_\alpha,t_{\alpha,\nu},\chi^2_{\alpha,\nu},F_\alpha(f_1,f_2)$ 分别由附表 4,6,7 给出.

例 6.1　假设总体 X 服从正态分布 $N(\mu,\sigma_0^2)$，其中 $\sigma_0=0.25$. 试根据按还原抽样方式自总体 X 抽取的容量 $n=25$ 的简单随机样本 $X_1,X_2,\cdots,X_n$，试建立假设

$$H_0:\mu=\mu_0=1.50$$

的水平 $\alpha=0.05$ 的否定域，设 1）样本均值 $\overline{X}=1.38$；2）样本均值 $\overline{X}=1.47$.

解　由（4.55）式知，样本均值 $\overline{X}$ 服从正态分布 $N(\mu,\sigma_0^2/n)$，因而在假设 H_0 成立的条件下，$\overline{X}$ 服从正态分布 $N(\mu_0,\sigma_0^2/n)$. 从而，有

$$U=\frac{\overline{X}-\mu_0}{\sigma_0/\sqrt{n}}\sim N(0,1). \tag{6.4}$$

采用 U 检验. 对于任意给定的显著性水平 α,由附表 4 查得标准正态分布水平 α 双侧分位数 u_α,有

$$\mathbf{P}\{|U|\geqslant u_\alpha\}=\alpha.$$

从而,得假设 $H_0:\mu=\mu_0$ 的水平 α 否定域:

$$V=\{|U|\geqslant u_\alpha\}. \tag{6.5}$$

1) 将 $\overline{X}=1.38,\sigma_0=0.25,\mu_0=1.50,n=25$ 代入(6.4)式,得

$$U=\frac{1.38-1.50}{0.25/\sqrt{25}}=-2.4.$$

由附表 4 查得标准正态分布水平 $\alpha=0.05$ 双侧分位数 $u_{0.05}=1.96$. 因为 $|U|=2.4>1.96$,故应否定假设 $H_0:\mu=\mu_0$,即检验结果表明 $\mu\neq\mu_0$.

2) 将 $\sigma_0=0.25,\mu_0=1.50,n=16,\overline{X}=1.47$ 代入(6.4)式,得

$$U=\frac{1.47-1.50}{0.25/\sqrt{16}}=-0.6.$$

因为 $|U|=0.6<1.96$,故不否定假设 $H_0:\mu=\mu_0$,即可以认为 $\mu=\mu_0$.

(4) 否定域和置信区间的联系 由例 6.1 和例 5.1 可见,否定域和置信区间之间有密切的联系. 假定 $(\hat{\theta}_1,\hat{\theta}_2)$ 是未知参数 θ 的置信度为 $1-\alpha$ 的置信区间, $H_0:\theta=\theta_0$ 是关于未知参数 θ 的基本假设,其中 θ_0 是已知数,那么,若 $(\hat{\theta}_1,\hat{\theta}_2)$ 包含 θ_0,则表明 $H_0:\theta=\theta_0$ 成立,否则说明 $H_0:\theta=\theta_0$ 不成立,即应否定 H_0,显著性水平为 α.

例 6.2 在例 6.1 的条件下,1) 样本均值 $\overline{X}=1.38$;由(5.9)式可见,总体均值 μ 的置信度为 0.95 的置信区间

$$\left[\overline{X}-1.96\frac{\sigma_0}{\sqrt{n}},\overline{X}+1.96\frac{\sigma_0}{\sqrt{n}}\right]=(1.282,1.478)$$

不含 $\mu_0=150$,故应认为 $\mu\neq\mu_0$,即应否定假设 $H_0:\mu=\mu_0$. 而对于情形 2) $\overline{X}=1.47$;总体均值 μ 的 0.95 置信区间(1.372,1.568)含 $\mu_0=150$,故应认为 $\mu=\mu_0$,即不应否定假设 $H_0:\mu=\mu_0$.

2. *拟合优度检验* 以否定域的形式构造的显著性检验的结论,不是"否定"就是"接受". 然而,这种"非此即彼"的做法过于绝对,往往显得有些牵强. 因为有些现象或事物之间,往往并非截然相符或截然不相

符.对于统计假设的检验问题,有一种方法不是简单回答“是”与“否”,而是给出“所作假设与抽样或观测结果吻合程度”的一个度量——**拟合优度**(goodness of fit).

拟合优度,通常以“否定假设 H_0 的显著性水平”的最小可能值做拟合优度,亦称 p 值.例如,若假设 H_0 的否定域为(6.3)式中的$\{|U|\geqslant u_\alpha\}$,而由样本值求得的统计量$|U|$的值等于 c,则拟合优度定义为

$$p=p(c)=\mathbf{P}\{|U|\geqslant c\}. \tag{6.6}$$

对于其他情形,p 值的求法类似.一般,当 p 值不大于 0.05 或不大于 0.10 时否定假设 H_0,当 p 值大于 0.30 时接受假设 H_0,而当 p 值介于 0.10 和 0.30 之间时,“否定”和“接受”的根据都显得不足.此外,假如 p 值过分大,也容易使人们对数据的真实性产生怀疑.

例 6.3 例 6.1 中,对于情形 1),统计量$|U|$的具体值等于 2.4,则由标准正态分布函数 $\Phi(x)$值表(附表 3),可见假设 H_0 与抽样结果的拟合优度为

$$\begin{aligned}p&=\mathbf{P}\{|U|\geqslant 2.4\}=1-\mathbf{P}\{|U|<2.4\}\\&=1-[\Phi(2.4)-\Phi(-2.4)]=0.0164;\end{aligned}$$

对于情形 2),$|U|$的具体值等于 0.6,则同理可得拟合优度为

$$\begin{aligned}p&=\mathbf{P}\{|U|\geqslant 0.6\}=1-\mathbf{P}\{|U|<0.6\}\\&=1-[\Phi(0.6)-\Phi(-0.6)]=0.5486.\end{aligned}$$

这样,“否定假设 H_0 的显著性水平”的最小值在两种情形下相应为 0.0164和 0.5486.从而,在第一种情形下否定 $H_0:\mu=\mu_0$,而在第二种情形下接受 $H_0:\mu=\mu_0$.

6.1.3 统计检验的两类错误*

由于统计检验的结论是根据样本作出的,而样本受随机性的影响,故所作决定有可能是错误的.根据基本假设的“真”与“伪”以及所作决定是“否定”还是“接受”,检验的结果分为四种情形(见表 6.1).

检验的错误有两类:**第一类错误**——否定了本来真实的假设(**弃真**),**第二类错误**——接受了本来错误的假设(**纳伪**).例如,假定抽样验收一批产品,若不合格品率 p 超过规定界限 p_0,则拒收,否则就接收.

这时，对于假设 $H_0:p\leqslant p_0$ 和 $H_1:p>p_0$ 的检验问题，第一类错误——不合格品率 p 本来不超过规定界限 p_0，但这批产品却被拒收了，称作**厂方风险**或 **α 风险**；第二类错误——不合格品率 p 本来超过了规定界限 p_0，但这批产品却被接收了，称作**用户风险**或 **β 风险**.

表 6.1　检验结果的四种情形

决定＼真实假设	H_0	H_1
否　定 H_0	第一类错误	正　确
接　受 H_0	正　确	第二类错误

对于假设 H_0 和 H_1 检验问题，统计检验规则需要考虑如下三个因素：样本容量 n，第一类错误概率的上限 α，第二类错误概率的上限 β. 显然，三个量 n,α,β 都是越小越好. 然而，在有随机性影响的情况下，这是做不到的，必须在三者之间进行权衡. 鉴于上述情况，检验规则选择问题的解决，有如下一些途径：

（1）显著性检验　样本容量 n 固定，规定第一类错误概率的一个上限 α，在一切第一类错误概率不大于 α 的检验中，选第二类错误概率最小者. 这时，α 称作显著性水平；或者对 α 不作规定，只计算 p 值.

（2）序贯检验　规定第一类错误概率的上限 α 和第二类错误概率的上限 β，采取逐步增大样本容量的办法，并且每进行一次抽样采取如下三种可能的行动之一：

接受 H_0 并停止抽样，接受 H_1 并停止抽样，再进行一次抽样，依此类推，直到最终作出接受 H_0 或接受 H_1 并停止抽样的决定为止.

我们只准备介绍显著性检验，或者仅限于最后指出拟合优度——p 值.

§6.2　参数假设的检验

参数假设指用有限个参数表述的假设. 我们通过正态参数检验和

比率检验，讲述参数检验的思路和方法. 这里，将只限于讨论基于简单随机样本的检验. 具体地说，来自总体 X 的简单随机样本，指独立并且与总体 X 同分布的随机变量 $X_1,X_2,\cdots,X_n$，其中 n 称作样本容量.

6.2.1 一个正态总体参数的检验

许多自然现象和社会经济现象，都可以或可以近似地用正态分布律来描述. 关于正态参数假设的检验，不但实际应用最重要和最广泛，而且方法最典型，结果也最完满. 这里，我们只准备介绍一个正态均值和方差的检验，以及两个正态总体均值和方差的比较. 关于多个正态参数的检验（包括方差分析，多重比较，等方差性检验，剔除异常值的检验等等），可参阅有关专著和文献（例如，[6]，[7]，[8]，[18]，[31]，[32]，[33]）.

假设总体 X 服从正态分布 $N(\mu,\sigma^2)$，$X_1,X_2,\cdots,X_n$ 是来自总体 X 的容量为 n 的简单随机样本；$\overline{X}$——样本均值，S^2——样本方差；记

$$U=\frac{\overline{X}-\mu_0}{\sigma_0/\sqrt{n}},\ t=\frac{\overline{X}-\mu_0}{S/\sqrt{n}};\tag{6.7}$$

$$\chi^2=\frac{(n-1)S^2}{\sigma_0^2}=\frac{1}{\sigma_0^2}\sum_{i=1}^{n}(X_i-\overline{X})^2$$
$$\chi_0^2=\frac{1}{\sigma_0^2}\sum_{i=1}^{n}(X_i-\mu_0)^2.\tag{6.8}$$

由(4.56)式～(4.58)式知，$U\sim N(0,1)$；t 服从自由度为 $n-1$ 的 t 分布；χ^2 服从自由度为 $n-1$ 的 χ^2 分布，χ_0^2 服从自由度为 n 的 χ^2 分布.

1. 均值 μ 的检验　正态均值的检验，要区分“标准差 $\sigma=\sigma_0$ 已知”和“σ 未知”两种情形：当 $\sigma=\sigma_0$ 已知时用 U 检验；当 σ 未知时用 t 检验. 基本假设 H_0 和备选假设 H_1 以及 H_0 的否定域的各种情形，列于表 6.2，其中 u_α——标准正态分布水平 α 的双侧分位数（附表 3），$t_{\alpha,n-1}$——自由度为 $n-1$ 的水平 α 的双侧分位数（附表 5）.

表 6.2 一个正态总体均值的检验

情形	假设		基本假设 H_0 的否定域	
	H_0	H_1	U 检验	t 检验
1	$\mu=\mu_0$	$\mu\neq\mu_0$	$\{\|U\|\geqslant u_\alpha\}$	$\{\|t\|\geqslant t_{\alpha,n-1}\}$
2	$\mu\leqslant\mu_0$	$\mu>\mu_0$	$\{U\geqslant u_{2\alpha}\}$	$\{t\geqslant t_{2\alpha,n-1}\}$
3	$\mu\geqslant\mu_0$	$\mu>\mu_0$	$\{U\leqslant -u_{2\alpha}\}$	$\{t\leqslant t_{2\alpha,n-1}\}$

情形 1 中基本假设 H_0 的否定域的构造同例 6.1；情形 2 和情形 3 中否定域的构造，直观上是容易理解的，不过严格的证明要用到较多的数学知识.

许多实际问题表现为均值 μ 与给定标准值 μ_0 的比较. 例如，抽检市场销售的批量袋装食品的平均重量是否符合标准；抽检排放的工业废水有害物质是否达标等等都可以归结为总体均值与标准值的比较.

例 6.4 工商管理人员在市场销售的某种批量生产的袋装食品中，抽检了 16 袋，测得平均重量为 995 克，标准差为 10 克. 问抽检结果能否说明这批袋装食品的平均重量符合1 000克的标准？（取显著性水平 $\alpha=0.05$）.

解 这里，样本容量 $n=16$，样本均值 $\overline{X}=995$ 克；标准差 $S=10$ 克. 需要检验假设 $H_0:\mu=1\ 000$. 由于总体标准差未知，故使用 t 检验：检验的统计量

$$t=\frac{\overline{X}-\mu_0}{S/\sqrt{n}}=\frac{995-1\ 000}{10/\sqrt{16}}=-2,$$

其自由度 $\nu=n-1=15$. 由附表 7，查得自由度为 15 的 t 分布水平为 0.05的双侧分位数 $t_{0.05,15}=2.13$. 于是，假设 H_0 的水平 0.05 的否定域为 $\{|t|\geqslant 2.13\}$. 因为抽检结果 $|t|=2<2.13$，所以不能否定所作假设，即根据抽检结果可以认为这种袋装食品的平均重量符合标准.

该例的结果有些出乎意料，这是由于样本容量偏小造成的. 假如样本容量 $n=100$，$\overline{X}=995$ 克，$S=10$ 克，则经计算可得 $t=-5$. 这时，$t_{0.05,99}\approx 1.98$，否定域为 $\{|t|\geqslant 1.98\}$. 现在 $|t|=8>1.98$，显然应否定假设 $H_0:\mu=1\ 000$克. 因此，这个例子说明，虽然方法的理论依据是充分的，然而当样本容量较小时，方法的精度较差.

例 6.5 假设环境保护条例规定，在排放的工业废水中某种有害物质 A 的含量不得超过 0.5‰. 现在随机抽验了五份水样，得如下数据：

0.530‰ 0.542‰ 0.510‰ 0.495‰ 0.515‰

问抽验结果能否说明物质 A 的含量超标？(取显著性水平 $\alpha=0.05$)

解 假设 A 的含量 $X\sim N(\mu,\sigma^2)$，需要检验假设 $\mathrm{H}_0:\mu\leqslant\mu_0=0.5‰$，其备选假设 $\mathrm{H}_1:\mu>\mu_0=0.5‰$；经计算得：$\overline{X}=0.5184‰$，样本标准差 $S=0.1817‰$；由于总体标准差未知，故使用 t 检验. 检验的统计量

$$t=\frac{\overline{X}-\mu_0}{S/\sqrt{n}}=\frac{0.5184-0.5}{0.1817/\sqrt{5}}=0.2264;$$

其自由度为 $5-1=4$. 假设 H_0 的否定域为 $\{t\geqslant t_{2\alpha,n-1}\}$；由附表 6 查得自由度为 $n-1=4$ 的 t 分布水平 $\alpha=0.05$ 的双侧分位数：$t_{2\alpha,n-1}=t_{0.1,4}=2.13$. 现在统计量 t 的值 0.2264 小于临界值 2.13，故应否定假设 H_0，即抽检结果表明物质 A 的含量明显超标.

2. *方差的检验* 正态总体 $N(\mu,\sigma^2)$ 方差的检验，也是未知方差 σ^2 与给定的标准值 σ_0^2 的比较，区分总体均值 $\mu=\mu_0$ 已知和 μ 未知，都使用 χ^2 检验. 基本假设 H_0 和备选假设 H_1 以及 H_0 的否定域的各种情形，列于表 6.3，其中

$$c_1=\chi^2_{1-\alpha/2,n},c_2=\chi^2_{\alpha/2,n},\lambda_1=\chi^2_{1-\alpha/2,n-1},\lambda_2=\chi^2_{\alpha/2,n-1};$$

而 $\chi^2_{p,\nu}$ 是自由度为 ν 的 χ^2 分布水平 p 上侧分位数(附表 4).

表 6.3 正态总体方差的检验

情形	假设		假设 H_0 的否定域	
	H_0	H_1	$\mu=\mu_0$ 已知	μ 未知
1	$\sigma^2=\sigma_0^2$	$\sigma^2\neq\sigma_0^2$	$\{\chi_0^2\leqslant c_1\}\cup\{\chi_0^2\geqslant c_2\}$	$\{\chi^2\leqslant\lambda_1\}\cup\{\chi^2\geqslant\lambda_2\}$
2	$\sigma^2\leqslant\sigma_0^2$	$\sigma^2>\sigma_0^2$	$\{\chi_0^2\geqslant\chi^2_{\alpha,n}\}$	$\{\chi^2\geqslant\chi^2_{\alpha,n-1}\}$
3	$\sigma^2\geqslant\sigma_0^2$	$\sigma^2<\sigma_0^2$	$\{\chi_0^2\leqslant\chi^2_{\alpha,n}\}$	$\{\chi^2\leqslant\chi^2_{\alpha,n-1}\}$

证明 作为例子，我们证明表 6.3 中情形 1 的否定域. 由(4.57)式，知检验的统计量

$$\chi^2=\frac{(n-1)S^2}{\sigma_0^2}$$

服从 χ^2 分布,自由度为 $n-1$. 由附表 6 查得水平分别为 $1-\alpha/2$ 和 $\alpha/2$ 的两个分位数:$\lambda_1=\chi^2_{1-\alpha/2,n-1}$ 和 $\lambda_2=\chi^2_{\alpha/2,n-1}$,则

$$\mathbf{P}(\{\chi^2\leqslant\lambda_1\}\cup\{\chi^2\geqslant\lambda_2\})=\alpha,$$

即 $\{\chi^2\leqslant\lambda_1\}\cup\{\chi^2\geqslant\lambda_2\}$ 是假设 H_0 的水平 α 否定域. 情形 2 和情形 3 的证明需要用到较多数学知识.

应用 方差和标准差,是衡量抽样或试验结果的散布程度的最重要特征,是考核抽样或试验精度的重要指标. 此外,质量控制也主要是控制均值和标准差. 因此,方差和标准差的检验有重要而广泛的应用. 例如,质量管理的重要工具——质量管理图,就是根据假设检验的原理构造的. 方差和标准差的检验,还可以用于考察仪器和设备的精密度、考核操作人员的技术水平等等.

例 6.6 根据设计的要求,某种零件内径的标准差不得大于 0.30 毫米. 由随机抽检的 10 只零件,测得标准差为 0.32 毫米. 问抽检结果能否说明产品内径的标准差明显的增大了? 显著性水平如何?

解 假设零件内径 $X\sim N(\mu,\sigma^2)$. 由条件知:样本容量 $n=10$,标准差 $S=0.32$ 毫米. 需要检验假设 $H_0:\sigma^2\leqslant\sigma_0^2=0.30(H_1:\sigma^2>\sigma_0^2)$,采用 χ^2 检验. 由表 6.3 知,假设 H_0 的否定域为 $\{\chi^2\geqslant\chi^2_{\alpha,n-1}\}$. 检验的统计量 χ^2 的值为:

$$\chi^2=\frac{(n-1)S^2}{\sigma_0^2}=\frac{9\times0.32^2}{0.30^2}=10.24,$$

其自由度为 9. 由附表 6 查得 χ^2 分布的两个分位数:水平 0.30 的分位数为 $\chi^2_{0.3,9}=10.656$ 和水平 0.5 的分位数 $\chi^2_{0.5,9}=8.343$. 由此可见,拟合优度(p 值)介于 0.3 和 0.5 之间:$0.3<p<0.5$,从而根据抽验结果可以认为假设 $H_0:\sigma^2\leqslant\sigma_0^2=0.30$ 成立,抽检结果说明标准差无明显增大.

6.2.2 两个正态总体参数的检验

假设有两个相互独立的正态总体 X 和 Y:$X\sim N(a,\sigma_1^2)$,$Y\sim N(b,$

σ_2^2);$X_1,X_2,\cdots,X_n$ 和 $Y_1,Y_2,\cdots,Y_m$ 分别为来自总体 X 和 Y 的简单随机样本;$\overline{X}$、$\overline{Y}$ 与 S_x^2、S_y^2,相应为样本均值和样本方差. 记

$$S_{xy}^2=\frac{(n-1)S_x^2+(m-1)S_y^2}{n+m-2};F=\frac{S_x^2}{S_y^2}; \tag{6.9}$$

$$U=\frac{\overline{X}-\overline{Y}}{\sqrt{\frac{\sigma_1^2}{n}+\frac{\sigma_2^2}{m}}},t=\frac{\overline{X}-\overline{Y}}{S_{xy}\sqrt{\frac{1}{n}+\frac{1}{m}}}. \tag{6.10}$$

统计量称作总体 X 和 Y 的联合样本方差.

由(4.59)式~(4.61)式,知 $U\sim N(0,1)$;t 服从自由度为 $n-1$ 的 t 分布;F 服从自由度为(f_1,f_2)的 F 分布. 我们分别讨论两个正态总体方差和均值的比较,前者使用 F 检验,后者使用 U 检验或 t 检验.

1. 两个正态总体方差的比较　方差 σ_1^2 与 σ_2^2 的比较,基于样本方差 S_x^2 和 S_y^2 的比较,其比值就是统计量 F. 基本假设 H_0 和备选假设 H_1 以及 H_0 的否定域的各种情形,列于表 6.4,其中 $F_\alpha(f_1,f_2)$ 是自由度为(f_1,f_2)的 F 分布水平 p 上侧分位数(附表 8),$f_1=n-1,f_2=m-1$. 此外,F 分布水平 p 和水平 $1-p$ 上侧分位数有如下联系:

$$F_{1-p}(f_1,f_2)=\frac{1}{F_p(f_2,f_1)}. \tag{6.11}$$

由分位数的定义,(6.11)式容易证明.

表 6.4　两个正态总体方差的比较($f_1=n-1,f_2=m-1$)

情形	假设		假设 H_0 的否定域
	H_0	H_1	
1	$\sigma_1^2=\sigma_2^2$	$\sigma_1^2\neq\sigma_2^2$	$\{F\leqslant F_{\alpha/2}^{-1}(f_1,f_2)\}\cup\{F\geqslant F_{\alpha/2}(f_1,f_2)\}$
2	$\sigma_1^2\leqslant\sigma_2^2$	$\sigma_1^2>\sigma_2^2$	$\{F\geqslant F_\alpha(f_1,f_2)\}$
3	$\sigma_1^2\geqslant\sigma_2^2$	$\sigma_1^2<\sigma_2^2$	$\{F\leqslant F_\alpha^{-1}(f_1,f_2)\}$

仿照表 6.3 中的情形 1 容易证明表 6.4 中的情形 1,而情形 2 和 3 的证明则要用到较多数学知识.

2. 两个正态总体均值的比较　比较均值 a 与 b 的前提条件,是两个总体的方差相等:$\sigma_1^2=\sigma_2^2$. 在方差未知情形下,可以用表 6.4 的方法来检验 $\sigma_1^2=\sigma_2^2$ 是否成立. 现将基本假设 H_0 和备选假设 H_1 以及 H_0 的否定域的各种情形,列于表 6.5.

表 6.5 两个正态总体均值的比较($\nu=n-1$)

情形	假设		基本假设 H_0 的否定域	
	H_0	H_1	U 检验	t 检验
1	$a=b$	$a\neq b$	$\{\lvert U\rvert\geqslant u_\alpha\}$	$\{\lvert t\rvert\geqslant t_{\alpha,\nu}\}$
2	$a\leqslant b$	$a>b$	$\{U\geqslant u_{2\alpha}\}$	$\{t\geqslant t_{2\alpha,\nu}\}$
3	$a\geqslant b$	$a<b$	$\{U\leqslant -u_{2\alpha}\}$	$\{t\leqslant -t_{2\alpha,\nu}\}$

注:均值 a 与 b 的比较的前提条件,是两个总体的方差相等:$\sigma_1^2=\sigma_2^2$. 在 $\sigma_1^2\neq\sigma_2^2$ 的情形下,

(1) 当样本容量较小时,可以用近似 t 检验(参见[7]第 183～184 页;[8]第 154 页,"贝伦斯－费歇耳检验","韦尔检验";[18]第 168 页);

(2) 当样本容量 m 和 n 较大时,可以用 U 检验(见[6]第八章 §8.2.3).

例 6.7 为比较用两种工艺生产的橡胶制品 A 和 B 的耐磨性能指标 X 和 Y,从两种产品中各随意抽取了若干件,测得如下数据:

X:185.82,175.10,217.30,213.86,198.40,224.61

Y:142.10,129.89,150.60,144.82,111.50,119.96

假设产品的耐磨性 X 和 Y 都服从正态分布,问抽测结果能否说明制品 A 耐磨性明显高于制品 B?

解 设 $X\sim N(a,\sigma_1^2)$,$Y\sim N(b,\sigma_2^2)$. 基于分别来自 X 和 Y 的容量皆为 $n=6$ 的样本,经计算,可得 $\overline{X}=202.52$,$S_x=19.40$;$\overline{Y}=133.15$,$S_y=15.32$;$S_{xy}=17.48$.

(1) 首先检验假设 $H'_0:\sigma_1^2=\sigma_2^2$. 利用 F 检验,检验的水平 $\alpha=0.05$ 的否定域为

$$\{F\leqslant F_{0.975}(5,5)\}\cap\{F\leqslant F_{0.025}(5,5)\},$$

其中 $F_{0.975}(5,5)=F_{0.025}^{-1}(5,5)=7.15^{-1}=0.14$,$F_{0.025}(5,5)=7.15$;

$$F=\frac{S_x^2}{S_y^2}=\frac{19.40^2}{15.32^2}=1.61.$$

因为统计量 F 的值 1.61 介于 0.14 与 7.15 之间,所以应认为假设 $H'_0:\sigma_1^2=\sigma_2^2$ 成立,从而可以利用检验比较两个均值 a 和 b.

(2) 检验假设 $H_0: a \leqslant b$. 利用 t 检验，检验的水平 $\alpha=0.0005$ 否定域为

$$\{t \geqslant t_{2\alpha,12}\}=\{t \geqslant t_{0.001,12}\}=\{t \geqslant 4.318\},$$

其中统计量

$$t=\frac{\overline{X}-\overline{Y}}{S_{xy}}\sqrt{\frac{n}{2}}=\frac{202.52-133.15}{17.48}\sqrt{3}=6.84.$$

由于统计量的值 $6.84>4.318$，可见应否定假设，说明制品 A 的耐磨性明显高于制品 B，显著性水平小于 0.0005.

例 6.8 某市为比较甲、乙两个居民区户人均月煤气用量，在甲、乙两个居民区分别调查了 8 户和 10 户的人均月煤气用量，得如下数据（表 6.6）：

表 6.6 甲、乙两区户人均月煤气用量 X 和 Y（立方米）

X	7.68	6.99	5.91	10.13	6.70	7.97	8.62	6.44		
Y	6.14	5.60	4.75	7.98	6.88	5.37	5.43	6.37	5.16	6.57

1）问两区户人均月煤气用量是否有显著差异？（取显著性水平 0.05）

2）问甲区户人均月煤气用量是否明显高于乙区？显著性水平如何？

解 设 $X\sim N(a,\sigma_1^2)$，$Y\sim N(b,\sigma_2^2)$. 经计算，得 $\overline{X}=7.555$，$\overline{Y}=6.025$；$S_x^2=1.8503$，而 $S_y^2=0.9244$；$S_{xy}^2=1.3295^2$. 首先检验等方差性，属于表 6.4 的情形 1.

$$F=\frac{S_x^2}{S_y^2}=\frac{1.7780}{0.9244}=2.0016;$$

由附表 8 查得 $F_{0.975}(7,9)=F_{0.025}^{-1}(9,7)=1/4.82=0.208$；$F_{0.025}(7,9)=4.20$. 因为统计量 $F=2.0016$ 介于 0.208 和 4.20 之间，所以可以认为 $\sigma_1^2=\sigma_2^2$. 于是，可以使用 t 检验来比较两个均值 a 和 b.

1）检验假设 $H_0: a=b$. 由(6.10b)式求得统计量 t 的值为 2.4261，其自由度为 16；由附表 5 查得 $t_{0.05,16}=2.12$. 因为 $|t|=2.4261>2.12$，所以应否定 $H_0: a=b$，即认为两区户人均月煤气用量在水平 $\alpha=0.05$

下有显著差异.

2）需要检验假设 $H_0:a\leqslant b$，属于表 6.5 的情形 2. 由附表 7 查得 $t_{0.02,16}=2.58$；$t_{0.05,16}=2.12$；因为统计量 t 的值 2.4261 介于 2.12 和 2.58之间，所以应否定假设 $H_0:a\leqslant b$，认为甲区户人均月煤气用量明显高于乙区，显著性水平介于 0.025 和 0.01 之间.

相关样本的情形 表 6.5 中讲的检验方法，基于分别来自总体 X 和 Y 的两个简单随机样本，而且假定已知两个样本相互独立. 如果两个样本不独立，则表 6.5 中讲的检验方法不能用. 但是，假如两个样本的观测值是"成对"出现的，则可以转化为一个正态总体均值的检验问题. 具体方法，通过例 6.9 来说明.

例 6.9 为鉴定两架光测高温计的测定结果有无差异，设计了一个试验：用两架高温计对 10 组白炽灯灯丝的每一组分别进行了测定，得如表 6.7 数据：

表 6.7 两个正态总体均值的比较（相关样本）

编号	1	2	3	4	5	6	7	8	9	10
X(℃)	1 050	825	918	1 183	1 200	980	1 258	1 308	1 420	1 550
Y(℃)	1 072	820	936	1 185	1 211	1 002	1 254	1 330	1 425	1 545
$Z=X-Y$	−22	5	−18	−2	−11	−22	4	−22	−5	5

其中 X 和 Y 分别表示用第一和第二架高温计测定的结果. 试根据所得数据说明两架高温计的测定结果有无显著差异.（取显著性水平 $\alpha=0.05$）

解 假设 $X\sim N(a,\sigma_1^2)$，$Y\sim N(b,\sigma_2^2)$. 需要检验假设 $H_0:a=b$. 首先计算如下一些样本特征：

$$\overline{X}=1\,169.2,\overline{Y}=1\,178,\overline{XY}=1\,423\,378.5;$$

$$S_x=227.98,S_y=224.76.$$

这里，总共有 10 组白炽灯丝，并且同一组灯丝同时用两架高温计测定，因此测定结果很有可能不独立. 为此，我们按(4.39)式计算 X 和 Y 的相关系数：

$$r=\frac{\overline{XY}-\overline{X}\,\overline{Y}}{S_xS_y}\times\frac{n}{n-1}=0.9988.$$

由此可见,两架高温计的测定结果不但不独立而且相关性很强.因此不能用表 6.5 提供的方法检验假设 $H_0:a=b$,因为上述方法要求来自总体 X 和 Y 的两个简单随机样本相互独立.

考虑到假设 $H_0:a=b$ 等价于假设 $H_0:a-b=0$,而且随机变量 $Z=X-Y$ 服从正态分布 $N(0,\sigma_1^2+\sigma_2^2)$,故只需检验假设 $H_0:\mathbf{E}Z=0$. 于是,问题转化为一个正态总体均值的检验问题,属于表 6.2 中的情形 1. 假设 H_0 的否定域为 $\{|t|\geqslant t_{\alpha,n-1}\}$. 表 6.2 的最末一行数据,可以视为来自总体 Z 的简单随机样本值. 经过计算得:$\bar{Z}=-8.8$,$S_z=11.63$;统计量

$$t=\frac{\bar{Z}}{S_z/\sqrt{n}}=\frac{-8.8}{11.63/\sqrt{10}}=-2.39.$$

由附表 7 查得 $t_{0.05,9}=2.36$. 由于 $|t|=2.39>2.36$,故应否定 $H_0:\mathbf{E}Z=0$,认为两架高温计的测定结果在水平 $\alpha=0.05$ 下有显著差异.

6.2.3 比率的检验

比率,指具有某种特征 A 的个体在整个总体中所占的比重,它等于自总体随机抽出一个个体,恰好抽到具有特征 A 的个体的概率. 例如,不合格品率、全国人口中各民族人口的比率、登记失业率等等. 与正态均值的检验类似,比率的检验分为一个比率检验和两个比率检验. 检验方法与样本容量(抽样次数)密切相关,分为小样本和大样本方法. 实际中,遇到的多是大样本问题,所以我们主要介绍大样本方法. 对小样本方法感兴趣的读者,可参阅有关文献(例如,[5]~[8]). 大样本方法,需要利用中心极限定理,即近似公式(3.27).

1. 一个比率的检验　以 p 表示具有某种特征 A 的个体在总体中的比率,而以 $p_0(0<p_0<1)$ 表示已知常数;以 $\mu_n=\mu_n(A)$ 表示 n 次简单随机抽样中特征 A 出现的频数,$\hat{p}_n=\hat{p}_n(A)$ 表示特征 A 出现的频率. 关于比率的基本假设 H_0 和备选假设 H_1 以及 H_0 否定域的各种情形列于表 6.8,其中检验的统计量为

$$U=\frac{\mu_n-np_0}{\sqrt{np_0q_0}}=\frac{\hat{p}_n-p_0}{\sqrt{p_0q_0/n}};\tag{6.12}$$

$q_0=1-p_0$;设 u_α 是标准正态分布水平 α 双侧分位数(附表 4),$\Delta=$

$u_\alpha\sqrt{np_0q_0}$. 由(3.27)式知 $U\sim N(0,1)$,因此假设 H_0 的否定域形式上与表 6.2 中的否定域一样.

表 6.8　一个比率的检验

情形	H_0	H_1	假设 H_0 的否定域	
1	$p=p_0$	$p\neq p_0$	$\{\lvert U\rvert\geqslant u_\alpha\}$	$\{\mu_n\leqslant np_0-\Delta\}\cup\{\mu_n\geqslant np_0+\Delta\}$
2	$p\leqslant p_0$	$p>p_0$	$\{U\geqslant u_{2\alpha}\}$	$\{\mu_n\geqslant np_0+u_{2\alpha}\sqrt{np_0q_0}\}$
3	$p\geqslant p_0$	$p<p_0$	$\{U\leqslant -u_{2\alpha}\}$	$\{\mu_n\leqslant np_0-u_{2\alpha}\sqrt{np_0q_0}\}$

例 6.10　某公司各项应收账款中往年有 4%拖欠 60 天以上.现在本年度账款支付资料中随意抽取了 200 项,其中有 12 项拖欠了 60 天以上,问能否认为本年度拖欠 60 天以上的比率显著高于往年?(取显著性水平=0.05)

解　以 p 表示本年度全部应收账款中拖欠 60 天以上的比率.这是一个假设 H_0:$p\leqslant p_0=4\%$的检验问题.由于抽样次数 $n=200$ 充分大,故根据泊松定理,可以认为统计量 ν_n 近似服从参数为 $np_0=8$ 的泊松分布.假设 H_0 的水平 $\alpha=0.05$ 否定域为$\{\nu_n\geqslant\lambda\}$,其中临界值 λ 决定于:

$$\sum_{k=\lambda}^{\infty}\frac{(np_0)^k}{k!}e^{-np_0}=\sum_{k=\lambda}^{\infty}\frac{8^k}{k!}e^{-8}\leqslant 0.05.$$

经计算或由泊松分布累积概率数值表可见,当 $\lambda=13$ 时上式左侧(即错检概率)$\alpha^*=0.0638$;当 $\lambda=14$ 时,$\alpha^*=0.0342$.因此,假设 H_0 的否定域为$\{\nu_n\geqslant 14\}$,错检概率 $\alpha^*=0.0342<0.05$.现在 $\nu_n=12<14$,不能否定假设 H_0,即认为本年度拖欠 60 天以上支付的账款项数的比率高于往年的根据不足.

例 6.11　在某人才交流中心,随意抽选了 200 名要求流动的原在职人员的登记表,其中 80 人具有大学本科以上学历.以 p 表示在登记要求流动的原在职人员中,具有大学本科以上学历者的比率.试根据此项抽样调查结果说明,在显著性水平 0.05 下是否可以认为 p 不超过 35%.

解　由条件 $n=200$ 充分大,可以利用正态近似公式(3.27)进行计算.需要检验假设 H_0:$p\leqslant p_0=0.35$.检验使用由(6.12)式计算的统计

量 U，其中 $\mu_n=80$，$\hat{p}_n=0.40$；$\hat{q}_n=1-\hat{p}_n=0.60$. 按(6.12)式计算，可得 $U=1.4824$. 假设 H_0 的水平 0.05 的否定域为 $\{U\geqslant u_{2\alpha}\}$，其中由附表 4 可以查出 $u_{2\alpha}=u_{0.10}=1.6449$. 由于 $U=1.4824<1.6449$，在显著性水平 0.05 下可以认为 p 不超过 35%.

2. 两个比率的检验　以 p_1 和 p_2 分别表示具有某种特征 A 的个体在总体 X 和总体 Y 中的比率. 以 μ_{1n} 表示自总体 X 的 n 次简单随机抽样中，特征 A 出现的频数；而 μ_{2m} 表示自总体 Y 中的 m 次简单随机抽样中，特征 A 出现的频数；

$$\hat{p}_{1n}=\frac{\mu_{1n}}{n} \quad 和 \quad \hat{p}_{2m}=\frac{\mu_{2m}}{m}$$

分别表示特征 A 出现的频率. 关于比率的基本假设 H_0 和备选假设 H_1 及 H_0 否定域的各种情形列于表 6.9，其中检验的统计量为

$$U=\frac{\hat{p}_1-\hat{p}_2}{\sqrt{\bar{p}(1-\bar{p})}}\sqrt{\frac{mn}{m+n}}, \tag{6.13}$$

而 $\bar{p}$ 是特征 A 出现的平均频率：

$$\bar{p}=\frac{\mu_{1n}+\mu_{2m}}{n+m}; \tag{6.14}$$

u_α——标准正态分布水平 α 双侧分位数(附表 4)，并且假设样本容量(抽样次数)n 和 m 都充分大.

表 6.9　两个比率的检验

情形	H_0	H_1	假设 H_0 的否定域
1	$p_1=p_2$	$p_1\neq p_2$	$\{\lvert U\rvert\geqslant u_\alpha\}$
2	$p_1\leqslant p_2$	$p_1>p_2$	$\{U\geqslant u_{2\alpha}\}$
3	$p_1\geqslant p_2$	$p_1<p_2$	$\{U\leqslant -u_{2\alpha}\}$

例 6.12　某城市为比较两个城区居民家庭的人均收入，进行抽样调查：在甲区调查的 250 户中，有 90 户人均收入低于全市人均收入水平；在乙区调查的 150 户中，有 51 户人均收入水平低于全市平均水平. 试利用统计检验说明，两区户人均收入水平低于全市人均收入水平的情况有无显著差异.

解　在(6.13)式、(6.12)式以及表 6.9 的记号下，$n=250$，

$m=150$;

$$\hat{p}_1=\frac{90}{250}=0.36,\hat{p}_2=\frac{51}{150}=0.34;$$

$$\bar{p}=\frac{90+51}{250+150}=0.3525.$$

由(6.13)式，有

$$U=\frac{0.36-0.34}{\sqrt{0.3525\times0.6475}}\sqrt{\frac{250\times150}{250+150}}=0.4053.$$

由附表4，可见 $u_{0.69}=0.398855$，$u_{0.68}=0.412463$；由于统计量$|U|$的值0.405 3介于0.398 855和0.412 463之间，故可以认为两区户人均收入水平低于全市人均收入水平的情况无显著差异.

§6.3 非参数假设的检验

正态总体参数检验是最典型的参数检验.不能用有限个参数表示的假设称作非参数假设.非参数假设的检验称作非参数检验.非参数检验的最大特点，是它不依赖于总体的分布，因而有适应性强且应用面广的优点.

非参数检验的内容非常丰富.我们只准备介绍其中最典型和最常用的非参数假设:分布拟合、独立性、样本齐一性等等假设的检验问题，以及皮尔逊 χ^2 检验、游程检验(run test)、秩和检验(rank sum test)、符号检验(sign test)等常用非参数检验方法.

6.3.1 分布拟合检验

一种理论概率分布，就是一个数学模型，它描绘一类现象，帮助人们更深入地揭示和掌握现象的统计规律.因此，根据对现象的观测所取得的统计数据，为现象选择合适的理论概率分布至关重要.

理论概率分布的选配，一般首先提出关于“总体服从某种概率分布”的假设，然后检验假设的分布与所掌握的统计数据是否相符，并且在二者相符时指出二者"吻合"的程度——拟合优度(goodness of fit).

分布拟合检验的方法很多,我们只准备介绍常用且简便易行的皮尔逊 χ^2 检验和概率纸拟合法(probability paper fit method).其他一些检验方法,如柯尔莫戈洛夫检验(Kolmogolov test)、伦尼检验(Renyi test)等等可参见[7]第 149～151 页,[8]第 201～205 页.

1. 皮尔逊 χ^2 检验　皮尔逊 χ^2 检验与正态总体方差的 χ^2 检验有所不同:

首先,检验使用的统计量不同;

其次,皮尔逊 χ^2 检验不要求知道总体的分布;

最后,正态总体方差的 χ^2 检验利用精确的 χ^2 分布,对于样本容量没有限制;而皮尔逊 χ^2 检验利用近似的 χ^2 分布,因此要求样本容量充分大.

(1) 皮尔逊 χ^2 统计量　拟合优度 χ^2 检验,是K.皮尔逊(Karl Pearson)于 1900 年创立的,基于理论期望频数与实际观测频数的比较.

皮尔逊 χ^2 统计量的计算公式　首先提出关于总体 X 的基本假设 H_0,例如,H_0:总体 X 服从正态分布;H_0:总体 X 服从泊松分布.设 X_1, X_2,…,X_n 是对总体 X 的 n 次独立重复观测结果(来自总体 X 的容量为 n 的简单随机样本);将其进行(单项或区间)统计分组,分为 r 组 $A_1,A_2,\cdots,A_r$;以 $\nu_i(i=1,2,\cdots,r)$表示 n 个观测值中落入第 i 组的频数——实际观测频数;以 $E_i(i=1,2,\cdots,r)$表示在假设 H_0 成立的条件下,观测值落入第 i 组的期望频数.将以上所述列入表 6.10.称统计量

$$\chi^2=\sum_{i=1}^{r}\frac{(\nu_i-E_i)^2}{E_i}=\sum_{i=1}^{r}\frac{\nu_i^2}{E_i}-n \tag{6.15}$$

为**皮尔逊 χ^2 统计量**.

表 6.10　皮尔逊 χ^2 统计量的计算表

分　组 A_i	A_1	A_2	…	A_r	Σ
实测频数 v	v_1	v_2	…	v_r	n
期望频数 E_i	E_1	E_2	…	E_r	n
$\chi_i^2=(v_i-E_i)^2/E_i$	χ_1^2	χ_2^2	…	χ_r^2	χ^2

皮尔逊 χ^2 统计量的含义十分直观.由(6.15)式可见,χ^2 等于各组"实际观测频数与理论期望频数的相对平方偏差"之和,反映"假设"与"实际"之间的差异的大小.显然,当 χ^2 的值较大时,说明"假设"与"实际"之间的差异显著.

皮尔逊 χ^2 统计量的分布 可以证明([22],第 30 章;[23],定理 9.2),当 n 充分大时,皮尔逊 χ^2 统计量近似服从 χ^2 分布,自由度为

$$\nu=r-k-1, \tag{6.16}$$

其中 r——组数,k——计算期望频数 E_i 时采用的未知参数的估计值的个数.例如,假定"假设 H_0:总体 X 服从正态分布"成立,但是其期望和方差未知,在计算各组期望频数时需要用其估计值代替,则在(6.16)式中 $k=2$(见例 6.13 和例 6.14).

皮尔逊 χ^2 统计量的自由度 皮尔逊 χ^2 统计量[(6.15)式]依赖于观测值的统计分组,而统计分组有一定任意性.每组的期望频数不能太小,是对于这种任意性的一种限制.一般,各组的期望频数都不应小于 4.不过,实际应用时这一限制可以放宽:

1) 当自由度不小于 60 时,可以不加限制;

2) 当自由度不小于 6 时,各组的期望频数不得小于 0.5;

3) 当自由度等于 2 时,各组的期望频数不得小于 2;

4) 当自由度等于 1 时,各组的期望频数不得小于 4.

当不能满足上述要求时,可将期望频数小于 4 的组与其他组合并.但是,由于合并时可能丢失消息和破坏统计数据的随机性,故应尽量避免使用合并不同类型组的做法,否则会对统计推断的结果产生影响.

(2) χ^2 拟合优度检验 由于皮尔逊 χ^2 统计量反映"假设"与"实际"之间差异的大小,因此可以用其构造分布拟合优度检验.

拟合优度 指假设与实际观测结果吻合程度的度量.以 c 表示由(6.15)式求得的统计量 χ^2 的具体值,以 χ^2_ν 表示服从自由度为 $\nu=r-k-1$ 的 χ^2 分布随机变量,则以

$$p=p(c,\nu)=\mathbf{P}\{\chi^2_\nu\geqslant c\} \tag{6.17}$$

做拟合优度,并且当 $p\geqslant 0.30$ 时,认为假设 H_0 成立;当 $p\leqslant 0.10$ 时,认为假设 H_0 不成立;当 $0.10<p<0.30$ 时,认为"否定"和"接受"假设

H_0 的根据都不足.

例 6.13 自 1875 年至 1955 年间的 81 年中的 63 年,上海夏季(5 月～9 月)共记录了 180 次暴雨(暴雨次数以天为单位计算),得如下表统计资料:

表 6.11 暴雨次数与泊松分布的拟合检验

暴雨次数 k	0	1	2	3	4	5	≥6	$\sum$
实际年数 ν_k	4	8	14	19	10	4	4	63
概　　率 p_k	0.057 3	0.163 8	0.234 2	0.223 3	0.159 7	0.091 3	0.070 4	
期望年数 E_k	3.60	10.32	14.76	14.07	10.06	5.75	4.44	
$(\nu_k-E_k)/E_k$	0.044 4	0.521 6	0.039 1	1.724 7	0.000 4	0.532 6	0.043 6	2.906 4

为保障每一组的期望频数都不是太小,将原表 3.7 的最末三组合并为表 6.11 的"≥6"一组.

以 X 表示一年内发生暴雨的次数. 现在看能否用泊松分布描绘 X,即检验假设 H_0:X 服从泊松分布. 为此,需要在 H_0 成立的前提下,计算一年内发生 k 次暴雨的期望频数 $E_k=np_k$,其中 $n=63$,p_k 是事件"一年之内发生 k 次暴雨"的概率:

$$p_k=\mathbf{P}\{X=k\}=\frac{\lambda^k}{k!}\mathrm{e}^{-\lambda}\quad(k=0,1,2,\cdots);$$

其中参数 $\lambda>0$ 是未知常数,需要由估计值 $\hat{\lambda}=180/63\approx2.86$ 代替;计算结果填入表中第 3 行.

按(6.15)式求得皮尔逊 χ^2 统计量的值:$\chi^2=2.9064$,其自由度 $\nu=5$(组数 $r=7$,计算期望频数 E_i 时估计了一个参数 λ). 由附表 6 查出两个分位数:$\chi^2_{0.90,5}=1.610$ 和 $\chi^2_{0.70,5}=3.000$. 由于 $\chi^2=2.9064$ 介于1.610 和 3.000 之间,可见拟合优度 p 的值介于 0.70 和 0.90 之间:$0.70<p<0.90$.

这样,检验结果表明,泊松分布律确实能很好地描绘一年内发生暴雨的次数.

例 6.14 例 3.6 中表 3.13 和表 3.14 给出了随机抽检的 200 个零件尺寸的原始数据和频率分布. 我们根据上述统计数据,检验假设

$$\mathrm{H}_0:\text{零件尺寸 } X \text{ 服从正态分布 } N(\mu,\sigma^2),$$

其中均值和方差都需要估计. 经计算,频率分布的均值为 $\overline{X}=13.4155$,标准差为 $S=0.1096$. 现在将假设 H_0 表示为:零件尺寸 X 服从正态分布,并在此假设下计算各组的期望频数. 下表中期望频数 $E_k=200p_k$, p_k 是在假设 H_0 成立的条件下,观测值落入第 k 组的概率. 记

$$U=\frac{X-\overline{X}}{S}=\frac{X-13.4155}{0.1096}.$$

1) 组限:组限 u_k 是原数据表中相应的组限经换算得来的. 令 u_0 为 $-\infty$,令 u_{12} 为 $+\infty$;

$$u_1=\frac{13.145-\overline{X}}{S}=-2.47, u_2=\frac{13.195-\overline{X}}{S}=-2.01, \cdots,$$

$$u_{10}=\frac{13.595-\overline{X}}{S}=1.64, u_{11}=\frac{13.645-\overline{X}}{S}=2.55.$$

表 6.12 200 个零件尺寸的组观测频数和期望频数

k	分组 $u_{k-1}\sim u_k$	观测频数 ν_k	概率 p_k	期望频数 E_k	χ_k^2
1	$-\infty\sim-2.47$	2	0.006 8	1.36	0.301 2
2	$-2.47\sim-2.01$	1	0.015 4	3.08	1.404 7
3	$-2.01\sim-1.56$	8	0.037 2	7.44	0.042 2
4	$-1.56\sim-1.10$	17	0.076 3	14.72	0.353 2
5	$-1.10\sim-0.64$	27	0.125 4	25.08	0.147 0
6	$-0.64\sim-0.19$	30	0.163 6	32.72	0.226 1
7	$-0.19\sim 0.27$	37	0.181 7	36.34	0.012 0
8	$0.27\sim0.73$	27	0.160 9	32.18	0.833 8
9	$0.73\sim1.18$	25	0.113 7	22.74	0.224 6
10	$1.18\sim1.64$	17	0.068 5	13.18	0.794 9
11	$1.64\sim2.09$	7	0.032 2	6.44	0.048 7
12	$2.09\sim+\infty$	2	0.018 3	3.66	0.752 9
合计	$(-\infty,+\infty)$	200	—	—	5.099 1

基于表 3.13 的原始数据,利用表 6.12 完成如下一系列的运算.

2) 概率 p_k:设 $\Phi(x)$为标准正态分布函数. 由附表 1——$\Phi(x)$的数值表可得观测值落入各组的概率 $p_k(k=1,2,\cdots,12)$:

$$p_1=\mathbf{P}\{-\infty<U<-2.47\}=\Phi(-2.47)=0.006\,8,$$

$$p_2=\mathbf{P}\{-2.47<U<-2.01\}=\Phi(-2.01)-\Phi(-2.47)=0.0154,$$
$$p_3=\mathbf{P}\{-2.01<U<-1.56\}=\Phi(-1.56)-\Phi(-2.01)=0.0372,$$
$$p_4=\mathbf{P}\{-1.56<U<-1.10\}=\Phi(-1.10)-\Phi(-1.56)=0.0763,$$
$$p_5=\mathbf{P}\{-1.10<U<-0.64\}=\Phi(-0.64)-\Phi(-1.10)=0.1254,$$
$$p_6=\mathbf{P}\{-0.64<U<-0.19\}=\Phi(-0.19)-\Phi(-0.64)=0.1636,$$
$$p_7=\mathbf{P}\{-0.19<U<-0.27\}=\Phi(0.27)-\Phi(-0.19)=0.1817,$$
$$p_8=\mathbf{P}\{0.27<U<0.73\}=\Phi(0.73)-\Phi(0.27)=0.1609,$$
$$p_9=\mathbf{P}\{0.73<U<1.18\}=\Phi(1.18)-\Phi(0.73)=0.1137,$$
$$p_{10}=\mathbf{P}\{1.18<U<1.64\}=\Phi(1.64)-\Phi(1.18)=0.0685,$$
$$p_{11}=\mathbf{P}\{1.64<U<2.09\}=\Phi(2.09)-\Phi(1.64)=0.0332,$$
$$p_{12}=\mathbf{P}\{2.09<U<\infty\}=1-\Phi(2.09)=0.0183.$$

3）皮尔逊 χ^2 统计量

$$\chi^2_{(p)}=\sum_{i=1}^{12}\frac{(\nu_i-E_i)^2}{E_i}=\sum_{i=1}^{12}\chi_i^2=5.0991,$$

其自由度 $\nu=12-2-1=9$：12——组数，2——计算期望频数 E_i 时采用了两个估计值. $\overline{X}=13.4155$，方差为 $S^2=0.1096^2$.

4）拟合优度：由附表 6 查出两个分位数：$\chi^2_{0.90,9}=4.168$ 和 $\chi^2_{0.70,9}=6.393$. 由于 $\chi^2_{(p)}$ 的值 5.0991 介于 4.168 和 6.393 之间，因此拟合优度 p 的值介于 0.70 和 0.90 之间：$0.70<p<0.90$，说明零件尺寸与正态分布拟合得非常好.

2. *期望与实测结果的拟合检验*　实际应用中，许多情形下要求回答：期望得到的结果与实际观测的结果是否一致. 假定所考察的现象或事物分为 r 种不同情形或类型：$A_1,A_2,\cdots,A_r$；在 n 次独立重复观测中，观测值出现在各类型组的期望频数和实际频数如表 6.10. 这时，需要检验基本假设 H_0：期望与实测结果一致，其备选假设 H_1：期望与实测结果不一致. 检验仍使用(6.15)式计算的皮尔逊 χ^2 统计量，拟合优度仍按(6.17)式计算.

例 6.15　根据以往的统计资料，某公司各项应收账款的交付情况为：80%的项目按期付清；其余的项目有 8%拖欠 1～30 天，8%拖欠 31～60 天，4%拖欠 60 天以上. 现有本年度 500 项账款交付情况的统计资料：按期付清的 384 项；其余拖欠 1～30 天的 48 项，拖欠 31～60 天的 44 项，拖欠 60 天以上的 24 项．试用统计检验说明，本年度账款的交付情况与以往是否一致？拟合优度（p 值）如何？

解　这里，本年数据为实测结果，往年数据视为本年度的期望结果．由所给统计数据，可以建立表 6.13 按（6.15）式计算皮尔逊 χ^2 统计量的值 $\chi^2=3.44$，其自由度为 3；按（6.17）式求拟合优度：由附表 4 查得两个分位数 $\chi^2_{0.50,3}=2.336$，$\chi^2_{0.30,3}=3.665$；由于 $\chi^2=3.44$ 介于 2.336 和 3.665 之间，可见拟合优度介于 0.30 和 0.50 之间，因而可以认为两年情况基本一致．

表 6.13　账款交付情况的比较

分组编号 i	按　期	拖 1～30 天	拖 31～60 天	拖 60 天以上	合计
往年交付款项数 E_k	400	40	40	20	500
今年交付款项数 ν_k	384	48	44	24	500
χ_i^2	1.64	0.60	0.40	0.80	3.44

例 6.16　根据 2001 年的统计资料，我国在国民经济各行业在职职工中，在国有经济单位、城镇集体经济单位和其他经济单位中，在岗职工（年底数）各占 68.65％，11.5％和 19.85％．现在某城市随机抽样调查了1 000名在岗职工，结果在国有经济单位、城镇集体经济单位和其他经济单位中各为 708，110 和 182 名．试利用统计检验说明，该市在岗职工按所从业的经济成分的构成是否与全国一致？拟合优度（p 值）如何？

解　按 1 000 名在岗职工在各经济成分中占 68.65％、11.5％和 19.85％的比重分别计算从业人数：78、110 和 182，视为期望频数；实测频数为 680、209 和 111（表 6.14）．

表 6.14　1 000 名职工中按从业的经济成分的统计资料

单　位	国有经济	城镇集体经济	其他经济	合　计
期望频数 E_i	686.5	115.0	198.5	1 000
实测频数 ν_i	708	110	182	1 000
$(\nu_i-E_i)^2/E_i$	0.673 3	5.434 8	1.371 5	7.479 6

由表 6.14 的计算结果可见，$\chi^2=7.4792$；查附表 5 得 $\chi^2_{0.025,2}=$

7.378，$\chi^2_{0.01,2}$＝9.210；由于 χ^2＝7.4792，可见拟合优度介于 0.01 和 0.025之间，说明该市职工从业的经济成分的构成与全国有显著差异，p 值小于 0.025.

3. 概率纸拟合法* 概率纸是一种特殊的坐标纸，其横坐标采用算术尺度，而纵坐标采用概率尺度. 概率纸多为连续型分布的概率纸，如正态概率纸、指数分布概率纸等等. 例如，对于正态概率纸，纵坐标采用正态概率尺度：按算术尺度纵坐标为 u 的点，其纵坐标所标的不是 u 而是 $y=\Phi(x)$，其中 $\Phi(x)$是标准正态分布函数（见附表 16 和图 2.3）.

概率纸拟合法，基于统计数据的累积频率分布（见表 6.15），表中 F_i 是落入区间$(-\infty, u_i]$的观测值比率.

表 6.15 累积频率分布

分　组	$[u_0, u_1]$	(u_1, u_2)	…	$(u_{r-1}, u_r]$
累积频率 F_i	F_1	F_2	…	F_r

如果与正态分布拟合，则将点(u_1, F_1)，(u_2, F_2)，…，(u_r, F_r)依次标在正态概率纸上. 那么，如果这些点大致位于一条直线上，则可以认为统计数据来自正态总体.

例 6.17 第三章表 3.14 的第一栏和最末一栏，构成 200 个零件尺寸的累积频率分布. 由各组的上限和组累积频率形成 12 个点：

$$(13.145, 0.010), (13.195, 0.015), \cdots, (13.695, 1.000),$$

如果将这 12 个点依次标在正态概率纸上，则可见这 12 个点大致位于一条直线上，从而可以认为这种零件的尺寸能用正态分布来描绘.

6.3.2 独立性的检验

独立性检验，指关于“事件或变量相互独立”的**独立性假设**的检验；检验以列联表表示的联合频数分布为基础. 事件间或变量间的独立性，既是许多统计推断方法的前提条件，又是统计推断的对象. 两个事件独立，指一个事件出现与否不影响另一个事件出现的概率；两个变量独立，指一个变量取值不影响另一个变量的统计规律性.

1. 列联表 第二章中曾用列联表表示两个标志(变量或品质标志)的联合频率(数)分布(表 3.17). 列联表是表示两个标志的联合计数资料的一种复合表,其一般形式如表 6.16 和 6.17. 我们分别讨论(6.15)式的特殊情形——基于列联表的皮尔逊 χ^2 统计量.

2×2 列联表 表 6.16 是一张按两个标志 X 和 Y 的复合分组形成的 2×2 列联表.

表 6.16 2×2 列联表

X \ 频数 \ Y	B_1	B_2	$\sum$
A_1	ν_{11}	ν_{12}	$\nu_{1\cdot}$
A_2	ν_{21}	ν_{22}	$\nu_{2\cdot}$
$\sum$	$\nu_{\cdot 1}$	$\nu_{\cdot 2}$	N

2×2 列联表分为 4 组:

$$(A_1,B_1),(A_1,B_2),(A_2,B_1),(A_2,B_2);$$

由对两个标志 X 和 Y 的 n 次独立联合观测取得的对统计数据——样本值,得各组的实际观测频数相应为:$\nu_{11},\nu_{12},\nu_{21},\nu_{22}$. 如果根据假设

H_0:两个标志 X 和 Y(事件 A 和 B)独立,

计算相应的期望频数:$E_{11},E_{12},E_{21},E_{22}$,则按(6.15)式计算的皮尔逊 χ^2 统计量有如下简单形式:

$$\chi^2=\frac{n(\nu_{11}\nu_{22}-\nu_{12}\nu_{21})^2}{\nu_{1\cdot}\nu_{2\cdot}\nu_{\cdot 1}\nu_{\cdot 2}}. \tag{6.18}$$

由(6.18)式计算的皮尔逊 χ^2 统计量的自由度为 1.

$s\times t$ 列联表 将 2×2 列联表加以推广,即可得到 $s\times t$ 列联表——列联表的一般形式(表 2.18). $s\times t$ 列联表分为 $s\times t$ 组:(A_i,B_j)组的组频数为 $\nu_{ij}(i=1,2,\cdots,s;j=1,2,\cdots,t)$.

表 6.17 s×t 列联表

频数 Y \ X	B_1	B_2	…	B_t	$\sum$
A_1	ν_{11}	ν_{12}	…	ν_{1t}	$\nu_{1\cdot}$
A_2	ν_{21}	ν_{22}	…	ν_{2t}	$\nu_{2\cdot}$
⋮	⋮	⋮	⋮	⋮	⋮
A_s	ν_{s1}	ν_{s1}	…	ν_{st}	$\nu_{s\cdot}$
$\sum$	$\nu_{\cdot 1}$	$\nu_{\cdot 2}$	…	$\nu_{\cdot t}$	n

如果假设

H_0:两个标志 X 和 Y(事件 A 和 B)独立

成立,并在此假设下计算相应的期望频数:$E_{ij}(i=1,2,\cdots,s;j=1,2,\cdots,t)$,则按(6.15)式计算的皮尔逊 χ^2 统计量有如下一般形式:

$$\chi^2=\sum_{i=1}^{s}\sum_{j=1}^{t}\frac{(\nu_{ij}-E_{ij})^2}{E_{ij}}=n\left[\sum_{i=1}^{s}\sum_{j=1}^{t}\frac{\nu_{ij}^2}{\nu_{i\cdot}\nu_{\cdot j}}-1\right], \tag{6.19}$$

其自由度 $\nu=(s-1)(t-1)$.

2. 独立性的检验　有些事件或变量之间的独立性是明显的,直观上或理论上容易判断.对于服从正态分布律的变量,两个变量独立的充分和必要条件是它们的相关系数为0.正态变量的独立性的判断,是相关分析的内容,在下一章将要专门介绍.对于一般情形,可以用上面讲的检验来判断独立性.检验仍使用皮尔逊 χ^2 统计量[(6.19)式].

下面通过简单例子演示独立性的 χ^2 检验法.

例 6.18　一批产品来自两个厂家.在这批产品的不合格品中随机抽取了18件,得如下统计资料:

表 6.18　不合格品原因与生产厂家列联表

厂家 件数 不合格原因	甲	乙	合　计
原材料质量不佳	24	76	100
工艺问题	50	30	80
合计	74	106	180

利用统计检验说明,不合格品原因与生产厂家是否有关?显著性水平如何?

解 这里,实际上要求判断两个事件 $A=\{$不合格原因$\}$和 $B=\{$生产厂家$\}$是否独立. 按(6.17)式计算皮尔逊 χ^2 统计量:

$$\chi^2=\frac{180(24\times 30-76\times 50)^2}{74\times 106\times 100\times 180}=27.211,$$

自由度为1;由附表5查得自由度为1的 χ^2 分布水平为0.001的上侧分位数 $\chi^2_{0.001,1}=10.828$. 由于统计量 $\chi^2=27.211>10.828$,可见不合格品原因与生产厂家的关系十分显著,显著性水平小于0.001.

例 6.19 抽样调查了500名待业人员,其中高中及其以上文化程度的94人(男34人),初中文化程度的106人(男46人),小学及其以下文化程度的300人(男160人). 问调查结果是否表明待业人员的文化程度与性别关系显著? 显著性水平如何?

解 将调查结果用列联表表示为表3.18. 按(6.17)式计算皮尔逊 χ^2 统计量:

$$\chi^2=500\left[\frac{46^2}{106\times 240}+\frac{34^2}{94\times 240}+\frac{160^2}{300\times 240}+\frac{60^2}{106\times 260}+\frac{60^2}{94\times 260}+\frac{140^2}{300\times 260}-1\right]=9.6,$$

自由度为 $(2-1)(3-1)=2$; 由附表6,有 $\chi^2_{0.01,2}=9.210$, $\chi^2_{0.005,2}=10.597$. 现在统计量 $\chi^2=9.6$ 介于9.210与10.597之间. 由此可见,调查结果表明,待业人员的文化程度与性别关系显著,显著性水平介于0.01和0.005之间.

6.3.3 样本齐一性的检验

关于"两个(或两个以上)样本来自同一总体"或"样本来自的总体同分布(有相同的统计结构)"的假设称作**样本齐一性假设**(homogeneity hypothesis of samples),齐一性假设的检验称作**齐一性检验**.

许多实际问题可以归结为样本齐一性检验问题. 在不同环境或条件下取得的统计数据比较,需要回答两组统计数据是否有相同的统计规律的问题. 例如,在两个不同地区抽样调查同一类现象所得统计数据的比较;两个厂家或两种工艺生产的同一种产品质量的比较;两种治疗同一种疾病的药品疗效的比较等等。如果已知总体服从正态分布律,则问题可以归结为均值的比较或方差的比较,是参数检验问题;假如总体的分布未知,就是非参数检验问题.

样本齐一性的 χ^2 检验 设

$$\begin{aligned}&(X_1,X_2,\cdots,X_{n_1}),\\&(Y_1,Y_2,\cdots,Y_{n_2}),\\&\ \ \vdots\quad\ \vdots\qquad\ \vdots\\&(Z_1,Z_2,\cdots,Z_{n_s})\end{aligned}$$

是分别来自 s 个总体 $X,Y,\cdots,Z$ 的独立的简单随机样本,如由对同一类现象在不同环境或条件下,分别进行 $n_1,n_2,\cdots,n_s$ 次独立重复观测所取得的统计数据. 为便于比较,我们对 s 个样本各分为 t 组 $A_1,A_2,\cdots,A_t$,分别统计观测值落入各组的频数,将所得结果列入表 6.19.

表 6.19 样本齐一性检验频数分布表

分组 / 频数 / 样本	A_1	A_2	$\cdots$	A_t	$\sum$
1	ν_{11}	ν_{12}	$\cdots$	ν_{11}	n_1
2	ν_{21}	ν_{22}	$\cdots$	ν_{2t}	n_2
$\vdots$	$\vdots$	$\vdots$	$\vdots$	$\vdots$	$\vdots$
s	ν_{s1}	ν_{s2}	$\cdots$	ν_{st}	n_s
$\sum$	ν_1	ν_2	$\cdots$	ν_t	$n=n_1+\cdots+n_s$

基本假设

H_0:s 个总体 $X,Y,\cdots,Z$ 同分布(s 个样本来自同一总体).

皮尔逊 χ^2 统计量 由(6.15)式定义的皮尔逊 χ^2 统计量现在具有如下形式:

$$\chi^2=n\left(\sum_{i=1}^{s}\sum_{j=1}^{t}\frac{\nu_{ij}^2}{\nu_i n_j}-1\right),\tag{6.20}$$

其自由度 $\nu=(s-1)(t-1)$.

假设 H_0 的水平 α 的否定域:

$$V=\{\chi^2 \geqslant \chi^2_{\alpha,\nu}\},$$

其中 $\chi^2_{\alpha,\nu}$是自由度为 $\nu=(s-1)(t-1)$的 χ^2 分布水平 α 上侧分位数(附表 6). 拟合优度:按(6.17)式计算拟合优度.

例 6.20 为了解甲、乙两区居民对商业网点设置的意见，在两区分别随机地对200 人和 300 人进行了问卷调查，得表 6.20 的统计数据. 问调查结果是否说明两区居民意见一致？拟合优度(p 值)如何？

表 6.20 居民对商业网点设置的意见问卷调查结果

居民区 \ 人数 \ 回答	优	良	中	差	合计
甲	70	80	30	20	200
乙	100	130	40	30	300
合　计	170	210	70	50	500

解 这是两个样本的比较. 甲、乙两个样本已经分别按“优”、“良”、“中”、“差”分组,相应的观测频数也已列入表 6.20. 要检验的假设为

H_0:甲、乙两区的居民意见一致.

这里,$n=500$,$n_1=200$,$n_2=300$;表中是各种情形出现的频数. 按(6.20)式计算皮尔逊 χ^2 统计量:

$$\chi^2=500\left[\frac{72^2}{170\times 200}+\frac{80^2}{210\times 200}+\cdots+\frac{30^2}{50\times 300}-1\right]=0.65,$$

其自由度 $\nu=(2-1)(4-1)=3$ ；由附表 6 查得两个分位数:$\chi^2_{0.9,3}=0.584$和 $\chi^2_{0.7,3}=1.424$. 由于 $\chi^2=0.65$ 介于0.584和 1.424 之间，可见拟合优度介于 0.70 和 0.90 之间，因而可以认为两区居民意见十分一致.

例 6.21 某市在三家大型商场顾客中分别抽样调查了 200 人、200 人、250 人,得表 6.21 的统计资料. 问三家商场顾客的年龄结构是否一致？拟合优度如何？

表 6.21　商场顾客年龄结构的统计资料

年龄 / 人数 / 商场	20 岁以下	20～35	36～50	50 岁以上	调查人数
A	80	60	30	30	200
B	50	50	60	40	200
C	50	40	75	85	250
合　计	180	150	165	155	650

解　这里需要比较三个样本. 按(6.20)式计算皮尔逊 $\chi^2=57.59$，其自由度 $\nu=(3-1)(4-1)=6$；由附表 6 查得分位数：$\chi^2_{0.001,6}=22.458$. 由于 $\chi^2=57.59$ 远远大于 22.458，可见拟合优度小于 0.001，因而抽样调查结果表明，这三家商场顾客的年龄结构的差异十分显著.

6.3.4　其他非参数检验方法

以上比较详细地介绍了非参数假设的 χ^2 检验，χ^2 检验基于期望的和实际观测的计数资料的比较. 现在简单介绍其他几种常用样本齐一性检验方法：游程检验(run test)、秩和检验(rank sum test)、符号检验(sign test). 这一类检验利用的不是观测值本身，而是它们之间的顺序，即任意两个观测值 X 和 Y 的形如 $X<Y$ 或 $X>Y$ 的关系.

1. *游程总数检验*　亦称沃尔德-沃尔弗威茨检验(Wold-Wolfowits test)，它基于观测值的排序，用于样本齐一性的检验. 设$(X_1,X_2,\cdots,X_m)$和$(Y_1,Y_2,\cdots,Y_n)$是两个相互独立的简单随机样本，其中 $m\leqslant n$. 需要检验假设

$$H_0: \text{两个样本来自同一总体.}$$

检验的基本步骤如下：

(1) 检验的统计量——游程总数　将两个样本的 $m+n$ 个观测值按从小到大的顺序排成一列，得由 X 和 Y 形成的字母列：

$$XXYYYXYYX\cdots YXX;$$

在此字母列中，像 XX，YYY，X，YY，… 等由同一字母形成且被其他字母分割的"字母串"称作**游程**(run)，而每个游程中字母的个数称作**游程**

长度，如所列举的 4 个游程的长度相应为 2,3,1,2；$m+n$ 个字母形成的字母列中游程的个数称作**游程总数**，记作 R_{mn}. 游程总数检验以 R_{mn} 做检验的统计量.

（2）游程总数检验的否定域 直观上容易理解，如果假设 H_0 成立，则游程总数应相对比较大；因此，对于给定的显著性水平 α，当统计量 R_{mn} 的值不大于某个临界值时，否定假设 H_0. 于是，假设 H_0 的否定域为

$$V=\{R_{mn}\leqslant R_\alpha(m,n)\}.$$

（3）游程总数检验的临界值 当样本容量 m 和 n 较小时，根据统计量 R_{mn} 的精确分布编有临界值的数值表（见[29]～[33]，[6]，[8]）；当样本容量 m 和 n 充分大时，统计量 R_{mn} 近似服从正态分布 $N(\mu_R,\sigma_R^2)$，其中

$$\begin{aligned}\mu_R&=\mathrm{E}R_{mn}=1+\frac{2mn}{m+n},\\ \sigma_R^2&=\mathrm{D}R_{mn}=\frac{2mn(2mn-m-n)}{(m+n)^2(m+n-1)}.\end{aligned}\tag{6.21}$$

因此，当样本容量 m 和 n 充分大时，可以使用 U 检验：统计量

$$U=\frac{R_{mn}-\mu_R}{\sigma_R}\sim N(0,1),$$

当 $U\leqslant -u_{2\alpha}$ 时，如果

$$R_{mn}\leqslant \mu_R-u_{2\alpha}\sigma_R,\tag{6.22}$$

则否定假设 H_0，认为两个样本差异显著，其中 $u_{2\alpha}$ 是标准正态分布水平 2α 双侧分位数.

例 6.22 假设某商场关于甲和乙两个厂家生产的电冰箱一周内的销售情况，记录了如下统计资料：

BB A B AA BBB AA B AAA BB AA BBBB A BB

A BB AAAA BBBBB AAA BBB A B AA BBB A

其中 A 和 B 分别表示甲厂和乙厂生产的电冰箱，并且按售出的先后顺序排列. 问统计资料能否说明两厂产品的销售情况有显著差异？（取显著性水平 $\alpha=0.05$）

解 所给资料表明，甲厂和乙厂产品各售出 $m=23$ 台和 $n=29$

台；游程总数 $R_{mn}=24$. 由(6.21)式，有

$$\mu_R=1+\frac{2\times23\times29}{23+29}=25.6538;$$

$$\sigma_R^2=\frac{2\times23\times29(2\times23\times29-23-29)}{(23+29)^2(23+29-1)}=3.5215^2;$$

$$U=\frac{R_{mn}-\mu_R}{\sigma_R}=\frac{24-25.6538}{3.5215}=-0.4696.$$

由附表 4，可见 $u_{2\alpha}=u_{0.10}=1.6449$. 因此，当统计量 U 的值不大于 -1.6449时，则认为两厂产品的销售情况有显著差异. 现在 U 的值为 -0.4696大于-1.6449，故统计资料表明两厂产品的销售情况无显著差异. 或者，由于

$$\mu_R-u_{2\alpha}\sigma_R=25.6538-1.6449\times3.5215\approx20,$$

而 $R_{mn}=24>20$，所以应认为两厂产品的销售情况无显著差异.

2. 秩和检验　亦称威尔科克逊检验(Wilcoxon test)，用于两个连续型样本的齐一性检验. 设$(X_1,X_2,\cdots,X_m)$和$(Y_1,Y_2,\cdots,Y_n)$是两个相互独立的简单随机样本，其中 $m\leqslant n$，且样本的各观测值都是计量的(连续型变量). 需要检验假设 H_0：两个样本来自同一总体. 秩和检验的基本步骤如下：

(1) 秩和检验的统计量——秩和　将两个样本的 $m+n$ 个观测值按从小到大的顺序排成一列，以 $r_1,r_2,\cdots,r_m$ 表示第一个(容量较小的)样本的各观测值在排列中的序号——**秩**(rank)；秩和检验以上述各观测值的秩之和——**秩和**

$$W_{mn}=r_1+r_2+\cdots+r_m \tag{6.23}$$

做检验的统计量. 可以证明，如果假设 H_0 成立，则当样本容量 m 和 n 充分大时，统计量 W_{mn}近似服从正态分布 $N(\mu_W,\sigma_W^2)$，其中

$$\mu_W=\frac{1}{2}m(m+n+1),\qquad \sigma_W^2=\frac{1}{12}mn(m+n+1). \tag{6.24a}$$

即

$$U=\frac{W_{mn}-\mu_W}{\sigma_W}\sim N(0,1). \tag{6.24b}$$

(2) 秩和检验的否定域 直观上容易理解,秩和既不应太大也不应太小.对于给定的显著性水平 α,当样本容量 m 和 n 充分大时,如果 $|U|\geqslant u_\alpha$,即若

$$\{W_{mn}\leqslant \mu_W-u_\alpha\sigma_W\}\cup\{W_{mn}\geqslant \mu_W+u_\alpha\sigma_W\}, \tag{6.25}$$

则否定假设 H_0,即认为两个样本差异显著.

(3) 秩和检验的临界值 由(6.25)式可见,当样本容量 m 和 n 充分大时,统计量 W_{mn} 的下临界值和上临界值相应为

$$\mu_W-u_\alpha\sigma_W \quad 和 \quad \mu_W+u_\alpha\sigma_W;$$

当样本容量 m 和 n 较小时,有编制好的统计量的上、下临界值表(见[6],[8],[29]~[33]).

例 6.23 对甲和乙两个厂家生产的某种型号的电气元件,各随机抽取了 26 件和 24 件,进行超负荷寿命试验,得表 6.22 的统计数据(数据已经过排序).

表 6.22 中的观测值的秩,是全部 50 个观测值按从小到大顺序排列的序号,其中两组数据中相等的观测值的秩,等于各观测值排列序号的算术平均值.例如,两组观测值中各有一个1 520,其排列序号为 6 和 7,故它们的秩都等于 6.5.

试根据试验数据,利用统计检验说明两个厂家产品的使用寿命有无显著差异(取显著性水平 $\alpha=0.05$).

表 6.22 电气元件超负荷寿命试验数据及其秩

甲厂产品						乙厂产品					
寿命	秩	寿命	秩	寿命	秩	寿命	秩	寿命	秩	寿命	秩
1 460	4	1 600	17	1 680	31	1 340	1	1 640	23.5	1 770	42
1 510	5	1 610	18	1 700	36.5	1 390	2	1 660	27.5	1 780	43
1 520	6.5	1 620	19.5	1 700	36.5	1 420	3	1 670	29	1 780	44
1 530	8	1 640	23.5	1 700	36.5	1 520	6.5	1 690	32	1 840	48
1 550	9	1 640	23.5	1 740	41	1 560	10	1 690	33	1 850	49
1 570	11.5	1 640	23.5	1 780	45	1 570	11.5	1 690	34	1 850	50
1 580	13	1 650	26	1 820	46	1 590	14	1 700	36.5		
1 600	15	1 660	27.5	1 820	47	1 620	19.5	1 710	39		
1 600	16	1 680	30			1 630	21	1 720	40		

解 需要检验两个样本的齐一性，采用秩和检验.这里，$m=24$，$n=26$；由(6.23)式，可见秩和为

$$W_{mn}=1+2+3+6.5+\cdots+48+49+50=649;$$

由(6.24)式，有 $\mu_R=612$，$\sigma_R=51.50$；

$$U=\frac{W_{mn}-\mu_W}{\sigma_R}=\frac{649-612}{51.50}=0.7184.$$

秩和检验：当 $|U|\geqslant u_\alpha$ 时认为两个样本来自同一总体.现在，$\alpha=0.05$，$u_{0.05}=1.96$，$U=0.7184<1.96$，因此可以认为两个厂家产品的使用寿命无显著差异.

3.符号检验 游程检验与秩和检验适用于两个独立样本的比较，符号检验则适用于两个连续型“配对”样本的比较.符号检验，因基于两个样本的各对观测值之差的符号而得名.设 X 和 Y 是两个连续型变量，如同一对象在两种不同环境或条件下的标志值；

$$(X_1,Y_1),(X_2,Y_2),\cdots,(X_n,Y_n)$$

是对 X 和 Y 的 n 次独立联合观测的结果——配对样本，如 n 个患者服用某一种药物前后的验血结果，两台仪器对 n 个同样对象测定的结果……现在两个样本$(X_1,X_2,\cdots,X_n)$和$(Y_1,Y_2,\cdots,Y_n)$不独立，因而不能用游程检验与秩和检验，可以使用符号检验，所要检验的基本假设为

$$H_0:(X_1,X_2,\cdots,X_n)\text{和}(Y_1,Y_2,\cdots,Y_n)\text{独立且来自同一总体}.$$

符号检验的基本步骤如下：

(1) 符号检验的统计量 以 N_+ 和 N_- 分别表示 n 对观测值之差

$$X_1-Y_1,X_2-Y_2,\cdots,X_n-Y_n$$

中带正号和带负号的项数(差值为 0 的不计)，记 $N=N_++N_-$；符号检验以

$$S=\min\{N_+,N_-\} \tag{6.26}$$

做检验的统计量.

(2) 符号检验的否定域 直观上容易理解，若假设 H_0 成立，则 N_+ 和 N_- 从而统计量 S 的值都不应太小.因此，对于给定的显著性水平 α，当 $S\leqslant S_{\alpha,N}$时否定假设 H_0，并认为两个样本$(X_1,X_2,\cdots,X_n)$和$(Y_1,Y_2,\cdots,Y_n)$差异显著，其中临界值 $S_{\alpha,N}$有特别编制的数值表(附表 8).

例 6.24 为研究某种药物对高胆固醇血症的疗效，对 20 名患者进行了临床药物试验，分别测定每个患者服药一个疗程前后血清总胆固醇含量，得表 6.23 的数据. 问试验结果能否说明该药对降低血液中胆固醇含量有明显效果？显著性水平如何？

表 6.23 20 例患者血清总胆固醇含量的化验结果（毫克/100 毫升）

患者编号 i	1	2	3	4	5	6	7	8	9	10
服药前 X_i	272	286	352	249	253	281	314	317	320	359
服药后 Y_i	208	246	301	258	220	224	303	292	338	236
X_i-Y_i	64	40	51	-9	13	57	11	25	-18	23
患者编号 i	11	12	13	14	15	16	17	18	19	20
服药前 X_i	321	360	363	306	408	325	329	322	313	252
服药后 Y_i	245	293	284	236	368	350	302	250	300	235
X_i-Y_i	76	67	79	70	40	-25	27	72	13	17

解 需要检验假设：两个样本$(X_1,X_2,\cdots,X_{20})$和$(Y_1,Y_2,\cdots,Y_{20})$来自同一总体并且相互独立，即

H_0：此药无明显疗效.

按(6.26)式的记号：$N_-=3, N_+=17, N=N_++N_-=20$；检验的统计量

$$S=\min\{N_+,N_-\}=3.$$

由附表 8 可见统计量 S 的临界值 $S_{0.01,N}=3$，因此应否定假设 H_0，认为试验结果表明，该药对降低血液中胆固醇含量有明显效果，显著性水平为 0.01.

习 题 6

6.1 何谓统计假设？有哪些基本类型？

6.2 何谓小概率原则？何谓显著性水平？

6.3 何谓显著性检验？

6.4 何谓检验的否定域？举例说明如何构造否定域.

6.5 何谓检验的两类错误？举例说明.

6.6 在样本容量充分大的情形下，如何处理非正态总体均值的检

验?

6.7 t 检验可以处理哪些统计假设的检验问题?

6.8 χ^2 检验可以处理哪些统计假设的检验问题?

6.9 F 检验可以处理哪些统计假设的检验问题?

6.10 如何比较两个正态总体的均值?

6.11 如何比较正态总体的均值与给定值?

6.12 皮尔逊 χ^2 统计量是如何构造的?可以用于哪些非参数假设的检验?

6.13 皮尔逊 χ^2 统计量的自由度如何计算?

6.14 何谓拟合优度?何谓拟合优度检验?

6.15 当样本容量充分大时,如何处理比率 p 与给定值 p_0 的比较问题?

6.16 举例说明何谓简单假设、何谓复合假设以及何谓非参数假设.

6.17 设总体 $X\sim N(\mu,\sigma^2)$,$X_1,X_2,\cdots,X_9$ 是来自总体 X 的简单随机样本,$\overline{X}$ 是样本均值,S^2 是修正样本方差,试求检验假设 $\mathrm{H}_0:\mu\leqslant 3$ 所使用的统计量,建立假设 $\mathrm{H}_0:\mu\leqslant 3$ 的水平 $\alpha=0.01$ 的否定域.

6.18 对于一批产品的不合格品率 p,有如下假设 $\mathrm{H}_0:p\leqslant 2\%$,那么"买方风险"是__________类错误概率,而"卖方风险"是__________类错误概率.

6.19 设总体 $X\sim N(\mu,2^2)$,$X_1,X_2,\cdots,X_{16}$是来自总体 X 的简单随机样本,$\overline{X}$ 是样本均值,试求假设 $\mathrm{H}_0:\mu\geqslant 3$ 的检验使用统计量,建立假设 $\mathrm{H}_0:\mu\geqslant 3$ 的水平 $\alpha=0.01$ 的否定域.

6.20 设总体 $X\sim N(\mu,\sigma^2)$,由来自总体 X 的容量为 10 的简单随机样本,测得修正样本方差 $S^2=0.10$. 试求检验假设 $\mathrm{H}_0:\sigma^2\leqslant 0.06$ 所使用的统计量,建立假设 $\mathrm{H}_0:\sigma^2\leqslant 0.06$ 的水平 $\alpha=0.05$ 的否定假设 H_0.

6.21 某工厂所生产的灯泡的使用寿命服从正态分布,其平均值为 800 小时,标准差为 40 小时. 现从某天生产的灯泡中随机抽取 30 只,测得它们的平均寿命为 788 小时,试在显著性水平 0.05 下,判断该天生产灯泡的平均寿命是否有所下降.

6.22　一大学想了解大学生每月的生活费支出情况，根据以往的资料显示，每月平均支出为 200 元，标准差为 40 元．现随机抽取 36 名大学生，测得他们每月的平均支出为 214 元．这一资料能否说明该校学生的生活费支出显著增加了？($\alpha=0.05$)

6.23　某进出口公司出口一种茶叶，为检验其每包规格的质量，抽取 100 包，检验结果如下：

每包重量(克)	148～149	149～150	150～151	151～152	合　计
包　　数	10	30	50	10	100

按规定这种茶叶每包规定重量应不低于 150 克．能否根据这些数据判断这批茶叶达到规定的要求($\alpha=0.05$)．

6.24　某大学为了解学生英语四级考试水平，随机抽取 25 名学生的成绩，抽样结果表明平均成绩为 80 分，标准差为 7 分．根据这些结果，在显著性水平 0.05 下，能否认为该校英语四级考试的平均成绩可达到 82 分？

6.25　现有一批在每箱中装有 500 个玻璃器皿的货物．在这批货物中，若发现每箱平均有 10 个以上的器皿破碎，就拒绝接受．现随机抽取 49 箱，测得平均每箱破碎器皿的数量为 11 个，标准差为 2 个．在显著性水平 0.05 下，是否要拒收这批货物？

6.26　某台机器加工某种零件，规定零件长度为 100 厘米，标准差不超过 2 厘米．每天定时检查机器的运行情况，某日抽取 10 个零件，测得平均长度为 101 厘米，样本标准差为 2 厘米．假设加工的零件长度服从正态分布，问该日机器工作状态是否正常？($\alpha=0.05$)

6.27　一储蓄所某月底随意抽取了 16 个零存储户，结果平均存款余额为1 050元，标准差为 150 元．问抽样结果是否可以说明全体零存储户月底平均存款余额不超过1 200元？

6.28　从两所中学同一年级分别随机抽取 40 名和 50 名学生进行一次考试．第一所学校学生的平均成绩为 74 分，标准差为 8 分；第二所学校学生的平均成绩为 78 分，标准差为 7 分．假设考试成绩服从正态分布，试问两所学校学生的成绩是否有显著差异？($\alpha=0.05$)

6.29 在研究两类零售公司的宣传习惯时，人们感兴趣的是它们所花的广告费.从A类公司抽取一个容量为60的样本，测得平均广告费为14.8万元，标准差为0.42万元；从B类公司抽取一个容量为70的样本，测得平均广告费为14.5万元，标准差为0.36万元.根据这些资料，我们能否得出A类公司所花的广告费比B类公司多？($\alpha=0.05$)

6.30 某纺织厂生产的纱线，其强度服从正态分布.为比较甲、乙两地区生产的棉花所纺纱线的强度，各抽取8个样品进行测量，得如下表数据：

甲地棉花纱线强度	1.56	1.47	1.52	1.60	1.43	1.53	1.56	1.49
乙地棉花纱线强度	1.42	1.49	1.46	1.34	1.38	1.54	1.38	1.51

问两地棉花所纺纱线的强度有无显著差异？($\alpha=0.05$)

6.31 9名运动员在进校时和接受训练一个星期后各进行了一次体能测试，测试评分如下表：

运动员	1	2	3	4	5	6	7	8	9
入学时	76	71	57	49	70	69	26	65	59
训练后	81	85	52	52	70	63	33	83	62

假设分数服从正态分布，试在显著水平0.05下，判断运动员的体能训练效果是否显著.

6.32 一个工厂管理人员想知道降低环境噪声能否提高工人的工作效率，为此随机抽取了12名工人，分别测量出他们降低噪声前、后的效率等级，结果如下表(较大的数字代表较高的效率)：

工　　人	1	2	3	4	5	6	7	8	9	10	11	12
降低前效率等级	35	40	38	27	28	39	22	35	28	39	28	24
降低后效率等级	35	58	57	40	39	58	40	48	38	39	41	44

从这些数据能否得出降低噪声可有效提高工人的工作效率的结论？($\alpha=0.05$)

6.33 从一批产品中随机抽取200件，其中废品8件.能否认为这批产品的废品率不超过5%？

6.34　某工厂的经验表明，在接到该厂产品广告的客户中，实际订购产品者占8%．现该厂用一种新形式向1 000家客户发出广告，结果有100家订购了产品．问新形式的广告与原来的广告效果有无显著差异？($\alpha=0.05$)

6.35　为比较两家工厂生产的同种产品的质量，进行抽样调查：从甲厂产品中随意抽取200件，其中有20件是不合格品；从乙厂产品中随意抽取300件，其中有15件是不合格品．根据这些资料，能否说明乙厂产品的合格率显著高于甲厂？($\alpha=0.05$)

6.36　在某市两个城区，分别抽样调查了某种家用电器的拥有率，在甲地区调查了240户，其中90户拥有；在乙地区调查了150户，其中36户拥有．问两地区居民拥有这种电器的情况有无显著差异？($\alpha=0.05$)

6.37　对200只电池作寿命检验，得如下表统计资料：

使用寿命 X	0～5	5～10	10～15	15～20	20～25	25～30
电池个数 m	133	45	15	4	2	1

试说明使用寿命 X 是否服从指数分布？($\alpha=0.05$)

6.38　某消费者协会想确定市场上5种牌子的饮料哪一种更受消费者欢迎，随机抽取1 000人作为样本进行试验，所得的资料如下表：

最喜欢的牌子	A	B	C	D	E
人数	210	312	170	85	223

能否从这些资料得出消费者对这几个牌子的饮料的爱好存在差异？($\alpha=0.05$)

6.39　在某一个星期内，从公共图书馆借出的书的数量如下表：

星　期	一	二	三	四	五
借出书数	135	108	120	114	146

能否说明借出的书的数量是均匀的？($\alpha=0.05$)

6.40　假设某地区居民民族的构成资料如下表：

民　族	A	B	C	D(其他)
比　率	74%	13%	8%	5%

现在抽样调查了 1 000 名干部，其中 A 族 735 人，B 族 145 人，C 族 75 人，D 族 45 人. 问调查结果能否说明干部的民族构成与地区的民族构成一致？拟合优度值为多少？($\alpha=0.05$)

6.41　在甲、乙、丙三个地区进行抽样调查结果的统计资料如下表：

地　区	甲	乙	丙
文盲和半文盲人数	160	200	180
调查人数	1 000	1 200	1 300

抽样结果是否说明居民中文盲和半文盲的情况与地区无关？p 值如何？

6.42　假设在北京市和天津市各抽样调查了1 000名劳动者，按其工作单位所属经济类型的不同，得如下表分组资料：

经济类型 / 人数 / 地区	全民	城镇集体	城镇个体	农村	其他	合　计
北京	557	116	6	314	7	1 000
天津	467	140	11	375	7	1 000
合计	1 024	256	17	689	14	2 000

根据上述资料，检验北京市与天津市各种经济类型的劳动者人数的构成是否有显著差异？($\alpha=0.05$)

6.43　对两个居民区的住房情况进行抽样调查，住房分为 A，B，C 三个等级，调查资料如下表：

等级 / 户数 / 地区	A	B	C	合　计
甲	55	60	25	140
乙	60	55	45	160
合计	115	115	70	300

调查结果是否说明两区居民住房情况大致相同？拟合优度如何？

6.44 比较下面两样本，说明他们是否来自同一总体：

样本 1	21	21	22	23	25	25	25	25	28	28	29
样本 2	24	26	27	27	30	32	33	34	35	36	

6.45 比较两个工人日组装产品的件数，记录了如下数据(按递增顺序排列)：

工人甲	28	33	39	40	41	42	45	46	47	
工人乙	34	40	41	42	43	44	46	48	49	52

问这两个工人的生产效率有无显著差异？

第七章 相关分析和回归分析

相关分析和回归分析，是处理变量间统计相依关系的统计分析方法，在实际中有十分重要和广泛的应用. 两个或两个以上变量的统计相依关系，亦称为相关关系，是介于变量间的统计独立和函数关系之间的一种关系. 相关分析和回归分析，虽然都是变量间统计相依关系的统计分析方法，但是二者之间既有联系又有区别. 相关分析有正态相关分析和等级相关分析，我们主要介绍正态相关分析；回归分析分为线性回归分析和非线性回归分析，我们主要介绍线性回归分析.

§7.1 变量间的关系

两个或两个以上变量间的关系，大体上可以分为三种情形：函数关系、统计独立和统计相依关系. 我们简单讨论三种关系的特点，着重研究统计相依关系及其统计处理方法.

7.1.1 变量间的三种关系

为便于叙述，我们主要以两个变量 X 和 Y 的关系为例进行讨论，而且重点阐述统计相依关系的概念.

1. *函数关系* 变量间的函数关系是一种完全确定的关系. 如果变量 X 的值完全决定变量 Y 的值，我们就说变量 Y 是变量 X 的函数，记作 $Y=f(X)$. 微积分学就是研究函数关系的数学学科，不过它只研究普通变量间的函数关系. 在概率论和统计学中则主要研究随机变量间的函数关系. 例如,在第四章中由(4.52)～(4.54)式定义的样本特征:样本均值 $\overline{X}$,样本方差 S^2,样本中位数等等,以及由(4.56)～(4.60)式定义的 $T,\chi^2,F,\cdots$ 都是样本 $X_1,X_2,\cdots,X_n$ 的函数. 这些样本特征的分布——抽样分布,就是由样本的分布导出的. 由(随机)自变量的分布,求其函数的分布,是处理随机变量间函数关系的基本问题. 解决这类问题,有时比较简单,有时则要用到较多的数学知识,这些都不是本书所要讨论的问题,我们仅限于应用与其相关的结果([6]第三章, §3;[23]第三章, §4).

2. 统计独立　如果变量 $X_1,X_2,\cdots,X_n$ 中任意一部分变量的取值不影响另一部分变量的统计性质,我们就说它们统计上相互独立. 两个变量 X 和 Y 统计独立,指一个变量的取值不影响另一个变量的统计性质. 变量间的独立性是许多概率统计模型的前提条件. 例如,第六章正态总体参数的检验,是以样本 $X_1,X_2,\cdots,X_n$ 的各观测值相互独立为前提的,即 $X_1,X_2,\cdots,X_n$ 应是独立观测的结果. 许多情形下,事件或变量是否独立是统计研究的对象. 第六章 §6.3.2 独立性的检验以及 §6.3.4符号检验,就是处理这类问题的统计方法. 在类似的情形下,如果关于独立性的假设被否定,则说明变量间存在统计相依关系.

3. 统计相依关系　亦称相关关系,是变量间介于函数关系与统计独立之间的一种关系. 换句话说,假如变量 X 和 Y 之间既不独立又不是严格的函数关系,则它们之间的关系就是统计相依关系. 例如,人的身高 Y 与体重 X 或身高 Y 与年龄 T、产值 Y 与资金投入 X_1 和劳力投入 X_2、利润率 Y 与流通费用率 X、销售额 Y 与广告费 X、农作物的产量 Y 与施肥量 X、铁路运营里程 Y 与年份 T 等变量之间都存在统计相依关系.

同是统计相依关系,但有的含有某种因果关系的成分,有的则没有:如资金投入 X 与产值 Y,以及施肥量 X 与农作物的产量 Y 有一定因果关系;而像身高 Y 与体重 X,以及利润率 Y 与流通费用率 X 之间则没有明显的因果关系. 有的两个变量的取值都带有随机性,如利润率 Y 与流通费用率 X、人的身高 Y 与体重 X 等等. 有的只有一个(或一部分)变量带有随机性,而其余变量是可以控制的非随机变量,如农作物

的产量 Y 与施肥量 X：产量 Y 是带有随机性的，而施肥量 X 是可以控制的非随机变量. 针对不同情况，统计分析应选用不同方法.

7.1.2 统计相依关系的分析方法

鉴于统计相依关系的不同特点和表现形式，其研究方法也有所不同. 相关分析和回归分析，是处理变量间统计相依关系的最重要和最常用的统计方法.

1. 相关分析 相关分析法适用于变量都是随机变量的情形，旨在分析变量之间是否存在统计相依关系，并且对变量间统计相依的程度进行度量. 相关分析，利用样本相关系数进行分析——估计和检验，分为正态相关分析(normal correlation analysis)和等级相关分析(analysis of rank correlation)两种不同情形.

(1) 正态相关分析 通常简称为相关分析. 正态相关分析的前提条件是：有关变量的联合分布是正态分布. 由第四章 §4.4 知，对于任何两个随机变量，相关系数是它们相关程度的一种度量；对于正态随机变量，相关系数等于 0 是它们相互独立的充分和必要条件. 因此，正态相关分析就是相关系数的估计和检验. 由于实际中许多现象和变量都可以用正态分布律来描述或近似地描述，因此正态相关分析有极广泛的应用.

(2) 等级相关分析 亦称秩相关分析. 与正态相关分析不同，等级相关分析不要求变量服从正态分布，属于非参数方法；等级相关分析进行统计推断所使用的统计量，不是由观测值直接计算的样本相关系数，而是由观测值的等级(秩)计算的样本相关系数.

2. 回归分析 简单地说，回归分析就是寻求表示变量间经验公式的一种统计方法，用于变量之间存在一定因果关系的情形. 假设变量 Y 和变量 X 或$(X_1,X_2,\cdots,X_m)$之间存在一定因果关系，则回归分析法就是要根据对这些变量联合观测的结果，建立表示变量 Y 对变量 X 或变量 Y 对$(X_1,X_2,\cdots,X_m)$的恰当的数学表达式——经验公式，称作回归方程(regression equation). 可以利用经验公式(回归方程)，

(1) 由变量 X 或由$(X_1,X_2,\cdots,X_m)$对变量 Y 进行描述和解释；

(2) 根据对变量 X 或$(X_1,X_2,\cdots,X_m)$的值预测变量 Y 的值;

(3) 根据对 Y 值的要求控制变量 X 或$(X_1,X_2,\cdots,X_m)$的值.

回归分析,应用广泛且理论丰富,是统计学中最活跃的分支之一,是统计工作者必不可少的工具.有关统计资料表明,就经常使用的程度而言,回归分析在各种数量方法(如线性规划、统计模拟、网络技术……)中居首位.

§7.2 相关分析

相关分析,一般指正态相关分析.我们主要介绍正态相关分析,只简单介绍等级相关分析.正态相关分析,包括两个变量的简单相关分析,以及两个以上变量的相关分析——偏相关分析和复相关分析.

7.2.1 简单相关分析

两个变量的相关分析称作简单相关分析. 在第四章的§4.4和§4.5中我们已经引进了两个变量间相关程度的数值度量——相关系数 ρ(见(4.51)式), 及其样本特征——样本相关系数 r(见(4.39)式). 为了便于叙述, 我们称 ρ 为理论相关系数或总体相关系数. 像一切统计推断问题一样, 相关分析的基本问题也是相关系数的估计和检验问题.

假设 X 和 Y 的联合分布是二元正态分布,其联合密度有五个参数:X 的均值 μ_1 和方差 σ_1^2,Y 的均值 μ_2 和方差 σ_2^2,X 和 Y 的相关系数 ρ.对于服从二元正态分布的随机变量,X 和 Y 的相关系数 $\rho=0$,是 X 和 Y 独立的充分和必要条件.

1.样本相关系数　总体相关系数 ρ 的估计和检验,是通过样本相关系数 r 来进行的.设(X_1,Y_1),(X_2,Y_2),…,(X_n,Y_n)是对 X 和 Y 的 n 次独立联合观测的结果,则样本相关系数 r 的计算公式为:

$$r=\frac{\overline{XY}-\overline{X}\,\overline{Y}}{S_xS_y},\tag{7.1}$$

其中 $\overline{X}$ 和 S_x 分别为观测值$(X_1,X_2,\cdots,X_n)$的平均值和(未修正)标准差;$\overline{Y}$ 和 S_y 分别为观测值$(Y_1,Y_2,\cdots,Y_n)$的平均值和(未修正)标准差;$\overline{XY}$为观测值$(X_1Y_1,X_2Y_2,\cdots,X_nY_n)$的平均值.

样本相关系数的性质 进行相关分析时,要用到样本相关系数 r 的如下一些性质:

(1) 样本相关系数 r 的均值和方差 可以证明(见[34],Vol. Ⅱ,(26.31)和(26.24)式):

$$\begin{aligned}&\mathrm{E}r\approx\rho\left[1-\frac{1-\rho^2}{2n}\right](n\text{ 充分大}),\\&\mathrm{D}r=\frac{1}{n}(1-\rho^2)^2.\end{aligned}\tag{7.2}$$

由此可见,样本相关系数 r 是总体相关系数 ρ 的渐近无偏估计量,即当 n 充分大时 $\mathrm{E}r\approx\rho$.

(2) 样本相关系数 r 的分布 样本相关系数概率分布是连续型的,其概率密度(见[22],§29.7)依赖于总体相关系数 ρ 和自由度 $\nu=n-2(n\geqslant3)$. 当 $\rho=0$ 时,其密度关于纵坐标轴对称. 附表 9 是在 $\rho=0$ 的情形下,根据样本相关系数 r 分布编制的 r 的临界值表:

$$\mathrm{P}\{|r|\geqslant r_{\alpha,\nu}\}=\alpha,\tag{7.3}$$

其中 α—— 显著性水平,$\nu=n-2$—— 自由度.

(3) 费歇耳变换 当 n 充分大时,样本相关系数 r 近似服从正态分布,但是要求 n 非常大(例如,n 一般要大于 500;见[34],Vol. Ⅱ,§26.13)时才能得到满意的结果. 费歇耳(R. A. Fisher)1921 年提出了一种变换,即所谓**费歇耳变换**:

$$z=\mathrm{Arth}r=\frac{1}{2}\ln\frac{1+r}{1-r},\tag{7.4}$$

并且证明(参见[22],§29.7),甚至对于不大的 n(一般至少要 $n\geqslant20$),变换 z 近似地服从正态分布 $N(\mu_r,\sigma_r^2)$,其中,

$$\mu_r\approx z_0+\frac{\rho}{2(n-1)},\sigma_r^2\approx\frac{1}{n-3},\tag{7.5a}$$

其中,ρ—— 总体相关系数,而

$$z_0=\text{Arth}\rho=\frac{1}{2}\ln\frac{1+\rho}{1-\rho},\tag{7.5b}$$

特别,当 $\rho=0$ 时,变换 z 近似地服从正态分布 $N(0,1/(n-3))$.

注 函数 $z=\text{Arth}r$ 和函数

$$r=\text{th}z=\frac{e^z+e^{-z}}{e^z-e^{-z}}\tag{7.6}$$

互为反函数. $r=\text{th}z$ 称作**双曲正切函数**, $z=\text{Arth}r$ 称作反双曲正切函数. 在一般带函数运算的计算器上都有这两个函数的按键. 例如,设 $r=0.7$,依次按动键:

$\boxed{0.7}\to\boxed{\text{HYP}}\to\boxed{\tan^{-1}}$,

则得 $z=\text{Arth}0.7=0.86730\cdots$. 相反,设 $Z=0.87$,依次按动键:

$\boxed{0.87}\to\boxed{\text{HYP}}\to\boxed{\tan}$,

则得 $r=\text{th}0.87=0.70137\cdots$. 附表 11 是 z 和 r 的换算表:表的最左边一栏是 z 的值,表的最上边一行是 z 值的小数点后第二位数,而表中间是相应的 r 值. 读者可以用上面的数据练习.

附表 11 和计算器,只能用于 z 和 r 为正数时. 当 z 和 r 为负数时,则可以利用如下性质:

$$\begin{aligned}&\text{th}(-r)=-\text{th}r,\\&\text{Arth}(-r)=-\text{Arth}r.\end{aligned}\tag{7.7}$$

2. *相关系数的显著性检验* 对于服从二元正态分布的变量 X 和 Y,它们独立的充分必要条件是总体相关系数 $\rho=0$. 换句话说,若 ρ 不等于 0,则变量 X 和 Y 统计相依. 因此,判断变量 X 和 Y 是独立还是统计相依,归结为假设 $H_0:\rho=0$ 对假设 $H_1:\rho\neq0$ 的检验问题. 检验使用的统计量是样本相关系数 r. 直观上容易理解,当 $|r|$ 充分大时应否定假设 H_0,否则可以接受假设 H_0. 这个"$|r|$ 充分大"的界限由样本相关系数 r 的临界值表——附表 9 查出. 于是,对于给定的显著性水平 α 和自由度 $\nu=n-2$,由附表 9 查出临界值 $r_{\alpha,\nu}$,当 $|r|\geqslant r_{\alpha,\nu}$ 时,认为变量 X 和 Y 不独立.

例 7.1 我国 31 个省、市、自治区(不含台湾省的资料),1996 年的

资本形成率 X 和最终消费率[①]Y 有如表 7.1 的统计资料.

表 7.1　我国各地区资本形成率 X 和最终消费率 Y 的资料(%)

地区	X	Y	地区	X	Y	地区	X	Y
北　京	68.5	38.2	安　徽	41.7	58.5	重　庆	35.3	62.7
天　津	55.5	44.9	福　建	46.1	53.5	四　川	37.6	62.6
河　北	44.8	45.0	江　西	34.9	62.9	贵　州	37.5	82.7
山　西	37.4	57.8	山　东	46.3	50.3	云　南	41.1	57.6
内蒙古	45.3	58.2	河　南	40.8	52.8	西　藏	42.1	62.6
辽　宁	34.1	54.8	湖　北	40.9	55.4	陕　西	45.9	65.2
吉　林	45.8	60.7	湖　南	33.8	66.2	甘　肃	39.1	68.0
黑龙江	36.1	58.8	广　东	41.7	55.6	青　海	49.4	71.4
上　海	66.4	43.2	广　西	33.1	67.4	宁　夏	50.0	64.3
江　苏	46.6	45.3	海　南	48.2	53.6	新　疆	52.7	63.6
浙　江	49.1	43.6						

1) 首先按(7.1)式计算 X 和 Y 的相关系数 r. 这里,

$$n=31;\overline{X}=44.1226;\overline{Y}=57.6581;$$

$$S_x=8.3838;\overline{XY}=2498.4358;S_y=9.3849;$$

$$r=\frac{2498.4358-44.1226\times57.6581}{8.3838\times9.3849}=-0.5794.$$

2) 样本相关系数 r 的自由度 $\nu=n-2=29$. 对于显著性水平 $\alpha=0.05$和自由度 $\nu=25,\nu=30$,由附表 9 查出两个临界值:$r_{0.05,25}=0.381$和 $r_{0.05,30}=0.349$. 显然,有 $0.349<r_{0.05,29}<0.381$. 由此可见,$|r|=0.5794>r_{0.05,29}$,因此说明资本形成率 X 和最终消费率 Y 的相关性显著.

3. 相关系数的置信区间　利用样本相关系数 r 的费歇耳变换 $z=\mathrm{Arth}r$,及对于充分大的 n,$z=\mathrm{Arth}r$ 近似地服从正态分布 $N(\mathrm{Arth}\rho,1/(n-3))$(见(7.5)式),可以建立总体相关系数 ρ 的 $1-\alpha$ 置信区间:

$$\left(\mathrm{th}\left[z-\frac{u_\alpha}{\sqrt{n-3}}\right],\mathrm{th}\left[z+\frac{u_\alpha}{\sqrt{n-3}}\right]\right),\tag{7.8}$$

① 关于"资本形成率"和"最终消费率"见附录一.

其中 u_α——标准正态分布水平 α 双侧分位数(附表 4).

例 7.2 在例 7.1 的条件下,建立资本形成率 X 和最终消费率 Y 的相关系数 ρ 的 0.95 置信区间.

解 由例 7.1 知:$n=31$,$r=-0.579\,4$;由(7.7)式知 $z=\text{Arth}r=-\text{Arth}\,0.579\,4=-0.661\,6$. 由附表 4 知 $u_{0.05}=1.96$;$1.96/\sqrt{28}=0.370\,4$;

$$z-0.370\,4=-1.032\,0,\ z+0.370\,4=-0.291\,2;$$
$$\text{th}(-1.032\,0)=-\text{th}\,1.032\,0=-0.774\,7,$$
$$\text{th}(-0.291\,2)=-\text{th}\,0.291\,2=-0.283\,2.$$

于是,资本形成率 X 和最终消费率 Y 的相关系数的 0.95 置信区间为

$$(-0.774\,7,-0.283\,2).$$

7.2.2 偏相关分析

简单相关分析只研究两个变量之间的相关性. 实际中,往往是许多变量同处于一个系统中,因此两个变量的相关性必然"掺杂"着其他变量的影响成分. 偏相关分析,就是在排除了同处于一个系统中的其余变量影响的条件下,研究两个变量之间的相关性——两个变量间的"纯相关性"或"净相关性". 偏相关分析的基本问题,就是偏相关系数的估计和检验问题.

1. 偏相关系数 我们主要讨论三个变量 X_1, X_2, X_3 同处于一个系统中的情形. 例如,对于某种商品,X_1——销售额,X_2——广告费,X_3——市场份额;对于一个地区,X_1——人均基本建设费用,X_2——人口密度,X_3——人均国民生产总值……

(1) 三个变量的情形 对于同处于一个系统中的三个变量 X_1, X_2, X_3,以 $\rho_{12}, \rho_{13}, \rho_{23}$ 表示它们两两的(理论)相关系数,都按(4.50)式计算;以 $\rho_{12\cdot3}$ 表示"在排除了 X_3 影响"的条件下,X_1 和 X_2 的偏相关系数,简称变量 X_1 和 X_2 关于 X_3 的**偏相关系数**(partial correlation coefficient). 偏相关系数 $\rho_{12\cdot3}$,作为 X_1 和 X_2 的相关程度的度量,不含 X_3 的影响,因此亦称为**纯相关系数**或**净相关系数**(pure correlation coefficient). 有时为强调 ρ_{12} 与 $\rho_{12\cdot3}$ 的区别,称 ρ_{12} 为(简)**单相关系数**(coefficient of simple correlation)或(完)全相关系数(coefficient of total correlation).

偏相关系数的计算公式 偏相关系数是通过变量间两两的简单相关系数计算的,其计算公式为:

$$\rho_{12\cdot 3}=\frac{\rho_{12}-\rho_{13}\rho_{23}}{\sqrt{(1-\rho_{13}^2)(1-\rho_{23}^2)}},\ \rho_{13\cdot 2}=\frac{\rho_{13}-\rho_{12}\rho_{23}}{\sqrt{(1-\rho_{12}^2)(1-\rho_{23}^2)}},$$
$$\rho_{23\cdot 1}=\frac{\rho_{23}-\rho_{12}\rho_{13}}{\sqrt{(1-\rho_{12}^2)(1-\rho_{13}^2)}}. \tag{7.9}$$

其中 $\rho_{12\cdot 3}$——X_1 和 X_2 关于 X_3 的偏相关系数,$\rho_{13\cdot 2}$——X_1 和 X_3 关于 X_2 的偏相关系数,$\rho_{23\cdot 1}$——X_2 和 X_3 关于 X_1 的偏相关系数. 显然,$\rho_{12\cdot 3}=\rho_{21\cdot 3}$,$\rho_{13\cdot 2}=\rho_{31\cdot 2}$,$\rho_{23\cdot 1}=\rho_{32\cdot 1}$.

计算公式(7.9)是由三元正态分布的条件分布导出的,我们不准备在此作介绍. 对此感兴趣的读者可以参阅有关文献(例如,[34],Vol. Ⅱ,Ch. 27;[6],第三章,§3.3.5). 初学者可以把(7.9)式当作偏相关系数的定义.

偏相关系数的性质 我们通过偏相关系数与简单相关系数的比较,说明偏相关系数的基本性质. 这些性质是偏相关分析的基础. 下面以 ρ_{12}和 $\rho_{12\cdot 3}$为例进行说明.

1) $|\rho_{12\cdot 3}|\leqslant 1$;若 $\rho_{12\cdot 3}=0$,$\rho_{12}\neq 0$,则说明相关性是完全由 X_3 的影响引起的.

2) 若 $\rho_{12\cdot 3}=\rho_{12}$,则说明 X_3 的存在不影响 X_1 和 X_2 的相关性.

3) 若$|\rho_{12\cdot 3}|<|\rho_{12}|$,则说明 X_1 和 X_2 的相关性因 X_3 的存在有所加强,即 X_1 和 X_2 的相关性部分地由 X_3 的影响引起.

4) 若$|\rho_{12\cdot 3}|>|\rho_{12}|$,则说明 X_1 和 X_2 的相关性因 X_3 的存在有所减弱,即 X_3 的存在使 X_1 和 X_2 的相关性变小了.

(2) 多个变量的情形* 可以将上面三个变量的情形推广到任意 $m\geqslant 3$ 个变量(X_1,X_2,X_3). 设 ρ_{ij}是 X_i 和 X_j 的简单相关系数. 以 $m=4$ 为例:X_1 和 X_2 关于 X_3 和 X_4 的偏相关系数为

$$\rho_{12\cdot 34}=\frac{\rho_{12\cdot 4}-\rho_{13\cdot 4}\rho_{23\cdot 4}}{\sqrt{(1-\rho_{13\cdot 4}^2)(1-\rho_{23\cdot 4}^2)}}=\frac{\rho_{12\cdot 3}-\rho_{14\cdot 3}\rho_{24\cdot 3}}{\sqrt{(1-\rho_{14\cdot 3}^2)(1-\rho_{24\cdot 3}^2)}}. \tag{7.10}$$

依此类推，两个变量 X_1 和 X_2 关于任意个变量 $X_3,\cdots,X_m$ 的偏相关系数 $\rho_{12\cdot 3\cdots m}$，最终都通过各变量两两的简单相关系数 ρ_{ij} 来计算：

$$\rho_{12\cdot 3\cdots m}=\frac{-\Delta_{12}}{\sqrt{\Delta_{11}\Delta_{22}}}, \tag{7.11}$$

其中，Δ_{ij} 是(7.12)式中的行列式 Δ 中元素 ρ_{ij} 的代数余子式：

$$\Delta=\begin{vmatrix} 1 & \rho_{12} & \rho_{13} & \cdots & \rho_{1\mu} \\ \rho_{12} & 1 & \rho_{23} & \cdots & \rho_{2\mu} \\ \rho_{13} & \rho_{23} & 1 & \cdots & \rho_{3\mu} \\ \vdots & \vdots & \vdots & \cdots & \vdots \\ \rho_{1\mu} & \rho_{2\mu} & \rho_{3\mu} & \cdots & 1 \end{vmatrix}. \tag{7.12}$$

2. 样本偏相关系数　在(7.9)～(7.12)各式中将(理论)相关系数 p_{ij} 换成按(7.1)式计算的相应的样本相关系数 r_{ij}，即可得到相应的偏相关系数. 例如，变量 X_1 和 X_2 关于 X_3 的样本偏相关系数为：

$$r_{12\cdot 3}=\frac{r_{12}-r_{13}r_{23}}{\sqrt{(1-r_{13}^2)(1-r_{23}^2)}}, \tag{7.13}$$

其中，r_{12},r_{13},r_{23} 为变量 X_1,X_2,X_3 两两的样本相关系数.

样本偏相关系数的性质　样本偏相关系数有与样本简单相关系数完全类似的性质.

1) 样本偏相关系数的临界值　在 $\rho_{12\cdot 3}=0$ 的情形下，可以由附表9查出在样本偏相关系数的临界值 $r_{\alpha,\nu}$：

$$\mathrm{P}\{|r_{12\cdot 3}|\geqslant r_{\alpha,\nu}\}=\alpha, \tag{7.14}$$

其中 α——显著性水平. 这里，与简单样本相关系数的临界值不同的是自由度 $\nu=n-3$. 一般，$r_{12\cdot 3\cdots m}$ 的自由度 $\nu=n-m$，即自由度等于样本容量 n 减变量个数 m.

2) 样本偏相关系数的费歇耳变换：甚至对于不大的 n，样本偏相关系数 $r_{12\cdot 3\cdots m}$ 的费歇耳变换

$$z=\mathrm{Arth}\,r_{12\cdot 3\cdots m} \tag{7.15}$$

近似地服从正态分布 $N(\mu_r,\sigma_r^2)$，其中，

$$\mu_r\approx\mathrm{Arth}\,\rho_{12\cdot 3\cdots m},\ \sigma_r^2\approx\frac{1}{n-m-1}, \tag{7.15a}$$

而 $\rho_{12\cdot 3\cdots m}$ 为变量 X_1 和 X_2 关于 $(X_3,\cdots,X_m)$ 的偏相关系数；特别，当

$\rho_{12\cdot 3\cdots m}=0$ 时，变换

$$z=\text{Arth}\, r_{12\cdot 3\cdots m}$$

近似地服从正态分布 $N(0,1/(n-m-1))$.

3. 偏相关性检验　偏相关性检验，就是要判断两个变量之间是否存在偏相关，进而分析各变量对其相关性的影响. 偏相关性的检验，归结为基本假设 H_0 对备选假设 H_1 的统计检验问题：

$$H_0:\rho_{12\cdot 3\cdots m}=0, H_1:\rho_{12\cdot 3\cdots m}\neq 0.$$

检验使用的统计量是样本相关系数 $r_{12\cdot 3\cdots m}$. 直观上容易理解，当 $|r_{12\cdot 3\cdots m}|$ 充分大时应否定假设 H_0，否则可以接受假设 H_0. 这个“充分大”的界限由样本相关系数的临界值表——附表 9 查出. 于是，对于给定的显著性水平 α 和自由度 $\nu=n-m$，由附表 9 查出临界值 $r_{\alpha,\nu}$，当 $|r_{12\cdot 3\cdots m}|\geqslant r_{\alpha,\nu}$ 时，否定假设 $H_0:\rho_{12\cdot 3\cdots m}=0$. 偏向相关系数的检验，常要与简单相关系数的检验结合进行.

例 7.3　研究森林木材的产量，对十块同样面积的林区分别考察如下三项指标：X_1——平均树龄，X_2——土壤肥力，X_3——每公顷木材产量，假设 (X_1,X_2,X_3) 服从正态分布. 根据所得的 10 组数据，测得 X_1，X_2 和 X_3 两两的样本相关系数

$$r_{12}=0.747\,9, r_{13}=0.979\,0, r_{23}=0.755\,0.$$

以 $\rho_{23\cdot 1}$ 表示 X_2 和 X_3 关于 X_1 的偏相关系数.

1) 求 X_3 与 X_1 关于 X_2 的偏相关系数 $r_{13\cdot 2}$；并将其与 r_{13} 作比较，分析平均树龄 X_1 和木材产量 X_3 的相关性.

2) 试说明在排除了平均树龄 X_1 影响的情形下，木材产量 X_3 和土壤肥力 X_2 是否相关.

3) 根据以上的检验结果，对平均树龄 X_1 和土壤肥力 X_2 的相关性进行分析.

解　1) 由(7.9)式，有

$$r_{13\cdot 2}=\frac{r_{13}-r_{12}r_{23}}{\sqrt{(1-r_{12}^2)(1-r_{23}^2)}}$$

$$=\frac{0.979\,0-0.747\,9\times 0.755\,0}{\sqrt{(1-0.749\,0^2)(1-0.755\,0^2)}}=0.951\,9.$$

由于 $r_{13}=0.9790>r_{13.2}$，可见土壤肥力 X_2 的影响，使平均树龄 X_1 和木材产量 X_3 的相关性变大了.

2) 先计算偏相关系数 $r_{23\cdot1}$：由(7.9)式，有

$$r_{23\cdot1}=\frac{r_{23}-r_{12}r_{13}}{\sqrt{(1-r_{12}^2)(1-r_{13}^2)}}$$

$$=\frac{0.7550-0.7479\times0.9790}{\sqrt{(1-0.7479^2)(1-0.9790^2)}}=0.1685.$$

需要检验假设 $H_0:\rho_{13\cdot2}=0$. 对于显著性水平 $\alpha=0.05$，自由度 $\nu=10-3=7$，由附表 9 查得临界值 $r_{0.10,7}=0.582$. 现在，$|r_{23\cdot1}|=0.1685<0.582$，故不能否定假设 $H_0:\rho_{13\cdot2}=0$，说明在排除了平均树龄 X_1 影响的情形下，木材产量 X_3 和土壤肥力 X_2 不相关.

3) 由于 $r_{12}=0.7479>r_{0.02,8}=0.715$，故在水平 $\alpha=0.02$ 下，木材产量 X_3 和土壤肥力 X_2 相关. 然而，若排除了平均树龄 X_1 的影响后，木材产量 X_3 和土壤肥力 X_2 明显不相关，即木材产量 X_3 和土壤肥力 X_2 的相关性主要取决于平均树龄 X_1.

4. 偏相关系数的置信区间　仿照(7.8)式相关系数 ρ 的置信区间，由样本偏相关系数 $r_{12\cdot3}$，可以构造偏相关系数 $\rho_{12\cdot3}$的 $1-\alpha$ 置信区间

$$\left(\operatorname{th}\left[z-\frac{u_\alpha}{\sqrt{n-4}}\right],\operatorname{th}\left[z+\frac{u_\alpha}{\sqrt{n-4}}\right]\right),\tag{7.16}$$

其中 $z=\operatorname{Arth}r_{12\cdot3}$，$n$ 是样本容量，u_α 是标准正态分布水平 α 双侧分位数(附表 4).

例 7.4　根据某企业 40 个月的统计资料，测得资金利润率 X_1、劳动生产率 X_2 和流通费用率 X_3 两两的样本相关系数

$$r_{12}=0.80,r_{13}=0.70,r_{23}=0.60.$$

假设(X_1,X_2,X_3)服从正态分布. 试求 X_1 和 X_2 关于 X_3 的偏相关系数 $\rho_{12\cdot3}$的 0.90 置信区间.

解　样本相关系数为

$$r_{12\cdot3}=\frac{r_{12}-r_{13}r_{23}}{\sqrt{(1-r_{13}^2)(1-r_{23}^2)}}$$

$$=\frac{0.8-0.7\times0.6}{\sqrt{(1-0.49)(1-0.36)}}=0.6651.$$

按(7.16)式求 $\rho_{12\cdot3}$的置信区间，其中 $z=\text{Arth}r_{12\cdot3}=0.7770$；样本容量 $n=40$；$u_{0.10}=1.6449$；$u_{0.10}/\sqrt{n-4}=0.2742$；

$$\text{th}(0.7770-0.2742)=0.4644,$$
$$\text{th}(0.7770+0.2742)=0.7823.$$

于是，所求 $\rho_{12\cdot3}$的 0.90 置信区间为(0.4644，0.7823)．

7.2.3 复相关分析

设变量 $X_1,X_2,\cdots,X_m$ 的联合分布是正态分布．复相关分析研究一个变量与两个以上变量的相关关系：度量相关的程度，检验相关性的显著性．

1．复相关系数　亦称多重相关系数(coefficient of multiple correlation)，是一个变量与两个或两个以上变量相关程度的一种度量．以 $P_{1(2\cdots m)}$表示变量 X_1 与变量$(X_1,X_2,\cdots,X_m)$的复相关系数，它最终是通过 $X_1,X_2,\cdots,X_m$ 两两的简单相关系数 ρ_{ij}计算的．例如，

$$\begin{aligned}
P_{1(2)}&=\sqrt{\rho_{12}^2}=|\rho_{12}|,\\
P_{1(23)}&=\sqrt{1-(1-\rho_{12}^2)(1-\rho_{13\cdot2}^2)},\\
P_{1(234)}&=\sqrt{1-(1-\rho_{12}^2)(1-\rho_{13\cdot2}^2)(1-\rho_{14\cdot23}^2)},\\
P_{1(2345)}&=\sqrt{1-(1-\rho_{12}^2)(1-\rho_{13\cdot2}^2)(1-\rho_{14\cdot23}^2)(1-\rho_{15\cdot234}^2)}.
\end{aligned}\tag{7.17}$$

一般，对于任意 $m\geqslant3$，有

$$P_{1(2\cdots m)}=\sqrt{1-\frac{\Delta}{\Delta_{11}}},\tag{7.18}$$

其中 Δ——由变量 $X_1,X_2,\cdots,X_m$ 两两的简单相关系数 ρ_{ij}构成的 m 阶行列式(7.12)，Δ_{11}——由行列式 Δ 划去第 1 行和第 1 列所得 $m-1$ 阶行列式．

计算公式(7.17)和(7.18)是由多元正态分布的条件分布导出的，对此感兴趣的读者可以参阅有关文献(例如，[34] Vol. Ⅱ，Ch. 27；[6]第三章，§3.3.5)．初学者可以把此二式当作复相关系数的定义．

复相关系数的性质　复相关系数，可以视为简单相关系数的推广，具有与简单相关系数类似的性质．这些性质是复相关系数应用的基础．以三个变量 X_1,X_2,X_3 的情形为例，列举复相关系数的基本性质．

1) $0 \leqslant P_{1(23)} \leqslant 1$;

2) $P_{1(23)}=0$ 的充分和必要条件,是各变量两两的简单相关系数全为 0;

3) $P_{1(23)}=1$ 的充分和必要条件,是 X_1 为 X_2 和 X_3 的线性函数:

$$X_1=aX_2+bX_3.$$

2. 样本复相关系数　将复相关系数计算公式中的各简单相关系数和偏相关系数,换成相应的样本相关系数,即可得到样本复相关系数.用 $R_{1(23)}, R_{1(234)}, \cdots, R_{1(23\cdots m)}$ 表示相应的样本复相关系数.

3. 复相关系数的显著性检验　以三个变量 X_1, X_2, X_3 的情形为例.假设 X_1, X_2, X_3 的联合分布是正态分布.当 X_1 关于 (X_2, X_3) 的复相关系数 $P_{1(23)}=0$ 时,变量 X_1, X_2, X_3 两两不相关,从而相互独立;当 $P_{1(23)}=1$ 时,X_1 是 X_2 和 X_3 的线性函数.因此,当 $0<P_{1(23)}<1$ 时,X_1 与 X_2 和 X_3 之间有一定线性关系,从而可以寻求近似关系式:$X_1 \approx aX_2+bX_3$.一般,需要假设 $(X_1, X_2, \cdots, X_m)$ 的联合分布是正态分布.复相关系数的显著性检验,就是假设

$$H_0: P_{1(2\cdots m)}=0$$

的显著性检验.常用检验有:基于样本复相关系数 R 的 R 检验和 F 检验.在回归分析中,检验回归效果时要用到这些检验.

(1) R 检验　检验的统计量是样本复相关系数 $R_{1(2\cdots m)}$,附表 10 是其临界值 $R_{\alpha,\nu}$ 的数值表,其中 α——显著性水平,$\nu=n-m$——自由度,n——样本容量,m——变量个数.对于给定的显著性水平 α 和自由度 ν,若 $R_{1(2\cdots m)} \geqslant R_{\alpha,\nu}$,则否定假设 $H_0: P_{1(2\cdots m)}=0$,即认为 X_1 与 $(X_2, \cdots, X_m)$ 相关,否则认为不相关.

(2) F 检验　检验使用统计量

$$F=\frac{R_{1(2\cdots m)}^2/(m-1)}{(1-R_{1(2\cdots m)}^2)/(n-m)}. \tag{7.19}$$

如果假设 H_0 成立,则统计量 F 服从 F 分布,自由度为 $(m-1, n-m)$.检验规则:对于给定的显著性水平 α 和自由度 $(m-1, n-m)$,若

$$F \geqslant F_\alpha(m-1, n-m),$$

则否定假设 $H_0: P_{1(2\cdots m)}=0$,其中 $F_\alpha(m-1, n-m)$ 由附表 8 查出.

7.2.4 等级相关分析*

以上讲的简单相关分析、偏相关分析和复相关分析，都是以所考察的各变量的联合分布是以正态分布为前提的. 等级相关分析不要求知道变量的分布，更不要求服从正态分布，属于非参数方法. 正态相关分析归结为相关系数的估计和检验. 等级相关分析也是利用相关系数进行分析的，但不是利用观测值的相关系数，而是利用观测值的“等级”之间的相关系数——等级相关系数进行分析的.

1. 斯皮尔曼等级相关系数　等级(rank)亦称为**秩**，等级相关系数(coefficient of rank correlation)亦称秩相关系数. 等级相关系数有多种，我们只准备介绍比较常用的一种——斯皮尔曼等级相关系数，它是斯皮尔曼(C. Spearman)1904 年提出的.

设有 n 个对象. 对于每个对象考察两个(数量或品质)标志 X 和 Y，而

$$(X_1,Y_1),(X_2,Y_2),\cdots,(X_n,Y_n)$$

是对 X 和 Y 的观测结果. 例如，n 个学生两门课程的考试成绩；n 个地区人均国内生产总值和工业经济效益综合指数；n 个地区居民的消费水平和消费物价指数；n 个城市空气污染的程度和某种病的发病率……

等级(秩)　在上一章 §6.3.4 讲秩和检验时，我们已经遇到“秩”的概念. 秩亦称为等级：将全部观测值 $X_1,X_2,\cdots,X_n$ 按递增顺序排成一列，X_i 在排列中的顺序号 $r_i(i=1,2,\cdots,n)$称作 X_i 的**等级**(或**秩**). 对于有序品质标志，其等级往往是自然的，或者按一定规则来评定，例如由专家评定(见例 7.5). 当若干个观测值相等时，则将它们按任意顺序排列，并以各观测值顺序号的平均值作为这些观测值的等级(参见表 6.22).

斯皮尔曼等级相关系数　假设(X_1,Y_1)，(X_2,Y_2)，$\cdots$，(X_n,Y_n)是对两个(数量或品质)标志 X 和 Y 的观测结果；$r_i(i=1,2,\cdots,n)$表示 X_i 的**等级**，而 $s_i(i=1,2,\cdots,n)$表示 Y_i 的**等级**. 于是，得如下对应关系：

表 7.2 观测结果的等级

对象编号 i	1	2	…	n
X_i 的等级 r_i	r_1	r_2	…	r_n
Y_i 的等级 s_i	s_1	s_2	…	s_n
$d_i=r_i-s_i$	d_1	d_2	…	d_n

统计标志 X 和 Y 的**斯皮尔曼等级相关系数**，就是等级的(样本)相关系数[①]：

$$R_s=\frac{\sum_{i=1}^{n}(r_i-\bar{r})(s_i-\bar{s})}{\sqrt{\sum_{i=1}^{n}(r_i-\bar{r})^2\sum_{i=1}^{n}(s_i-\bar{s})^2}}$$

$$=1-\frac{6\sum_{i=1}^{n}(r_i-s_i)^2}{n(n^2-1)}=1-\frac{6\sum_{i=1}^{n}d_i^2}{n(n^2-1)}, \tag{7.20}$$

其中的记号见表 7.2，而 $\bar{r}$ 和 $\bar{s}$ 为相应等级的算术平均值. R_s 有与一般样本相关系数类似的性质，例如 $|R_s|\leqslant 1$.

2. 等级相关性的显著性检验　所要检验的基本假设 H_0 和备选假设 H_1 为：

H_0：标志 X 和 Y 相互独立，H_1：标志 X 和 Y 统计相依.

检验分为样本容量 n 较小和样本容量 n 较大两种情形.

当样本容量 $n\leqslant 30$ 时，对于给定的显著性水平 α，若

$$|R_s|\geqslant r_{\alpha/2,n}, \tag{7.21}$$

则认为标志 X 和 Y 统计相依，其中 $r_{\alpha/2,n}$ 是斯皮尔曼等级相关系数 R_s 的上侧临界值(附表 12).

当样本容量 $n>30$ 时可以认为样本容量充分大，故斯皮尔曼等级相关系数 R_s 近似服从正态分布 $N(0,1/(n-1))$，即统计量

$$U=R_s\cdot\sqrt{n-1}$$

近似服从标准正态分布 $N(0,1)$. 这时，对于给定的显著性水平 α，若

① 在(7.20)式中最后两个等号只有当等级 $\{r_i\}$ 和 $\{s_i\}$ 都两两不等时才成立.

$$|U| \geqslant u_{\alpha} \quad 或 \quad |R_s| \geqslant \frac{u_{\alpha}}{\sqrt{n-1}}, \tag{7.22}$$

则认为标志 X 和 Y 统计相依，其中 u_{α} 是标准正态分布水平 α 双侧分位数(附表 4).

例 7.5 表 7.3 是有关专家对 11 个城市空气污染程度及居民中肺癌发病率评定的等级. 问这些资料能否说明空气污染与肺癌发病率关系显著?

表 7.3 11 个城市空气污染及肺癌发病率评定的等级

城市编号 i	1	2	3	4	5	6	7	8	9	10	11
空气污染等级 r_i	4	7	9	1	2	10	3	5	6	8	11
肺癌发病等级 s_i	5	4	7	3	1	11	2	10	8	6	9
$d_i=r_i-s_i$	−1	3	2	−2	1	−1	1	−5	−2	2	2

解 按(7.20)式计算，求得斯皮尔曼等级相关系数 $R_s=0.7364$；由附表 12 可见，

$$r_{0.001,11}=0.8364, \quad r_{0.005,11}=0.7545.$$

因此，在显著性水平 $2\alpha=0.001$ 下，应否定假设 H_0：标志 X 和 Y 相互独立，即这些资料说明空气污染与肺癌发病率关系十分显著.

例 7.6 表 7.4 是我国 1996 年居民消费水平(按当年价格计算；单位：元)和居民消费价格指数(以 1995 年为 100)的统计资料(缺西藏、台湾和重庆的资料)，以及(从小到大排列)等级(秩). 问这些资料是否说明居民消费水平和消费价格指数关系显著?

表 7.4 我国 1996 年居民消费水平和居民消费价格指数

地　区	消费水平	秩	物价指数	秩	地　区	消费水平	秩	物价指数	秩
北　京	4 208	27	111.6	29	河　南	1 686	5	110.5	26.5
天　津	4 129	26	109.0	16	湖　北	2 398	18.5	109.4	21
河　北	1 925	10	107.1	6.5	湖　南	2 199	15	107.7	10
山　西	1 880	8	107.9	12	广　东	4 235	28	107.0	5
内蒙古	1 939	11	107.6	9	广　西	2 008	14	106.5	3
辽　宁	3 250	23	107.9	12	海　南	2 376	17	104.3	1
吉　林	2 643	20	107.2	8	四　川	1 924	9	109.3	19.5

续表

地　区	消费水平	秩	物价指数	秩	地　区	消费水平	秩	物价指数	秩
黑龙江	2 994	21	107.1	6.5	贵　州	1 446	1	109.1	17
上　海	7 742	29	109.2	18	云　南	1 800	6	108.7	15
江　苏	3 121	22	109.3	19.5	陕　西	1 594	3	109.7	23
浙　江	3 412	25	107.9	12	甘　肃	1 550	2	110.2	25
安　徽	1 945	12	109.9	24	青　海	1 967	13	110.8	28
福　建	3 356	24	105.9	2	宁　夏	1 785	4	106.8	4
江　西	1 857	7	108.4	14	新　疆	2 398	18.5	110.5	26.5
山　东	2 287	16	109.6	22					

解　按(7.20)式计算，求得斯皮尔曼等级相关系数 $R_s=-0.1552$. 由附表 12 查出临界值 $r_{\alpha/2,n}=r_{0.10,29}=0.2443$. 由于 $|R_s|=0.1552<0.2443$，可见应认为居民消费水平和消费价格指数不相关(显著性水平 $\alpha>0.20$).

§7.3　回归分析

回归分析作为研究变量间关系的统计分析方法，旨在根据统计数据寻求一个变量 Y 对另一个变量 X，或一个变量 Y 对若干变量$(X_1, X_2,\cdots,X_m)$的恰当数学表达式——经验公式，以近似表示或描述变量间“统计意义上的”因果关系. 这种关系通常可以表示为

$$Y=f(X)+e \quad 或 \quad Y=f(X_1,X_2,\cdots,X_n)+e \tag{7.23}$$

其中 e 表示随机误差. 由于 Y 和 $X_1,X_2,\cdots,X_m$ 之间是统计相依关系，因此随机误差项恰好表示随机成分.

函数 $y=f(x_1,x_2,\cdots,x_n)$称作回归**函数**(regression function)；变量 X 和$(X_1,X_2,\cdots,X_m)$称作**解释变量**(explanatory variable)或**回归变量**(regressor)，它可以是随机变量，也可以是非随机变量；变量 Y 称作**响应变量**(response variable)或**被解释变量**(explained variable)，并且

一般假设 Y 是随机变量. 只有一个回归变量的情形称作一元回归(univariate regression);含两个或两个以上回归变量的情形称作多元回归(multivariate regression). 进行回归分析时,如果回归函数为线性函数就称作**线性回归分析**,否则称作**非线性回归分析**.

线性回归分析最常用、方法最典型、结果最完整,所以我们主要介绍线性回归分析. 一元线性回归分析的方法简单易行. 多元线性回归分析,常要进行大量运算,一般需要在计算机上进行. 这里,我们主要介绍一元线性回归分析,简要介绍多元线性回归分析方法. 在许多情形下,非线性回归可以化为线性回归来处理,我们只准备介绍可线性化的非线性回归.

7.3.1 一元线性回归分析

一元线性回归亦称简单线性回归,是回归分析的最简单也是最典型的一种情形. 实际中,许多涉及两个变量统计相依关系的情形,要么本身就呈线性关系,要么经过某种变换呈现出线性关系. 大部分经济计量模型都具有类似的性质. 经济分析中的所谓线性回归模型,其广义就是指有可能变换为线性回归的情形. 这决定了线性回归模型的重要地位.

1. *一元线性回归模型* 所谓"模型",是将复杂的现实现象简单化和模式化的产物. 模型可以从某一个侧面反映现实的现象,但不能百分之百地反映现象,其可应用的程度还需要理论和实践的检验. 我们首先讨论一元线性回归模型的变量关系和数据结构,以及其统计推断问题的提法. 一元线性回归虽然简单,其原理、方法和应用却具有典型性,因此掌握了一元线性回归的思路和方法,就容易掌握和理解其他比较复杂的回归模型.

(1) 一元线性回归的变量关系 在一般回归模型(7.23)中,当函数 $f(X)=a+bX$ 为线性函数时,得一元线性回归的变量关系:

$$Y=a+bX+e, \tag{7.24}$$

其中 a 和 b 是未知常数,称作**回归系数**;回归变量 X 可以是随机变量,也可以是可以控制其取值的非随机的普通变量;e 是不可观测的随机变量,表示 X 和 Y 的关系中的不确定因素的影响,我们称之为**随机误**

差，并且假设其期望值为 0，即 $\mathbf{E}e=0$；响应变量 Y 为随机变量.

回归变量 X 可以是随机变量，也可以是普通变量. 例如，历年的原油产量 Y 和年份 T，产量 Y 是随机变量，而年份 T 是普通变量；每周通过某高速公路的汽车辆数 X 和交通事故次数 Y，二者都是随机变量. 为了便于叙述，以下讨论模型时，我们将假设 X 是普通变量. 事实上，当 X 也是随机变量时，统计推断问题的提法和处理方法，形式上完全相同，只是在理论分析上有所不同.

（2）一元线性回归的数据结构 假设变量 X 和 Y 之间存在统计相依关系. 在变量 X 取 $X_1,X_2,\cdots,X_n$ 为值的条件下，分别对变量 Y 进行独立观测，测得 $Y_1,Y_2,\cdots,Y_n$. 例如，表 7.5 是我国 1986 年～1995 年铁路运营里程 Y（单位：万公里）的统计资料；表 7.6 是某高山观测站连续 10 年对当年最大积雪深度 X（米）和下游灌溉面积 Y（百公顷）的观测资料. 表 7.5 的两个变量中，运营里程 Y 是随机变量，而年份 T（以及 X）是非随机的普通变量；表 7.6 的两个变量都是随机变量.

按表 7.5 和表 7.6 中的数据分别画出散点图，即点(1，5.25)，…，(10，5.46)和点(5.1，19.1)，…，(6.4，24.9)形成的图形，可以看出两个图上的点都大致位于一条直线上. 这说明 Y 和 X 的关系可以试用形如(7.24)式的线性关系表示.

表 7.5　我国 1986 年～1995 年铁路运营里程（单位：万公里）

年份 T	$X=T-1985$	运营里程 Y	$\hat{Y}$	年份 T	$X=T-1985$	运营里程 Y	$\hat{Y}$
1986	1	5.25	5.24	1991	6	5.34	5.35
1987	2	5.26	5.27	1992	7	5.36	5.37
1988	3	5.28	5.29	1993	8	5.38	5.39
1989	4	5.32	5.31	1994	9	5.40	5.41
1990	5	5.34	5.33	1995	10	5.46	5.43

表 7.6　山上最大积雪深度 X（米）和当年灌溉面积 Y（百公顷）的观测资料

年份编号 j	1	2	3	4	5	6	7	8	9	10
最大积雪深度 X_j	5.1	3.5	7.1	6.2	8.8	7.8	4.5	5.3	8.0	6.4
当年灌溉面积 Y_j	19.1	12.9	27.0	23.7	32.6	30.0	19.5	22.7	31.1	24.9
回归值 $\hat{Y}_j$	20.2	14.4	27.3	24.1	33.4	29.8	18.0	20.9	30.5	24.8

一般,在类似的情况下,对 X 和 Y 的联合观测结果 $(X_1,Y_1),(X_2,Y_2),\cdots,(X_n,Y_n)$ 可以表示为:

$$Y_j=a+bX_j+e_j \quad (j=1,2,\cdots,n), \tag{7.25}$$

假设随机误差 $e_1,e_2,\cdots,e_n$ 满足下列条件:

1) 观测无系统误差:

$$\mathrm{E}e_1=\mathrm{E}e_2=\cdots=\mathrm{E}e_n=0;$$

2) 等方差性:各次观测的精度相同,即

$$\mathrm{D}e_1=\mathrm{D}e_2=\cdots=\mathrm{D}e_n=\sigma^2;$$

3) 独立性:各次观测的随机误差 $e_1,e_2,\cdots,e_n$ 相互独立,因而 $Y_1,Y_2,\cdots,Y_n$ 也相互独立.

(3) 统计推断的基本问题 回归分析的基本问题也是估计问题和检验问题:

1) 估计问题 估计回归系数 a 和 b;估计未知方差 σ^2.

2) 检验问题 检验回归效果.我们是用一条直线来近似表示变量 X 和 Y 的统计相依关系,即由观测数据建立了 X 和 Y 之间的经验公式.但是,由于 X 和 Y 之间并非严格线性函数关系,因此所得经验公式是否能有效地表示变量 X 和 Y 之间的关系,有待于理论和实践的检验,其中包括用统计方法进行检验.只有经过检验证明回归效果确实显著后,才能应用回归方程——进行描述、预测和控制.

2. 未知参数的估计 一元线性回归模型中有三个未知参数:回归系数 a 和 b,随机误差的方差 σ^2.估计回归系数的方法是最小二乘法(least squared method);方差 σ^2 的估计基于残差平方和.

(1) 经验回归方程 以 $\hat{a}$ 和 $\hat{b}$ 及 $\hat{\sigma}^2$ 分别表示回归系数 a 和 b 及 σ^2 的估计量.由 $\hat{a}$ 和 $\hat{b}$,得经验公式

$$\hat{Y}=\hat{a}+\hat{b}x, \tag{7.26}$$

称作(经验)**回归方程**(regression equation);称 $\hat{Y}$ 为 Y 的**回归值**(regressand value)或**拟合值**(fitted value).因此,

$$\hat{Y}_j=\hat{a}+\hat{b}x_j(j=1,2,\cdots,n)$$

是实际观测值 Y_j 的回归值.实际观测值 Y_j 与其回归值 $\hat{Y}_j$ 之差

$$\hat{e}_j=Y_j-\hat{Y}_j(j=1,2,\cdots,n)$$

称作**残差**(residual). 注意，统计误差 $e_j=Y_j-a-bX_j$ 与残差 $\hat{e}_j=\hat{Y}_j-\hat{a}-\hat{b}x_j$ 的区别：e_j 是不可以观测的，而 $\hat{e}_j$ 是可以观测的.

(2) 回归系数的最小二乘估计 所谓回归系数 a 和 b 的最小二乘估计 $\hat{a}$ 和 $\hat{b}$，指的是使残差平方和

$$Q(\hat{a},\hat{b})=\sum_{j=1}^{n}\hat{e}_j^2=\sum_{j=1}^{n}(Y_j-\hat{a}-\hat{b}x_j)^2 \tag{7.27}$$

取最小值的估计量. 利用微积分中求极值和最值的方法，由条件

$$\frac{\partial Q}{\partial a}=0,\quad \frac{\partial Q}{\partial b}=0,$$

可得关于 $\hat{a}$ 和 $\hat{b}$ 的方程组：

$$\begin{cases} n\hat{a}+\hat{b}\sum_{j=1}^{n}x_j=\sum_{j=1}^{n}Y_j, \\ \hat{a}\sum_{j=1}^{n}x_j+\hat{b}\sum_{j=1}^{n}x_j^2=\sum_{j=1}^{n}x_jY_j; \end{cases} \tag{7.28a}$$

或

$$\begin{cases} \hat{a}+\overline{x}\hat{b}=\overline{Y}, \\ \overline{x}\hat{a}+\overline{x^2}\hat{b}=\overline{xY}, \end{cases} \tag{7.28b}$$

其中

$$\overline{x}=\frac{1}{n}\sum_{j=1}^{n}x_j,\quad \overline{x^2}=\frac{1}{n}\sum_{j=1}^{n}x_j^2,$$

$$\overline{Y}=\frac{1}{n}\sum_{j=1}^{n}y_j,\quad \overline{xY}=\frac{1}{n}\sum_{j=1}^{n}x_jY_j. \tag{7.28c}$$

方程组(7.28)称作**正规方程组**(system of normal equations). 正规方程组的解为

$$\hat{a}=\overline{Y}-\hat{b}\overline{x},\hat{b}=\frac{\overline{xY}-\overline{x}\overline{Y}}{\overline{x^2}-\overline{x}^2}=\frac{\overline{xY}-\overline{x}\overline{Y}}{S_x^2}, \tag{7.29}$$

其中

$$S_x^2=\frac{1}{n}\sum_{j=1}^{n}(x_j-\overline{x})^2=\overline{x^2}-\overline{x}^2.$$

容易证明([23](10.6)式)，$\hat{a}$ 和 $\hat{b}$ 分别是 a 和 b 的无偏估计：$\mathbf{E}\hat{a}=a$，$\mathbf{E}\hat{b}=b$.

(3) 方差 σ^2 的无偏估计 称

$$S_e^2 = \frac{1}{n-2}\sum_{j=1}^{n}\hat{e}_j^2 = \frac{1}{n-2}\sum_{j=1}^{n}(Y_j - \hat{Y}_j)^2 \tag{7.30}$$

为**均方残差**(mean square residual),称 S_e 为**标准残差**(standard residual).不难证明,均方残差 S_e^2 是方差 σ^2 的无偏估计量(见[23]第 580～581 页).

例 7.7 根据表 7.5 中我国 1986 年～1995 年铁路运营里程(单位:万公里)的统计资料,试建立铁路年运营里程 Y 对年份 T 的回归方程,并求方差 σ^2 的无偏估计.

解 为便于计算,我们引进变量 $X=T-1985$,并且首先建立变量 Y 对 X 的回归方程.按(7.28c)式计算,得

$$\overline{x}=5.5,\overline{x^2}=38.5,\overline{Y}=5.339,\overline{xY}=29.539;$$

将计算结果代入(7.29)式,得

$$\hat{b}=\frac{\overline{xY}-\overline{x}\overline{Y}}{\overline{x^2}-\overline{x}^2}=0.021\ 2,$$

$$\hat{a}=\overline{Y}-b\overline{x}=5.222\ 7.$$

于是,得铁路年运营里程 Y 对年份 T 的回归方程:

$$\hat{Y}=5.222\ 7+0.021\ 2x=5.222\ 7+0.021\ 2(t-1\ 985).$$

表 7.5 列出了 1986 年～1995 年各年铁路运营里程的回归值 $\hat{Y}$.

将表 7.5 的观测值和回归值代入(7.30)式,得方差 σ^2 的无偏估计:

$$S_e^2 = \frac{1}{8}\sum_{j=1}^{10}(Y_j - \hat{Y}_j)^2$$
$$= \frac{0.001\ 8}{8} = 0.000\ 225 = 0.015^2.$$

例 7.8 为估计山上的积雪融化后对下游灌溉的影响,在山上建立了观测站,测量最大积雪深度和当年下游灌溉面积.表 7.6 是观测站连续 10 年对当年最大积雪深度 X(公尺)和灌溉面积 Y(百公顷)的观测资料.试建立灌溉面积 Y 对最大积雪深度 X 的回归方程,并求方差 σ^2 的无偏估计.

解 按(7.28c)式计算,得

$$\overline{x}=6.27,\overline{x^2}=41.869,\overline{Y}=24.35,\overline{xY}=161.83;$$

将计算结果代入(7.29)式,得

$$\hat{b}=\frac{\overline{xY}-\overline{x}\overline{Y}}{\overline{x^2}-\overline{x}^2}=3.5818,$$

$$\hat{a}=\overline{Y}-\hat{b}\overline{x}=1.8920.$$

于是，灌溉面积 Y 对最大积雪深度 X 的回归方程：

$$\hat{Y}=1.8920+3.5818X.$$

表 7.6 列出了灌溉面积 Y 相应的回归值 $\hat{Y}$.

将表 7.6 的观测值和回归值代入(7.30)式，得方差 σ^2 的无偏估计：

$$S_e^2=\frac{1}{8}\sum_{j=1}^{10}(Y_j-\hat{Y}_j)^2=\frac{10.25}{8}=1.28125=1.1319^2.$$

3. 回归效果的评价　我们根据回归方程用回归值拟合实际观测值. 然而 X 和 Y 之间毕竟不是严格函数关系，这种拟合的效果究竟如何，能否有效地表示变量 X 和 Y 之间的关系，有待于理论和实践的检验. 现在我们用统计检验的方法对回归效果进行评价.

(1) 离差平方和的分解　数据的变动情况，可以用离差平方和表示. 数据总的变动可以由总离差平方和表示，它由两部分构成：1) 被回归方程解释的部分，反映回归效果；2) 未被回归方程解释的部分，即残差，反映实际观测值与回归拟合值差异. 两部分相比较，被回归方程解释的部分所占比重越大，回归效果就越显著. 总(离差)平方和 Q_T、回归平方和 Q_R 及残差平方和 Q_e 的计算公式为：

$$\begin{aligned}
Q_T &= \sum_{j=1}^{n}(Y_j-\overline{Y})^2=\sum_{j=1}^{n}Y_j^2-n\overline{Y}^2 \qquad \text{(总平方和)},\\
Q_R &= \sum_{j=1}^{n}(\hat{Y}_j-\overline{\hat{Y}})^2\\
&= \sum_{j=1}^{n}(\hat{Y}_j-\overline{Y})^2=\hat{b}^2\sum_{j=1}^{n}(x_j-\overline{x})^2 \qquad \text{(回归平方和)},\\
Q_e &= \sum_{j=1}^{n}(Y_j-\hat{Y}_j)^2=\sum_{j=1}^{n}(Y_j-\overline{Y})^2-\hat{b}^2\sum_{j=1}^{n}(x_j-\overline{x})^2\\
&\qquad \text{(残差平方和)}.
\end{aligned}\tag{7.31}$$

其中 $\overline{Y}$ 是 $Y_1,Y_2,\cdots,Y_n$ 的算术平均值. 易见，$\hat{Y}_1,\hat{Y}_2,\cdots,\hat{Y}_n$ 的算术平均值 $\overline{\hat{Y}}=\overline{Y}$. 由此可见，总平方和 Q_T 等于回归平方和 Q_R 与残差平方和 Q_e

之和：

$$Q_T=Q_R+Q_e. \tag{7.32}$$

（2）回归效果的显著性检验　检验回归效果基于离差平方和的比较.将回归平方和 Q_R 与总平方和 Q_T 进行比较,形成统计量 R^2——**可决系数**(coefficient of determination);将回归平方和 Q_R 与残差平方和 Q_e 比较,形成统计量 F.

可决系数 R^2　回归平方和 Q_R 与总平方和 Q_T 之比

$$R^2=\frac{Q_R}{Q_T}=1-\frac{Q_e}{Q_T}, \tag{7.33}$$

称作(样本)**可决系数**①,亦称**可决指数**、**测定系数**.可决系数 R^2,等于总变动平方和中已被回归方程解释的部分所占的比重.因此 R^2 可以做回归值与实际观测值拟合优良程度的度量:R^2 越接近 1,说明二者的拟合越好.特别,若响应变量 Y 对回归变量 X 的回归是线性的,则 $R^2=r^2$,其中 r 是按(7.1)式计算的样本相关系数.

F 检验　在模型(7.25)式中,如果再假设随机误差 $e_j\sim N(0,\sigma^2)$,则可以用 F 检验来评价回归效果.检验使用统计量

$$F=\frac{Q_R}{Q_e/(n-2)}=\frac{Q_T-Q_e}{Q_e/(n-2)}=\frac{(n-2)R^2}{1-R^2}; \tag{7.34}$$

统计量 F 服从 F 分布,自由度为$(1,n-2)$.统计量 F 的值反映总变动平方和中“已被回归方程解释的部分相对残差”是否显著.因此,对于给定的显著性水平 α,若

$$F\begin{cases}\geqslant F_\alpha(1,n-2),\text{则认为回归效果显著},\\ <F_\alpha(1,n-2),\text{则认为回归效果不显著},\end{cases} \tag{7.35}$$

其中 $F_\alpha(1,n-2)$是自由度为$(1,n-2)$的 F 分布水平 α 上侧分位数(附表 8).

例 7.9　1) 检验例 7.7 中铁路年运营里程 Y 对年份 T 的回归效果;2) 检验例 7.8 中灌溉面积 Y 对最大积雪深度 X 的回归效果.

解　1) 由例 7.7 的计算结果知,残差平方和 $Q_e=0.001\,8$.现在由例 7.7 的数据求总平方和 Q_T:

---

① 关于(理论)可决系数可参见[8]第 82 页.

$$Q_T = \sum_{j=1}^{n} Y_j^2 - n\overline{Y}^2 = 285.0877 - 10 \times 5.339^2 = 0.03849.$$

于是，回归平方和

$$Q_R = Q_T - Q_e = 0.03849 - 0.0018 = 0.03669.$$

可决系数

$$R^2 = \frac{Q_R}{Q_T} = \frac{0.03669}{0.03849} = 0.9532.$$

由于 R^2 十分接近于 1，说明铁路年运营里程 Y 对年份 T 的回归效果非常显著.

2）由例 7.8 的计算结果知，$S_e^2 = 1.28125$；因此，残差平方和 $Q_e = 8 \times S_e^2 = 10.25$. 现在由例 7.6 的数据求总平方和 Q_T：

$$Q_T = \sum_{j=1}^{n} Y_j^2 - n\overline{Y}^2 = 6267.43 - 10 \times 24.35^2 = 338.205.$$

可决系数

$$R^2 = 1 - \frac{Q_e}{Q_T} = 1 - \frac{10.25}{338.205} = 0.9697.$$

由于 R^2 十分接近于 1，说明灌溉面积 Y 对最大积雪深度 X 的回归效果非常显著.

与例 7.6 不同，这里灌溉面积 Y 和最大积雪深度 X 都是随机变量. 因此，不妨假设 X 和 Y 的联合分布是正态分布，这样就可以利用 F 检验. 已知 $Q_e = 10.25$，而回归平方和

$$Q_R = Q_T - Q_e = 338.205 - 10.25 = 327.995.$$

由(7.34)式，有

$$F = \frac{Q_R}{Q_e/(n-2)} = \frac{327.995}{10.25/8} = 255.9961.$$

由附表 7，可见 $F_{0.01}(1,8) = 11.26$. 由于统计量 $F = 255.9961$ 远远大于 11.26，故 F 检验同样说明 Y 对 X 的回归效果非常显著.

4. *回归方程的应用*　假如经过检验，证明回归效果显著，则可以应用回归方程进行描述、预测和控制.(经验)回归方程 $\hat{Y} = \hat{a} + \hat{b}x$ 作为 Y 和 X 统计相依关系的经验公式，可以描绘变量 Y 随变量 X 的变化而变化的趋势，从而反映变量 X 和 Y 之间的(统计意义上的)因果关系. 第八章讨论时间数列时，将要利用回归方程进行趋势分析，以及进

行季节变动和循环变动的测定.我们只准备介绍利用回归方程进行预测和实施控制的基本思路和方法.

(1) 回归预测 指利用回归方程,由自变量 X 的值预测(估计)响应变量 Y 的值,包括点预测(定值预测)和区间预测.预测基于经验回归方程

$$\hat{Y}=\hat{a}+\hat{b}x, \tag{7.36}$$

其中 $\hat{a}$ 和 $\hat{b}$ 是回归系数的最小二乘估计.

1) 回归点预测 指对于给定的变量 X 的值 x,用回归值

$$\hat{Y}=\hat{a}+\hat{b}x$$

做对应于 $X=x$ 的变量 Y 的预测(估计)值.

2) 回归区间预测 为了进行区间预测,需要补充假设在模型(7.25)式中的随机误差 $e_1,e_2,\cdots,e_n$ 同服从正态分布 $N(0,\sigma^2)$.对于自变量 X 的给定的值 x,响应变量 Y 值的置信度为 $1-\alpha$ 的预测区间具有如下形式:

$$\begin{aligned}&(\hat{Y}-\delta(x),\hat{Y}+\delta(x))\\=&(\hat{a}+\hat{b}x-\delta(x),\hat{a}+\hat{b}x+\delta(x)),\end{aligned} \tag{7.37}$$

其中

$$\delta(x)=t_{\alpha,n-1}S_e\sqrt{1+\frac{1}{n}+\frac{(x-\overline{x})^2}{nS_x^2}}, \tag{7.37a}$$

$t_{\alpha,n-1}$是自由度为 $n-2$ 的 T 分布水平 α 双侧分位数(附表 7);S_e——由(7.30)式计算标准残差;n——样本容量;$\overline{x}$ 和 S_x^2 相应为建立回归方程(7.36)式所用变量 X 的值的 $x_1,x_2,\cdots,x_n$ 的平均值和(未修正)方差(见(7.28)式).

预测带 预测区间(7.37)式的下限 y_* 和上限 y^* 分别为

$$y_*=\hat{a}+\hat{b}x-\delta(x) \quad \text{和} \quad y^*=\hat{a}+\hat{b}x+\delta(x). \tag{7.38}$$

作为 X 的函数,其图形是以直线 $\hat{Y}=\hat{a}+\hat{b}x$ 为虚轴的双曲线的两个分支(图 7.1).夹在这两支之间的带状区域,称作回归直线 $Y=a+bx+e$ 的**预测带**:它以不小于 $1-\alpha$ 的概率包含直线 $Y=a+bx+e$.

例 7.10 在例 7.9 的条件下,对于不同的最大积雪深度可以预测下游灌溉面积.

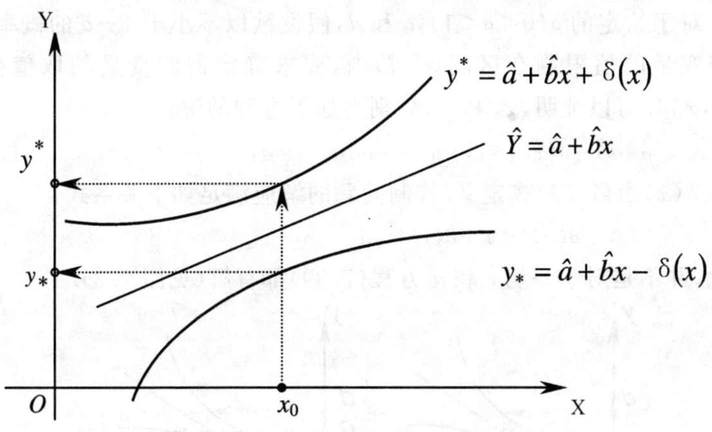

图 7.1　回归预测区间和预测带

事实上，由例 7.9 的计算结果知：样本容量 $n=10$；回归方程为

$$\hat{Y}=1.892\,0+3.581\,8X;$$

标准残差为 $S_e=1.131\,9$；$\overline{x}=6.27$，$\overline{x^2}=41.869$，$S_x^2=41.869-6.27^2=2.5561$. 其次由附表 6 查出自由度为 $n-2=8$ 的 T 分布水平 $\alpha=0.05$ 双侧分位数 $t_{0.05,8}=2.31$. 将所得数据代入(7.37a)式，得

$$\delta(x)=2.31\times1.131\,9\sqrt{1+\frac{1}{10}+\frac{(x-6.27)^2}{10\times2.556\,1}}$$

$$=2.614\,7\sqrt{1.1+0.018(x-6.27)^2}.$$

对于不同的最大积雪深度 X，得下游灌溉面积 Y 的如下预测结果(表 7.7)：

表 7.7　根据最大积雪深度 X(米)预测下游灌溉面积 Y(百公顷)

最大积雪深度 X	灌溉面积 Y 的点预测值	灌溉面积 Y 的 $\alpha=0.95$ 预测区间
3	12.6	(9.63，15.57)
6	23.4	(20.60，26.14)
9	34.1	(31.20，37.00)

（2）回归控制[*]　利用回归方程 $\hat{Y}=\hat{a}+\hat{b}x$，不但可以由回归变量 X 的值预测响应变量 Y 的值，而且可以通过控制回归变量 X 的值，对响应变量 Y 的值进行控制. 因此控制是预测的逆问题.

对于给定的 $\alpha(0<\alpha<1)$，c 和 d，假设欲以不小于 $1-\alpha$ 的概率，把响应变量的值限制在区间 (c,d) 内，要求确定回归变量的取值范围 (x_*,x^*). 可以证明，x_* 和 x^* 分别为如下方程的解：

$$\hat{a}+\hat{b}x-\delta(x_*)=c,\quad \hat{a}+\hat{b}x+\delta(x^*)=d, \tag{7.39}$$

其中 $\delta(x)$ 由(7.37)式定义. 控制问题的解应满足如下关系式：

$$c\leqslant\hat{Y}-\delta(x_*)<\hat{Y}+\delta(x^*)\leqslant d. \tag{7.39a}$$

因此，并不是对于一切 c 和 d 方程(7.39)都有解(见图 7.2).

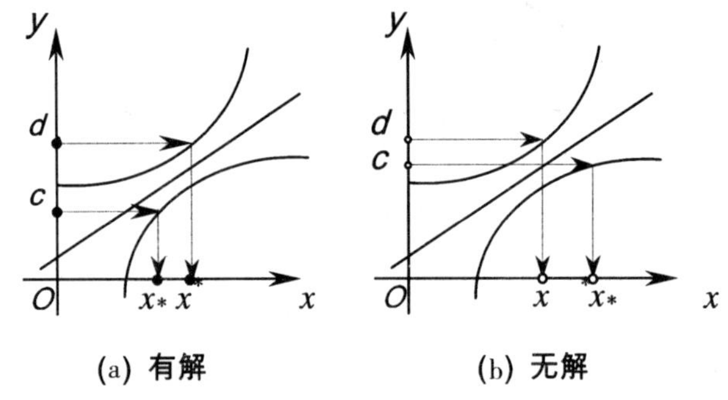

图 7.2　回归控制示意图

例 7.11　假设 X 是可以控制其取值的普通变量，而 Y 是正态随机变量. 在变量 X 取不同值的情况下分别对变量 Y 进行观测得表 7.8 的数据.

表 7.8　在不同 X 值下对变量 Y 的观测结果

X	0.25	0.37	0.44	0.55	0.60	0.62	0.68	0.70	0.73
Y	2.57	2.31	2.12	1.92	1.75	1.71	1.60	1.51	1.50
X	0.75	0.82	0.84	0.87	0.88	0.90	0.95	1.00	
Y	1.41	1.33	1.31	1.25	1.20	1.19	1.15	1.00	

1) 试建立 Y 对 X 的回归方程并检验回归效果；

2) 求 Y 值的 0.95 预测带；

3) 问为以概率 95%把 Y 的值限制在区间(1.40,1.90)内，需要把 X 的值控制在什么范围内？

解　首先，用最小二乘法建立 Y 对 X 的回归方程，得

$$\hat{Y}=3.04-2.1X;$$

按(7.29)式计算得，残差平方和 $Q_e=0.0465$，标准残差 $S_e=0.0557$；按(7.28c)式计算得

$$\overline{X}=0.6988;\quad S_x^2=0.0403.$$

进行回归效果的检验，使用统计量 F. 经计算，得总平方和 $Q_T=3.0724$；回归平方和 $Q_R=Q_T-Q_e=3.0259$. 于是，统计量

$$F=\frac{Q_R}{Q_e/(n-1)}=\frac{3.0259}{0.0465/15}=54.32.$$

统计量 F 的自由度为(1,15)；由附表 7 可见 $F_{0.01}(1,15)<4.60$. 由于 $F=54.32$ 远远大于 4.60，可见回归效果十分显著.

最后，求使 Y 值介于 1.40 和 1.90 之间的变量 X 的控制区间. 由附表 6 查出自由度为 $n-1=15$ 的 t 分布水平 $\alpha=0.05$ 双侧分位数 $t_{0.05,15}=2.13$. 将所得数据代入(7.37a)式，得

$$\delta(x)=0.1186\sqrt{1.0588+1.4612\times(x-0.698)^2}$$

将所得结果代入(7.39)式，得

$$1.40=3.04-2.10x_*-\delta(x_*),$$

$$1.90=3.04+2.10x^*+\delta(x^*).$$

得 $x_*\approx0.725$，$x^*\approx0.600$.

于是，为以概率 95%把 Y 的值限制在区间(1.40,1.90)内，需要把 X 的值控制在区间(0.600,0.725)内.

7.3.2 多元线性回归分析*

含两个或两个以上回归变量的回归分析称作多元回归分析. 多元线性回归模型的形式、统计推断问题的提法及其应用，与一元线性回归模型完全一致. 与一元线性回归分析比较，多元线性回归分析的内容更丰富，除运算量比较大的特点之外，还有回归变量的筛选等问题. 多元回归分析的内容，已经超出本课程大纲的范围，因此我们只准备作简单介绍.

多元回归分析，研究一个变量 Y 与 $p(p\geqslant2)$ 个变量 $X_1,X_2,\cdots,X_p$ 的统计相依关系，寻求这种关系的恰当数学表达式. 对于多元线性回

归，这种表达式具有线性结构．我们主要介绍二元线性回归分析．

1．二元线性回归模型　对于多元线性回归，二元线性回归的原理、方法和应用具有典型性，因此掌握了二元线性回归的思路和方法，就容易掌握和理解含更多回归变量的线性回归模型．

（1）二元线性回归的变量关系　假设（响应）变量 Y 与变量 X_1, X_2 有如下线性关系：

$$Y=b_0+b_1X_1+b_2X_2+e, \tag{7.40}$$

其中 b_0, b_1, b_2 是未知常数，称作回归系数；变量 X_1, X_2 可以是普通变量，也可以是随机变量；e 是随机误差．

（2）二元线性回归的数据结构　假设变量 X_1 和 X_2 各取 n 个值 $x_{11}, x_{12}, \cdots, x_{1n}$ 和 $x_{21}, x_{22}, \cdots, x_{2n}$；$Y_j(j=1,2,\cdots,n)$ 是在 $X_1=x_{1j}$ 和 $X_2=x_{2j}$ 的条件下，对变量 Y 的观测值，满足与模型（7.40）式类似的关系：

$$\begin{aligned} &Y_1=b_0+b_1x_{11}+b_2x_{21}+e_1, \\ &\cdots\ \cdots\ \cdots\ \cdots\ \cdots \\ &Y_n=b_0+b_1x_{1n}+b_2x_{2n}+e_n. \end{aligned} \tag{7.41}$$

其中 $e_1, e_2, \cdots, e_n$ 是各次观测的随机误差；其矩阵形式为

$$Y=Xb+e, \tag{7.41a}$$

其中 Y——n 维列向量（观测向量），X——$n\times 3$ 矩阵（设计矩阵），b——3 维列向量（参向量），e——n 维列向量（随机误差向量）：

$$Y=\begin{bmatrix} Y_1 \\ Y_2 \\ \vdots \\ Y_n \end{bmatrix}, X=\begin{bmatrix} 1 & x_{11} & x_{21} \\ 1 & x_{12} & x_{22} \\ \vdots & \vdots & \vdots \\ 1 & x_{1n} & x_{2n} \end{bmatrix}, b=\begin{bmatrix} b_0 \\ b_1 \\ b_2 \end{bmatrix}, e=\begin{bmatrix} e_1 \\ e_2 \\ \vdots \\ e_n \end{bmatrix}. \tag{7.41b}$$

（3）二元线性回归模型的假设　二元线性回归模型统计分析，要求其中的随机误差 $e_1, e_2, \cdots, e_n$ 满足如下一些基本条件．

1）观测无系统误差　$\mathbf{E}e_1=\mathbf{E}e_2=\cdots=\mathbf{E}e_n=0$；

2）等方差性　各次观测的精度相同，即 $\mathbf{D}e_1=\mathbf{D}e_2=\cdots=\mathbf{D}e_n=\sigma^2$；

3）独立性　各次观测的随机误差 $e_1, e_2, \cdots, e_n$ 相互独立，因而 $Y_1, Y_2, \cdots, Y_n$ 也相互独立．

4）设计矩阵满秩　假设矩阵的秩等于 3，此条件等价于行列式 $|XX|\neq 0$①.

统计推断的基本问题　多元线性回归分析统计推断基本问题也是估计问题和检验问题:估计回归系数 b_0,b_1,b_2 和随机误差的方差 σ^2;检验回归效果.

(4) 回归系数的最小二乘估计　回归系数 b_0,b_1,b_2 的最小二乘估计 $\hat{b}_0,\hat{b}_1,\hat{b}_2$ 是使残差平方和

$$Q_e = Q(\hat{b}_0,\hat{b}_1,\hat{b}_2) = \sum_{j=1}^{n}(Y_j - \hat{b}_0 - \hat{b}_1 x_j - \hat{b}_2 x_j)^2 \tag{7.42}$$

取最小值的估计量.利用微积分中求极值和最小值的方法,由条件

$$\frac{\partial Q}{\partial \hat{b}_0}=0,\quad \frac{\partial Q}{\partial \hat{b}_1}=0,\quad \frac{\partial Q}{\partial \hat{b}_2}=0, \tag{7.43}$$

可得关于 $\hat{b}_0,\hat{b}_1,\hat{b}_2$ 的方程组:

$$\begin{cases}\hat{b}_0+\overline{x}_1\hat{b}_1+\overline{x}_2\hat{b}_2=\overline{Y},\\ \overline{x}_1\hat{b}_0+\overline{x_1^2}\hat{b}_1+\overline{x_1x_2}\hat{b}_2=\overline{x_1Y},\\ \overline{x}_2\hat{b}_0+\overline{x_1x_2}\hat{b}_1+\overline{x_2^2}\hat{b}_2=\overline{x_2Y},\end{cases} \tag{7.44}$$

其中

$$\overline{x}_i = \frac{1}{n}\sum_{j=1}^{n}x_{ij},\overline{x_i^2} = \frac{1}{n}\sum_{j=1}^{n}x_{ij}^2,x_1x_2 = \sum_{j=1}^{n}x_{1j}x_{2j},$$

$$\overline{Y} = \frac{1}{n}\sum_{j=1}^{n}Y_j,\overline{x_iY} = \frac{1}{n}\sum_{j=1}^{n}x_{ij}Y_j(i = 1,2). \tag{7.44a}$$

方程组(7.44)称作**正规方程组**,其解即回归系数 b_0,b_1,b_2 的最小二乘估计:

$$\begin{aligned}&\hat{b}_0=\overline{Y}-\overline{x}_1\hat{b}_1-\overline{x}_2\hat{b}_2,\\ &\hat{b}_1=\frac{\overline{x_1Y}s_2^2-\overline{x_2Y}c_{12}}{s_1^2s_2^2-c_{12}^2},\hat{b}_2=\frac{\overline{x_2Y}s_1^2-\overline{x_1Y}c_{12}}{s_1^2s_2^2-c_{12}^2},\end{aligned} \tag{7.45}$$

其中

$$s_i^2 = \frac{1}{n}\sum_{j-1}^{n}(x_{ij} - \overline{x}_i)^2 \quad (i = 1,2);$$

---

① 对于任意矩阵 A,以 A^T 表示矩阵 A 的转置.

$$c_{12} = \frac{1}{n}\sum_{j=1}^{n}(x_{1j} - \bar{x}_1)(x_{2j} - \bar{x}_2).$$

最小二乘估计的矩阵表示 回归系数 b_0,b_1,b_2 的最小二乘估计可以表示为：

$$\hat{b}=(X^TX)^{-1}X^TY. \tag{7.46}$$

回归方程 有了回归系数的估计量 $\hat{b}_0,\hat{b}_1,\hat{b}_2$，就可以建立(经验)回归方程：

$$\hat{Y}=\hat{b}_0+\hat{b}_1x_1+\hat{b}_2x_2. \tag{7.47}$$

方差的估计量 不难证明，最小二乘估计 $\hat{b}_0,\hat{b}_1,\hat{b}_2$ 是回归系数 b_0，b_1,b_2 的无偏估计量；均方残差

$$\begin{aligned} S_e^2 &= \frac{1}{n-3}\sum_{j=1}^{n}(Y_j - \hat{b}_0 - \hat{b}_1x_{1j} - \hat{b}_2x_{2j})^2 \\ &= \frac{1}{n-3}Y^T[I - X(X^TX)X^T]^{-1}Y \end{aligned} \tag{7.48}$$

是方差 σ^2 的无偏估计量，其中 I 是 n 阶单位矩阵.

(5) 回归效果的评价 像一元线性回归分析一样，在建立了回归方程之后，需要用统计检验的方法对回归效果进行评价. 回归效果的检验，基于离差平方和的分解. 总平方和、回归平方和 Q_R 及残差平方和 Q_e 的计算公式，形式上与一元线性回归分析完全一样：

$$\begin{aligned} Q_T &= \sum_{j=1}^{n}(Y_j - \bar{Y})^2 = \sum_{j=1}^{n}Y_j^2 - n\bar{Y}^2 \qquad \text{(总平方和)}, \\ Q_R &= \sum_{j=1}^{n}(\hat{Y}_j - \bar{\hat{Y}})^2 = \sum_{j=1}^{n}(\hat{Y}_j - \bar{Y})^2 \qquad \text{(回归平方和)}, \\ Q_e &= \sum_{j=1}^{n}(Y_j - \hat{Y}_j)^2 \qquad \text{(残差平方和)}, \end{aligned} \tag{7.49}$$

其中 $\bar{Y}$ 是 $Y_1,Y_2,\cdots,Y_n$ 的算术平均值；

$$\hat{Y}_j=\hat{b}_0+\hat{b}_1x_{1j}+\hat{b}_2x_{2j}$$

是 $Y_j(j=1,2,\cdots,n)$ 的回归值. 易见，$\hat{Y}_1,\hat{Y}_2,\cdots,\hat{Y}_n$ 的算术平均值 $\bar{\hat{Y}}=\bar{Y}$. 不难证明，总平方和 Q_T 等于回归平方和 Q_R 与残差平方和 Q_e 之和：

$$Q_T=Q_R+Q_e. \tag{7.50}$$

1) 回归效果的显著性检验 像一元线性回归分析一样，检验回归效果基于离差平方和的比较. 将回归平方和 Q_R 与总平方和 Q_T 进行比

较,形成统计量 R^2——**可决系数**;将回归平方和 Q_R 与残差平方和 Q_e 比较,形成统计量 F.

可决系数 回归平方和 Q_R 与总平方和 Q_T 之比

$$R^2=\frac{Q_R}{Q_T}=1-\frac{Q_e}{Q_T}, \tag{7.51}$$

称作(样本)**复可决系数**①,等于总变动平方和中已被回归方程解释的部分的比重.因此,R^2 可以做回归值与实际观测值拟合优良程度的度量:R^2 越接近于1,说明回归效果越显著.

F 检验 在模型(7.25)中,如果再假设随机误差 $e_j\sim N(0,\sigma^2)$,则可以用 F 检验来评价回归效果.检验使用统计量

$$F=\frac{Q_R/2}{Q_e/(n-3)}=\frac{(Q_T-Q_e)/2}{Q_e/(n-3)}=\frac{(n-3)R^2}{2(1-R^2)}; \tag{7.52}$$

统计量 F 服从 F 分布,自由度为$(1,n-3)$.统计量 F 的值反映总变动平方和中"已被回归方程解释的部分"相对残差而言是否显著.因此,对于给定的显著性水平 α,若

$$F\begin{cases}\geqslant F_\alpha(2,n-3),\text{则认为回归效果显著},\\ <F_\alpha(2,n-3),\text{则认为回归效果不显著},\end{cases} \tag{7.53}$$

其中 $F_\alpha(2,n-3)$是自由度为$(2,n-3)$的 F 分布水平 α 上侧分位数(附表8).

2)回归系数的显著性检验 回归效果显著,并不说明每个回归变量的作用显著.例如,某个回归系数较小时,相应的回归变量的作用就值得怀疑,因而就产生了回归系数的检验问题,即需要检验假设 $\mathrm{H}_0:b_i=0$.如果假设 H_0 被否定,则说明回归变量 X_i 的作用显著,否则说明 X_i 的作用不显著,因而应将 X_i 从模型中剔除.

t 检验 假设 $\mathrm{H}_0:b_i=0$ 的检验,可以使用统计量

$$t_1=\frac{\hat{b}_1}{S_e\cdot\sqrt{c_{11}}},\quad t_2=\frac{\hat{b}_2}{S_e\cdot\sqrt{c_{22}}}, \tag{7.54}$$

其中 $\hat{b}_i$——回归系数 b_i 的最小二乘估计;S_e——由(7.48)式计算的标

① 关于(理论)复可决系数可参见[8]第82页.若 Y 对变量 $X_1,X_2,\cdots,X_p$ 的(理论)回归关于 $X_1,X_2,\cdots,X_p$ 是线性的,则 R 就是 Y 关于 $X_1,X_2,\cdots,X_p$ 的复相关系数.

准残差；c_{11}和c_{22}是矩阵

$$(X^TX)^{-1}=\begin{bmatrix} c_{00} & c_{01} & c_{02} \\ c_{10} & c_{11} & c_{12} \\ c_{20} & c_{21} & c_{22} \end{bmatrix}$$

主对角线上的第 2 和 3 个元素. 如果统计量 T 的绝对值

$$|t|\begin{cases}\geqslant t_{\alpha,\nu}, \text{则认为回归变量的作用显著；} \\ < t_{\alpha,\nu}, \text{则认为回归变量的作用不显著.}\end{cases}$$

其中 $t_{\alpha,\nu}$—— 自由度为 ν 的分布水平 α 双侧分位数(附表 6)，而 $\nu=n-3$.

(6) 回归预测 假如经过检验，证明回归效果显著，则可以应用回归方程进行描述、预测和控制，方法与一元回归完全类似. 我们只准备介绍二元线性回归的预测，即利用回归方程，由自变量 X 的值预测(估计)响应变量 Y 的值，包括点预测(定值预测)和区间预测. 预测基于经验回归方程

$$\hat{Y}=\hat{b}_0+\hat{b}_1x_1+\hat{b}_2x_2, \tag{7.55}$$

其中 $\hat{b}_0,\hat{b}_1,\hat{b}_2$ 是回归系数的最小二乘估计.

回归点预测 指对于给定的变量 x_1 和 x_2 的值 x_1 和 x_2，用回归值 $\hat{Y}=\hat{b}_0+\hat{b}_1x_1+\hat{b}_2x_2$ 做 $Y=b_0+b_1x_1+b_2x_2+e$ 的预测(估计)值.

回归区间预测 为进行区间预测，需要补充假设(7.25)式的模型中的随机误差 $e_1,e_2,\cdots,e_n$ 同服从正态分布 $N(0,\sigma^2)$. 对于自变量 X_1 和 X_2 的给定的值 x_1 和 x_2，响应变量

$$Y=b_0+b_1x_1+b_2x_2+e$$

值的置信度为 $1-\alpha$ 的预测区间具有如下形式：

$$(\hat{Y}-\delta(x),\hat{Y}+\delta(x)), \tag{7.56}$$

其中

$$\delta(x)=t_{\alpha,n-3}S_e\cdot\sqrt{1+x^T(X^TX)^{-1}x}, \tag{7.56a}$$

$t_{\alpha,\nu}$—— 自由度为 ν 的 T 分布水平为 α 的双侧分位数(附表 6)，而 $\nu=n-3$；S_e—— 由(7.48)式计算标准残差；n—— 样本容量；X—— 由(7.41b)式给出的设计矩阵，$X=(1,X_1,X_2)^T$—— 三维列向量.

例 7.12 一公司的某种商品在 15 个城市的销售额 Y(单位：万

元),以及各城市人口数 X_1(单位:千人)和户人均总收入 X_2(单位:元),见表 7.9 的统计资料.

表 7.9 销售额 Y,城市人口数 X_1 和户平均总收入 X_2 的统计资料

城市编号 i	1	2	3	4	5	6	7	8
城市人口数 X_1(千人)	274	180	375	205	86	265	98	330
户平均总收入 X_2(元)	2 450	3 254	3 802	2 838	2 347	3 782	3 008	2 450
销售额 Y(万元)	162	120	223	131	67	169	81	192
城市编号 i	9	10	11	12	13	14	15	
城市人口数 X_1(千人)	195	53	430	372	236	157	370	
户平均总收入 X_2(元)	2 137	2 560	4 020	4 427	2 660	2 088	2 605	
销售额 Y(万元)	116	55	252	232	144	103	212	

假设在 Y 与 X_1,X_2 之间存在线性统计相依关系.

1) 求 Y 对 (X_1,X_2) 的线性回归方程;

2) 求方差 σ^2 的无偏估计;

3) 检验回归效果是否显著(取 $\alpha=0.05$);

4) 检验回归系数的显著性(取 $\alpha=0.05$);

5) 当 $X_1=220,X_2=2\,500$ 时,求观测值 Y 的 90%预测区间.

解 1) 经验回归方程 根据(7.46)式用矩阵运算建立经验回归方程.已知

$$Y=\begin{bmatrix}162\\120\\\vdots\\212\end{bmatrix},X=\begin{bmatrix}1&274&2\,450\\1&180&3\,254\\\vdots&\vdots&\vdots\\1&370&2\,605\end{bmatrix};$$

则

$$X^TX=\begin{bmatrix}15&3\,626&44\,428\\3\,626&1\,067\,614&1\,141\,918\\44\,428&1\,141\,918&139\,063\,428\end{bmatrix},X^TY=\begin{bmatrix}2\,259\\647\,107\\7\,096\,619\end{bmatrix};$$

$$(X^TX)^{-1}=$$

$$\begin{bmatrix}1.246\,348\,4&2.129\,66\times10^{-4}&-4.156\,71\times10^{-4}\\2.129\,66\times10^{-4}&7.732\,9\times10^{-4}&-7.030\,3\times10^{-7}\\-4.156\,71\times10^{-4}&-7.030\,3\times10^{-7}&1.977\,2\times10^{-7}\end{bmatrix},$$

于是，由(7.46)式，得回归系数的最小二乘估计

$$\hat{b}=\begin{bmatrix}\hat{b}_0\\\hat{b}_1\\\hat{b}_2\end{bmatrix}=(X^TX)^{-1}X^TY=\begin{bmatrix}3.453\\0.496\\0.009\ 2\end{bmatrix}.$$

从而，得经验回归方程为

$$\hat{Y}=3.453+0.496X_1+0.009\ 2X_2.$$

由此，得 Y_j 值的回归值(见表 7.10).

表 7.10　销售额 Y 的实际值 Y_j 和回归值 $\hat{Y}_j$

Y_j	162	120	223	131	67	169	81	192
$\hat{Y}_j$	161.896	122.667	224.429	131.241	67.699	169.685	79.732	189.672
Y_j	116	55	252	232	144	103	212	
$\hat{Y}_j$	119.832	53.291	253.715	228.691	144.98	100.533	210.938	

由表 7.10，经计算得残差平方和及回归平方和：

$$Q_e=\sum_{j=1}^{15}(Y_j-\hat{Y}_j)^2\approx 52.60,$$

$$Q_R=\sum_{j=1}^{15}(\hat{Y}_j-\overline{Y})^2\approx 53\ 849.$$

2) 方差的估计量　由(7.48)式可得均方残差——方差的无偏估计量：

$$S_e^2=\frac{1}{n-3}Q_e\approx\frac{52.6}{12}=4.383\ \dot{3}\approx 2.096^2.$$

3) 检验回归效果　由(7.52)式，得检验的统计量

$$F=\frac{Q_R/2}{Q_e/12}=\frac{53\ 849/2}{52.6/12}\approx 6\ 142.47.$$

查附表 7，得

$$F_{0.05}(2,12)=3.89<6\ 142.47.$$

由此可见，回归效果在水平 $\alpha=0.05$ 下显著.

4) 检验回归系数的显著性　由(7.54)式，有

$$t_1=\frac{\hat{b}_1}{S_e\cdot\sqrt{c_{11}}}=\frac{0.496}{2.093\ 6\cdot\sqrt{7.732\ 9\times 10^{-4}}}\approx 8.519\ 4,$$

$$t_2=\frac{\hat{b}_2}{S_e \cdot \sqrt{c_{22}}}=\frac{0.009\,2}{2.093\,6 \cdot \sqrt{1.977\times10^{-7}}}\approx 9.882\,9.$$

查附表 6，得 $t_{0.05,12}=2.18$. 由此可见，回归系数在水平 $\alpha=0.05$ 下显著.

5）预测区间　当 $X_1=220, X_2=2\,500$ 时，记 $x^T=[1\ 220\ 2\,500]$，则平均销售量的点估计值为

$$\hat{Y}_0=x^T\hat{b}=[1\ 220\ 2\,500]\begin{bmatrix}3.453\\0.496\\0.009\,2\end{bmatrix}\approx 135.573\,0.$$

有

$$(X^TX)^{-1}=\begin{bmatrix}1.246\,348\,4 & 2.129\,66\times10^{-4} & -4.156\,71\times10^{-4}\\ 2.129\,66\times10^{-4} & 7.732\,9\times10^{-4} & -7.030\,3\times10^{-7}\\ -4.156\,71\times10^{-4} & -7.030\,3\times10^{-7} & 1.977\,2\times10^{-7}\end{bmatrix}$$

$$x^T(X^TX)^{-1}x=0.098.$$

那么，

$$\delta(x)=S_e t_{0.10,12}\sqrt{1+x^T(X^TX)^{-1}x}$$
$$=2.093\,6\times{}^{2.179}\sqrt{1+0.098\,4}=4.781\,2.$$

根据(7.56)式，可见当 $X_1=220, X_2=2\,500$ 时，Y 的 90%预测区间为

$$(\hat{Y}_0-\delta(x), \hat{Y}_0+\delta(x))=(131.508, 139.632).$$

2. *多元线性回归分析**　多元线性回归模型宜用矩阵表示，与二元线性回归模型几乎完全一样，只需把回归变量从两个扩充到任意 $p(p\geqslant 2)$个. 因此，以下只介绍多元回归分析的要领，而实例见例 7.12 和例 7.14.

（1）多元线性回归模型　假设变量 Y 与 $p(p\geqslant 2)$个变量 $X_1, X_2, \cdots, X_p$ 有如下线性统计相依关系：

$$Y=b_0+b_1x_1+\cdots+b_px_p+e, \tag{7.57}$$

其中 $b_0, b_1, \cdots, b_p$ 是未知常数，称作回归系数；变量 $X_1, \cdots, X_p$ 可以是普通变量，也可以是随机变量；e 是随机误差. 假设变量 X_i 取 n 个值 $X_{i1}, X_{i2}, \cdots, X_{in}(i=1,2,\cdots,p)$；$Y_j$ 是在 $X_1=X_{1j}, \cdots, X_p=X_{pj}(j=1,2,\cdots,n)$的条件下，对变量 Y 的观测值，满足与(7.57)式类似的关系：

$$Y_1=b_0+b_1x_{11}+\cdots+b_px_{p1}+e_1,$$
$$\cdots\ \cdots\ \cdots\ \cdots\ \cdots$$
$$Y_n=b_0+b_1x_{1n}+\cdots+b_px_{pn}+e_n, \tag{7.58}$$

其中 $e_1,e_2,\cdots,e_n$ 是各次观测的随机误差;其矩阵形式为

$$Y=Xb+e, \tag{7.58a}$$

其中 Y——n 维列向量(观测向量),X——$n\times p$ 矩阵(设计矩阵),b——$p+1$ 维列向量(参向量),e——n 维列向量(随机误差向量):

$$Y=\begin{bmatrix}Y_1\\Y_2\\\vdots\\Y_n\end{bmatrix},X=\begin{bmatrix}1&x_{11}&x_{21}&\cdots&x_{p1}\\1&x_{12}&x_{22}&\cdots&x_{p2}\\\vdots&\vdots&\vdots&\cdots&\vdots\\1&x_{1n}&x_{2n}&\cdots&x_{pn}\end{bmatrix},b=\begin{bmatrix}b_0\\b_1\\\vdots\\b_p\end{bmatrix},e=\begin{bmatrix}e_1\\e_2\\\vdots\\e_n\end{bmatrix}. \tag{7.58b}$$

多元线性回归模型的假设 多元线性回归模型统计分析,要求其中的随机误差 $e_1,e_2,\cdots,e_n$ 满足如下基本条件:

1)观测无系统误差 $\mathbf{E}e_1=\mathbf{E}e_2=\cdots=\mathbf{E}e_n=0$;

2)等方差性 各次观测的精度相同,即 $\mathbf{D}e_1=\mathbf{D}e_2=\cdots=\mathbf{D}e_n=\sigma^2$;

3)独立性 各次观测的统计误差 $e_1,e_2,\cdots,e_n$ 相互独立,因而 $Y_1,Y_2,\cdots,Y_n$ 也相互独立;

4)设计矩阵满秩 假设矩阵的秩等于 p,此条件等价于行列式 $|X^TX|\neq 0$①.

(2) 回归系数的最小二乘估计 回归系数 $b_0,b_1,\cdots,b_p$ 的最小二乘估计 $\hat{b}_0,\hat{b}_1,\cdots,\hat{b}_p$ 是使残差平方和

$$Q_e=Q(\hat{b}_0,\hat{b}_1,\cdots,\hat{b}_p)=\sum_{j=1}^{n}(Y_j-\hat{b}_0-\hat{b}_1x_{1j}-\cdots-\hat{b}_px_{pj})^2 \tag{7.59}$$

取最小值的估计量;回归系数的最小二乘估计,可以通过(7.58b)式的**观测向量 Y,设计矩阵 X** 表示为

$$\hat{b}=(X^TX)^{-1}X^TY, \tag{7.60}$$

其中 $\hat{b}=[b_0,b_1,\cdots,b_p]^T$ 是回归系数的最小二乘估计列向量.

回归方程 有了回归系数的估计量 $\hat{b}_0,\hat{b}_1,\cdots,\hat{b}_p$,就可以建立(经验)回归方程:

---

① 我们在此不讨论非满秩模型.对于非满秩模型,统计推断问题变得复杂.

$$\hat{Y}=\hat{b}_0+\hat{b}_1x_1+\cdots+\hat{b}_px_p. \tag{7.61}$$

方差的估计量 不难证明,最小二乘估计 $\hat{b}_0,\hat{b}_1,\cdots,\hat{b}_p$ 是回归系数 $b_0,b_2,\cdots,b_p$ 的无偏估计量;均方残差

$$\begin{aligned}S_e^2&=\frac{1}{n-p-1}\sum_{j=1}^{n}(Y_j-\hat{b}_0-\hat{b}_1x_{1j}-\cdots-\hat{b}_px_{pj})^2\\&=\frac{1}{n-p-1}Y^T[I-X(X^TX)X^T]Y\end{aligned} \tag{7.62}$$

是方差 σ^2 的无偏估计量,其中 I 是 n 阶单位矩阵.

(3) 回归效果的评价 回归效果的检验,基于离差平方和的分解.回归平方和 Q_R 及残差平方和 Q_e 的计算公式,形式上与二元线性回归分析完全一样(见(7.49)式).

1) 回归效果的显著性检验 检验回归效果基于离差平方和的比较.将回归平方和 Q_R 与总平方和 Q_T 进行比较,形成统计量 R^2——**可决系数**;将回归平方和 Q_R 与残差平方和 Q_e 比较,形成统计量 F.

可决系数 回归平方和 Q_R 与总平方和 Q_T 之比,即(样本)复可决系数

$$R^2=\frac{Q_R}{Q_T}=1-\frac{Q_e}{Q_T} \tag{7.63}$$

可以做回归值与实际观测值拟合优良程度的度量:R^2 越接近 1,说明回归效果越显著.

F 检验 在模型(7.58)式中,如果再假设随机误差 $e_j\sim N(0,\sigma^2)$,则可以用 F 检验来评价回归效果.检验使用统计量

$$F=\frac{Q_R/p}{Q_e/(n-p-1)}=\frac{(n-p-1)R^2}{p(1-R^2)}; \tag{7.64}$$

统计量 F 服从 F 分布,自由度为$(p,n-p-1)$.对于给定的显著性水平 α,若

$$F\begin{cases}\geqslant F_\alpha(p,n-p-1),\text{则认为回归效果显著},\\<F_\alpha(p,n-p-1),\text{则认为回归效果不显著},\end{cases} \tag{7.65}$$

其中 $F_\alpha(p,n-p-1)$是自由度为$(p,n-p-1)$的 F 分布水平 α 上侧分位数(附表 7).

2) 回归系数的显著性检验 回归效果显著,并不说明每个回归变量的作用显著.例如,某个回归系数较小时,相应的回归变量的作用就

值得怀疑，因而就产生了回归系数的检验问题，即需要检验假设 $H_0: b_i=0$. 如果假设 H_0 被否定，则说明回归变量 X_i 的作用显著，否则说明 X_i 的作用不显著，因而应将 X_i 从模型中剔除.

T **检验** 假设 $H_0: b_i=0$ 的检验，可以使用统计量

$$t_i=\frac{\hat{b}_i}{S_e\sqrt{c_{ii}}},\tag{7.66}$$

其中 $\hat{b}_i$——回归系数 b_i 的最小二乘估计；S_e——由(7.60)式计算的标准残差；c_{ii}——矩阵 $(\boldsymbol{X}\boldsymbol{X}^{-1})$ 主对角线上第 $i+1$ 个元素. 如果统计量 T 的绝对值

$$|t|\begin{cases}\geqslant t_{\alpha\nu}, & \text{则认为回归变量的作用显著；}\\ < t_{\alpha\nu}, & \text{则认为回归变量的作用不显著.}\end{cases}$$

其中 $t_{\alpha\nu}$——自由度为 ν 的分布水平 α 双侧分位数(附表 6)，而 $\nu=n-p-1$.

7.3.3 非线性回归分析*

实际中，虽然线性回归模型得到广泛应用，但是在许多情形下非线性模型更符合实际. 与线性回归模型相比，虽然非线性回归模型往往需要比较复杂的计算，然而在计算机和统计软件已经非常普及的今天，这样的计算已经不成问题. 对于理解和研究非线性回归模型，理解和掌握线性回归模型十分必要. 许多非线性回归模型可以"线性化"，然后可以利用线性回归分析的一整套方法处理. 非线性回归模型的线性化，是处理非线性回归模型最常用的方法. 处理非线性回归问题，不像线性回归分析方法那样完善和圆满，有时只能用近似的线性方法，理论分析往往也比较困难. 我们只准备简单介绍线性化方法.

1. 线性化方法 假设变量 Y 与 $p(p\geqslant 2)$ 个变量 $X_1, X_2, \cdots, X_p$ 的统计相依关系是非线性的：

$$Y=f(X_1, X_2, \cdots, X_p; \varepsilon),\tag{7.67}$$

其中 ε 表示随机误差. 如果经过变量的替换，即通过引进新的变量：

$$z=g(y), u_i=f_i(x_i) \quad 或 \quad u_i=f(x_1, x_2, \cdots, x_p),$$

而新变量的关系可以表示为：

$$Z=b_0+b_1u_1+\cdots+b_pu_p+e, \tag{7.68}$$

则称非线性回归模型为**可线性化的**.经线性化将非线性回归模型变为线性回归模型.

2.可线性化模型的示例

(1)准线性函数

$$y=b_0+b_1f(x).$$

例如,设

$$f(x)=\frac{1}{x},f(x)=\ln x,f(x)=x^2,\cdots,$$

可化为 $y=b_0+b_1u$.

(2)指数函数

$$y=ae^{bf(x)} \quad 或 \quad y=c+ae^{bf(x)},$$

其中 c 是已知常数,可化为

$$Z=\ln(y-c)=\ln a+bu,$$

(3)幂函数 $y=ax^b$,可化为

$$z=\ln a+b\ln x.$$

(4)增长函数 亦称 S **型函数或逻辑斯谛函数**(logistic function):

$$y=\frac{1}{a+be^{-\lambda x}}, \tag{7.69}$$

其中 λ 是已知数.函数(7.69)式的曲线如图 7.3 所示,在生物、农业、工程以及经济科学中生成增长曲线的过程是很常见的,函数(7.69)式可化为

$$z=\frac{1}{y}=\ln a+bu.$$

(5)多项式 函数 $y=b_0+b_1x+b_2x^2+\cdots+b_px^p$,可化为 $p(p\geqslant 2)$ 个变量 $u_1,u_2,\cdots,u_p$ 的线性函数——多项式:

$$y=b_0+b_1u_1+b_2u_2+\cdots+b_pu_p,$$

其中 $u_i=x^i(i=1,2,\cdots,p)$.

(6)多元幂函数 $y=Ax_1^{\alpha}x_2^{\beta}\cdots x_p^{\gamma}$,可线性化为多项式:

$$z=b_0+b_1u_1+\cdots+b_pu_p$$

其中 $z=\ln y;b_0=\ln A;u_i=\ln x_i(i=1,2,\cdots,p)$.

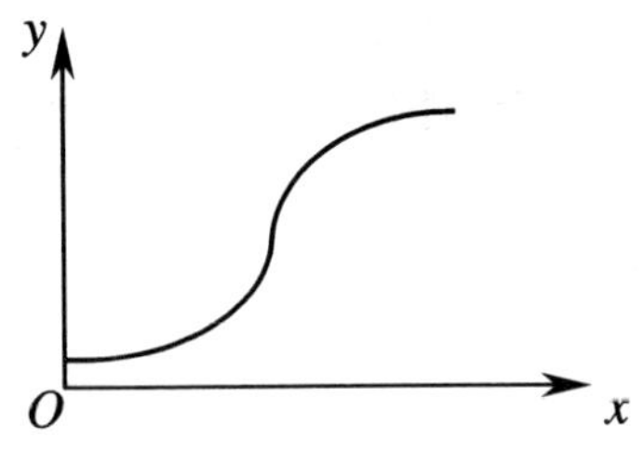

图 7.3　增长函数曲线示意图

例 7.13　表 7.11 是我国 1986 年～1995 年人工海水养殖品产量 Y(单位:万吨)的统计资料. 试根据表 7.11 的统计资料建立人工海水养殖品产量 Y 对年份 t 的经验回归方程,并计算标准残差 S_e.

表 7.11　我国 1986 年～1995 年人工海水养殖品产量 Y(单位:万吨)

年份 T	1986	1987	1988	1989	1990	1991	1992	1993	1994	1995
$X=t-1985$	1	2	3	4	5	6	7	8	9	10
产量 Y	86	110	142	158	162	190	242	309	346	412
回归值 $\hat{Y}$	98	107	123	145	173	208	249	296	349	409

解　记 $x=t-1\,985$. 易见,点 $(k,Y)(k=1,2,\cdots,10)$ 所形成的散点图的趋势形似一条抛物线. 因此,我们试用函数

$$Y=a+bx^2=a+b(t-1\,985)^2$$

来近似地表示产量 Y 对 X(对 T)的统计相依关系. 在上式中设 $u=X^2$,则由(7.29)式即可得到系数 a 和 b 的最小二乘估计,从而得经验回归方程

$$\hat{Y}=94.68+3.14(T-1\,985)^2.$$

将年份 T 分别代入经验回归方程,求得相应的回归值 $\hat{Y}$,即表 7.11 最后一行. 最后,由(7.30)式得均方残差:

$$S_e^2=\frac{1}{8}\sum_{j=1}^{10}(Y_j-\hat{Y}_j)^2=165.5;$$

于是,标准残差 $S_e=12.864\,68$.

例 7.14　我国在 1985 年至 1997 年的国内生产总值 Y(亿元)、从业人员人数 L(万人)和全社会固定资产投资 K(亿元)的统计数据见表 7.12 中前四列,

1）求 Y 对 (K,L) 的经验回归方程.

2）检验回归效果是否显著(取 $\alpha=0.05$).

3）检验回归系数的显著性(取 $\alpha=0.05$).

表 7.12　我国国内生产总值 Y、从业人数 L 和固定资产投资 K

年份	Y	K	L	$Y_1=\ln Y$	$X_1=\ln K$	$X_2=\ln L$
1985	8 964.4	2 543.2	49 873	9.101 0	7.841 2	10.817 2
1986	10 202.2	3 120.6	51 282	9.230 4	8.045 8	10.845 1
1987	11962.5	3 791.7	52 783	9.389 5	8.240 6	10.873 9
1988	14 928.3	4 753.8	54 334	9.611 0	8.466 7	10.902 9
1989	16 909.2	4 410.4	55 329	9.735 6	8.391 7	10.921 1
1990	18 547.9	4 517.0	63 909	9.828 1	8.415 6	11.065 2
1991	21 617.8	5 594.5	64 799	9.981 3	8.629 5	11.079 0
1992	26 638.1	8 080.1	66 373	10.190 1	8.997 2	11.090 6
1993	34 634.4	13 072.3	65 554	10.452 6	9.478 3	11.103 0
1994	46 759.4	17 042.1	67 199	10.752 8	9.743 4	11.115 4
1995	58 478.1	20 019.3	67 947	10.976 4	9.904 5	11.126 5
1996	67 884.6	22 974.0	68 850	11.125 6	10.042 1	11.139 7
1997	74 772.4	25 300.0	69 600	11.222 2	10.138 6	11.150 5

解　1）将 (K,Y) 和 (L,Y) 标在直角坐标系中，就会发现散点图的趋势与对数函数类似. 我们试用函数

$$Y=AK^{b_1}L^{b_2}$$

表示 Y 对 L 和 K 之间的统计相依关系，其中 A,b_1,b_2 为未知待定常数. 令 $Y_1=\ln Y,X_1=\ln K,X_2=\ln L$，则由上式，得线性函数：

$$Y_1=b_0+b_1X_1+b_2X_2.$$

基于所给数据，得到 Y_1,X_1,X_2，的数据列在表 7.11 中后三列. 根据(7.46)式用矩阵运算建立经验回归方程. 已知

$$Y_1=\begin{bmatrix}9.101\,0\\9.230\,4\\\vdots\\11.222\,2\end{bmatrix},X=\begin{bmatrix}1&7.841\,2&10.817\,2\\1&8.045\,8&10.845\,1\\\vdots&\vdots&\vdots\\1&10.138\,6&11.150\,5\end{bmatrix},\hat{b}=\begin{bmatrix}\hat{b}_0\\\hat{b}_1\\\hat{b}_2\end{bmatrix},$$

则

$$X^TX=\begin{bmatrix}13 & 116.335 & 143.230\\ 116.335 & 1\,048.976 & 1\,282.812\\ 143.230 & 1\,282.812 & 1\,578.256\end{bmatrix},X^TY_1=\begin{bmatrix}131.597\\ 1\,184.658\\ 1\,450.887\end{bmatrix};$$

$$(X^TX)^{-1}=\begin{bmatrix}2\,295.386\,3 & 30.241\,3 & -232.891\,7\\ 30.241\,3 & 0.557\,1 & -3.197\,3\\ -232.891\,7 & -3.197\,3 & 23.734\,8\end{bmatrix}$$

于是,有

$$\hat{b}=\begin{bmatrix}\hat{b}_0\\ \hat{b}_1\\ \hat{b}_2\end{bmatrix}=(X^TX)^{-1}X^TY_1=\begin{bmatrix}-8.972\,3\\ 0.734\,3\\ 1.136\,7\end{bmatrix}.$$

从而,得经验回归方程

$$\hat{Y}_1=-8.972\,3+0.734\,3X_1+1.136\,7X_2;$$

$$Y=e^{-8.972\,3}K^{0.734\,3}L^{1.136\,7}.$$

2) 计算 Y_{1j}值的回归值,列表如下(表 7.13):

表 7.13 我国国内生产总值 Y 及其回归值 $\hat{Y}$

年份	1985	1986	1987	1988	1989	1990	1991
Y_{1j}	9.101 0	9.230 4	9.389 5	9.611 0	9.735 6	9.828 1	9.981 3
$\hat{Y}_{1j}$	9.081 6	9.263 5	9.439 3	9.638 3	9.603 9	9.785 3	9.958 1
年份	1992	1993	1994	1995	1996	1997	
Y_{1j}	10.190 1	10.452 6	10.752 8	10.976 4	11.125 6	11.222 2	
$\hat{Y}_{1j}$	10.241 2	10.608 5	10.817 3	10.948 1	11.064 2	11.147 3	

经计算,可得残差平方和 Q_e 与回归平方和 Q_R:

$$Q_e=\sum_{j=1}^{13}(Y_{1j}-\hat{Y}_{1j})^2=0.065\,69,$$

$$Q_R=\sum_{j=1}^{13}(\hat{Y}_{1j}-\overline{Y}_1)^2=6.284\,23.$$

由(7.52)式得统计量

$$F=\frac{Q_R/2}{Q_e/10}=478.32.$$

查附表 7,得 $F_{0.05}(2,9)=4.26<478.32$. 由此可见回归效果在水平 $\alpha=0.05$ 下显著.

3）检验回归系数的显著性.由(7.54)式有

$$t_1=\frac{\hat{b}_1}{s\sqrt{c_{11}}}=\frac{0.734\ 17}{\sqrt{0.006\ 57}\times\sqrt{0.557\ 1}}=12.135\ 2,$$

$$t_2=\frac{\hat{b}_2}{s\sqrt{c_{22}}}=\frac{1.136\ 73}{\sqrt{0.006\ 57}\times\sqrt{23.734\ 9}}=2.878\ 6.$$

查附表6,得 $t_{0.05,9}=2.26$.由此可见回归变量在水平 $\alpha=0.05$ 下显著.

习　题　7

7.1　何谓统计相依关系？举例说明变量间的相关关系.

7.2　处理统计相依关系有哪些常用统计分析方法？

7.3　何谓(正态)相关分析?说明其统计推断问题的提法和处理方法.

7.4　举例说明二随机变量间的函数关系.这里统计分析的基本问题如何？

7.5　何谓偏相关系数?(以三个变量为例,说明偏相关系数与简单相关系数的关系).

7.6　设 ρ_{12} 和 $\rho_{12.3}$ 相应为 X_1 与 X_2 的简单相关系数,及 X_1 与 X_2 关于 X_3 的偏相关系数.试分别就 $\rho_{12.3}>\rho_{12}$,$\rho_{12.3}<\rho_{12}$ 和 $\rho_{12.3}=\rho_{12}$,分析 X_1,X_2 的相关性及其与 X_3 的关系.

7.7　何谓回归分析？

7.8　相关分析和回归分析的主要区别和相同之处何在？

7.9　何谓简单线性回归模型？其统计推断问题是什么？

7.10　何谓回归系数的最小二乘估计？其基本性质如何？

7.11　有哪些非线性回归可以转化为线性回归?(至少举出两个例子)

7.12　如何估计线性回归模型中的方差 σ^2？

7.13　多元线性回归模型及其系数的最小二乘估计如何?(写出其矩阵形式)

7.14　对于线性回归如何由观测值 $Y_1,Y_2,\cdots,Y_n$ 及相应回归值 $\hat{Y}_1,\hat{Y}_2,\cdots,\hat{Y}_n$ 检验回归效果？

7.15　经验回归方程有哪些主要应用？

7.16　在某中学高中毕业生的体检记录中，随机抄录了10名年满18周岁的女生的身高X(厘米)和体重Y(公斤)的数据，列表如下：

体重X	49.2	52.4	53.0	55.6	56.0	56.8	58.2	64.5	71.2	77.8
身高Y	156.5	165.5	158.4	168.1	157.1	166.7	166.8	181.1	169.6	165.3

(1) 试求X与Y的相关系数.

(2) 在显著性水平$\alpha=0.05$时，检验身高Y与体重X是否相关.

(3) 利用费歇耳变换，建立身高Y与体重X的相关系数的95%置信区间.

7.17　假设(X,Y)服从二维正态分布.现对(X,Y)进行38次独立观测，经计算得样本相关系数为0.25.问能否认为X与Y不相关？试利用费歇耳变换求X与Y的相关系数的95%置信区间.

7.18　某煤矿十年间原煤产量X(百万吨)与掘进进尺Y(千米)有如下表的统计资料：

年份	1	2	3	4	5	6	7	8	9	10
掘进进尺Y	1.23	1.12	0.98	1.16	1.06	1.33	1.25	1.18	1.2	1.04
原煤产量X	5.1	4.65	6.5	8.1	7.9	8.25	5.95	6.5	9.05	10.35

试以0.05的显著性水平检验X与Y是否相关.

7.19　测定12块籼稻高产田的每亩穗谷产量X_1(公斤)、每亩穗数X_2和每穗实粒数X_3(单位：万)，计算X_1、X_2和X_3的两两样本相关系数$r_{12}=0.75$，$r_{13}=0.6$，$r_{23}=0.5$.

(1) 求X_3与X_1关于X_2的偏相关系数，并将其与r_{13}作比较，分析每亩产量X_1和每穗实粒数X_3的相关性.

(2) 试说明在排除了每穗实粒数X_3影响的情形下每亩穗谷产量X_1与每亩穗数X_2是否相关.

(3) 根据以上检验结果，对每亩穗数X_2和每穗实粒数X_3的相关性进行分析.

7.20　假设(X,Y,Z)服从三维正态分布，以$\rho_{12\cdot3}$表示变量X和Y

关于 Z 的偏相关系数．现对(X,Y,Z)进行 36 次独立观测，经计算得两两的简单样本相关系数 $r_{12}=0.75$，$r_{13}=-0.7$，$r_{23}=-0.6$．

(1) 计算 X 和 Y 关于 Z 的样本偏相关系数 $r_{12\cdot3}$．

(2) 在显著性水平 $\alpha=0.05$ 下，检验假设 $H_0:\rho_{12\cdot3}=0$．

(3) 试建立 $\rho_{12\cdot3}$的 95%置信区间．

7.21 随机选取 20 只小白鼠，称过体重 X_1 后，给予不同剂量的麻醉剂 X_2．一段时间后，解剖每只小白鼠，测定麻醉剂在肝脏中的百分比 X_3．计算得两两样本相关系数，得 $r_{12}=0.85$，$r_{13}=-0.15$，$r_{23}=-0.25$．假设(X_1,X_2,X_3)服从正态分布，试求 X_1 和 X_2 关于 X_3 的偏相关系数 $\rho_{12\cdot3}$的 95%置信区间．

7.22 某集团公司对下属 10 个公司的利润率和劳动生产率的评定等级结果如下表：

公司编号	1	2	3	4	5	6	7	8	9	10
利润率等级	7	8	9	3	4	5	6	2	10	1
劳动生产率等级	8	7	9	5	1	6	2	3	10	4

问这些资料能否说明利润率与劳动生产率关系显著？

7.23 某次服装发布会中，甲乙两名专家分别对 8 名模特的表演进行评定，评定等级如下表：

模特编号	1	2	3	4	5	6	7	8
甲专家评定等级	1	5	8	4	2	6	3	7
乙专家评定等级	2	4	7	6	3	5	1	8

求斯皮尔曼等级相关系数，并进行相关性的显著性检验(取 $\alpha=0.05$)．

7.24 甲乙两位品酒师对 10 种不同品牌的啤酒进行评定，评定等级如下表：

啤酒品牌编号	1	2	3	4	5	6	7	8	9	10
甲的评定等级	9	6	2	10	7	3	8	1	5	4
乙的评定等级	10	9	3	7	6	1	8	5	2	4

试求斯皮尔曼等级相关系数，并问两位品酒师的偏好是否相似？(取 $\alpha=0.05$)

7.25　某省所辖 11 个市 1998 年全年发生的车祸次数（千次）和机动车拥有量（万辆）的统计数据见下表：

城市编号	1	2	3	4	5	6	7	8	9	10	11
车祸次数	166	153	177	201	216	208	227	238	268	268	274
等级	2	1	3	4	6	5	7	8	9.5	9.5	11
机动车拥有量	352	372	411	441	462	490	529	577	641	692	743
等级	1	2	3	4	5	6	7	8	9	10	11

问这些资料能否说明车祸次数与机动车拥有量之间的关系显著(取 $\alpha=0.05$)？

7.26　小品演出比赛中，由专家和观众分别组成的两个评选小组对 12 个节目进行评定等级，评定结果如下表：

节目编号	1	2	3	4	5	6	7	8	9	10	11	12
专家组	6.5	8	1	2	9	3	4	5	6.5	10	12	11
观众组	4	6	3	1	10	2	9	7	5	8	11	12

试问能否认为专家与观众的偏好相似？

7.27　从某次健美形体比赛获奖女选手的个人资料中，随机抄录了 10 名选手的身高（厘米）和体重（公斤）数据列在下表：

选手编号	1	2	3	4	5	6	7	8	9	10
身高 X	162	165	166	166	165	165.5	168	170	171	173
体重 Y	50	55	58	56	54	56	57	58	59.5	60

(1) 建立体重 Y 对身高 X 的回归方程，并求方差 σ^2 的无偏估计；

(2) 检验回归效果是否显著(取 $\alpha=0.05$)；

(3) 检验回归系数是否显著(取 $\alpha=0.05$)；

(4) 求 $X=163$ 厘米时，体重 95% 的预测区间.

7.28　某农业科学研究院在土质、面积、种子完全相同的条件下，测得 8 块试验田种植的小麦产量 Y(公斤)与化肥施用量 X(公斤)的数据列在下表中：

小麦产量 Y	266	340	356	372	389	404	420	435
化肥施用量 X	15	18	21	24	27	30	33	36

(1) 建立小麦产量 Y 对化肥施用量 X 的回归方程；

(2) 求方差 σ^2 的无偏估计；

(3) 检验回归效果是否显著(取 $\alpha=0.05$)；

(4) 求 $X=16$ 公斤时,小麦产量 Y 的 95%预测区间

7.29 在一项关于某种护发产品在 8 个地区的销售研究中,1998 年月平均销售收入 Y(万元)与月平均广告费支出 X(万元)的统计资料如下表：

地区编号	1	2	3	4	5	6	7	8
月平均销售收入 Y	31	40	30	34	25	20	35	40
月平均广告费支出 X	5	11	4	5	3	2	7	9

试建立月平均销售收入 Y 对月平均广告费支出 X 的经验回归方程,并对回归效果进行显著性检验(取 $\alpha=0.05$).

7.30 一家水泥厂连续 8 年间水泥产量(万吨)统计资料如下表：

年份 T	1	2	3	4	5	6	7	8
水泥产量 Y	6.38	6.88	7.38	7.88	8.37	8.87	9.37	9.87

假设 X 与 Y 之间存在线性关系,建立 Y 对年份 T 的线性回归方程.

7.31 假设 X 是一可控制变量,Y 是一随机变量,服从正态分布.在不同的 X 值下,分别对 Y 进行观测,数据资料如下表：

X	25	37	44	55	60	68	73	82	87	90	93	100
Y	2.57	2.32	2.12	1.92	1.75	1.60	1.50	1.33	1.25	1.19	1.15	1.01

假设 X 与 Y 之间存在线性关系,试求 Y 对 X 的线性回归方程及方差

σ^2 的无偏估计，并检验回归效果.

(1) 求观测值 Y 的 95%置信区间；

(2) 为把观测值限制在区间(1.08,1.68)内，应把 X 的值限制在什么范围以内?

7.32 随机抽取某居民小区 10 户家庭的月人均收入 X 及用于娱乐的支出 Y，有如下统计数据：

月人均收入 X	300	340	370	450	480	525	560	585	600	625
娱乐支出 Y	15	20	25	28	30	32	36	40	45	48

试求 Y 对 X 的经验回归方程并检验回归效果是否显著(取 $\alpha=0.05$)?

7.33 假设 X 是可以控制其取值的普通变量，而 Y 是正态随机变量.某试验中，在 X 取不同值的情况下分别对变量 Y 进行观测得数据如下表：

X	−2.0	−1.8	−1.7	−1.6	−1.4	−1.1	0.1	0.6	0.7	1.0	1.3	1.4
Y	−6.1	−0.5	−3.9	−2.1	−1.9	−1.1	−0.2	0.5	3.8	4.5	6.9	7.2

(1) 试求 Y 对 X 的经验回归方程；

(2) 求相关系数，检验线性相关的显著性(取 $\alpha=0.05$)；

(3) 当 $X=0.4$ 时，求 Y 的 90%的预测区间；

(4) 为把对 Y 的观测值限制在区间(1.08,1.68)内，应把 X 的值控制在什么范围以内?

7.34 假设对两个随机变量 X 与 Y 进行联合观测，观测结果见下表：

X	−8	−6	−5	−4	−2	1	5	8
Y	0.5	2.8	12.3	24.3	37.3	42.3	44.8	46.1

试利用增长函数(7.69)式建立 Y 对 X 的经验回归方程.

7.35 某地区有连续 8 年居民人均消费水平(单位：元)的统计资料如下表：

年份 X	1	2	3	4	5	6	7	8
Y	249	267	289	329	406	451	513	643

试建立表示年人均消费水平 Y 对年份 X 的统计相依关系的经验回归方程.

7.36　某种农业害虫的产卵数目 Y 与温度 X 近似满足关系 $Y=Ae^{aX}$,在不同温度下观察该种昆虫的产卵数目,数据见下表:

温度 X	21	23	25	27	29	31	33
产卵数目 Y	7	11	21	24	66	115	325

(1) 试求 Y 对 X 的经验回归方程;

(2) 检验回归效果是否显著(取 $\alpha=0.05$);

(3) 当 $X=35$ 时,求 Y 的 95%的预测区间.

7.37　市场调查人员对晚报在各地的销售量 Y(单位:千份)进行研究.随机选取了 10 个居民小区组成随机样本,其人口密度 X_1(单位:人/米^2)和总零售额 X_2(单位:百万元)的统计资料如下表:

小区编号	1	2	3	4	5	6	7	8	9	10
销售量 Y	5.09	6.01	4.87	6.82	6.02	5.22	5.90	4.75	5.90	6.91
人口密度 X_1	55.9	66.9	53	76.4	66.8	57.4	65.3	51.9	66.2	76.8
总零售额 X_2	25.8	30.8	25.1	35.5	31.6	26.4	32	22.6	29.4	37.4

(1) 试求经验回归方程;

(2) 检验回归效果是否显著(取 $\alpha=0.05$);

(3) 进行回归系数的显著性检验(取 $\alpha=0.05$);

(4) $X_1=20, X_2=45$,求晚报销售量的 90%预测区间.

7.38　某省农业科学院在土壤条件相近的 6 块试验田中进行水稻种植试验,得如下表的统计资料:

地块编号	1	2	3	4	5	6
稻谷平均亩产量 Y(千克)	380	400	430	440	480	460
施肥水平 X_1(千克/亩)	12	13	16	17	18	17
集约化程度 X_2(元/亩)	30	30	34	36	42	40

试建立 Y 对 X_1 及 X_2 的线性回归方程,并求方差 σ^2 的无偏估计.

7.39 某行业8年来产值 Y、从业人数 L 和生产资料 K 的统计数据如下表所示:

产值 Y	90	120	140	160	190	210	240	300
从业人数 L	80	100	120	150	180	200	220	260
生产资料 K	200	250	270	290	320	350	370	390

试建立柯布-道格拉斯生产函数方程(生产函数 Y 是从业人数 L 和生产资料 K 的幂函数).

7.40 某种产品的供给量 Y(公斤)及其收购价格 X(元/公斤)如下表:

供给量 Y	960	800	700	580	450	440	300	225	165	380
收购价格 X	61	54	50	43	38	36	28	23	19	33

试求供给函数方程(供给函数即供给量 Y 是收购价格 X 的函数,可用价格的幂函数近似表示).

第八章 时间数列的统计分析

前面几章主要讨论总体不同单位的特征在固定时间上的数据的处理,这样的数据习惯上称为横断面数据(cross-section data).本章讨论同一事物或现象在不同时间上的统计资料的处理问题.这样的数据按时间先后顺序排列形成数列,称为时间数列(time series).本章将主要研究时间数列的描述性特征,及其成分的分解、测定和分析.时间数列分析,在各种应用特别是在社会经济领域的应用中占有重要地位.

§8.1 时间数列的概念

这一节介绍时间数列的基本概念、种类和时间数列各种组成成分,以及时间数列统计分析的内容.

8.1.1 时间数列的基本概念

反映事物或现象(总体或个体)的统计特征在不同时间上的数值,按时间先后顺序排列形成的数列,称为**时间数列**(time series)或**动态数列**(dynamic series).以 $a(t)$表示一统计特征(指标或标志)在时间 t 的数值.统计特征 $a(t)$在时间 $t_0<t_1<t_2<\cdots<t_n$ 的数值相应为

$$a_0,a_1,a_2,\cdots,a_n \tag{8.1}$$

形成时间数列,其中 $a_i=a(t_i)$.表 8.1 和表 8.2 中每一列数据各自形成时间数列.

表 8.1　我国 1995 年～2001 年国内生产总值

编号	年份	国内生产总值（亿元）	国内生产总值指数	各产业国内生产总值的比重(%)		
				第一产业	第二产业	第三产业
0	1995	58478.1	110.5	20.5	48.8	30.7
1	1996	67884.6	109.6	20.4	49.5	30.1
2	1997	77462.6	108.8	19.1	50.0	30.9
3	1998	78345.2	107.8	18.6	49.3	32.1
4	1999	82067.5	107.1	17.6	49.4	33.0
5	2000	89442.2	108.0	16.4	50.2	33.4
6	2001	95933.3	107.3	15.2	51.1	33.6

注：表 8.1 中的价值按当年价格计算，指数按可比价格计算(以上年为 100).

表 8.2　我国 1990 年～2001 年的人口，以及钢、原油和粮食产量

年份	人口（万人）	钢（万吨）	原油（万吨）	粮食（万吨）	人均钢（公斤/人）
1990	114 333	6 635	13 831	44 624	58.48
1991	115 823	7 100	14 099	43 529	61.70
1992	117 171	8 094	14 210	44 266	69.47
1993	118 517	8 956	14 524	45 649	76.00
1994	119 850	9 261	14 608	44 510	77.70
1995	121 121	9 536	15 005	46 657	79.15
1996	122 389	10 124	15 733	50 454	83.15
1997	123 626	10 894	16 074	49 417	88.57
1998	124 761	11 559	16 100	51 230	93.05
1999	125 786	12 426	16 000	50 839	99.12
2000	126 743	12 850	16 300	46 218	101.77
2001	127 627	15 163	16 396	45 264	119.22

1. 时间数列的项　式(8.1)中每一项 $a_i=a(t_i)$ 称作时间数列的**项**，数值 a_i 称作第 i 项的**发展水平**，简称**水平**(level)，可以用绝对数、相对数或平均数表示. 时间 t 可以是时期(time period)，也可以是时点(time point). 对于两个不同时间 t_i 和 $t_j(t_i<t_j)$，称 $\Delta t=t_j-t_i$ 为**时间间隔**(time interval). 水平、时间和时间间隔可以称为时间数列三要素. 例如，表 8.1 和表 8.2 中间隔都是一年；表 3.1 中的人口数形成的时间数

列的间隔为一年，表 3.2 中的新生婴儿数形成的时间数列的间隔为一个月.

2. 时间数列的种类　时间数列，按水平分为绝对数列、相对数列和平均数列；按时间分为时期数列和时点数列；按间隔分为等间隔数列和不等间隔数列.

绝对时间数列，简称为**绝对数列**或**总量数列**，指绝对数形成的时间数列. 例如，历年国内生产总值(表 8.1)、钢(原油或粮食)产量(表 8.2)是绝对数时期数列；历年人口形成的数列(表 8.2)是绝对数时点数列. 绝对数时间数列，反映事物或现象在不同时期内或在不同时点上达到的绝对量的变化过程和规律，是最基本的时间数列，是形成和分析相对数列和平均数列的基础.

相对数时间数列，简称**相对数列**，指相对数形成的时间数列，反映事物或现象的结构、数量对比关系发展变化的过程和规律. 例如，三次产业的国内生产总值在全部总值中的比重形成的时间数列(表 8.1)、历年城乡人口比例、历年的全员劳动生产率形成的时间数列等等都是相对数列.

平均数时间数列，简称**平均数列**，指由平均数形成的时间数列. 例如，历年平均单位面积粮食产量、历年年底人均粮食库存量等形成的时间数列，是平均数列.

时期数列和时点数列，指相应由时期数和时点数形成的时间数列. 时期数相加得更长时期内的数值，而时点数相加就没有实际含义. 一般对于绝对数列强调时期数列和时点数列的区分，因为计算时间数列的数字特征时，时期数列和时点数列明显不同(见 §2). 其实，相对数列和平均数列也可以区分时期数列和时点数列(表 8.3). 时点是连续的，原则上可以是任何实数，并且任何两个时点之间必有其他时点. 但是，统计工作中，对于人数资料(例如，职工人数，在校学生人数)一般以一天(或工作日)为一个时点.

表 8.3 时期数列和时点数列

时 间	绝对数列	相对数列	平均数列
时期(历年)	粮食产量	计划生育率	平均单位面积粮食产量
时点(历年)	年底粮食储量	年底人口性别比	年底人均粮食的库存量

3. 编制时间数列的原则　可比性是编制时间数列的基本原则. 可比性包括:

(1) 水平可比:时间数列各项 $a_i(i=0,1,2,\cdots,n)$所反映的事物或现象的内容、范畴和总体范围相同,口径一致——计量单位和核算方法一致;

(2) 时间可比:时间长度、时点位置一致,有时还应使时间间隔保持一致.

例如,表 8.1 中的国内生产总值是按当年价格计算的,故水平不可比;国内生产总值指数是按不变价格计算的,故它形成的时间数列具有可比性①;三次产业的国内生产总值在整个国内生产总值中的比重形成的数列是可比的.

8.1.2 时间数列的分解

许多时间数列中,随着时间的连续变化,发展水平有明显的连续上升或持续下降趋势,有的则呈现明显的(短期或长期)周期性变化的规律. 例如,表 8.2 中的钢、原油和粮食产量都呈上升趋势,而表 8.1 中第一产业比重呈下降趋势、第三产业比重呈上升趋势. 此外,诸如气温、降雨量、居民用电量或煤炭用量等都明显受季节变动的影响;经济发展往往也呈现周期性变化,不过周期比季节周期更长一些:几年、十几年、甚至几十年. 最后,影响时间数列水平的还有不规则因素,即大量不稳定的、无法控制的偶然因素. 所有这些变化都体现在时间数列的水平中,各占一定成分. 或者说时间数列的水平是各种成分综合的结果.

1. 时间数列的四种成分　时间数列的传统理论,将发展水平分解

---

① 按不变价格计算历年国内生产总值,然后分别除以上年(按同一不变价格计算的)国内生产总值,即得表 8.1 中所列指数(关于指数,见第九章).

为四种成分:长期趋势、周期性变动——季节变动和循环变动、不规则变动——随机变动. 实践证明,这种划分是符合实际的.

长期趋势 事物或现象受某些根本性因素的影响,在某一较长时间内的变化,呈现持续上升或持续下降的倾向性变动的总趋势,称作**长期趋势**(long-term trend). 在表 8.1 和表 8.2 的例子中,可以看到 1985 年~1995 年我国原油产量呈直线上升趋势(例 8.8),而人工海水养殖产品呈比直线上升更快的趋势(例 7.13). 统计资料表明,随着经济的不断增长,在国内生产总值中第三产业比重上升是一种普遍发展趋势.

季节性变动 由于"季节"的交替引起的时间数列水平的一种比较稳定的短期周期性变动成分,称作**季节变动**(seasonal fluctuation),亦称作**季节分量**(seasonal component). 这里,"季节"可能是一年的四季,也可能是月、旬、周或日. 季节的每一段完整的往复循环的时间称作**季节周期**(seasonal period). 一般季节周期不大于一年. 例如,四季的季节周期等于一年. 旬的季节周期为一个月,分为上、中、下旬. 许多社会经济现象都有比较典型的季节变动,自然现象的季节变动更为典型.

循环变动 较长时间的周期性变动称作**循环变动**(cyclical fluctuation),指事物或现象以若干年为周期的起伏性涨落、上下波动. 例如,历史上资本主义社会出现的周期性经济危机,每一周期经过危机、萧条、复苏和高涨等几个阶段;根据英法的统计资料,1780 年~1920 年间经济活动经历了周期为 50 年的高潮—低潮—高潮……的循环(见[10]第 379~380 页);人口的自然增长量也常呈现循环变动,例如,有以 22 年左右为周期的循环变动的资料;还有统计资料表明,有些服装的样式呈周期为 16 年左右的循环变动. 在自然界,气温、降雨量、地震、灾害等等的循环变动现象也是自然科学关注的问题.

研究循环变动,需要较长时期比较稳定的时间数列数据资料. 测定循环变动的主要方法,有剩余测定法(趋势剔除法)、周期图分析法、调和分析法等等(参见[10],[18],[20],[25], [34]Vol. Ⅲ). 我们不准备讨论循环变动的测定.

不规则变动 以上三种变动,都是受一些较稳定、系统因素的影响产生的,属于系统变动成分. **不规则变动**(irregular fluctuation),亦称

随机变动(random fluctuation)是一种非系统成分,指由大量无法控制的偶然因素引起的变动.虽然不规则变动难以计算和预测,但是大量偶然因素的作用可以相互补偿和抵消,其总的效应应该是可以估计的.

2.时间数列模型　四种变动成分综合起来形成时间数列的发展水平.依四种变动成分的综合方式不同,产生两大类时间数列模型:加法模型和乘法模型,以及两类模型的混合模型.设 X_t——时间数列在 t 时的**水平**,T_t——t 时的**长期趋势值**,S_t——t 时的**季节分量**,C_t——t 时的**循环变动**成分,E_t——t 时的**不规则变动**成分,亦称**残差**或**剩余误差**(residual error).

(1) 加法模型　亦称**可加模型**(additive model):

$$X_t=T_t+S_t+C_t+E_t. \tag{8.2}$$

加法模型通常假设各成分之间是相互独立的.此外,可以将数值较小的成分归入不规则变动成分.

(2) 乘法模型　亦称**可乘模型**(multiplicative model):

$$X_t=T_t\times S_t\times C_t\times E_t. \tag{8.3}$$

乘法模型中,当某种成分接近1时,可以将其归入不规则变动成分.乘法模型中各成分间存在一定联系.经济分析中乘法模型较多见.

8.1.3　时间数列分析

时间数列分析亦称为动态分析.我们只准备介绍时间数列分析的传统方法.所谓传统分析方法,是相对于把时间数列视为随机数列的研究方法而言的.随机数列,即离散时间随机过程的研究,已形成专门的方向,其研究方法用到较深的数学理论和方法,超出了本书的要求.时间数列分析,特别是经济时间数列分析,主要有如下一些内容:

(1) 测定时间数列的各种动态数字特征——动态分析指标.例如,发展水平和平均发展水平、发展速度和增长速度、平均发展速度和平均增长速度.

(2) 时间数列的变动分析,测定时间数列的长期趋势、季节变动以及循环变动.

§8.2 时间数列的数字特征

时间数列的数字特征，又称作动态分析指标，包括发展水平和增长量；动态比较指标：发展速度和增长速度；动态平均指标：平均发展水平和平均增长、平均发展速度和平均增长速度.

时间数列的平均指标，亦称为**序时平均值**(chronological average)或**动态平均值**(dynamic average)不同于前几章的总体的一般平均值，亦称为静态平均值. 静态平均值是总体中(空间上)不同标志值的平均水平，是不同个体的标志值在同一时间的一般水平；序时平均值，是同一指标在不同时间上数值的平均值，是相应指标在不同时间上的代表值.

8.2.1 发展水平和平均发展水平

发展水平指时间数列指标在不同时间的数值；平均发展水平指时间数列在不同时间上水平的平均值，亦称作序时平均值，反映时间数列在不同时间上的一般水平. 按发展水平的数据形式不同，时间数列分为绝对数列、相对数列和平均数列. 绝对数列序时平均值的计算，是相对数列和平均数计算序时平均水平的基础.

1. 绝对数列的平均发展水平　绝对数列平均发展水平的计算，区分为时期数列和时点数列，时点数列又分为等间隔时点数列和不等间隔时点数列. 设

$$a_0,a_1,a_2,\cdots,a_n \tag{8.4}$$

是绝对数时间数列，$f_i(i=1,2,\cdots,n)$是 a_{i-1}和 a_i 所属时间的间隔. 以 $\bar{a}$ 表示 n 期水平 $a_0,a_1,a_2,\cdots,a_n$ 的序时平均值(对于时点数列，计算 $\bar{a}$ 时常要用到其前期的水平 a_0).

(1) 时期数列　对于时期数列，只需求各时期水平的简单算术平均：

$$\bar{a}=\frac{1}{n}\sum_{i=1}^{n}a_i; \tag{8.5}$$

(2) 时点数列 对于时点数列,时点位置一般在某一时期的两端(如年底或年初).这时,$\bar{a}$ 等于对

$$\frac{a_0+a_1}{2},\frac{a_1+a_2}{2},\cdots,\frac{a_{n-1}+a_n}{2} \tag{8.6}$$

的以间隔 $f_1,f_2,\cdots,f_n$ 为权数的加权算术平均:

$$\bar{a}=\frac{1}{f}\sum_{i=1}^{n}\frac{a_{i-1}+a_i}{2}f_i, \tag{8.7}$$

其中 $f=f_1+f_2+\cdots+f_n$.该式有如下常用形式:

1) 间隔相等 当间隔相等即 $f_1=f_2=\cdots f_n$ 时,

$$\bar{a}=\frac{1}{n}\left(\frac{a_0}{2}+a_1+\cdots+a_{n-1}+\frac{a_n}{2}\right) \tag{8.8}$$

2) 逐日人口资料 逐日人口资料习惯上以一日为时点,故若 a_1, $a_2,\cdots,a_n$ 为逐日人口数,则

$$\bar{a}=\frac{1}{n}(a_1+a_2+\cdots+a_n) \tag{8.9}$$

3) 时点位于时期中点 (8.7)和(8.8)两式都假定时点位于某时期的端点,如年底或年初、月底或月初.假如时点位于某时期的中点(如七月一日零点),则(8.7)和(8.8)两式应分别改为

$$\bar{a}=\frac{1}{f}\sum_{i=1}^{n}a_if_i \quad 和 \quad \bar{a}=\frac{1}{n}\sum_{i=1}^{n}a_i, \tag{8.10}$$

其中 $f=f_1+f_2+\cdots+f_n$.不过,时点位于时期中间的情形较少见.

时期数列序时平均值的计算比较简单,因为各期水平相加等于全期水平,所以可由(8.5)式计算.时点数列的计算方法实际上是一种规定,具有约定性和假定性.人口资料是典型的时点资料,平均人口一般采用期初和期末人口的算术平均数;若掌握一年各月月初(或月底)人口,则先求出各月的平均人数,然后再对各月平均数求平均,这正是(8.7)式的思路:(8.6)式可视为各月的平均人数,当各月资料齐全时,一年的平均人数按(8.8)式计算;当缺少某些月的资料时用(8.7)式.

例 8.1 (1) 根据表 8.2 的资料,我国 1991 年～1995 年和 1996 年～2000 年两个 5 年间平均粮食产量用(8.5)式计算,相应得(单位:

万吨）

$$\frac{1}{5}(43\ 529+44\ 266+4\ 649+44\ 510+46\ 657)=44\ 922.2;$$

$$\frac{1}{5}(50\ 454+49\ 417+51\ 230+5.839+46\ 218)=49\ 631.60.$$

(2) 根据表 8.4 的数据，求 1991 年～1995 年 5 年间天津市城镇社会从业人员的年平均人数.由(8.8)式，有：

$$\bar{b}=\frac{1}{5}\left[\frac{290.01}{2}+300.58+303.70+312.70+318.60+\frac{319.80}{2}\right]$$

$$=\frac{1\ 540.485\ 0}{5}\approx 308.097.$$

用同样的方法，可以根据表 8.4 的数据，求 1996 年～2001 年的 6 年间天津市城镇社会从业人员的年平均人数.由(8.8)式，有：

$$\bar{b}_{*}=\frac{1}{6}\left[\frac{319.8}{2}+317.1+318.6+312.65+313.69+296.61+\frac{295.37}{2}\right]$$

$$=\frac{1\ 866.435}{6}\approx 311.07.$$

(3) 假设只掌握 1990 年、1995 年和 2001 年的数据（年底人数），求 1990 年～2001 年 11 年间年平均从业人数，由(8.7)式，有：

$$\bar{b}_{**}=\frac{1}{11}\left[\frac{290.01+319.8}{2}\times 5+\frac{319.8+295.37}{2}\times 6\right]$$

$$=\frac{3\ 370.035}{11}\approx 306.37.$$

情形(2)和情形(3)计算结果的差异，反映出(8.7)式的假定性.在计算时点数的序时平均值时，应尽量利用详尽的统计资料，以减小这种假定性的影响.

2.相对数列的序时平均值　相对数列是由两个时间数列相应的项对比形成的数列.设

$$c_0,c_1,c_2,\cdots,c_n \tag{8.11}$$

是一相对数列，其中

$$c_i=\frac{a_i}{b_i}\quad (i=0,1,2,\cdots,n).$$

为便于叙述，我们分别称

$$a_0,a_1,\cdots,a_n \quad \text{和} \quad b_0,b_1,\cdots,b_n \tag{8.12}$$

为“分子数列”和“分母数列”. 式(8.12)中的“分子数列”和“分母数列”一般为绝对数,但是分子数列和分母数列可以分别是绝对数列、相对数列或平均数列. 例如,表 8.4 中各种经济类型中从业人员在从业人员总数中所占比重形成的数列、人均钢产量形成的数列、历年全员劳动生产率形成的数列都是相对数时间数列.

计算公式 相对数时间数列(8.11)式的序时平均值 $\bar{c}$ 的计算公式为

$$\bar{c}=\frac{\bar{a}}{\bar{b}}=\frac{\overline{bc}}{\bar{b}}=\frac{\bar{a}}{\overline{a/c}} \tag{8.13}$$

其中 $\bar{a}$ 和 $\bar{b}$ 分别为(8.12)式中分子数列和分母数列的序时平均值,而 $\overline{bc}$ 和 $\overline{a/c}$ 分别为数列

$$b_0c_0, b_1c_1, \cdots, b_nc_n \quad 和 \quad \frac{a_0}{c_0}, \frac{a_1}{c_1}, \cdots, \frac{a_n}{c_n}$$

的序时平均值. 假如分子数列和分母数列的数据齐全,则利用公式

$$\bar{c}=\frac{\bar{a}}{\bar{b}}; \tag{8.13a}$$

当缺少分子数列数据时利用公式

$$\bar{c}=\frac{\overline{bc}}{\bar{b}}; \tag{8.13b}$$

当缺少分母数列时利用公式(见例 8.2)

$$\bar{c}=\frac{\bar{a}}{\overline{a/c}}. \tag{8.13c}$$

公式(8.13)的关键是计算分子数列和分母数列的序时平均值. 当分子和分母数列都是绝对数列时,$\bar{a}$ 和 $\bar{b}$ 按(8.5)式和(8.7)式计算,这是最常见的情形.

如果分子数列或分母数本身是相对数列,由于相对数列最终都是由绝对数列形成的,则首先按相对数列处理,即按(8.13)式分别计算“分子数列”和“分母数列”的序时平均;然后再将所得序时平均值对比:“分子数列”的序时平均值除以“分母数列”的序时平均值. 由于平均数列也可以视为“相对数列”,故平均数列求序时平均可以用上述方法处理.

表 8.4　天津市 1990 年～2001 年城镇社会从业人员总数及构成(年底数)

编号 i	年份	城镇从业人数 b(万人)	各种经济类型从业人员的比重 c(%)			
			国有经济 c	集体经济 c	个体与私营 c	其他经济 c
0	1990	290.01	94.91	21.57	1.97	1.55
1	1991	300.58	72.97	22.01	3.00	2.01
2	1992	303.70	70.05	23.84	3.20	2.91
3	1993	312.70	67.44	24.14	3.20	5.21
4	1994	318.60	64.81	22.41	5.12	7.66
5	1995	319.80	63.20	21.39	6.29	9.13
6	1996	317.10	62.79	19.80	7.63	9.78
7	1997	318.60	61.57	18.26	8.93	11.24
8	1998	312.65	58.69	16.95	11.06	13.30
9	1999	313.89	56.24	15.16	12.75	15.87
10	2000	296.61	55.24	13.68	12.41	18.68
11	2001	295.37	51.88	10.88	16.61	20.63

例 8.2　根据表 8.4 的数据计算天津市 1990 年～2001 年 11 年间，城镇社会从业人员总数，以及国有经济、集体经济、个体经济和其他经济成分中从业人员在城镇从业人员总数中的年平均比重. 以 c 表示比重，b——城镇从业人员总数，a——相应经济类型中从业人员的总数. 显然，三个量之间有如下关系：

$$c=\frac{a}{b}.$$

1) 求国有经济中从业人员 1991 年～1995 年 5 年间的年平均比重 $\bar{c}$. 由例 8.1 知，1991 年～1995 年城镇社会从业人员的年平均人数 $\bar{b}=1\,540.485\,0/5$；由(8.8)知，国有经济中从业人员年平均人数为

$$\begin{aligned}\bar{a}&=\frac{1}{5}\left(\frac{a_0}{2}+a_1+a_2+a_3+a_4+\frac{a_5}{2}\right)\\&=\frac{1}{5}\left(\frac{b_0c_0}{2}+b_1c_1+b_2c_2+b_3c_3+b_4c_4+\frac{b_5c_5}{2}\right)\\&=\frac{1}{5}\left(\frac{217.26}{2}+219.34+212.73+210.90+206.50+\frac{202.10}{2}\right)\\&=\frac{1\,159.15}{5}=231.830\,0.\end{aligned}$$

其中

$$a_0=b_0c_0=290.01\times0.749\,1=217.26,$$

$$a_1=b_1c_1=300.58\times0.729\,7=219.34,$$

$$\cdots\quad\cdots\quad\cdots\quad\cdots\quad\cdots$$

$$a_5=b_5c_5=319.8\times63.2=202.10.$$

于是

$$\bar{c}=\frac{\bar{a}}{\bar{b}}=\frac{1\,159.15/5}{1\,540.485\,0/5}=0.752\,5.$$

类似地可以求 1996 年～2001 年 6 年间城镇社会从业人员的年平均人数和国有经济中从业人员年平均人数.

$$\bar{a}=\frac{1}{6}\left(\frac{319.8}{2}+317.1+318.6+312.65+313.69+296.61+\frac{285.37}{2}\right)$$

$$=\frac{1\,866.435}{6}=311.07.$$

于是

$$\bar{c}=\frac{\bar{a}}{\bar{b}}=\frac{1\,159.15/5}{1\,540.485\,0/5}=0.752\,5.$$

作为练习,读者同样可以计算国有经济中从业人员 1996 年～2001 年的年平均比重.

2) 1991 年～1995 年城镇集体经济中从业人员在城镇社会全部从业人员中的年平均比重为 $\bar{c}$,这里采用公式(8.13b). 由例 8.1,知 $\bar{b}=1\,540.485\,0/5$.

$$\bar{a}=\overline{bc}=\frac{1}{5}\left(\frac{290.01\times0.2157}{2}+300.58\times0.220\,1+\right.$$

$$\left.\cdots+318.60\times0.224\,1+\frac{319.80\times0.213\,9}{2}\right)$$

$$=\frac{242.181\,8}{5};$$

$$\bar{c}=\frac{\overline{bc}}{\bar{b}}=\frac{242.181\,8}{1\,540.485\,0}=0.222\,1.$$

作为练习,读者同样可以计算国有经济中从业人员 1996 年～2001 年在城镇社会全部从业人员中的年平均比重.

例 8.3 表 8.5 是香港特别行政区提供的关于 1986 年～1996 年

劳动人口和失业率的资料[①].

表 8.5　香港特别行政区 1986 年～2001 年劳动人口和失业率的统计资料

编号 No. i	0	1	2	3	4	5	6	7	8
年　份	1985	1990	1994	1996	1997	1998	1999	2000	2001
劳动人口(万人)b_i	262.7	274.8	292.9	309.4	323.5	327.0	332.0	337.4	342.7
失业率(%)c_i	3.2	1.3	1.9	2.8	2.2	4.7	6.2	4.0	5.1
失业人数(万人)a_i	8.41	3.57	5.57	8.66	7.1	15.4	20.7	16.7	17.5

现在求 1986 年～1996 年间香港的年平均失业率 $\bar{c}$. 表中的劳动人口 b_i 和失业率 c_i 是原有数据，失业人数 $a_i=b_ic_i$ 是推算的数据. 表中所列 1996 年以前年份的 3 个间隔期相应为 5,4 和 2. 根据(8.13),1996 年以后各年的间隔期都是 1 年. 平均失业率的计算公式为

$$\bar{c}=\frac{\bar{a}}{\bar{b}}=\frac{\overline{bc}}{\bar{b}}$$

其中 $\bar{a}=\overline{bc}$,而 $\bar{b}$ 可利用(8.7)式计算得出：

$$\begin{aligned}\bar{a}=\overline{bc}&=\frac{1}{16}\left(\frac{a_0+a_1}{2}\times 5+\frac{a_1+a_2}{2}\times 4+\frac{a_2+a_3}{2}\times 2\right.\\&\qquad\left.+\frac{a_3}{2}+a_4+a_5+a_6+a_7+\frac{a_8}{2}\right)\\&=\frac{136.7}{16}=8.54(\text{万人}).\end{aligned}$$

$$\begin{aligned}\bar{b}&=\frac{1}{16}\left(\frac{b_0+b_1}{2}\times 5+\frac{b_1+b_2}{2}\times 4+\frac{b_2+b_3}{2}\times 2\right.\\&\qquad\left.+\frac{b_3}{2}+b_4+b_5+b_6+b_7+\frac{b_8}{2}\right)\\&=\frac{4\,728}{16}=295.5(\text{万人}).\end{aligned}$$

$$\bar{c}=\frac{\bar{a}}{\bar{b}}=\frac{\overline{bc}}{\bar{b}}=\frac{136.7/16}{4\,728/16}=0.028\,9.$$

于是，此期间年平均失业率为 2.89%.

3. 平均数列的序时平均值　平均数列有两种情形:(1)由序时平均

① 1997 年以前的资料摘自《中国统计摘要》1998，中国统计出版社；1996 年及以前指香港地区. 1997 年及以后的资料摘自《中国统计年鉴》2002，中国统计出版社. 有关数据由香港特别行政区政府统计处提供，由国家统计局整理编辑.

数形成的序时平均数列，如某单位四个季度的平均职工人数形成的时间数列；(2)由一般平均数形成的一般平均序列，如一公司的所属各销售点日平均销售额形成的时间数列. 计算序时平均值时，序时平均数按时期数列处理，利用(8.8)式；一般平均数列按相对数列处理，利用(8.13)式.

8.2.2 增长量和平均增长量

时间数列报告期水平与基期水平之差称为**增长量**，亦称为**增减量**或**绝对增长量**. 增长量取正值时表示增长，增长量取负值时表示减少. 按选用的基期不同，增长量分为逐期增长量和累积增长量. 例如，对于时间数列 $a_0, a_1, \cdots, a_n$，

$$\Delta a_1 = a_1 - a_0, \Delta a_2 = a_2 - a_1, \cdots, \Delta a_n = a_n - a_{n-1}$$

是逐期增长量或环比增长量，$a_n - a_0 = \Delta a_1 + \cdots + \Delta a_n$ 是累计增长量. **平均增长量**指逐期增长量的算术平均值.

8.2.3 速度和平均速度

发展速度和平均发展速度、增长速度和平均增长速度，是时间数列重要的数字特征.

1. *发展速度和增长速度* 时间数列中报告期水平与基期水平之比，称作**发展速度**(speed of development)；增长量与基期水平之比称作**增长速度**(speed of growth)，等于相应的发展速度减 1. 以直接前期为基期的发展速度和增长速度称作**环比的**，以固定时间为基期的发展速度和增长速度称作**定基的**. 例如，对于时间数列 $a_0, a_1, a_2, \cdots, a_n$，

$$x_1 = \frac{a_1}{a_0}, x_2 = \frac{a_2}{a_1}, \cdots, x_n = \frac{a_n}{a_{n-1}} \tag{8.14}$$

是**环比发展速度**(chained speed of development)，而

$$y_1 = \frac{a_1}{a_0}, y_2 = \frac{a_2}{a_0}, \cdots, y_n = \frac{a_n}{a_0} \tag{8.15}$$

是**定基发展速度**(fixed base speed of development)，而

$$z_i = x_i - 1 = \frac{a_i - a_{i-1}}{a_{i-1}} \quad 和 \quad y_i - 1 = \frac{a_i - a_0}{a_0} \tag{8.16}$$

($i=1,2,\cdots,n$)相应为环比增长速度和定基增长速度.显然,环比发展速度的连乘积等于全期的发展速度 y_n,但增长速度则不然.

显然,发展速度大于 1 或增长速度大于 0 时为增长;发展速度小于 1 或增长速度小于 0 时,实际水平是降低或减少.表 8.6 和表 8.7 是根据表 8.2 的数据计算的我国人口的发展速度和增长速度.

表 8.6 我国 1991 年～2001 年人口的发展速度和增长速度

编号 i	年份	发展速度(%)		增长速度(%)	
		环比发展速度	定基发展速度	环比增长速度	定基增长速度
1	1991	100.30	101.30	1.30	1.30
2	1992	101.16	102.48	1.16	2.48
3	1993	101.15	103.66	1.15	3.66
4	1994	101.12	104.83	1.12	4.83
5	1995	101.06	105.94	1.06	5.94
6	1996	101.05	107.05	1.05	7.05
7	1997	101.01	108.13	1.01	8.13
8	1998	100.91	109.12	0.91	9.12
9	1999	100.82	110.01	0.82	10.01
10	2000	100.76	110.85	0.76	10.85
11	2001	100.70	111.63	0.70	11.63

注:定基速度以 1990 年底为基期,年底人口为 114 333 万人.

表 8.7 我国 1996 年～2001 年钢产量的发展速度(%)和增长速度(%)

	年 份	1996	1997	1998	1999	2000	2001
发展速度	环比发展速度	106.17	107.61	106.10	107.50	103.41	118.00
	定基发展速度	—	107.61	114.17	122.74	126.93	149.77
增长速度	环比增长速度	6.17	7.61	6.10	7.50	3.41	8.00
	定基增长速度	—	7.61	14.17	22.74	26.93	49.77

注:定基速度以 1996 年为基期.

年距发展速度和增长速度 实际工作中,有时计算年距发展速度和增长速度:报告期在一个季节周期内,某"季"的发展水平与前一季节周期同"季"水平的比值,称作年距发展速度;年距发展速度减 1 称作年距增长速度.例如今年一季度钢产量与往年一季度钢产量的比值,称作钢产量的年距发展速度.

2. 平均发展速度和增长速度　式(8.14)中各期的环比发展速度的序时平均值,称作**平均发展速度**,记作 $\bar{x}$;而平均发展速度减 1,即 $\bar{z}=\bar{x}-1$ 称作**平均增长速度**. 由对平均发展速度 $\bar{x}$ 的不同理解和要求,引出两种求平均发展速度的计算方法——水平法(几何平均法)和累积法(方程式法),对应着两种平均发展速度的概念,其数值不同,用途也不同.

(1) 水平法平均发展速度和增长速度　水平法亦称几何平均法,用各期环比发展速度 $x_1,x_2,\cdots,x_n$ 的几何平均值计算平均发展速度 $\bar{x}$:

$$\bar{x}=\sqrt[n]{x_1x_2\cdots x_n}=\sqrt[n]{\frac{a_n}{a_0}};\tag{8.17}$$

相应的平均增长速度为

$$\bar{z}=\bar{x}-1=\sqrt[n]{\frac{a_n}{a_0}}-1.\tag{8.18}$$

应用　用(8.17)式计算平均发展速度 $\bar{x}$,着眼于初始水平 a_0 和最末期达到的水平 a_n. 由(8.14)式可见

$$\begin{aligned}&a_1=a_0x_1,\\&a_2=a_1x_2=a_0x_1x_2,\\&\quad\cdots\cdots\cdots\\&a_n=a_0x_1x_2\cdots x_n.\end{aligned}\tag{8.19}$$

平均发展速度 $\bar{x}$ 应该是各期发展速度的"代表值",故若各期都按平均速度 $\bar{x}$ 发展,则最末期理应达到同样水平,即将 $x_1,x_2,\cdots,x_n$ 都换成 $\bar{x}$,得

$$a_n=a_0x_1x_2\cdots x_n=a_0\bar{x}^n.$$

由此得(8.17)式. 因此由(8.17)式计算的 $\bar{x}$ 称作水平法平均发展速度,而几何平均法的名称指的是计算方法. 正因如此,水平法平均发展速度实际上只与初始水平 a_0 和最末期水平 a_n 有关.

例 8.4　1) 由表 8.2 知,我国 1990 年底人口数 $a_0=114\ 433$(万人),2000 年底人口数为 $a_{10}=126\ 743$(万人),故由(8.17)可得 1991 年～2000 年人口的年平均发展速度 $\bar{x}$ 和年平均增长速度 $\bar{z}=\bar{x}-1$:

$$\bar{x}=\sqrt[10]{\frac{126\ 743}{114\ 333}}=101.04\%,$$

$$\bar{z}=101.04\%-1=1.04\%.$$

我们现在计算 1996 年～2001 年人口的年平均发展速度 $\bar{x}$ 和年平均增长速度 $\bar{z}=\bar{x}-1$：1995 年底人口数为 $a_5=121\ 121$（万人），2001 年底人口数为 $a_{11}=127\ 627$（万人），故由(8.17)式可得

$$\bar{x}=\sqrt[6]{\frac{127\ 627}{121\ 121}}=100.88\%,$$

$$\bar{z}=101.04\%-1=0.88\%.$$

2）由表 8.2 知，我国 1990 年钢产量 $a_0=6\ 635$（万吨），2000 年钢产量为 $a_{10}=12\ 850$（万吨），故由(8.17)式可得此期间钢产量的年平均发展速度 $\bar{x}$ 和年平均增长速度 $\bar{z}=\bar{x}-1$：

$$\bar{x}=\sqrt[10]{\frac{12\ 850}{6\ 635}}=106.83\%,$$

$$\bar{z}=106.83\%-1=6.83\%.$$

3）根据我国国民经济发展的长远规划，曾经提出：2000 年国民生产总值要在 1980 年基础上翻两番，即若 1980 年为 1，翻一番为 2，翻两番为 4. 为完成此目标，1980 年～2000 年 20 年间国民生产总值（按不变价格计算）年平均发展速度 $\bar{x}$ 和年平均增长速度 $\bar{z}$ 分别为

$$\bar{x}=\sqrt[20]{4/1}=107.1773\%\approx107.18\%,$$

$$\bar{z}=\bar{x}-1\approx7.18\%.$$

此规划已经实现.

（2）累积法平均发展速度和增长速度 累积法亦称方程法. 累积法平均发展速度 $\bar{x}$ 为下式中高次方程的正根：

$$\bar{x}^n+\bar{x}^{n-1}+\cdots+\bar{x}^2+\bar{x}=a, \tag{8.20}$$

其中

$$a-\frac{a_1+a_2\cdots a_n}{a_0},$$

而 $a_i(i=0,1,\cdots,n)$ 是时间数列第 i 期的水平，相应的平均增长速度为 $\bar{z}=\bar{x}-1$.

应用 用(8.20)式计算平均发展速度，着眼于从基期到最末期水平的总和. 时间数列的各期水平通过基期水平 a_0 和各期环比发展速度

表示为(8.19)式，各期水平总和为

$$\begin{aligned}&a_n+a_{n-1}+\cdots+a_2+a_1\\=&a_0x_1x_2\cdots x_n+a_0x_1x_2\cdots x_{n-1}+\cdots+a_0x_1x_2+a_0x_1.\end{aligned}$$

将各期发展速度都换成平均发展速度 $\bar{x}$，则得(8.20)式.

对于给定的 n，高次方程(8.20)一般需近似求解(见例 8.5). 也可以利用编制好的数值表来求解，不过还是直接求方程(8.20)的解为好. 可以证明(见(8.21)式证明)，方程(8.20)有且只有一个正根(见下文“两种平均发展速度的关系”中之(3)的证明). 应用累积法求平均发展速度，最典型的例子是固定资产投资的平均发展速度和平均增长速度.

例 8.5 1)假设连续三年中各年的基本建设投资总额分别为:

$$a_0=7\,403.6, a_1=8\,610.8, a_2=9\,862.8(\text{亿元}).$$

第二年和第三年两年投资的年平均发展速度 $\bar{x}$ 是如下一元二次方程的正根:

$$\bar{x}^2+\bar{x}-\frac{(a_1+a_2)}{a_0}=\bar{x}^2+\bar{x}-2.495\,2=0.$$

该方程有两个根 $\bar{x}_1=1.156\,9$, $\bar{x}_2=-2.156\,9$，其中正根是年平均发展速度，年平均增长速度为 15.69%.

2) 表 8.8 是某市 5 年的全社会固定资产(基本建设、更新改造、房地产开发等)投资总额的统计资料.

表 8.8 某市 1991 年～1995 年全社会固定资产投资总额

年　份	0	1	2	3	4	5	合　计
投资总额(亿元)	87.69	128.95	169.88	226.56	315.97	393.18	1 234.54
环比发展速度(%)	—	147.05	131.74	133.37	139.48	124.44	—

此 5 年间投资总额的年平均发展速度 $\bar{x}$ 是如下一元五次方程的正根:

$$\bar{x}^5+\bar{x}^4+\bar{x}^3+\bar{x}^2+\bar{x}-\frac{1\,234.54}{87.69}=0.$$

用逐步逼近法求其唯一正根，得 $\bar{x}\approx 1.367\,613\,078$(事实上，将此值代入上列方程的左侧，得 $-0.000\,000\,015$)，即投资总额的年平均发展速度为 136.76%，而年平均增长速度为 36.76%.

(3) 平均速度的某些性质 现就平均发展速度和平均增长速度的

性质，作如下补充说明：

平均增长速度 一般不等于环比增长速度的序时平均值. 设 z_1，z_2，…，z_n 是环比增长速度. 为计算平均增长速度 $\bar{z}$，必须先求环比发展速度 z_1+1，z_2+1，…，z_n+1 的序时平均——平均发展速度 $\bar{x}=\overline{z+1}$，然后按规定 $\bar{x}-1$ 就是平均增长速度. 这样，无论是按水平法还是按累积法计算平均增长速度，都是先由环比发展速度求相应的平均发展速度，然后减去 1 就是平均增长速度.

(4) 两种平均发展速度的关系 设 x_1，x_2，…，x_n 是环比发展速度，以 G 和 C 分别表示其水平法平均发展速度和累积法平均法发展速度.

1) 一般 $G<C$；当 $x_1=\cdots=x_n$ 时，$G=C$. 例如，对于表 8.8 的数据，水平法年平均发展速度

$$G=\sqrt[n]{393.18/87.69}-1\approx 35.00\%.$$

而累积法平均发展速度为 $C=36.76\%$.

2) 水平法平均发展速度 G 完全决定于初始水平 a_0 和末期水平 a_n，与中间水平无关，故用于只关心末期所达到的水平的情形. 累积法平均发展速度 C，不但与初始水平 a_0 有关，而且取决于各期水平之和 $a=a_1+a_2+\cdots+a_n$，不能反映末期水平 a_n，故用于只关心一个较长时期累积达到的总量的情形.

3) 累积平均发展速度由方程(8.20)唯一决定. 现在证明方程(8.20)有唯一正根：对于任意 $n>1$ 和 $a>0$，方程

$$t^n+t^{n-1}+\cdots+t^2+t-a=0 \tag{8.21}$$

有且只有一个正根.

证 记 $f(t)=t^n+t^{n-1}+\cdots+t^2+t-a$. 显然 $f(t)$ 是连续函数，且满足

$$f(0)=-a, f(t)\to+\infty\ (t\to+\infty),$$
$$f'(t)=nt^{n-1}+(n-1)t^{n-2}+\cdots+2t+1>0\ (t>0).$$

因此，$f(t)$ 是单调增加函数，当 t 无限增大时，$f(t)$ 无限增大，故根据连续函数的性质，在 $(0,\infty)$ 上存在唯一一点 t_0，使 $f(t_0)=0$，t_0 即方程(8.20)的唯一正根(见图 8.1).

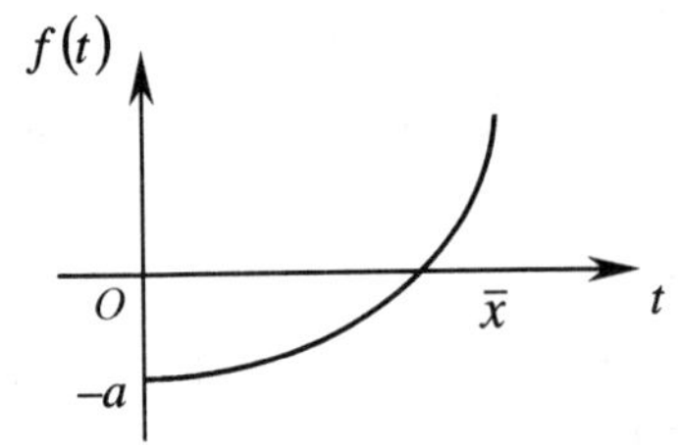

图 8.1 方程(8.20)的正根的唯一性示意图

§8.3 长期趋势的统计分析

长期趋势是时间数列构成的一种主要成分,它是指现象在某一较长时期内持续和有规律发展的一种趋向,有线性和非线性两种形态.为了表示现象的这种发展变化的倾向,需要对时间数列进行必要的统计处理,也称之为对时间数列的修匀.

分析长期趋势的方法有很多,常有的方法主要有:时距扩大法、移动平均法和最小二乘法(最小平方法)等.

8.3.1 时距扩大法

时距扩大法是分析现象发展的长期趋势的最简单的方法.它是将原来时间数列中所包含的各个时期较短时距的资料加以合并,得出较长时距的资料,用以消除由于时距较短致使现象受偶然因素影响所引起的不均匀状况.经过扩大时距,对原始时间数列加以修匀,可以整理出新的能明显表示现象发展趋势的时间数列.通过例 8.6 来演示时距扩大法.

例 8.6 根据表 8.9 的资料,来说明如何用时距扩大法修匀时间数列.

表 8.9　1978 年～2001 年天津市的发电量数据

年份	发电量(亿千瓦时)	年份	发电量(亿千瓦时)
1978	51.68	1990	94.85
1979	52.56	1991	90.27
1980	63.20	1992	98.62
1981	72.96	1993	126.65
1982	75.01	1994	122.47
1983	77.34	1995	133.65
1984	79.57	1996	146.04
1985	80.65	1997	166.53
1986	78.38	1998	172.51
1987	81.09	1999	182.56
1988	91.07	2000	211.49
1989	96.60	2001	217.43

资料来源:《天津统计年鉴 2002》.

从上述原始时间数列中可以看出,天津市发电量有上升的发展趋势,但是年与年之间,有升降交替的现象,趋势不很明显.若将时期从一年扩大到三年,则时多时少的变化就不明显了,从而呈现出来的是不断上升的趋势.修匀后的数据如表 8.10 所示.

运用时距扩大法来进行时间数列的修匀,要求所扩大的时距的各个时期应该相等,这样才能相互比较,从而看出现象的变化趋势.在确定时距时,时距的大小要适中.如果时距扩大不够,就不能消除现象变动中的偶然因素;反之,如果时距过大,修匀后的新时间数列的项较少,则会掩盖现象发展的实际趋势.

表 8.10　时距扩大法的计算结果(单位:亿千瓦时)

年　份	总发电量	年平均发电量
1978～1980	167.44	55.81
1981～1983	225.31	75.10
1984～1986	238.60	79.53
1987～1989	268.76	89.59
1990～1992	283.74	94.58

续表

年　份	总发电量	年平均发电量
1993～1995	382.77	127.59
1996～1998	485.08	161.69
1999～2001	611.48	203.83

8.3.2　移动平均法

移动平均法是长期趋势变动分析的一种常用而又较为简单的方法.这种方法实质上是时距扩大法的改良.该方法的原理是:将原来时间数列中的两个或多个时期的数据加以平均,以所得平均值代替中间一期的趋势值,经过逐期顺序移动计算的平均数,形成一个新的派生的平均数数列.这种平均数数列消除了原时间数列中偶然因素的影响,从而呈现出现象在较长时间的基本发展趋势.

移动平均法中的平均方法一般采用算术平均数,有时也可用中位数和几何平均数.设时间数列为 $Y_i(i=1,2,\cdots,n)$,则 K 项的移动平均数数列为

$$\overline{Y}_{i+(K-10)/2}=\frac{Y_i+Y_{i+1}+\cdots+Y_{i+K-1}}{K}. \tag{8.22}$$

式中 $\overline{Y}_i$ 为移动平均的趋势值,其下标为原时间数列对应的顺序号.

例 8.7　根据表 8.9 中 1978 年～2001 年天津市发电量的数据,分别计算 3 年和 5 年的移动平均趋势值.

如果进行 $K=3$ 年的移动平均,其计算结果如下:

$$\overline{Y}_2=\frac{Y_1+Y_2+Y_3}{3}=\frac{51.68+52.56+63.20}{3}=55.81,$$

$$\overline{Y}_3=\frac{Y_2+Y_3+Y_4}{3}=\frac{52.56+63.20+72.96}{3}=62.91,$$

…　…　…　…　…

$$\overline{Y}_{23}=\frac{Y_{22}+Y_{23}+Y_{24}}{3}=\frac{182.56+211.49+217.43}{3}=203.83.$$

由此可以整理出 3 年的移动平均数列(表 8.11 中的第三栏).同理,也可以进行 $K=5$ 年的移动平均,其计算结果如下:

$$\overline{Y}_3=\frac{Y_1+Y_2+Y_3+Y_4+Y_5}{5}$$

$$=\frac{51.68+52.56+63.20+72.96+75.01}{5}=63.08,$$

$$\overline{Y}_4=\frac{Y_2+Y_3+Y_4+Y_5+Y_6}{5}$$

$$=\frac{52.56+63.20+72.96+75.01+77.34}{5}=68.21,$$

… … … … …

$$\overline{Y}_{22}=\frac{Y_{20}+Y_{21}+Y_{22}+Y_{23}+Y_{24}}{5}$$

$$=\frac{166.53+172.51+182.56+211.49+217.43}{5}=190.10.$$

将整理出来的 3 年和 5 年移动平均趋势值列于表 8.11.

表 8.11 发电量移动平均趋势值(亿千瓦时)

年份	发电量	3 年移动平均	5 年移动平均
1978	51.68	—	—
1979	52.56	55.81	—
1980	63.20	62.91	63.08
1981	72.96	70.39	68.21
1982	75.01	75.10	73.62
1983	77.34	77.31	77.11
1984	79.57	79.19	78.19
1985	80.65	79.53	79.41
1986	78.38	80.04	82.15
1987	81.09	83.51	85.56
1988	91.07	89.59	88.40
1989	96.60	94.17	90.78
1990	94.85	93.91	94.28
1991	90.27	94.58	101.40
1992	98.62	105.18	106.57
1993	126.65	115.91	114.33
1994	122.47	127.59	125.49
1995	133.65	134.05	139.07
1996	146.04	148.74	148.24

续表

年份	发电量	3 年移动平均	5 年移动平均
1997	166.53	161.69	160.26
1998	172.51	173.87	175.83
1999	182.56	188.85	190.10
2000	211.49	203.83	—
2001	217.43	—	—

从 3 年及 5 年的移动平均之后所得的数列，可以很明显地看出天津市的发电量的发展有上升的长期趋势.

利用移动平均法分析趋势变动时应注意的问题：

1. 移动平均后的趋势值放在各移动项的中间位置. 因此，若移动的项数 K 为奇数时，一次移动就可以得到趋势值，这种移动也称为简单移动平均；若移动的项数 K 为偶数，需将第一次得到的移动平均值再作一次 2 项的移动平均，才能得到最后的趋势值，我们称之为**移正平均**.

现以 4 项移动平均为例加以说明. 对于时间数列 $Y_1, Y_2, \cdots, Y_n$，其 4 项移动平均所得的数列为：

$$\overline{Y}_{2.5}=\frac{Y_1+Y_2+Y_3+Y_4}{4}, \overline{Y}_{3.5}=\frac{Y_2+Y_3+Y_4+Y_5}{4},$$

$$\cdots, \overline{Y}_{n-1.5}=\frac{Y_{n-3}+Y_{n-2}+Y_{n-1}+Y_n}{4}.$$

因此

$$\overline{Y}_3=\frac{\overline{Y}_{2.5}+\overline{Y}_{3.5}}{2}=\frac{1}{2}\left(\frac{Y_1+Y_2+Y_3+Y_4}{4}+\frac{Y_2+Y_3+Y_4+Y_5}{4}\right)$$

$$=\frac{Y_1}{8}+\frac{Y_2+Y_3+Y_4}{4}+\frac{Y_5}{8}.$$

一般

$$\overline{Y}_t=\frac{Y_{t-2}}{8}+\frac{Y_{t-1}+Y_t+Y_{t+1}}{4}+\frac{Y_{t+2}}{8}.$$

因此，偶数项的移动平均也称为**加权移动平均**.

2. 如果现象的发展有一定的周期性变动，则应以周期的长度作为移动平均的间隔. 只有这样才能准确地反映长期趋势，否则趋势变动中就包含周期变动在内. 可见，移动平均是消除周期变动，从而比较准确地揭示现象发展的长期趋势的重要方法.

3. K 项移动平均后所得的新数列比原数列少 $K-1$ 项. 移动项数 K 越大,则所得的数列越"平滑". 但是移动项数 K 越大,原数列的原始信息损失得也就越多. 因此,常用的是三项或四项的移动平均.

8.3.3 最小二乘法(最小平方方法)

在第七章回归分析中,已经讲过最小二乘法. 分析长期趋势时,最小二乘法也是比较常用的方法,其原理是时间数列的实际水平与数列的趋势值(亦称拟合值或回归值)的残差平方和达到最小值,即

$$\sum(Y_t-\hat{Y}_t)^2=\min, \tag{8.23}$$

其中 Y 表示时间数列的实际水平,$\hat{Y}_t$ 表示相应水平的趋势值.

利用最小二乘法既可以拟合直线趋势,也可以拟合曲线趋势,需要根据被研究现象的发展变化的情况及特点来确定. 下面分别说明拟合直线和曲线趋势的方法.

1. 直线趋势　直线趋势方程为

$$\hat{Y}_t=a+bt, \tag{8.24}$$

式中 $\hat{Y}_t$ 为时间数列 Y_t 的趋势值,t 为时间标号,a 为趋势线在 Y 轴上的截距;b 为趋势线的斜率,即时间 t 每变动一个单位时,趋势值 $\hat{Y}_t$ 平均变动的数量. 当现象的长期趋势与每期的增长量大体相同时,可拟合直线趋势.

根据最小二乘法的要求,并利用微积分中求极值的方法,得到求 a,b 的正规方程组:

$$\begin{cases} na+b\sum t=\sum Y, \\ a\sum t+b\sum t^2=\sum tY. \end{cases} \tag{8.25}$$

方程组的解是 a,b 的最小二乘解:

$$\hat{b}=\frac{n\sum tY-\sum t\sum Y}{n\sum t^2-(\sum t)^2}, \quad \hat{a}=\frac{\sum Y}{n}-\hat{b}\frac{\sum t}{n}. \tag{8.26}$$

例 8.8　根据表 8.9 中天津市 1990 年～2001 年的发电量数据(单位:亿千瓦时),说明最小二乘法的应用. 有关计算过程见表 8.12.

表 8.12　发电量直线趋势计算表

年份 x	时间标号 t	发电量 Y_t	t^2	tY_t	预测值 $\hat{Y}_t$
1990	1	94.85	1	94.85	81.53
1991	2	90.27	4	180.54	93.42
1992	3	98.62	9	295.86	105.31
1993	4	126.65	16	506.60	117.20
1994	5	122.47	25	612.35	129.09
1995	6	133.65	36	801.90	140.98
1996	7	146.04	49	1 022.29	152.87
1997	8	166.53	64	1 332.24	164.76
1998	9	172.51	81	1 552.59	176.65
1999	10	182.56	100	1 825.60	188.54
2000	11	211.49	121	2 326.39	200.43
2001	12	217.43	144	2 609.16	212.32
合计	78	1 763.07	650	13 160.36	1 763.10

设 $t=x-1\,989$，由(8.26)式，可知

$$\hat{b}=\frac{n\sum tY-\sum t\sum Y}{n\sum t^2-(\sum t)^2}=\frac{12\times 13\,160.36-78\times 1\,763.07}{12\times 650-78^2}=11.89,$$

$$\hat{a}=\frac{\sum Y}{n}-\hat{b}\frac{\sum t}{n}=\frac{1\,763.07}{12}-11.89\times\frac{78}{12}=69.64.$$

所以发电量拟合的直线趋势方程为

$$\hat{Y}_t=69.64+11.89t.$$

将 $t=1,2,\cdots,12$ 代入上述方程，即得 1990 年～2001 年发电量的趋势值，见表 8.12. 各年实际水平和趋势值的离差之和等于 0，即 $\sum(Y_t-\hat{Y}_t)=0$.

应当指出，将时间的年份 x 值换成新变量 t 还有一个重要的作用，就是当 $t=0$ 时，表示这一年是直线趋势的原点. 本例中原点在 1989 年. 趋势原点的移动，给计算上带来很大的方便. 通常，可取时间数列的中间时期为原点，使 $\sum t=0$ ，则 a,b 的估计值可化简为

$$\hat{a}=\frac{\sum Y}{n},\quad \hat{b}=\frac{\sum tY}{\sum t^2}. \tag{8.27}$$

使 $\sum t=0$ 的基本方法是:当时间数列为奇数项时,取时间数列的中间时期为原点,则时间标号分别为…,−2,−1,0,1,2,…;当时间数列为偶数项时,取时间数列的中间时期为原点,则时间标号分别为…,−5,−3,−1,1,3,5,…. 按上述方法再次计算例 8.8,计算结果见表8.13.

表 8.13 发电量直线趋势计算表

年份 x	时间标号 t	发电量 Y_t	t^2	tY_t	预测值 $\hat{Y}_t$
1990	−11	94.85	121	−1 043.35	81.528
1991	−9	90.27	81	−812.43	93.418
1992	−7	98.62	49	−690.34	105.308
1993	−5	126.65	25	−633.25	117.198
1994	−3	122.47	9	−367.41	129.088
1995	−1	133.65	1	−133.65	140.978
1996	1	146.04	1	146.04	152.868
1997	3	166.53	9	499.59	164.758
1998	5	172.51	25	862.55	176.648
1999	7	182.56	49	1 277.92	188.538
2000	9	211.49	81	1 903.41	200.428
2001	11	217.43	121	2 391.73	212.318
合计	0	1 763.07	572	3 400.81	1 763.076

这里,新变量 t 的原点在 1995 年和 1996 年之间,将表 8.13 中的数据代入(8.27)式,得

$$\hat{b}=\frac{\sum tY}{\sum t^2}=\frac{3\,400.81}{572}=5.945,$$

$$\hat{a}=\frac{\sum Y}{n}=\frac{1\,763.07}{12}=146.923.$$

发电量拟合的直线趋势方程为

$$\hat{Y}_t=146.923+5.945t.$$

将各年 t 值依次代入直线趋势方程,即得 1990 年～2001 年发电量的趋势值. 可见,两种方法的计算结果完全相同.

2. *曲线趋势* 在实际中,许多自然现象和社会经济现象呈曲线发

展趋势. 因此,有必要研究长期趋势中的曲线变动. 曲线的形式多种多样,如二次曲线、指数曲线等(参见 §7.3.3). 这里介绍的曲线主要有二次曲线和可直线化的曲线(如指数曲线等).

(1)二次曲线 当现象的发展趋势为抛物线形态时,可拟合二次曲线. 二次曲线的趋势方程为:

$$\hat{Y}_t=a+bt+ct^2. \tag{8.28}$$

按最小二乘法,得到下列标准方程组:

$$\begin{cases} na+b\sum t+c\sum t^2=\sum Y, \\ a\sum t+b\sum t^2+c\sum t^3=\sum tY, \\ a\sum t^2+b\sum t^3+c\sum t^4=\sum t^2Y. \end{cases} \tag{8.29}$$

按照前面所讲的方法,取时间数列的中间时期为原点时,即可使 $\sum t=0$,则上述方程组(8.29)可化简为:

$$\begin{cases} na+c\sum t^2=\sum Y, \\ b\sum t^2=\sum tY, \\ a\sum t^2+c\sum t^4=\sum t^2Y. \end{cases} \tag{8.30}$$

解这个方程组,可得到参数 a,b,c 的估计值 $\hat{a},\hat{b},\hat{c}$.

例 8.9 根据表 8.14 某企业某种产品的销售量资料,来拟合二次曲线方程.

表 8.14 1992 年～2000 年的销售资料

年份	1992	1993	1994	1995	1996	1997	1998	1999	2000
销售量(万件)	5	7	10	13	15	16	14	12	11

有关计算过程见表 8.15.

表 8.15 销售量二次曲线计算表

年份 x	时间标号 t	销售量 Y_t	t^2	tY_t	t^2Y_t	t^4	预测值 $\hat{Y}_t$
1992	−4	5	16	−20	80	256	4.01
1993	−3	7	9	−21	63	81	7.92
1994	−2	10	4	−20	40	16	10.95

续表

年份 x	时间标号 t	销售量 Y_t	t^2	tY_t	t^2Y_t	t^4	预测值 $\hat{Y}_t$
1995	−1	13	1	−13	13	1	13.10
1996	0	15	0	0	0	0	14.37
1997	1	16	1	16	16	1	14.76
1998	2	14	4	28	56	16	14.27
1999	3	12	9	36	108	81	12.90
2000	4	11	16	44	176	256	10.65
合计	0	103	60	50	552	708	102.93

将表中有关数据代入方程组(8.30)，有

$$\begin{cases} 9a+60c=103, \\ 60b=50, \\ 60a+708c=552. \end{cases}$$

求解，得 $\hat{a}=14.37$，$\hat{b}=0.83$，$\hat{c}=-0.44$. 从而二次曲线方程为

$$\hat{Y}_t=14.37+0.83t-0.44t^2.$$

将各年 t 值依次代入二次曲线方程，即得 1992 年～2000 年销售量的趋势值.

至于其他的 $p(p>2)$ 次曲线，可用相同的方法处理.

(2)可直线化的曲线趋势

在研究曲线趋势时，可通过一些变换将曲线趋势转化为直线趋势处理. 这种方法称为线性化方法. 我们以指数曲线趋势为例，介绍线性化的方法.

设指数曲线趋势方程为

$$\hat{Y}_t=ab^t, \tag{8.31}$$

式中 a 为数列的初期水平，b 为趋势值的平均发展速度. 当现象的长期趋势为每期的增长速度大体相同时，可拟合指数曲线.

在方程两边取对数，得

$$\lg\hat{Y}_t=\lg\hat{a}+t\lg\hat{b} \tag{8.32}$$

令 $\hat{Z}=\lg\hat{Y}_t$，$\hat{A}=\lg\hat{a}$，$\hat{B}=\lg\hat{b}$，则指数曲线方程可表示为直线形式：

$$\hat{Z}=\hat{A}+\hat{B}t \tag{8.33}$$

因此，按直线趋势确定参数的方法，由(8.26)式确定(8.33)式中参

数 A 与 B 的估计值，再作对数还原，即得到参数 a 和 b 的估计值，进而确定所确定的指数曲线.

例 8.10 表 8.16 是 1996 年～2001 年我国平均每万人中大学生人数的资料，试根据这些资料建立指数曲线方程.

表 8.16 1996 年～2001 我国平均每万人中大学生人数

年份	1996	1997	1998	1999	2000	2001
人数	24.7	25.7	27.3	32.8	43.9	56.3

资料来源：《中国统计年鉴 2002》.

表 8.17 例 8.10 的计算表

年份 x	时间标号 t	人数 Y_t	t^2	$z=\lg Y_t$	tz
1996	1	24.7	1	1.392 697	1.392 697
1997	2	25.7	4	1.409 933	2.819 866
1998	3	27.3	9	1.436 163	4.308 488
1999	4	32.8	16	1.515 874	6.063 495
2000	5	43.9	25	1.642 465	8.212 323
2001	6	56.3	36	1.750 508	10.503 05
合计	21	210.7	91	9.147 639	33.299 92

由(8.33)式，利用表 8.17 的数据可以计算出参数 A 和 B 的估计值，即

$$\hat{B}=\frac{n\sum t\lg Y-\sum t\sum \lg Y}{n\sum t^2-(\sum t)^2}$$

$$=\frac{6\times 33.299\,92-21\times 9.147\,639}{6\times 91-21^2}=0.073\,325,$$

$$\hat{A}=\frac{\sum \lg Y}{n}-\lg b\frac{\sum t}{n}$$

$$=\frac{9.147\,639}{6}-0.073\,325\times\frac{21}{6}=1.267\,97.$$

$$\hat{a}=10^{1.267\,97}=18.534\,0,$$

$$\hat{b}=10^{0.073\,325}=1.183\,9.$$

于是指数趋势方程为

$$\hat{Y}_t=18.534\,0\times 1.183\,9^{(x-1\,995)}.$$

本例中，$b=1.1839$，表示我国平均每万人中的大学生人数的趋势值每年平均的增长速度为18.39%.

对于其他形式的曲线方程，也可作类似的变换，参见第七章§7.3.3中的非线性回归的线性化方法.

§8.4 季节变动分析*

有许多自然现象和社会现象，往往由于“季节”变化的影响而发生周期性的变动.这里，“季节”的含义，可以是一年的四季，也可以是月、周或旬.“季节”是每一个循环所需的时间，称作季节周期.季节周期通常不大于一年.这种周期通常反映经济现象在一年内的变化，而在若干年内却呈现出每一年重复的有规律的变动.季节变动是时间数列构成的一种主要成分，其产生的原因可分为两类：一是自然的，如自然界季节变动的影响而使现象产生季节性周期变动；二是人为的，如风俗习惯、制度等因素造成的变动.

季节变动有时的确存在，但往往由于其他成分的干扰而不能明显地表现出来，因此有必要将其分解出来.分析季节变动的目的是：(1)分解时间数列，以测定季节变动成分和反映现象的基本变化规律与趋势性；(2)调整季节因素，即从原数列中剔除季节因素的影响，以便更清晰地呈现长期趋势，进而建立适当的预测模型，对现象进行预测.

分析季节变动的主要方法是计算**季节比率**(seasonal ratio)，季节比率是反映时间数列季节变动程度的一种相对数，通常用百分数表示，也称**季节指数**(seasonal index).季节比率高，说明是“旺季”，反之说明是“淡季”.常用的计算季节比率的方法主要有两种：同期平均法(亦称按月(季)平均法)和趋势剔除法.

8.4.1 同期平均法

同期平均法，亦称按月平均法，是用时间数列各年同一时期的平均数与各年的总平均数的对比来求季节比率的方法.这种方法主要适用于没有明显的趋势变动,主要受季节变动和不规则变动影响的时间数列.它一般需要3～5年的月(季)的资料.

季节变动的特点是反映季节周期不大于一年的现象的变动.为了便于季节分析,可以把时间数列表示为表8.18的形式,其中x_{ij}($i=1,2,\cdots,N;j=1,2,\cdots,n$)的第一个下标$i$表示第$i$个季节周期或年度;第二个下标$j$表示月份或季度.

设s_j为第j季的季节比率,则

$$s_j=\frac{\overline{x}_j}{\overline{x}}, \tag{8.34}$$

其中$\overline{x}_j$为各年同期的平均数:

$$\overline{x}_j=\frac{1}{N}\sum_{i=1}^{N}x_{ij}, \tag{8.35}$$

而$\overline{x}$为总平均数,它等于各年同期平均数的平均数,即

$$\overline{x}=\frac{1}{n}\sum_{j=1}^{n}\overline{x}_j=\frac{1}{Nn}\sum_{j=1}^{n}\sum_{i=1}^{N}x_{ij} \tag{8.36}$$

表8.18 用同期平均法计算季节比率

年份 \ 月(季)	1	2	…	n
1	x_{11}	x_{12}	…	x_{1n}
2	x_{21}	x_{22}	…	x_{2n}
⋮	⋮	⋮	…	⋮
N	x_{N1}	x_{N2}	…	x_{Nn}
同期平均数 x_j	$\overline{x}_1$	$\overline{x}_2$	…	$\overline{x}_n$
季节比率 s_j	s_1	s_2	…	s_n

例8.11 设某公司连续4年各季度的销售额资料如下表8.19,用同期平均法计算各季度销售额的季节比率.

表 8.19 某企业连续 4 年各季度的销售额(单位:万元)

年份\季度	一季度	二季度	三季度	四季度
1	4.8	4.1	6.0	6.5
2	5.8	5.2	6.8	7.4
3	6.0	5.6	7.5	7.8
4	6.3	5.9	8.0	8.4

有关的计算过程见表 8.20.

表 8.20 销售额季节比率的计算表(单位:万元)

年份\季度	一季度	二季度	三季度	四季度	全年合计
1	4.8	4.1	6.0	6.5	21.4
2	5.8	5.2	6.8	7.4	25.2
3	6.0	5.6	7.5	7.8	26.9
4	6.3	5.9	8.0	8.4	28.6
同季平均数 $\bar{x}_j$	5.725	5.2	7.075	7.525	6.381 25
季节比率 s_j(%)	89.72	81.49	110.87	117.92	100.00

根据表 8.19 的资料,有

$$\bar{x} = \frac{1}{4}\sum_{j=1}^{4}\bar{x}_j = 6.381\ 25.$$

显然,它是时间数列全部(16 个)数据的总平均数. 然后,根据公式(8.34)计算出各季度的季节比率,填入表 8.20 的最后一行.

季节比率可以直观地反映该公司的销售额的季节变化情况. 该公司的销售额具有明显的季节性:二季度的季节比率最低,是销售的低谷,比全年平均低 18.51%;四季度的季节比率最高,是销售的高峰,比全年平均高 17.92%.

同期平均法计算简便,容易掌握. 但由于它没有考虑长期趋势的影响,故其对季节比率的计算不够准确.

8.4.2 趋势剔除法

假设在所掌握的多年资料中，不仅各月水平有规律性的季节变动，而且逐年数量还有明显的增长趋势.这时为了准确分析季节变动，就应该先将趋势剔除.趋势剔除法的特点是：先求出时间数列的长期趋势，而后将其从时间数列中加以剔除，再计算季节比率.确定时间数列的长期趋势一般采用移动平均法，也称为移动平均趋势剔除法.

考虑乘法模型(8.3)式，假设没有明显循环变动，或将其并入不规则变动，也可以将长期趋势与循环变动合并.于是，由

$$S_t \times E_t = \frac{X_T}{T_t} \quad 或 \quad S_t \times E_t = \frac{X_T}{T_t \times C_t} \tag{8.37}$$

可以剔除长期趋势，其中 X_t——时间数列的实际水平，T_t——长期趋势值，C_t——循环变动，S_t——季节变动，E_t——不规则变动.先用移动平均法确定其趋势值，并按(8.37)式将其剔除，则这时只剩下 $S_t \times E_t$，即季节变动的不规则值，而后通过同期平均计算季节平均值，以消除不规则变动，最后得到季节比率.可见，用移动平均趋势剔除法计算季节比率的基本步骤为：

第一步，根据各年的月份(或季度)的数据，计算出 12 个月(或 4 个季度)的移动平均趋势值 T.由于 12 项(或 4 项)的移动平均是偶数项的，因此必须对它们进行移正平均，即根据(8.22)式，来确定中间季节的趋势值.

第二步，将各月(季)实际值除以相应的趋势值，得到季节分量.

第三步，将各年的同月(季)的季节分量加以平均，即得季节比率.

第四步，对以上计算的季节比率进行必要的调整.易见，各月(或季)的季节比率之和，应等于统计资料所涉及的季节周期的个数，但往往出现误差，如舍入误差，使各月(或季)的季节比率之和不恰好等于季节周期的个数，因此需要对各个季节比率进行调整.通过例 8.12 作具体说明.

例 8.12 根据表 8.19 的资料，用移动平均趋势剔除法计算销售额的季节比率.有关的计算过程见表 8.21 和表 8.22.

计算季节比率的步骤 1）计算时间数列的4项移动平均数. 由于4项移动平均值的时间对应在两个季的中间，因此必须对它们进行移正平均，即根据式(8.22)，来确定中间季节的趋势值. 例如，

$$\bar{a}_3=\frac{a_1}{8}+\frac{a_2+a_3+a_4}{4}+\frac{a_5}{8}$$

$$=\frac{4.8}{8}+\frac{4.1+6.0+6.5}{4}+\frac{5.8}{8}=5.475,$$

$$\bar{a}_4=\frac{a_2}{8}+\frac{a_3+a_4+a_5}{4}+\frac{a_6}{8}$$

$$=\frac{4.1}{8}+\frac{6.0+6.5+5.8}{4}+\frac{5.2}{8}=5.738,\cdots.$$

2）将各季实际值除以趋势值，得出各季的季节分量. 例如，

$$s_3=\frac{a_3}{\bar{a}_3}=\frac{6.0}{5.475}=109.6\%,$$

$$s_4=\frac{a_4}{\bar{a}_4}=\frac{6.5}{5.738}=113.3\%,\cdots.$$

3）将各年同季的季节分量加以平均，并称为得到各季的**季节比率**. 例如，第一季度和第二季度季节比率相应为

$$s_1=\frac{97.1\%+91.8\%+90.8\%}{3}=93.2\%,$$

$$s_2=\frac{84.0\%+83.9\%+83.4\%}{3}=83.8\%,\cdots.$$

表8.21 各季销售额与移动平均资料(单位:万元)

年份	季度	销售额	四季移动平均	趋势值 T_t	季节分量 S_T(%)
1	1	4.8		—	—
	2	4.1	5.350	—	—
	3	6.0	5.600	5.475	109.6
	4	6.5	5.875	5.738	113.3
2	1	5.8	6.075	5.975	97.1
	2	5.2	6.300	6.188	84.0
	3	6.8	6.350	6.325	107.5
	4	7.4	6.450	6.400	115.6
3	1	6.0	6.625	6.538	91.8
	2	5.6	6.725	6.675	83.9

续表

年份	季度	销售额	四季移动平均	趋势值 T_t	季节分量 S_T(%)
	3	7.5	6.800	6.763	110.9
	4	7.8	6.875	6.838	114.1
4	1	6.3	7.000	6.938	90.8
	2	5.9	7.150	7.075	83.4
	3	8.0		—	—
	4	8.4		—	—

4）对以上计算的各季季节比率进行必要的调整.易见,各季节的季节比率之和，应等于统计资料所涉及的季节周期的个数，但是往往出现误差.例如,在这个例子中,由于舍入误差，(往往)使四个季度的季节比率之和

$$93.2\%+83.4\%+109.3\%+114.3\%=400.6\%,$$

不恰好等于 4=400%,需要对各个季度的季节比率进行调整.具体调整方法如下:将差值平均分配给各季度,调整后,

$$s_1=93.2\%\times\frac{400\%}{400.6\%}=93.1\%,$$

$$s_2=83.8\%\times\frac{400\%}{400.6\%}=83.7\%,\cdots.$$

关于各个季度的季节分量和季节比率的计算结果列入表 8.22.

表 8.22 季节分量和季节比率的计算表

年份		1 季度	2 季度	3 季度	4 季度
季节分量 S (%)	1	—	—	109.6	113.3
	2	97.1	84.0	107.5	115.6
	3	91.8	83.6	110.9	114.1
	4	90.8	83.4	—	—
季节比率 S_I (%)	调整前	93.2	83.8	109.3	114.3
	调整后	93.1	83.7	109.1	114.1

§8.5 时间数列的预测*

统计预测是一种重要的统计方法，是根据统计资料，运用统计分析和统计推断方法，对事物未来的情况进行推测.它可分为定性预测和定量预测，静态预测和动态预测，模型预测和非模型预测等等.时间数列预测法，是根据时间数列过去和现在的水平预测其未来的水平的一种统计方法，有广泛的应用.

8.5.1 统计预测的一般问题

我们已熟悉了时间数列的一些主要成分及分析这些成分的某些方法.在此基础上，我们考虑较复杂的预测问题.任何事物的发展都有它的过去、现在和未来.一般说来，事物未来的发展情况是不肯定的，但大都有某种规律可循，我们可以根据某事物过去发展的规律性预期或推测未来.这种对未来的推测统称为预测.

1.*定性预测和定量预测*　预测有定性预测和定量预测之分.定性预测是一种直观预测，多采用调查研究的方式进行.这种预测的主要目的，不在于准确地推算具体数字，而在于判断事物的未来发展方向.这种预测的难度较大，只适用于长期预测和重大问题的预测.定量预测着重从事物的数量方面进行预测，有点预测和区间预测两种形式.其基本方法有时间数列预测和回归预测两大类，另外，还有计量经济预测、投入产出预测及马尔柯夫预测等方法.这一章我们主要介绍时间数列预测，而回归预测已在第七章介绍.

2.*静态预测与动态预测*　预测有静态预测和动态预测之分.静态预测是在一定时间上，对有联系的事物进行的预测.如因果预测——基于预测对象与其影响因素之间的因果关系的预测.回归预测法、计量经济预测法、投入产出预测法都是因果预测法(参见[6]第367,368页).动态预测是对某一事物的未来发展进行的预测，时间数列预测就是动态预测.

8.5.2 时间数列预测法

时间数列预测法是统计预测的基本方法之一.最常用且便于应用的时间数列预测方法,有**平滑预测法**(smoothing forecast method)、**分解预测法**(decomposition forecast method)、**趋势外推法**(trend extrapolation method)等.在前几节,我们已讨论了时间数列的各种成分,即长期趋势、季节变动、循环变动和不规则变动,主要讨论了长期趋势和季节变动的测定.根据前面测定长期趋势和季节变动对未来进行预测.这里,我们主要介绍长期趋势的外推预测法和趋势季节模型预测法,简单介绍平滑预测法.

1.长期趋势外推预测法　趋势预测法亦称趋势外推预测法,其基本前提是预测对象的发展变化始终(至少在预测期间)遵循同一规律或模式,即假设"未来与过去相似".具体做法是:把根据历史资料得出的趋势方程外推到未来时期.这里,我们或者假设没有季节变动,或者采用剔除季节变动的方法.我们首先假设不存在季节变动.

例 8.13　根据表 8.9 天津市发电量的数据资料,对 2003 年的发电量进行预测.由例 8.8,得趋势方程为

$$\hat{Y}_t=69.64+11.89t.$$

由于 $x=2\ 003$,$t=x-1\ 989$,故 $t=14$.将 $t=14$ 代入趋势方程,可得 2003 年发电量的预测值为

$$\hat{Y}_{2\ 003}=69.64+11.89\times 14=236.1(\text{亿千瓦时}).$$

这是直线模型预测的例子,下面给出曲线预测的例子.

例 8.14　根据表 8.16 的我国平均每万人中大学生人数的统计资料,对 2003 年我国平均每万人中大学生人数进行预测.

根据例 8.10,得趋势方程为

$$\hat{Y}_t=18.534\ 0\times 1.183\ 9^{(x-1\ 995)}.$$

由于 $x=2\ 003$,$t=x-1\ 995$,故 $t=8$.将 $t=8$ 代入趋势方程,可得 2003 年我国平均每万人中大学生人数的预测值为

$$\hat{Y}_t=18.534\ 0\times 1.183\ 9^{8}=71.53(\text{人}).$$

2. *趋势季节模型预测法* 如果不存在季节变动，那么利用趋势方程外推得到的数值就是预测值；如果存在某种季节变动，就应先测出季节变动，然后结合长期趋势一起进行预测，这就是趋势季节模型预测法. 这类方法很多，我们只介绍季节变动稳定下的趋势季节预测. 季节变动稳定下的趋势季节预测的基本步骤如下：

(1)用趋势剔除法得出季节比率 s_i.

(2)对于时间数列乘法模型，将含有季节变动因素的原数列水平除以相应的季节比率，可得出消除季节变动的影响的数列 y_i. 对于时间数列加法模型，将含有季节变动因素的原数列水平减去相应的季节比率，可得出消除季节变动的影响的数列 y_i.

(3)对消除季节变动的影响的数列 y_i，拟合适当的长期趋势(如可以用最小二乘法，移动平均法……)，并外推得到趋势值.

(4)对第三步的外推趋势值，结合已得出的季节比率进行预测.

通过下面的例子，我们对上述方法进行说明.

例 8.15 根据例 8.12 和例 8.13 关于某公司连续 4 年各季度销售额的资料(单位：万元)，预测该公司第 5 年各季度的销售额.

根据表 8.19 的原始资料和表 8.22 的季节比率，可得消除了季节变动影响的销售额资料. 计算结果见表 8.23.

表 8.23 某公司 1997 年～2000 年各季度消除季节变动的销售额资料

年份	季度	销售额	季节比率(%)	消除季节变动的销售额
1	1	4.8	93.1	5.16
	2	4.1	83.7	4.90
	3	6.0	109.1	5.50
	4	6.5	114.1	5.70
2	1	5.8	93.1	6.23
	2	5.2	83.7	6.21
	3	6.8	109.1	6.23
	4	7.4	114.1	6.49
3	1	6.0	93.1	6.44
	2	5.6	83.7	6.69
	3	7.5	109.1	6.87

续表

年份	季度	销售额	季节比率(%)	消除季节变动的销售额
	4	7.8	114.1	6.84
4	1	6.3	93.1	6.77
	2	5.9	83.7	7.05
	3	8.0	109.1	7.33
	4	8.4	114.1	7.36

根据消除季节变动的销售额资料,可以确定其长期趋势.以1997年1季度的时间标号为1,2季度的时间标号为2,时间标号依次为3,4,…,16.所需计算结果如下:

$$\sum t=136,\sum t^2=1496,\sum tY=915.13,\sum Y=101.77;$$

$$\hat{b}=\frac{n\sum tY-\sum t\sum Y}{n\sum t^2-(\sum t)^2}$$

$$=\frac{16\times 915.13-136\times 101.77}{16\times 1496-136^2}=0.147,$$

$$\hat{a}=\frac{\sum Y}{n}-\hat{b}\frac{\sum t}{n}=\frac{101.77}{16}-0.147\times\frac{136}{16}=5.111.$$

于是,消除季节变动的长期直线趋势方程为 $\hat{Y}_t=5.111+0.147t$.

将 $t=17,18,19,20$ 代入上述方程,即得第5年4个季度销售额的长期趋势值,它们分别为7.610,7.757,7.904,8.051.由表8.22的季节比率,可得第5年4个季度的销售额的预测值(见表8.24):

表8.24 第五年各季销售额的预测值

季统一编号	该年四季	长期趋势值	季节比率(%)	各季预测值
17	1	7.610	93.1	7.085
18	2	7.757	83.7	6.493
19	3	7.904	109.1	8.623
20	4	8.051	114.1	9.186

其中 $7.610\times 93.1\%=7.085,\cdots,8.051\times 114.1\%=9.186$.

季节变动稳定下的预测方法,是依据未来的季节变动与过去的变动相似的假定进行的,它不仅可以预测近期的变动,也可以预测远期的变动. 但季节变动一般是不稳定的,关于季节不稳定下的趋势季节预测,可参见统计预测的有关文献.

3. 平滑预测法　最常用的平滑预测法有两大类:**移动平均预测法**(moving average forecast method)和**指数平滑预测法**(exponential smoothing forecast method). 移动平均预测法有一次移动平均预测法和二次移动平均预测法. 指数平滑预测法有一次指数平滑预测法、二次指数平滑预测法、含二次趋势的三次指数平滑预测法,分别适用于无明显趋势、有线性趋势和含二次趋势的时间数列的预测;温特指数平滑预测法,简称**温特法**(Winter's method),适用于兼有线性趋势和季节变动的时间数列的预测. 我们不准备在此介绍其他方法,对此感兴趣的读者可参阅有关文献(见[6]第 368～372 页).

习　题　8

8.1　时间数列的可比性指的是什么?

8.2　何谓时期数列? 何谓时点数列? 举例说明.

8.3　何谓时间数列? 其编制原则如何?

8.4　如何计算绝对时间数列的平均水平?

8.5　如何计算相对时间数列的平均水平?

8.6　如何计算平均时间数列的平均水平?

8.7　时间数列可以分解成哪些基本成分?

8.8　何谓时间数列的趋势?

8.9　何谓季节变动和季节比率?

8.10　何谓移动平均法? 其作用如何?

8.11　何谓发展速度? 举例说明何谓定基发展速度和环比发展速度.

8.12　何谓增长速度? 举例说明何谓定基增长速度和环比增长速度.

8.13　何谓水平法平均增长速度、累计法平均增长速度? 其区别和联系如何?

8.14　何谓增长 1%的绝对值?

8.15　何谓序时平均指标？它与总体的平均指标的区别如何？

8.16　某商店2002年下半年商品月底库存额资料如下表(单位：万元)：

时间	6月	7月	8月	9月	10月	11月	12月
库存额	8.0	7.2	6.8	8.4	9.2	10.0	11.2

根据上述资料计算第三季度平均库存额、第四季度平均库存额，并加以对比(注：各月天数差异忽略不计).

8.17　某地区2002年各月月初人口有如下表的统计资料(单位：万人)：

月　　份	1	2	3	4	6	8	12	来年1月
月初人数	46	46	48	50	50	52	52	52

试计算该地区2002年平均人口数和第一季度的平均人口.

8.18　某企业某年上半年工人数和总产值有如下统计资料：

月　　份	1	2	3	4	5	6	7
月初工人数(人)	1 850	2 050	1 950	2 150	2 216	2 190	2 250
总产值(万元)	250	272	271	323	374	373	—

试计算该企业上半年平均月劳动生产率.

8.19　某地区第四季度从业人数和劳动力资源人数有如下统计资料：

月　份	9月30日	10月31日	11月30日	12月31日
从业人数(万人)	280	285	280	270
劳动力资源(万人)	680	685	684	686

试计算该地区第四季度从业人数占劳动资源人数的平均比重.

8.20　某企业第二季度有关资料如下表：

月　　份	4	5	6	7
计划产量(千件)	105	105	110	—
实际产量(千件)	105	110	115	—
月初工人数(人)	500	500	520	460

(1) 计算第二季度平均月劳动生产率；

(2) 计算第二季度平均产量计划完成程度.

8.21　某工厂职工人数有如下表的不完全统计资料：

日　　期	4月1日	5月6日	6月3日	6月30日
非生产人员人数	105	115	103	117
非生产人员比重	22%	24%	23%	25%

计算该厂第二季度非生产人员占职工总数的平均比重.

8.22　某地区抽样调查第三产业的从业人数及其在第一、第二和第三产业从业人员总数中所占比重，得如下统计资料：

年　　份	1994	1997	1999	2002
从业人数(万人)	100	130	155	184
所占比重(%)	18	20	23	26

求此期间该地区的第三产业从业人数所占平均比重.

8.23　根据下表我国1989年～1997年间人口的统计资料(年底数)，求此期间市镇人口在总人口中所占平均比重.

年　　份	1989	1993	1994	1997
总人口(亿人)	11.3	11.9	12.0	12.4
市镇人口比重	26%	28%	29%	30%

8.24　某工厂上半年总产值和平均工人数有如下资料：

月　　份	1月	2月	3月	4月	5月	6月
总产值(万元)	80.0	92.2	96.8	96.9	120.1	115.3
平均工人数(人)	198	201	208	208	220	205

(1) 计算第一、第二季度的平均月劳动生产率；

(2) 计算第一、第二季度的劳动生产率；

(3) 计算上半年的劳动生产率.

8.25 我国"八五"期间国有经济固定资产投资及其在全社会固定资产投资总额中的比重有如下统计资料：

年 份	1991	1992	1993	1994	1995
固定资产投资(千亿元)	3.71	5.50	7.93	9.62	10.90
在投资总额中比重(%)	66.4	68.1	60.6	56.4	54.4

试求此期间国有经济固定资产投资在全社会固定资产投资总额中的平均比重.

8.26 我国城乡居民储蓄年底存款余额有如下统计资料(单位:亿元)：

年 份	1980	1981	1982	1983	1984	1985
城镇居民储蓄存款余额	283	354	447	573	777	1058
农村居民储蓄存款余额	117	169	228	320	438	565

(1) 求此期间城镇居民储蓄存款年底余额的年平均增长速度；

(2) 求此期间农村居民与城镇居民年底储蓄存款余额的平均比例.

8.27 某种产品产量几年来有所增加，已知1989年比1988年增长20%，1990年比1989年增长50%，1991年比1990年增长25%，1992年比1991年增长15%，1993年比1992年增长24%.试编制各年环比及定基的增长速度时间数列(以1988年为基期).

8.28 我国零售物价指数1991年比1990年上升2.9%，1992年比1991年上升5.4%，1993年比1992年上升12.7%，1994年比1993年上升21.7%，1995年比1994年上升14.8%.则1995年物价总的比1990年上升了多少？这几年物价平均每年上升多少？

8.29 某企业计划将产值从1995年的600万元，增加到2000年的800万元，问该企业应保持产值年平均增长速度为多少？若该企业

1996 年和 1997 年产值分别比前一年实际增长 10%和 8%，则后三年每年应递增多少，才能达到预定的目标？

8.30　1993 年甲地区工业总产值为 7.55 亿元，乙地区工业总产值为 11.8 亿元. 到 1998 年，乙地区工业总产值的总发展速度为 173.68%，问甲地区要在 1998 年赶上乙地区，其平均每年增长速度应该为多少？

8.31　某工厂 1995 年的总产值为 10 万元，如果平均每年增长 8%，则多少年后该厂的总产值可达到 50 万元？

8.32　某企业 1987 年～1998 年的工业总产值资料如下表(单位：万元)：

年份	工业总产值	年份	工业总产值
1987	20.72	1993	53.55
1988	29.33	1994	69.60
1989	38.14	1995	73.85
1990	44.02	1996	82.73
1991	41.63	1997	91.61
1992	43.62	1998	102.79

试用移动平均法计算 3 年、4 年的移动平均数，分别编制出新的时间数列.

8.33　对 8.32 题的资料，用最小二乘法建立直线趋势方程，并预测该企业 1999 年的工业总产值.

8.34　1986 年～1995 年我国历年民用航空货运周转量 Y 有如下表的统计资料：

年份 t	1986	1987	1988	1989	1990	1991	1992	1993	1994	1995
$x=t-1985$	1	2	3	4	5	6	7	8	9	10
周转量 Y	4.81	6.50	7.30	6.90	8.20	10.10	13.42	16.61	18.59	22.30

试建立货物周转量 Y 对年份 t 的回归方程；并计算回归平方和及残差平方和.

8.35　1986 年～1997 年天津市历年离退休退职人数 Y(万人)有

如下表的统计资料：

年份 t	离退人数 Y	年份 t	离退人数 Y	年份 t	离退人数 Y
1986	29.83	1990	42.83	1994	54.50
1987	33.61	1991	44.50	1995	56.78
1988	39.11	1992	49.17	1996	62.92
1989	40.65	1993	50.00	1997	64.75

试建立 t 离退休退职人数 Y 对年份 t 的回归方程，并计算可决系数 R^2.

8.36　某商场 1991 年～1995 年各季的销售额有如下表的统计资料(单位：万元)：

季度＼年份	1991	1992	1993	1994	1995
1	1 861	1 921	1 834	1 837	2 073
2	2 203	2 343	2 154	2 025	2 414
3	2 415	2 514	2 098	2 304	2 339
4	1 908	1 986	1 799	1 965	1 967

根据上述资料用两种方法计算季节比率：(1)按月平均法；(2)趋势剔除法.

8.37　根据上题的资料，计算消除销售额中的季节变动，并用最小二乘法建立直线趋势方程，并预测 1998 年各季的销售额.

第九章 统计指数和因素分析

统计指数简称指数，是用于分析经济现象的一种重要的统计方法，主要用于反映同类社会经济现象在时间上或空间上的综合变动程度，在实际工作中被广泛应用，如产品产量、股票市场价格、零售商品价格、消费品价格、主要进出口商品价格等指数. 利用统计指数，不仅可以分析社会经济现象综合变动的方向和程度，还可以分析社会经济现象中各个制约因素的变动及其对综合变动的影响，并且通过连续编制的统计指数数列，分析社会经济现象在长时间内发展变化的趋势.

§9.1 统计指数的概念和种类

统计指数，广义泛指用于比较的相对数，狭义专指动态相对数，一般情况下多指后者. 统计指数，按其涉及的对象范围分为个体指数和总指数；按其反映事物或对象的内容，分为数量指数和质量指数. 总指数，按其形式分为综合指数和平均指数.

9.1.1 统计指数的概念

统计指数简称指数，是反映同类现象在时间上或空间上综合变动程度的一类相对指标. 例如，为研究某地区 2002 年耐用消费品产量对 2001 年产量的变化情况，需要选取各种有代表性的耐用消费品，如电视机、空调器、电脑、手机等等的产量，但这些产品的产量变动是不同的，并且往往不能用同一单位度量. 为了表示这些耐用消费品产量的综合变动情况，就需要计算一个特殊的数字——产量指数.

统计指数作为一种特别的统计指标，不仅可以反映单个事物的变化，也可以反映多种事物的综合变动；它既可以反映现象在时间上的变动，也可以反映现象在空间上的变动. 因此动态相对指标（发展速度）、比较相对指标和计划完成程度相对指标都可称为指数，这是广泛意义下的指数. 通常所说的指数，多指反映多种事物或现象在时间上的综合变动，即事物或现象在不同时间上进行比较的动态指数.

在统计理论和统计实践的发展过程中，统计指数的类型与编制方法不断地发生变化. 早期，统计指数是由研究物价变动的物价指数开始，随着经济的全面发展，指数的应用范围不断扩大，其含义和内容也随之发生了变化. 直到今天，物价指数的编制在各国仍然占据重要的地位.

9.1.2 统计指数的种类

统计指数可以从不同角度划分为不同的类型. 例如，按研究对象的范围，分为个体指数和总指数；按所反映指标的内容，分为数量指标指数和质量指标指数；按对比的场合，分为动态指数和静态指数；动态指数，按对比使用的基期，分为定基指数和环比指数. 通过指数种类的划分，我们可以更深入地了解指数的意义.

1. 个体指数和总指数　**个体指数**（individual index）是反映单个事物或现象变动的相对数，用来说明个别现象变动的趋势和程度. 例如，某种商品 2002 年的价格为每单位 210 元，2001 年为每单位 200 元，则反映这种商品价格变动的相对数 210/200＝105％，就是该商品的个体价格指数. 类似地可以计算任意一种产品的成本指数或产量指数，这些都是个体指数的例子. 一般地，个体指数的计算公式为

$$i_p=\frac{p_1}{p_0},\quad i_q=\frac{q_1}{q_0}, \tag{9.1}$$

其中 p_0 和 p_1 分别为基期和报告期的价格（单位成本），q_0 和 q_1 相应为基期和报告期的产量（销售量），i_p 和 i_q 分别称为**价格**（单位成本）**个体指数**和**产量**（**销售量**）**个体指数**.

总指数(general index)是反映多种事物或现象综合变动的相对数.例如,要研究 100 种不同商品的价格变动情况,则表示每一种商品价格变动的相对数,就是个体指数;而综合反映这 100 种商品价格变动的相对数,就是总指数.因此,反映社会零售商品的价格综合变动的相对数、反映多种产品产量综合变动的相对数等等都是总指数.

总指数的计算有两种形式——综合指数和平均指数.历史上,在编制总指数的发展过程中,综合指数和平均指数的编制经历了很复杂的过程.因为同时反映多种商品价格(或数量)的变动,人们往往从不同的角度去理解,并使用不同的计算方法.例如,法国经济学家杜托特(Dutot)1752 年提出用多种商品的报告期价格之和 $\sum p_1$ 与基期价格之和 $\sum p_0$ 对比

$$I_p = \frac{\sum p_1}{\sum p_0} \tag{9.2}$$

做这些商品的价格总指数,并称之为**简单综合指数**.这是综合指数法的早期形式,后来采用的不多.因为这种计算方法存在三个问题:第一,不同类的商品价格(或数量)不能用同一单位度量,因而直接相加没有经济意义;第二,即使同一种类的商品,也有计量单位的问题;第三,忽略了不同商品的不同重要性.

又比如,意大利经济学家卡里(Carli)1764 年提出了价格总指数的计算公式:用不同商品的价比 $i_p = p_1/p_0$ 的简单算术平均值做物价总指数,即把

$$I_p = \frac{1}{n}\sum \frac{p_1}{p_0} \tag{9.3}$$

称作**简单算术平均指数**.这种计算方法比简单综合指数方法进了一步,它不受商品计量单位的影响.但仍有不足之处,就是视各商品同等重要.任何总体的各个组成要素在总体中的重要性不可能完全一样.这种方法在指数发展的初期曾采用过.

对上述简单综合或简单平均的方法施以加权处理,这是指数发展历史上的一次飞跃.在综合指数和平均指数编制的发展过程中,矛盾的焦点就是权数问题.由于权数选择的不同,出现了各种形式的综合指数

和平均指数，综合指数和平均指数将分别在§9.2和§9.3中介绍.

在研究对象分组的基础上，分别计算的反映各组对象变动的相对数，称为**类指数**. 例如，将全部零售商品分为食品类、衣着类等. 计算反映某一类商品（如食品类）价格综合变动的相对数，就是类指数. 类指数是相对于总指数而言的，它实质上是总指数. 将类指数和总指数结合起来，可以更深入更全面地反映现象发展变化的情况.

2. *数量指标指数和质量指标指数* 指数是反映事物或现象变动的相对数，而这种变动是通过某个指标的变动来表示的. 用指数来反映其变动的指标称为**指数化指标**（indexation indicator）. 例如，对于价格指数，价格就是指数化指标；对于销售量指数，销售量就是指数化指标.

统计指数按指数化指标，分为数量指标指数和质量指标指数；指数化指标是数量指标的称为**数量指标指数**，简称数量指数；指数化指标是质量指标的，称为**质量指标指数**，简称质量指数.

数量指标指数是反映事物或现象总量变动的指数，是根据数量指标计算的，例如产品产量指数、商品销售量指数等等都是数量指标指数. 质量指标指数是反映事物或现象一般水平、普遍水平或工作质量综合变动的指数，是根据质量指标计算的. 例如商品价格指数、劳动生产率指数等等都是质量指标指数. 数量指标和质量指标的划分具有相对性. 例如单位产品原材料消耗量指标，相对于产品产量而言，它是质量指标；但相对于原材料价格而言，它又是数量指标.

3. *动态指数和静态指数* **动态指数**（dynamic index）又称**时间指数**，它是不同时间上的同类现象对比的结果，是反映社会经济现象在不同时间上发展变化的相对数. 例如，前面所讲的价格指数、商品销售量指数、工业产品产量指数等都属于动态指数. 动态指数按对比的基期，又有定基指数和环比指数之分. 在统计指数数列中，若所有各期指数都使用同一基期计算，则这种指数称为**定基指数**（fixed-base index）；若所有各期指数都以前一个时间为基期计算，则这种指数称为**环比指数**（chain-base index）.

静态指数（static index）是由同一时间内不同空间上的两个数量对比所形成的相对数. 它包括空间指数和计划完成情况指数. 空间指数是

不同空间的同类现象对比的结果，又称区域指数，例如地区间价格指数、人均 GDP 指数是空间指数. 计划完成情况指数是某现象实际水平与计划水平对比的结果，例如产品成本计划情况指数.

9.1.3 总指数的基本形式

总指数是反映多种现象综合变动的相对数，其编制方法主要有综合指数(aggregate index)和平均指数(average index)两种基本形式.

1. 综合指数　由两个综合总量指标对比形成的指数称为综合指数，它是总指数编制方法中的一种加权指数的形式. 由于多种现象往往不能用同一单位度量，而且各现象的重要性也不全相同，因此综合指数不能用简单形式进行编制，一般是通过加权，把不能直接用同一单位度量的量，转化为能用同一单位度量的量，然后再进行对比. 因此综合指数可以用于反映多种事物或现象的综合变动，综合指数将在 § 9.2 介绍.

2. 平均指数　平均指数是个体指数的加权平均数. 由于各种现象的重要性程度存在差异，因此简单平均指数不能反映这种差异，因此一般选择加权平均形式. 权数的选择，一般是根据各个体指数的重要性确定的，有时也要根据所掌握的资料而定. 在某些情况下，平均指数是综合指数的变形，二者有相同的实际含义和数值. 实际中平均指数被广泛使用. 平均指数将在 § 9.3 介绍.

3. 平均指标指数　平均指标指数也是指数的一种常用的形式，是由同一平均指标在不同时间或空间上的数值对比所形成的. 平均指标指数可以表示为综合指数的形式.

§ 9.2 总指数的综合指数形式

统计指数用于反映社会经济现象在时间上的变动，并且主要用于反映多种事物或现象的综合变动情况，而且其变动同时受到多种因素的制约和影响.因此我们需要找到一种方法,能同时反映多种不同事物或现象的共同变动情况.综合指数,可以综合反映众多的,有些甚至不能用同一单位度量的事物或现象变动的方向和程度.

9.2.1 综合指数的基本公式

综合指数,作为总指数的一种基本形式,是先求出不同时间(空间)上的综合总量,然后再进行对比形成的.我们主要以物价指数和物量指数(如销售量或产量指数)为例,说明综合指数的编制方法及有关问题.

在以后的叙述中,以 q 和 p 相应地表示价格和物量;以下标"1"和"0"分别表示报告期和基期.例如,p_0 和 p_1 分别表示一种商品的基期和报告期的价格,q_0 和 q_1 分别表示一种商品的基期和报告期的物量.为简便计,对于不同的商品(或产品),p 和 q 均不再加其他下标,例如,

$$\sum p_1q_0, \sum p_1q_1, \sum p_0q_1, \sum p_0q_0,$$

均表示多种商品价格 p 与销售量 q 乘积之和,其中每一项涉及一种商品.

价格指数 编制价格综合指数,现在普遍采用如下一般公式:

$$I_p = \frac{\sum p_1q_1}{\sum p_0q_1} \quad 或 \quad I_p = \frac{\sum p_1q_0}{\sum p_0q_0}, \tag{9.4}$$

其中 p_0 和 p_1 分别表示某一种商品(或产品)基期和报告期的价格,q_0 和 q_1 分别表示这一种商品基期和报告期的物量(产量).(9.4)式中的物价指数,是通过指数反映物价变动的指标,故价格是指数化指标.对于(9.4)式中的物价指数,由于分子和分母使用不同时期的价格,所以其比值体现了报告期价格相对于基期价格变化的情况.

(9.4)式中,物量 q 称为**同度量因素**(commensurable factor).在此公式中引进 q,有两个作用:一方面,q 作为权数反映不同商品在价格上的综合变动的程度;另一方面,q 把不能直接用同一单位度量因而不能直接相加的价格,转化为直接相加的量,即权数和同度量的作用.价格乘以物量,就形成了同度量的价值,而价值可以直接相加,从而可以进行多种不同商品或产品的综合比较.在式(9.4)中,实际上是两个不同价值的比较,不过由于分子和分母都使用了相同的物量,所以比值实际

上反映的是价格的变动.

物量指数 编制物量(销售量或产量)综合指数,与价格指数类似,现在普遍采用如下一般公式:

$$I_q=\frac{\sum p_0q_1}{\sum p_0q_0}\quad \text{或}\quad I_q=\frac{\sum p_1q_1}{\sum p_1q_0},\tag{9.5}$$

其中记号的含义与(9.4)式完全相同.对于物量指数,物量 q 是指数化指标,价格 p 是同度量因素.于是价格 p 在物量指数中的作用与物量 q 在价格指数中的作用类似.对于每一种商(产)品,式(9.5)的分子与分母采用同一时期的价格,而采用不同时期的物量,因而体现了报告期相对于基期物量的变动.

例 9.1 根据表 9.1 的资料,对价格指数公式和物量指数公式加以说明.

表 9.1 三种商品的销售量和价格

商品名称	计量单位	销售量		价格(元)	
		基期	报告期	基期	报告期
大米	千克	200	200	2.4	2.5
茶叶	百克	1 000	1 050	10	10
棉布	米	500	510	13	15

根据(9.4)式,可知以基期销售量为同度量因素的价格指数为

$$I_p=\frac{\sum p_1q_0}{\sum p_0q_0}=\frac{200\times 2.5+1\,000\times 10+500\times 15}{200\times 2.4+1\,000\times 10+500\times 13}$$

$$=\frac{18\,000}{16\,980}=106.01\%;$$

$$\sum p_1q_0-\sum p_0q_0=18\,000-16\,980=1\,020\ (\text{元}).$$

计算结果表明,当以基期销售量为同度量因素时,三种商品的价格报告期比基期增长了 6.01%,从而由于商品价格的上涨而增加的销售额为 1 020 元.

以报告期销售量为同度量因素的价格指数为

$$I_p=\frac{\sum p_1q_1}{\sum p_0q_1}=\frac{200\times 2.5+1\,050\times 10+510\times 15}{200\times 2.4+1\,050\times 10+510\times 13}$$

$$= \frac{18\ 650}{17\ 610} = 105.91\%;$$

$$\sum p_1 q_1 - \sum p_0 q_1 = 18\ 650 - 17\ 610 = 1\ 040\ (元).$$

计算结果表明,当以报告期销售量为同度量因素时,三种商品的价格报告期比基期增长了 5.91%,从而由于商品价格的上涨而增加的销售额为 1 040 元.

根据式(9.5),可知以基期价格为同度量因素的销售量指数为

$$I_q = \frac{\sum p_0 q_1}{\sum p_0 q_0} = \frac{200 \times 2.4 + 1\ 050 \times 10 + 510 \times 13}{200 \times 2.4 + 1\ 000 \times 10 + 500 \times 13}$$

$$= \frac{17\ 610}{16\ 980} = 103.71\%;$$

$$\sum p_0 q_1 - \sum p_0 q_0 = 17\ 610 - 16\ 980 = 630\ (元).$$

计算结果表明,当以基期的价格为同度量因素时,三种商品的销售量报告期比基期增长了 3.71%,从而由于商品销售量的增加而增加的销售额为 630 元.

以报告期价格为同度量因素的销售量指数为

$$I_q = \frac{\sum p_1 q_1}{\sum p_1 q_0} = \frac{200 \times 2.5 + 1\ 050 \times 10 + 510 \times 15}{200 \times 2.5 + 1\ 000 \times 10 + 500 \times 15}$$

$$= \frac{18\ 650}{18\ 000} = 103.61\%;$$

$$\sum p_1 q_1 - \sum p_1 q_0 = 18\ 650 - 18\ 000 = 650\ (元).$$

计算结果表明,当以报告期的价格为同度量因素时,三种商品的销售量报告期比基期增长了 3.61%,从而由于商品销售量的增加而增加的销售额为 650 元.

9.2.2 同度量因素

在前面所讲的综合指数的编制中,需要引进同度量因素.同度量因素,亦称同度量因子或同度量系数,是指把不能用同一单位度量,因而不能直接相加的指数化指标,转化为能直接相加的量的媒介指标.例如,当价格作为指数化指标时,用物量作同度量因素,就转化为价值(销

售额或产值),而价值显然可以用同一单位度量.同度量因素的选择,涉及指数的类型的选择和所属时期的选择;有时则不需要同度量因素.

1.同度量因素指标类型的选择　一般,指数化指标为质量指标时,选数量指标为同度量因素;指数化指标为数量指标时,选质量指标为同度量因素.由(9.4)和(9.5)式可见,这样的选择是切合实际的.

按照这一原则,我们可以编制其他指数,例如,**单位成本指数** I_c 和**产量指数** I_q:

$$I_c=\frac{\sum c_1q_1}{\sum c_0p_1} \quad \text{或} \quad I_q=\frac{\sum c_0q_1}{\sum c_0p_0}, \tag{9.6}$$

其中 c 和 q 分别表示单位成本和产量,下标"1"和"0"分别表示报告期和基期.

两种指数 I_c 和 I_q 的分子和分母都是生产费用,而在(9.4)和(9.5)两式中,分子和分母都是销售额和产值.这些指数都是把一个指标(同度量因素)固定在同一时期,以反映另一个指标(指数化指标)的变动情况.

例如,**原材料消耗量指数** I_{mq}和**原材料价格指数** I_p:

$$I_{mq}=\frac{\sum p_1m_1q_1}{\sum p_1m_0q_0} \quad \text{或} \quad I_p=\frac{\sum p_1m_1q_1}{\sum p_0m_1q_1}, \tag{9.7}$$

其中 p,m 和 q 分别表示某一种原材料的价格、单位产品该材料消耗量和产品产量.对于 I_{mq},指数化指标是原材料消耗量 mq,同度量因素是价格;对于指数 I_p,则恰好相反.两种指数的分子和分母都是各种产品的生产费用之和.

2.同度量因素所属时期的选择　对于每一对象(每一种商品、每一种产品……),同度量因素必须固定在同一时期,固定时期具体选基期还是报告期,原则上是任意的.有如下常见的选择原则:

(1) 按考察目的确定　同度量因素所属时期,有时要根据具体情况和问题的要求来确定.例如,若利用指数旨在反映经济效益或效果,则选报告期指标做同度量因素为宜;若旨在反映计划执行情况、发展速度等,则以选用基期指标为同度量因素为宜.

(2) 我国统计确定同度量因素所属的时期　一般遵循如下原则:

指数化指标是质量指标时，同度量因素固定在报告期；指数化指标是数量指标时，同度量因素固定在基期. 例如，价格指数 I_p 采用报告期物量做同度量因素，而物量指数 I_q 则采用基期价格做同度量因素①：

$$I_p = \frac{\sum p_1 q_1}{\sum p_0 q_1}, \quad I_q = \frac{\sum p_0 q_1}{\sum p_0 q_0}. \tag{9.8}$$

9.2.3 综合指数的其他形式*

在统计指数实践中，根据不同目的和任务，还可以采用其他的一些编制综合指数的方法. 其中常用的有拉氏指数、派氏指数和理想指数.

1. 拉氏指数　拉氏指数是德国经济学家拉斯贝尔(E. Laspeyres)于 1864 年首先提出的，称为拉斯贝尔公式. 他主张不论是数量指标指数，还是质量指标指数，都采用基期同度量因素的指数. 其价格指数 I_p 和物量指数 I_q 的公式为

$$I_p = \frac{\sum p_1 q_0}{\sum p_0 q_0}, \quad I_q = \frac{\sum p_0 q_1}{\sum p_0 q_0}. \tag{9.9}$$

拉氏指数采用基期同度量因素，可以消除同度量因素变动的影响，从而使不同时期的拉氏指数具有可比性. 该指数目前在西方国家使用得比较普遍.

2. 派氏指数　派氏指数是德国经济学家派许(H. Paasche)于 1874 年首创的，称为派许公式. 他主张不论是数量指标指数，还是质量指标指数，都采用报告期同度量因素的指数. 其价格指数 I_p 和物量指数 I_q 的公式为

$$I_p = \frac{\sum p_1 q_1}{\sum p_0 q_1}, \quad I_q = \frac{\sum p_1 q_1}{\sum p_1 q_0}. \tag{9.10}$$

由于派氏指数采用报告期同度量因素，可以反映消费结构的变化，具有比较明确的经济意义. 从经济分析的角度来看，派氏指数比较适合用于编制质量指标指数，因为质量指标指数的编制一般是从现实意义

---

① 前一种称作派氏(Paasche)指数，后一种称作拉氏(Laspeyres)指数.

的要求出发的.

应用拉氏指数和派氏指数计算的结果略有差异.一般情况下,在物价上涨时,大多数人会少购买商品或倾向于多购买低价商品而少购买高价商品,因此派氏指数中的同度量因素将比拉氏指数中的要小,也就是说,派氏指数有低估价格提高作用的倾向,而拉氏指数有夸大价格提高作用的倾向.

3. 交错加权指数　由于拉氏指数与派氏指数的计算结果的差异,为了对结果进行改进,就提出以基期和报告期的平均数为同度量因素,这就是马歇尔—埃奇沃思(Marshall-Edgeworth)指数,其计算公式为:

$$I_p = \frac{\sum p_1(q_1 + q_0)}{\sum p_0(q_1 + q_0)}, \tag{9.11}$$

其数值大小介于拉氏指数和派氏指数之间,是对拉氏指数和派氏指数计算结果差异的改进.

4. 理想指数　费歇耳(I. Fisher)于1922年提出他的"理想指数"公式:

$$I_p = \sqrt{\frac{\sum p_1 q_0}{\sum p_0 q_0} \times \frac{\sum p_1 q_1}{\sum p_0 q_1}}. \tag{9.12}$$

它是拉氏指数和派氏指数的几何平均数.理想指数与交错加权指数的数值近似.

理想指数公式能满足费歇耳对指数公式检验的一些重要的要求,在一些国际对比中应用得较多.例如,不同国家人均国民生产总值指数,就是借用"理想指数",运用货币购买力平价指数法计算的;联合国编制的地域差别生活指数,也采用了"理想指数"公式.

§9.3　总指数的平均指数形式

在实际统计工作中,有时受到资料的限制,不能直接用综合指数公式编制总指数,而是以个体指数为基础编制总指数,这就是平均指数形式.所谓平均指数,就是个体指数的平均数.平均指数作为编制总指数的一种形式,有它独立的应用意义.平均指数中的平均形式,有算术平均、调和平均和几何平均,其中算术平均和调和平均应用较为广泛,而几何平均形式在我国则较少应用.例如,我国统计计算的"全社会零售物价指数",采用加权算术平均指数公式计算;"农副产品收购价格指数",采用加权调和平均指数公式计算.从平均的方法看,无论采用哪种平均形式,都应该是加权平均,而不能是简单平均.这是因为无论什么样的总体,其各个组成要素在总体中的重要性都不可能完全一样.因此,对反映各要素变动情况的个体指数进行平均时,应该加权.正确选择权数也是一个十分重要的问题.选择权数的基本原则是,权数应能较好地反映个体指数的重要性.下面我们主要介绍作为综合指数变形的平均指数和常用的固定权数平均指数的计算,以及平均指数与综合指数的区别与联系.

9.3.1 平均指数作为综合指数的变形

综合指数计算比较简单,并且也比较容易理解.在实际统计工作中,有时由于受到资料的限制,不能直接用综合指数来编制总指数,这时可以利用平均指数.从理论上讲,任何一种综合指数形式,都可变形为相应的加权算术平均指数和加权调和平均指数形式,并且两种指数形式的计算结果相同,经济意义也相同.

前面所讲的综合指数相对应的加权平均指数形式列于表 9.2.

表 9.2 综合指数与平均指数的关系

指数名称	综合指数	加权算术平均指数	加权调和平均指数
数量指标指数	$\dfrac{\sum p_0q_1}{\sum p_0q_0}$	$\dfrac{\sum i_q p_0 q_0}{\sum p_0q_0}$	$\dfrac{\sum p_0q_1}{\sum \dfrac{1}{i_q} p_0q_1}$
质量指标指数	$\dfrac{\sum p_1q_1}{\sum p_0q_1}$	$\dfrac{\sum i_p p_0 q_1}{\sum p_0q_1}$	$\dfrac{\sum p_1q_1}{\sum \dfrac{1}{i_p} p_1q_1}$

式中 $i_q=q_1/q_0$,$i_p=p_1/p_0$,分别为数量指标和质量指标个体指数.

从表 9.2 综合指数和加权平均指数的对应关系中可以看出，将综合指数变形为加权算术平均指数时，以相应的综合指数的分母为权数；将综合指数变形为加权调和平均指数时，以相应的综合指数的分子为权数.应该指出的是，不能简单地将权数与加权平均的公式组合起来，而应当根据其结果是否有经济意义来组合.另外，实际应用中，权数为某一时期的实际总量指标，即 p_0q_0 或 p_1q_1，比较容易取得，而其他形式，如 p_1q_0 或 p_0q_1，则需要分别掌握两个不同时期的数量指标和质量指标才能计算，这样的资料很难取得.根据我国编制综合指数时选择同度量因素的一般原则，我们得出作为综合指数变形的加权平均指数应用的一般原则：计算物量指标指数，应采用以基期的总量指标 p_0q_0 为权数的加权算术平均指数形式；计算质量指标指数，应采用以报告期的总量指标 p_1q_1 为权数的加权调和平均指数形式.

例 9.2 根据表 9.3 的资料，计算销售量总指数和价格总指数.

表 9.3 计算销售量和价格总指数

商品名称	销售量个体指数 i_q (%)	价格个体指数 i_p (%)	销售额(元)	
			基期	报告期
大米	100	104.17	480	500
茶叶	105	100.00	10000	10500
棉布	102	115.38	6500	7650

根据表 9.3 中的结论，销售量总指数为

$$I_q=\frac{\sum i_q p_0q_0}{\sum p_0q_0}$$

$$=\frac{100\%\times480+105\%\times10\ 000+102\%\times6\ 500}{480+10\ 000+6\ 500}$$

$$=\frac{17\ 610}{16\ 980}=103.71\%;$$

价格总指数为

$$I_p=\frac{\sum p_1q_1}{\sum\frac{1}{i_p}q_1p_1}=\frac{500+10\ 500+7\ 650}{\frac{480}{104.17\%}+\frac{10\ 500}{100\%}+\frac{7\ 650}{115.38\%}}$$

$$=\frac{18\ 650}{17\ 610.25}=105.91\%.$$

上述计算结果与例 9.1 的计算结果完全一致，而且分子与分母的经济涵义也一样，只是计算形式不同而已.

必须强调的是，加权平均指数是计算总指数的一种独立形式，它与综合指数的变形关系，只有在上述特定条件下才存在. 与综合指数比较，加权平均指数既适用于全面的资料，也适用于非全面的资料. 在实际中加权平均指数被广泛使用.

9.3.2 固定权数平均指数

固定权数的加权平均指数，也有算术平均和调和平均两种形式，但主要使用的是固定权数的加权算术平均指数，而固定权数的加权调和平均形式很少使用.

在国内外广泛使用的加权算术平均指数中，所用的权数不是总量指标 p_0q_0，而是某一固定权数 w，w 是经过调整计算的不变权数，常用比重表示. 因此其公式形式为

$$I=\frac{\sum iw}{\sum w}, \tag{9.13}$$

式中 i 为个体指数.

固定权数加权算术平均指数，在国内外的指数实践中得到广泛的应用. 我国零售物价指数、居民消费指数以及西方国家的工业生产指数、消费价格指数等都是用固定权数的加权算术平均形式编制的. 这种指数所用的权数可以根据有关的普查、抽样调查或全面统计报表资料调整计算确定. 权数一经确定，一般在相对较长的一段时间内使用，以减少计算的工作量. 同时，在不同时期内采用同样的权数，可比性强，有利于指数数列的分析.

我国消费价格指数的编制方法是：首先，将各种消费品和服务项目进行分类，目前分为八大类，包括食品类、衣着类、家庭设备及用品类、医疗保健用品类、交通和通信工具类、文教娱乐用品类、居住类以及服务项目，其下面再各自划分若干中类和小类；其次，从以上各类中选定

若干有代表性的商品(含服务)项目编入指数,分别计算其价格的个体指数;再次,根据有关时期各种商品销售额的资料确定代表品的权数;最后,按从低到高的顺序,采用固定权数加权算术平均公式,依次编制各小类、中类和大类的消费价格指数以及消费价格总指数.

例 9.3 根据表 9.4 的资料(所有数据均为假设),计算有关的消费价格指数,并填充表中空缺的数据.

表 9.4 消费价格指数的计算表

商品类别及名称	代表规格品	计量单位	平均价格(元)		指数 i_p(%)	权数 w(%)
			基期	报告期		
总指数					108.29	100
1. 食品类					117.48	42
1) 粮食					105.32	35
a. 细粮					105.60	65
面粉	标准	kg	2.40	2.52	105.00	40
大米	梗米	kg	3.50	3.71	106.00	60
b. 粗粮	标一				104.80	35
2) 副食品					125.40	45
3) 烟酒茶					126.00	11
4) 其他食品					14.80	9
2. 衣着类					95.46	15
3. 家庭设备及用品类					102.70	11
4. 医疗保健用品类					110.43	3
5. 交通和通讯工具类					98.53	4
6. 文教娱乐用品类					101.26	5
7. 居住类					103.50	14
8. 服务项目					108.74	6

根据表 9.4 的资料和公式 9.13 依次计算的消费价格指数如下:

1) 计算各代表规格品的价格指数,面粉的价格指数 I_1 和大米的价格指数 I_2 相应为:

$$I_1 = 2.52/2.40 = 105\%, \quad 和 \quad I_2 = 3.71/3.50 = 106\%.$$

2) 根据各代表规格品的价格指数及相应的权数,计算小类价格指

数，如细粮类价格指数为

$$\frac{\sum i_p w}{\sum w}=\frac{105\%\times 40+106\%\times 60}{40+60}=105.6\%.$$

3）根据各小类价格指数及相应的权数，计算中类指数，如粮食类价格指数为

$$\frac{\sum i_p w}{\sum w}=\frac{105.6\%\times 65+104.8\%\times 35}{65+35}=105.32\%.$$

4）根据各中类价格指数及相应的权数，计算大类指数，如食品类价格指数为

$$\frac{\sum i_p w}{\sum w}=\frac{105.32\%\times 35+125.4\%\times 45+126\%\times 11+114.8\%\times 9}{35+45+11+9}$$

$$=117.484\%.$$

5）根据各大类价格指数及相应的权数，计算总指数，可得消费价格指数

$$\frac{\sum i_p w}{\sum w}=\frac{117.484\%\times 42+95.46\%\times 15+\cdots+108.74\%\times 6}{42+15+\cdots+6}$$

$$=108.29\%.$$

9.3.3 平均指数和综合指数的关系

综上所述，平均指数和综合指数是计算总指数的两种基本形式，它们之间既有区别，又有联系.

1. 平均指数和综合指数的区别

(1) 解决复杂总体进行综合的思想不同. 综合指数是通过引进同度量因素，先计算总体的总量，然后再进行对比，即先综合，后对比. 而平均指数是在个体指数的基础上计算总指数，即先对比，后综合.

(2) 在应用资料的条件上不同. 综合指数主要适用于全面资料，而平均指数既适用于全面资料，也适用于非全面资料. 以社会零售商品价格指数为例，市场上的商品多种多样，不可能取得所有这些商品的全部资料来编制价格指数. 而采用平均指数，根据一部分代表品的价格资料和以商品零售额为权数，便可以计算物价指数，能比较全面地反映零售

物价的变动.

(3) 在经济分析中的具体作用也有所不同. 总之指数的资料是总体有明确经济内容的总量指标. 因此,总指数除了可以表明复杂总体的变动方向和程度外,还可以从指标变动的绝对效果上进行因素分析. 平均指数除了作为综合指数变形加以应用的情况外,一般只能通过总指数表明复杂总体的变动方向和程度,而不能用于对现象进行因素分析.

2. 平均指数和综合指数的联系　平均指数和综合指数的联系主要表现为在一定权数的条件下,两类指数间有变形的关系. 由于这种变形关系的存在,当掌握的资料不能直接用综合指数形式计算时,则可用它的变形的平均指数形式计算,这种条件下的平均指数和综合指数有相同的经济意义和计算结果. 事实上,任何综合指数都可用平均指数来表示,可见作为独立的指数形式,平均指数具有更广泛的应用价值.

§9.4　平均指标指数

统计指数不仅可以反映多种产品(或商品)的价格(或成本)的综合变动,也可以反映一种产品(或商品)在不同部门、地区或单位之间平均价格(或成本)的变动,这就是我们要介绍的平均指标指数.

9.4.1　平均指标指数的概念

平均指标指数是同一平均指标在不同时间或空间上的对比所形成的相对数. 其一般形式为:

$$I_{\bar{x}}=\frac{\bar{x}_1}{\bar{x}_0}, \tag{9.14}$$

其中 $\bar{x}_1$ 和 $\bar{x}_0$ 分别为同一平均指标 $\bar{x}$ 的报告期数值和基期数值. 例如,这样可以计算平均工资指数、平均劳动生产率指数、平均单位成本指数等等.

平均指标指数与 §9.3 所述的平均指数有根本的区别. 平均指数

是个体指数的平均数，即对若干个个体指数用不同的权数进行加权所求的平均数，有加权算术平均和加权调和平均. 而平均指标指数是两个平均数直接对比形成的.

平均指标是反映社会经济现象总体一般水平的指标. 总体一般水平决定于两个因素：一个是总体内部各部分(组)的水平，另一个是总体的结构，即各部分(组)在总体中所占的比重. 平均指标的变动是这两个因素变动的综合结果. 总体各部分的水平，主要决定于各部分内部的状况，反映了各部分内部各种因素的作用. 总体结构则是一种与总体全局有关的因素，总体结构状况决定着总体的一些基本特征. 经济管理与研究的一项重要任务就是优化结构，使结构合理化. 利用平均指标指数，为这方面的深入研究提供了重要的依据.

9.4.2 平均指标指数的形式和种类

在总体分组的条件下，总体平均指标的加权算术平均公式为

$$\bar{x}=\frac{\sum xf}{\sum f}, \tag{9.15}$$

其中 $\bar{x}$ 表示总体的平均指标，x 表示各组水平值，f 表示各组的单位数.

上述计算公式表明，对总体平均指标变动进行分析时，需要从数量上分析总体各部分水平与总体结构这两方面对总体平均指标变动的影响. 因此应相应地编制两个平均指标指数，一个用以反映各组水平值的变动，另一个则反映各组单位数在总体单位数中所占比重的变动. 通常把前者称为**固定构成指数**，后者称为**结构影响指数**.

在平均指标变动分析中，一般将各部分的比重视为数量指标因素，而将各组平均水平视为质量指标因素. 结合前面所讲的关于综合指数编制的内容，选择同度量因素的一般原则，可得到三种指数的计算公式. 设

$$w_0=\frac{f_0}{\sum f_0}, w_1=\frac{f_1}{\sum f_1}, F_0=\sum f_0, F_1=\sum f_1, \tag{9.16}$$

其中 w_1 和 w_0 分别为各组报告期和基期的单位数在整个总体中的比

重，F_1 和 F_0 分别为报告期和基期总体单位总数.

1. 可变构成指数　报告期和基期总体平均指标的实际水平的对比，就形成可变构成指数：

$$I_{\text{可变}}=\frac{\sum x_1 f_1}{\sum f_1}\div\frac{\sum x_0 f_0}{\sum f_0}=\frac{\sum x_1 w_1}{\sum x_0 w_0},\tag{9.17}$$

它全面反映总体平均水平的综合变动状况，包含了总体各部分水平 $\bar{x}$ 和总体结构 w 两个因素变动的综合影响.

2. 固定构成指数　是将总体各部分比重固定在报告期计算的总平均指标指数，即

$$I_{\text{固定}}=\frac{\sum x_1 f_1}{\sum f_1}\div\frac{\sum x_0 f_1}{\sum f_1}=\frac{\sum x_1 w_1}{\sum x_0 w_0}.\tag{9.18}$$

该指数消除了总体结构 w 变动的影响，专门用以综合反映总体各部分水平 $\bar{x}$ 的变动对总体平均水平的影响. 作为总指数，固定构成指数实际上是各个部分指数的加权平均数，即

$$\frac{\sum x_1 f_1}{\sum f_1}\div\frac{\sum x_0 f_1}{\sum f_1}=\frac{\sum x_1 f_1}{\sum x_0 f_1}=\frac{\sum \frac{x_1}{x_0}x_0 f_1}{\sum x_0 f_1}.\tag{9.18a}$$

显然，固定构成指数是个体指数的加权算术平均数. 同理，它也可以为个体指数的加权调和平均数，即

$$\frac{\sum x_1 f_1}{\sum f_1}\div\frac{\sum x_0 f_1}{\sum f_1}=\frac{\sum x_1 f_1}{\sum \frac{1}{x_1/x_0}x_1 f_1}.\tag{9.18b}$$

3. 结构影响指数　是将各组水平固定在基期条件下计算的总平均指标指数，即

$$I_{\text{结构}}=\frac{\sum x_0 f_1}{\sum f_1}\div\frac{\sum x_0 f_0}{\sum f_0}=\frac{\sum x_0 w_1}{\sum x_0 w_0}\tag{9.19}$$

用于反映总体结构的变动对总体平均指标变动的影响.

例 9.4　表 9.5 是某公司 1 000 名员工在一次工资调整前后的有关资料，试计算全公司员工的平均工资的变动的平均工资指数.

表 9.5　某公司员工的工资情况

工种	月工资(元)		员工数(人)	
	基期 x_0	报告期 x_1	基期 f_0	报告期 f_1
A	1000	1050	650	680
B	1500	1600	240	250
C	2000	2150	110	70
合计	—	—	1000	1000

根据表 9.5 的资料，可计算有关的平均数：

$$\bar{x}_0=\frac{\sum x_0 f_0}{\sum f_0}=\frac{1000\times 650+1500\times 240+2000\times 110}{650+240+110}=1\ 230(\text{元}),$$

$$\bar{x}_1=\frac{\sum x_1 f_1}{\sum f_1}=\frac{1050\times 680+1600\times 250+2150\times 70}{680+250+70}=1\ 264.5(\text{元}),$$

$$\bar{x}_n=\frac{\sum x_0 f_1}{\sum f_1}=\frac{1000\times 680+1500\times 250+2000\times 70}{680+250+70}=1\ 195(\text{元}).$$

1）全公司员工平均工资的可变构成指数为

$$I_{\text{可变}}=\frac{\sum x_1 f_1}{\sum f_1}\div\frac{\sum x_0 f_0}{\sum f_0}=\frac{1264.5}{1230}=102.80\%,$$

员工的总平均工资提高了 1 264.5－1 230＝34.5(元).

2）三个工种员工工资变动影响的固定构成指数为

$$I_{\text{固定}}=\frac{\sum x_1 f_1}{\sum f_1}\div\frac{\sum x_0 f_1}{\sum f_1}=\frac{1264.5}{1195}=105.82\%,$$

各工种员工工资水平变动使总平均工资提高了 1 264.5－1 195＝69.5(元).

3）员工工种结构变动的结构影响指数为

$$I_{\text{结构}}=\frac{\sum x_0 f_1}{\sum f_1}\div\frac{\sum x_0 f_0}{\sum f_0}=\frac{1195}{1230}=97.15\%,$$

员工工资分布结构变动使总平均工资下降了 1 195－1 230＝－35(元).

在这里，计算平均指标指数应主要避免同综合指数混同起来，尤其是在计算反映成本(或价格)等指标变动的指数时,成本(或价格)的固定构成指数同成本(或价格)的综合指数在计算形式上完全相同,即综合指数公式与固定构成指数公式相应为

$$\frac{\sum p_1q_1}{\sum p_0q_1}, \quad \frac{\sum x_1f_1}{\sum x_0f_1},$$

其中 p 和 x 分别表示价格和成本,q 和 f 表示产量.因此很容易使人们产生错觉,这正是我们要强调的问题.作为综合指数,是反映不同的产品(或商品)的成本(或价格)总变动的情形;而作为成本(或价格)的固定构成指数,则是反映同一产品(或商品)在不同部门、地区或单位的平均成本(或价格)变动的情况.二者虽然形式相同,但所代表的内容却完全不同.

§9.5 指数数列

指数数列是将各个时期的一系列指数,按时间的先后顺序排列起来所形成的数列.可见,指数数列也是一种时间数列.通过连续编制的动态指数数列,可以分析经济现象在长时间内发展变化的趋势.

定基指数数列和环比指数数列 在指数数列中,按照对比采用的基期的不同,可分为定基指数数列(fixed-base index series)和环比指数数列(chain index series).**定基指数数列**中的各个时期的指数,都是采用同一固定时期为基期来计算的.**环比指数数列**中的各个时期的指数,都是以其直接前一时期为基期来计算的.当我们要将各时期的现象与某一固定时期的相同现象进行对比时,可用定基指数数列;当我们要表明各期的现象同其直接前一期对比时,则用环比指数数列.

固定权数数列和可变权数数列 由于各个时期的指数采用同度量因素所属时期的不同,因此,指数数列有可变权数和不变权数之分.若各个时期的指数用不同时期的同度量因素,它们是变动的,称为可变权数.若各个时期的指数的同度量因素固定在一个时期水平上,它们是不

变的，称为不变权数.

编制指数数列究竟采用不变权数还是可变权数，取决于指数编制的一般要求. 一般，数量指标指数的同度量因素固定在基期，质量指标指数的同度量因素固定在报告期. 因此，凡是质量指标指数，不论是定基指数，还是环比指数，采用的都是可变权数. 而数量指标指数则不同，其环比指数的基期是不断改变的，故采用可变权数；而定基指数由于基期固定，所以采用不变权数. 由此可见，只有数量指标指数数列中的定基指数，才用不变权数.

在统计的实际工作中，计算工业与农业的总产量指数，都采用不变价格，这在本章§9.2已经讲过. 这种不变价格，是根据某一时期全国平均价格来确定的，一经确定之后，在一段较长的时期内固定不变. 可以说工业总产量指数、农业总产量指数是一种特殊运用的不变权数.

不变权数使用一段时间之后，随着经济情况的改变，也应作相应的改变，而采用新的不变价格，建国以来就制定过五次不变价格. 当编制较长时期产量定基指数，遇到不变价格更换时，这时要采用价格换算系数对指数进行换算，来消除不变价格改变对产量指数的影响. 因为同一个指数数列中所排列的各时期产量指数，只有按照同一种不变价格作为同度量因素，才具有可比性，才能把产量的发展变化情况准确地反映出来. 具体做法是在交替年份按新旧两种不变价格计算总产值的对比指标，这个指标就是价格换算系数.

例 9.5 某工厂 1997 年总产值按 1990 年不变价格计算为 9 540 万元，1987 年总产值按 1980 年不变价格计算为 5 000 万元. 两个总产值对比为

$$\frac{\sum p_{90}q_{97}}{\sum p_{80}q_{87}}=\frac{9\ 540}{5\ 000}=190.8\%.$$

它不仅反映了产量增长情况，而且包含了不变价格变动的影响. 为了消除不变价格变动的影响，要计算价格换算系数. 假设 1990 年总产值按 1990 年不变价格计算为 6 434 万元，按 1980 年不变价格计算为 6 070万元，则价格换算系数为

$$\frac{\sum p_{90}q_{90}}{\sum p_{80}q_{90}}=\frac{6\ 434}{6\ 070}=106\%.$$

这样我们可以按下式进行调整计算：

$$\frac{\sum p_{90}q_{97}}{\sum p_{80}q_{87}\times\frac{\sum p_{90}q_{90}}{\sum p_{80}q_{90}}}=\frac{9\ 540}{500\times 106\%}=\frac{9\ 540}{5\ 300}=180\%.$$

由此可见，1997 年工业总产值比 1987 年增长 80%，而不是增长 90.8%.

§9.6　指数体系与因素分析

客观现象是相互联系又彼此制约的，客观现象之间的这种联系反映在指数中，就形成指数之间的联系，指数之间由相互联系而构成的一个整体就称为统计指数体系. 因素分析是借助于指数体系，来分析社会经济现象中各种因素变动的影响程度.

9.6.1　指数体系和因素分析的概念

指数体系，是指相互联系且在数值上具有一定数量对等关系的，三个或三个以上的指数所形成的体系. 例如，销售额指数体系由销售额指数、销售量指数和价格指数构成；产值指数体系由产值指数、产品产量指数和产品价格指数构成；生产费用指数体系由生产费用指数、产量指数和单位产品成本指数构成；原材料消耗费用指数体系由原材料消耗费用指数、产量指数、单位原材料消耗指数和单位价格指数构成.

1. 总变动指数和因素指数　每一个指数体系的指数，一个指数称为**总变动指数**(index of total variation)，其余的指数称为**因素变动指数**(index of factor variation). 总变动指数是反映现象总量变动的指数，等于报告期与基期总量之比. 例如，在上面列举的指数体系中，销售额指数、产值指数、生产费用指数和原材料消耗费用指数等都是总变动指数. 因素变动指数，简称因素指数，是综合反映制约和影响总量指标变动的因素及其效果. 例如，销售额指数体系中的销售量指数和价格指数；产值指数体系中的产量指数和产品价格指数；生产费用指数体系中的产量指数和单位产品成本指数等等都是因素变动指数.

2. 数量对等关系　由于现象间客观存在各种经济联系，这种经济联系表现为指标间的数量关系. 上述各指数体系中，总量指标和与之联系的各指标间有明显的关系. 例如，

销售额＝销售量×价格；

生产费用＝产量×单位产品成本；

原材料费用＝产量×单位产品原材料消耗量×原材料价格.

在指数体系中，总变动指数和因素指数之间存在着类似的联系. 由此引出总变动指数和因素指数之间的**数量对等关系**：

（1）总变动指数等于各个因素变动指数的乘积；

（2）总量指标的总变差，等于各个因素变动的变差之和.

例如，对于销售额指数体系，数量对等关系表现为：

$$\frac{\sum p_1q_1}{\sum p_0q_0}=\frac{\sum p_0q_1}{\sum p_0q_0}\times\frac{\sum p_1q_1}{\sum p_0q_1} \tag{9.20a}$$

$$\begin{aligned}\sum p_1q_1-\sum p_0q_0&=(\sum p_0q_1-\sum p_0q_0)+(\sum p_1q_1-\sum p_0q_1)\\&=\sum p_0(q_1-q_0)+\sum(p_1-p_0)q_1\end{aligned} \tag{9.20b}$$

对于原材料费用指数体系，数量对等关系表现为：

$$\frac{\sum q_1m_1p_1}{\sum q_0m_0p_0}=\frac{\sum q_1m_0p_0}{\sum q_0m_0p_0}\times\frac{\sum q_1m_1p_0}{\sum q_1m_0p_0}\times\frac{\sum q_1m_1p_1}{\sum q_1m_1p_0}; \tag{9.21a}$$

$$\begin{aligned}&\sum q_1m_1p_1-\sum q_0m_0p_0=(\sum q_1m_0p_0-\sum q_0m_0p_0)\\&\quad+\sum q_1m_1p_0-\sum q_1m_0p_0)+(\sum q_1m_1p_1-\sum q_1m_1p_0)\\&=\sum(q_1-q_0)m_0p_0+\sum(m_1-m_0)q_1p_0+\sum(p_1-p_0)q_1m_1.\end{aligned} \tag{9.21b}$$

由这两个例子可见，总变动指数的分子和分母之差，等于各因素变动指数的分子和分母之差的总和.

指数间的这种数量对等关系，是构成指数体系的基本条件，反映总变动指数与因素变动指数的联系. 因此，利用数量对等关系，可以进行

指数间的相互推算，以及分析各种因素指数对总变动指数影响的方向和程度.

3. *指数因素分析* 因素分析是利用指数体系中总变动指数与因素指数的关系，从数量上分析各因素的变动对总变动的影响程度和绝对值.

因素分析的内容包括相对数和绝对数的分析. 相对数分析，是利用指数间的数量对等关系——总变动指数等于各个因素变动指数的连乘积，来分析总变动中各个因素变动影响的相对程度. 绝对数分析，是利用指数间的数量对等关系——总量指标变动的总变差等于各个因素变动的变差之和，来分析总变动中各个因素变动影响的绝对值.

因素分析按影响因素的多少不同，可分为两因素分析和多因素分析；按分析指标的表现形式不同，分为总量指标变动因素分析和平均指标、相对指标变动因素分析. 相对指标一般表现为无名数. 因素影响量的含义比较抽象，我们只介绍总量指标和平均指标变动的因素分析.

9.6.2 总量指标变动的因素分析

总量指标变动的因素分析，包括两因素分析和多因素分析、简单现象总体和复杂现象总体，以及考虑共变效应和不考虑共变效应等情形. 所谓简单现象，是指所考察的标志值可以直接相加的现象. 对于这种现象，不需要引进同度量. 所谓复杂现象，是指考察的标志值不能直接用同一单位度量而相加的现象，对于这样的现象，必须引进同度量因素.

1. *两因素分析* 我们首先考虑两因素的指数体系. 我们通过具体例子，分别说明简单现象和复杂现象的两因素分析.

例 9.6 现根据表 9.6 的有关资料，来说明简单现象总体的总量指标变动的因素分析方法.

表 9.6 基于简单现象总体的两因素分析(原始统计资料)

指标名称(单位)	基期	报告期	指数(%)
总产值(万元，可比价)E	500	750	150
劳动者平均人数(人)a	1 000	1 200	120
劳动生产率(元/人)b	5 000	6 250	125

从表中的资料可见，相对数分析可以不使用同度量因素，而绝对数分析，则必须使用同度量因素. 根据编制综合指数的一般原则：指数化指标是质量指标时，同度量因素固定在报告期；指数化指标是数量指标时，同度量因素固定在基期. 为进行因素分析采用如下的数量对等关系：

$$E=ab,$$

$$\frac{E_1}{E_0}=\frac{a_1}{a_0}\times\frac{b_1}{b_0}, \tag{9.22a}$$

$$E_1-E_0=(a_1-a_0)b_0+(b_1-b_0)a_1, \tag{9.22b}$$

其中 E 表示总量指标，a 表示总体单位数，b 表示总体平均水平.

(1) 相对数分析：

$$\frac{E_1}{E_0}=\frac{a_1}{a_0}\times\frac{b_1}{b_0}=150\%=120\%\times125\%;$$

(2) 绝对数分析：由于劳动者人数的增加而增加的总产值为

$$(a_1-a_0)b_0=(1\ 200-1\ 000)\times5\ 000\div10\ 000=100(\text{万元});$$

由于劳动生产率提高而增加的总产值为

$$(b_1-b_0)a_1=(6\ 250-5\ 000)\times1\ 200\div10\ 000=150(\text{万元}).$$

由以上的计算结果可知，总产值增加了 50%，增加的绝对数为 250 万元，其中由于劳动者人数增加了 20%，从而使总产值增加 100 万元；由于劳动生产率提高 25%，从而使总产值增加 150 万元.

例 9.7 根据表 9.1 中三种商品销售情况的统计资料，我们对销售额的变动进行因素分析.

进行总量指标变动的因素分析，就是利用综合指数，从总变动指数与数量指标指数和质量指标指数组成的指数体系进行分析. 编制综合指数时，一般要引进同度量因素. 以下就销售额指数体系因素分析进行说明.

以报告期销售量计算的价格指数，和以基期价格计算的销售量指数形成的指数体系的数量对等关系即为相对数分析：

$$\frac{\sum p_1q_1}{\sum p_0q_0}=\frac{\sum p_0q_1}{\sum p_0q_0}\times\frac{\sum p_1q_1}{\sum p_0q_1}, \tag{9.23a}$$

在本例中，相对数分析为

$$\frac{18\ 650}{16\ 980}=\frac{17\ 610}{16\ 980}\times\frac{18\ 650}{17\ 610},$$

即 109.84%=103.71%×105.91%. 绝对数分析：

$$\sum p_1q_1-\sum p_0q_0=(\sum p_0q_1-\sum p_0q_0)+(\sum p_1q_1-\sum p_0q_1)$$
$$=\sum p_0(q_1-q_0)+\sum(p_1-p_0)q_1. \qquad (9.23b)$$

在本例中，由绝对数分析得

(18 650−16 980)=(17 610−16 980)+(18 650−17 610)，

即 1 670 元=630 元+1 040 元.

计算结果表明，销售量增长 3.71%，使销售额增加 630 元；价格上涨 5.91%，使销售额增加 1 040 元，二者共同作用，总的使销售额上涨 9.84%，共增加 1 670 元.

2. 多因素分析　现在考虑由多个因素指数组成的指数体系，对总量变动作多因素分析. 对总体现象进行多因素分析的方法与两因素分析相似，但也有其特殊性. 在编制各因素指数时，除了被研究的因素指标外，其余的因素指标一律看成同度量因素. 而固定同度量因素的时期，仍应按编制综合指数一般原则的要求进行.

例 9.8　根据表 9.7 的资料，分析原材料消耗费用的变动，分别受产量、单位原材料消耗量和单位价格变动的影响程度和绝对额.

表 9.7　产量、单位原材料消耗量、单位价格的资料

产品名称	计量单位	产量		单位原材料消耗量		单位价格(元)	
		基期 q_0	报告期 q_1	基期 m_0	报告期 m_1	基期 p_0	报告期 p_1
甲	吨	150	200	10	9	100	110
乙	件	500	600	2	1.8	20	24
丙	套	300	400	5	6	50	40

表 9.8　有关的原材料费用总额(万元)

产品名称	原材料费用总额 qmp			
	$q_0m_0p_0$	$q_1m_0p_0$	$q_1m_1p_0$	$q_1m_1p_1$
甲	15	20	19	19.8
乙	2	2.4	2.16	2.592
丙	7.5	10	12	9.6
合计	24.5	32.4	32.16	31.992

1）相对数分析：原材料消耗费用指数 I_{qmp}、产量指数 I_q、单位原材料消耗量指数 I_m 和价格指数 I_p，有如下数量对等关系：

$$I_{qmp}=I_q\times I_m\times I_p, \tag{9.24}$$

其中

$$I_{qmp}=\frac{\sum q_1m_1p_1}{\sum q_0m_0p_0}=\frac{31.992}{24.5}=130.58\%,$$

$$I_q=\frac{\sum q_1m_0p_0}{\sum q_0m_0p_0}=\frac{32.4}{24.5}=132.24\%,$$

$$I_m=\frac{\sum q_1m_1p_0}{\sum q_1m_0p_0}=\frac{32.16}{32.4}=99.26\%,$$

$$I_p=\frac{\sum q_1m_1p_1}{\sum q_1m_1p_0}=\frac{31.992}{32.16}=99.48\%.$$

于是，由相对数分析得：

$$130.58\%=132.24\%\times 99.26\%\times 99.48.$$

2）绝对数分析：原材料费用的变动额 Δ_{qmp}、由于产量变动而引起的原材料费用变动额 Δ_q、由于单位原材料消耗量变动而引起的原材料费用变动额 Δ_m 和由于价格变动而引起的原材料费用变动额 Δ_p，有如下数量对等关系：

$$\Delta_{qmp}=\Delta_q+\Delta_m+\Delta_p, \tag{9.25}$$

其中

$$\Delta_{qmp}=\sum q_1m_1p_1-\sum q_0m_0p_0=31.992-24.5=7.492,$$

$$\Delta_q=\sum q_1m_0p_0-\sum q_0m_0p_0=32.4-24.5=7.9,$$

$$\Delta_m=\sum q_1m_1p_0-\sum q_1m_0p_0=32.16-32.4=-0.24,$$

$$\Delta_p=\sum q_1m_1p_1-\sum q_1m_1p_0=31.992-32.16=-0.168.$$

（单位：万元）

于是，由绝对数分析得：7.492=7.9+(−0.24)+(−0.168).

计算结果表明，由于产量增长32.24%，影响原材料消耗费用增加7.9万元；由于单位原材料消耗降低0.74%，影响原材料消耗费用减少

0.24 万元；由于价格降低 0.52%，影响原材料消耗费用减少 0.168 万元，三者共同作用，从而使原材料消耗费用总的上涨 30.58%，增加 7.492 万元.

3. 共变指数　人们在实际应用中发现，不但各因素单独对总量指标产生影响，各因素对总量指标产生的影响还有“联合影响”或“交互影响”. 我们称这种影响为共变影响，而反映共变影响的指数称为共变指数(covariant index). 我们首先通过一个简单的例子，说明共变影响的存在.

例 9.9　以 p_1 和 p_0 分别表示报告期和基期的价格，以 q_1 和 q_0 分别表示报告期和基期的销售量(见表 9.9).

表 9.9　共变指数

销售量＼价格	p_0	p_1
q_0	p_0q_0	p_1q_0
q_1	p_0q_1	p_1q_1

由此可见，从基期到报告期，销售额的增量为

$$\Delta_{pq}=p_1q_1-p_0q_0;$$

在销售量 q_0 保持不变的情况下，价格单独变化使销售额增量为

$$\Delta_p=p_1q_0-p_0q_0=(p_1-p_0)q_0;$$

在价格 p_0 保持不变的情况下，销售量单独变化使销售额增量为

$$\Delta_q=p_0q_1-p_0q_0=(q_1-q_0)p_0;$$

易见，在销售量和价格都变的情况下，则

$$\Delta_{p\times q}=\Delta_{pq}-\Delta_p-\Delta_q=(p_1-p_0)(q_1-q_0)\neq 0;$$

可见，$\Delta_{p\times q}$ 恰好反映销售量和价格的共同影响. 于是，经过简单计算的推导即可得：

$$I_{pq}=I_p\times I_q\times I_{p\times q}, \tag{9.26}$$

即

$$\frac{\sum p_1q_1}{\sum p_0q_0}=\frac{\sum p_1q_0}{\sum p_0q_0}\times\frac{\sum p_0q_1}{\sum p_0q_0}\times\left(\frac{\sum p_1q_1}{\sum p_1q_0}\div\frac{\sum p_0q_1}{\sum p_0q_0}\right); \tag{9.26a}$$

销售额变动的绝对数为

$$\Delta_{pq}=\Delta_p+\Delta_q+\Delta_{p\times q}, \tag{9.27}$$

即

$$\begin{aligned}\sum p_1q_1-\sum p_0q_0 &= (\sum p_1q_0-\sum p_0q_0)+(\sum p_0q_1-\sum p_0q_0)+\\&\quad[(\sum p_1q_1-\sum p_1q_0)-(\sum p_0q_1-\sum p_0q_0)]\\&=\sum(p_1-p_0)q_0+\sum p_0(q_1-q_0)+\sum(p_1-\\&\quad p_0)(q_1-q_0),\end{aligned} \tag{9.27a}$$

其中 I_{pq}——销售额总指数；I_p——价格指数（以基期销售量为同度量因素）和 I_q——销售量总指数（以基期价格为同度量因素），分别按(9.26a)式右侧的第一和第二项计算；(9.26a)式右侧的最后一项记作 $I_{p\times q}$，称为销售量和价格的共变指数：

$$I_{p\times q}=\frac{\sum p_1q_1}{\sum p_1q_0}\div\frac{\sum p_0q_1}{\sum p_0q_0} \tag{9.28}$$

例 9.10 根据表 9.1 的三种商品销售情况的统计资料，在考虑共变指数的影响的情况下，对销售额的变动进行因素分析（销售额单位：元）.

1）相对数分析：销售额总指数 I_{qp}，以基期销售量为同度量因素的价格指数 I_p，以基期价格为同度量因素的销售量总指数 I_q 和销售量和价格的共变指数 $I_{p\times q}$ 的数量对等关系为：

$$I_{pq}=I_p\times I_q\times I_{p\times q},$$

其中

$$I_{pq}=\frac{\sum p_1q_1}{\sum p_0q_0}=\frac{18\ 650}{16\ 980}=109.84\%,$$

$$I_p=\frac{\sum p_1q_0}{\sum p_0q_0}=\frac{18\ 000}{16\ 980}=106.01\%,$$

$$I_q=\frac{\sum p_0q_1}{\sum p_0q_0}=\frac{17\ 610}{16\ 980}=103.71\%,$$

$$I_{p\times q}=\frac{\sum p_1q_1}{\sum p_1q_0}\div\frac{\sum p_0q_1}{\sum p_0q_0}=\frac{18\ 650}{17\ 610}\div\frac{18\ 000}{16\ 980}=99.90\%.$$

于是，(9.26a)式的具体数值为：

$$109.84\% = 106.01\% \times 103.71\% \times 99.90\%.$$

2) 绝对数分析：销售额增量 Δ_{pq}，价格单独变化使销售额的增量 Δ_p，销售量单独变化使销售额的增量 Δ_q 及销售量和价格的共同影响生产的增量 $\Delta_{p\times q}$，有如下的数量对等关系：

$$I_{pq} = I_p \times I_q \times I_{p\times q},$$

其中

$$\Delta_{pq} = \sum p_1q_1 - \sum p_0q_0 = 18\ 650 - 16\ 980 = 1\ 670,$$

$$\Delta_p = \sum p_1q_0 - \sum p_0q_0 = 18\ 000 - 16\ 980 = 1\ 020,$$

$$\Delta_q = \sum p_0q_1 - \sum p_0q_0 = 17\ 610 - 16\ 980 = 630,$$

$$\Delta_{p\times q} = [(\sum p_1q_1 - \sum p_1q_0) - (\sum p_0q_1 - \sum p_0q_0)]$$

$$= (18\ 650 - 17\ 610) - (18\ 000 - 16\ 980) = 20.$$

于是，(9.27a)式的具体数值为：1 670＝1 020＋630＋20.

上述计算结果表明，销售额指数为109.84%，等于销售量指数103.71%、销售价格指数106.01%和共变指数99.90%的连乘积．销售额增加1 670元，其中由销售量单纯变动影响增加630元，由价格单纯变动影响增加1 020元，以及由销售量和价格二者交互影响增加的20元．

9.6.3 平均指标指数因素分析

在§9.4中我们已经讲过平均指标指数及其基本类型：可变构成指数、固定构成指数和结构影响指数．平均指标指数，也可以视为综合指数的变形，但是它有不同于一般综合指数的特点，下面专门讨论平均指标指数的因素分析的问题．

1. 平均指标指数体系　平均指标指数的三种形式——可变构成指数、固定构成指数和结构影响指数构成指数体系，它们之间有如下数量对等关系：

(1) 可变构成指数等于结构影响指数与固定构成指数的乘积，即

$$\frac{\sum x_1 f_1}{\sum f_1} \div \frac{\sum x_0 f_0}{\sum f_0} = \left[\frac{\sum x_0 f_1}{\sum f_1} \div \frac{\sum x_0 f_0}{\sum f_0}\right] \times \left[\frac{\sum x_1 f_1}{\sum f_1} \div \frac{\sum x_0 f_1}{\sum f_1}\right] \tag{9.26}$$

(2) 总变差等于由构成引起的变差和由水平引起的变差之和，即

$$\frac{\sum x_1 f_1}{\sum f_1} - \frac{\sum x_0 f_0}{\sum f_0} = \left[\frac{\sum x_0 f_1}{\sum f_1} - \frac{\sum x_0 f_0}{\sum f_0}\right] + \left[\frac{\sum x_1 f_1}{\sum f_1} \div \frac{\sum x_0 f_1}{\sum f_1}\right] \tag{9.27}$$

例 9.11 根据表 9.5 的资料，对全公司员工的总平均工资的变动进行分析.

1) 相对数分析：由式(9.26)可见

102.80%＝105.82%×97.15%，

2) 绝对数分析：由式(9.27)可见

34.5＝69.5－35.

计算结果表明，由于员工各工种工资水平的增加，使总平均工资增长 5.82%，增加 69.5 元；由于员工工资分布结构的变动，使总平均工资下降 2.85%，减少 35 元；二者共同作用，使员工总平均工资增长 2.80%，共增加 34.5 元.

2. *总量指标变动分析和平均指标指数* 在平均指标变动因素分析的基础上，还可以进一步分析各因素对总体标志总量变动的影响，从而把总量指标变动分析与平均指标指数分析结合起来. 总体标志总量等于总体单位数与总体平均数的乘积，即

$$\sum xf = (\sum f) \times \bar{x} \tag{9.28}$$

保留(9.16)式的记号. 总体标志总量的变动分析为相对数分析和绝对数分析两种形式. 相对数分析为：

$$\begin{aligned}\frac{\sum x_1 f_1}{\sum x_0 f_0} &= \frac{\sum f_1}{\sum f_0} \times \frac{\bar{x}_1}{\bar{x}_0} = \frac{F_1}{F_0} \times \frac{\sum x_1 w_1}{\sum x_0 w_0} \\ &= \frac{F_1}{F_0} \times \frac{\sum x_0 w_1}{\sum x_0 w_0} \times \frac{\sum x_1 w_1}{\sum x_0 w_0};\end{aligned} \tag{9.29}$$

绝对数分析为：

$$\sum x_1 f_1 - \sum x_0 f_0 = (F_1 - F_0)\bar{x}_0 + F_1(\bar{x}_1 - \bar{x}_0)$$

$$= (F_1 - F_0)\bar{x}_0 + F_1(\sum x_1 w_1 - \sum x_0 w_1) + F_1(\sum x_0 w_1 - \sum x_0 w_0). \quad (9.30)$$

上面的结果表明，总体标志总量的变动，分别受总体单位数变动和总平均水平变动的影响；而总平均水平的变动，又分别受总体结构变化和各部分水平变动的影响. 结合表 9.5 的资料，可作如下分析. 由表 9.5，有

$$\sum x_0 f_0 = 1\ 230\ 000, \sum x_1 f_1 = 1\ 264\ 500, F_0 = F_1 = 1\ 000.$$

指数的对等关系为：

102.80%＝100%×102.80%＝100%×105.82%×97.15%；

绝对数的对等关系为

34 500＝0＋69 500＋(－35 000).

计算结果表明，由于员工人数没有增加，从而使全公司的工资总额没有增加；由于员工总平均工资上涨 2.80%（这是由于员工各工种工资水平的变动影响增加的 5.82%，和由于员工工资分布结构的变动影响下降的 2.85%共同作用的结果），使全公司工资总额增加了34 500元（这是由于员工各工种工资水平的变动影响工资总额增加69 500元和由于员工工资分布结构的变动影响工资总额减少35 000元共同作用的结果）；二者共同作用，使全公司的工资总额增长 2.80%，共增加34 500元.

习　题　9

9.1　何谓统计指数？其主要类型如何？

9.2　总指数有几种基本形式？

9.3　何谓指数化指标？何谓同度量因素？选择同度量因素的基本原则如何？

9.4　平均指数和综合指数的区别和联系如何？

9.5　何谓平均指标指数？举例说明.

9.6　何谓结构影响指数、可变构成指数和固定构成指数？其关系如何？

9.7　何谓定基指数与环比指数？

9.8　何谓指数体系？编制指数体系的原则如何？

9.9　何谓共变影响指数？举例说明.

9.10　指数体系的数量对等原则指什么？举例说明.

9.11　某水果商店三种水果销售资料如下：

商品	销售量(万斤)		单价(元/斤)	
	1995 年	1996 年	1995 年	1996 年
芦柑	30	36	1.80	2.00
香蕉	140	160	1.90	2.20
苹果	100	100	1.50	1.60

(1) 计算销售量总指数，及由于销售量的变动而增加的销售额；

(2) 计算价格总指数，及由于价格的变动而增加的销售额.

9.12　某企业生产产品产量及单位成本资料如下：

产品	计量单位	产　量		单位成本(元)	
		基　期	报告期	基　期	报告期
甲	件	500	600	3 500	3 200
乙	台	500	500	1 800	1 760
丙	吨	1 500	2 000	200	200

(1) 计算产品产量的个体指数和总指数；

(2) 计算产品单位成本的个体指数和总指数.

9.13　某工业企业甲、乙、丙三种产品产量及价格资料如下：

产品	计量单位	产　量		价　格(元)	
		基　期	报告期	基　期	报告期
甲	台	4 200	4 660	30	32
乙	件	1 880	1 900	20	21
丙	吨	2 400	2 680	40	43

根据上述资料计算三种产品产量总指数和价格总指数.

9.14　假设三个地区销售某种商品的情形有如下表的统计资料：

地区	销售量(吨)		销售价格(元/公斤)	
	基　期	报告期	基　期	报告期
A	20	40	8	8
B	30	30	10	8
C	40	20	12	10

(1) 在价格不变的情形下,求销售额变化的绝对值;

(2) 在销售量不变的情形下,求销售额变化的绝对值;

(3) 求由于价格与销售量共同变化,所引起的销售额变化的绝对值.

9.15　某企业三种产品的产量和生产费用有如下表的统计资料:

产品名称	生产费用(万元)		产量增长率(%)
	基　期	报告期	
甲	20	24	25
乙	45	48.5	40
丙	35	48	40
合　计	100	120.5	—

(1) 计算产品产量总指数及由于产量增长而增加的生产费用;

(2) 计算单位产品成本总指数及由于单位产品成本下降而节约的生产费用.

9.16　某企业三种产品的生产费用和产量有如下表的统计资料:

产品	生产费用(万元)		产量增长率(%)
	基　期	报告期	
A	80	110	10
B	20	30	5
C	150	180	15

(1) 求产量的增长对生产费用影响的绝对额;

(2) 求单位成本的变化对生产费用影响的绝对额.

9.17　某地市场四种商品价格下调幅度和调价后一个月的销售额

有如下表的统计资料：

商品种类	价格下调幅度	调价后一个月的销售额(万元)
A	12.5%	35.0
B	7.0%	12.5
C	10.0%	17.0
D	12.5%	82.0

求与调价前一个月相比，上述四种商品的价格平均下调幅度.

9.18 关于三种商品A、B、C的价格和销售额，有如下表的统计资料：

商品种类	销售额(万元)		1996年比1995年价格上涨
	1995年	1996年	
A	20	20	−2%
B	100	120	8%
C	40	60	3%

(1) 求价格总指数；

(2) 求销售量总指数；

(3) 求因价格变动使消费者多支付的总金额.

9.19 假设某商店三种商品第一季度和第二季度的销售额和价格，有如下表的统计资料：

商品种类	销售额(万元)		第二季度比第一季度价格降低
	第一季度	第二季度	
A	30	60	5%
B	90	120	10%
C	180	220	15%

试分析销售量和价格对销售额的影响.

9.20 已知某市商品零售资料如下表，根据该表的资料，计算该市零售商品物价指数：

类 别	权 数(%)	类指数(%)
食品类	61	109.1
衣着类	21	101.7
日用品类	10	102.0
文化用品类	3	98.0
医药类	3	105.3
燃料类	2	100.0

9.21 某企业连续6年间历年的产值和产量指数有如下表的统计资料：

年 份	产值(万元)	产量指数(第1年为100)	价格指数
1	560	100.0	100
2	672	122.0	
3	805	132.9	
4	975	134.4	
5	1 030	145.0	
6	1 298	155.2	

试计算该时期历年的产品价格总指数(以第一年为100)，并将计算结果填入表中.

9.22 假设某市某一年社会商品零售额为120 000万元，又经过4年增加为156 000万元. 已知这4年中零售物价提高了4%，试计算零售量指数，并分析零售量和零售价格两因素变动对零售总额变动的影响绝对值.

9.23 推算指数：(1) 价格上涨后，同样多的钱只能购买基期商品的80%，求物价指数；

(2) 假设某造纸厂本年比上一年的产量增长了13.6%，生产费用增长了12.9%，问该厂本年的产品成本比上年降低了多少？

(3) 报告期粮食总产量增长12%，粮食播种面积增加9%，则粮食作物单位面积将增加多少？

(4) 一家企业某年职工的工资水平提高了3.2%，职工人数增加了2%，则该企业工资总额将如何变动？

9.24 假设某单位职工人数和工资总额,有如下表的统计资料:

工种	工资总额(万元)		平均职工人数(人)	
	基 期	报告期	基 期	报告期
A	16	20	320	340
B	14	16	400	420
合计	30	36	720	760

(1) 求平均工资指数;

(2) 分析工资水平变动及职工工种结构对平均工资的影响.

9.25 某公司所属三个工厂生产同一种产品,它们的单位产品成本和产量统计资料如下表所示:

工厂	产 量(万件)		单位成本(元)	
	基 期	报告期	基 期	报告期
甲	10	15	2.5	2.4
乙	10	10	2.4	2.4
丙	10	25	2.2	2.0

(1) 计算平均成本指数,并计算由于平均成本下降所节约的总成本金额;

(2) 在平均成本的总变动中,分析各工厂成本水平变动以及各工厂产量结构变动的影响程度和影响绝对值.

9.26 某企业工人基期和报告期的产量资料如下表:

工人分组	产 量(万吨)		工 人 数	
	基 期	报告期	基 期	报告期
技术工人	26.0	66.0	650	1 500
普通工人	22.8	25.2	950	1 000
合计	48.8	91.2	1600	2 500

试从相对数和绝对数两方面分析该企业总平均劳动生产率变动受各个工人组劳动生产率变动和各工人组工人数结构变动的影响程度.

9.27 某企业按 1980 年和 1990 年不变价格计算的工业总产值

(单位:万元),有如下表的统计资料:

年　份	1988	1989	1990	1991	1992	1993	1994	1995
1980 年	2 000	2 200	2 405	—	—	—	—	—
1990 年	—	—	2 550	2 690	2 800	3 000	3 100	3 300

试计算 1995 年的工业总产值比 1988 年的增长率,并按 1990 年不变价格调整 1988 年至 1995 年的工业总产值.

附录一　统计中的常用名词和术语

(一) 国民经济核算

国民经济核算体系　我国采用的国民账户体系，简称 SNA 体系，它是当今世界绝大多数国家实行的核算制度.社会再生产核算表和经济循环账户，是"新"核算体系的两个组成部分.

社会再生产表分为基本表和补充表.基本表包括:国内生产总值及其使用表、投入产出表、资金流量表、国际收支表和资产负债表.补充表包括:人口平衡表、劳动力平衡表、自然资源表、主要商品资源与使用平衡表、企业部门投入表、企业部门产出表、财政信贷资金平衡表、综合价格指数表.五张基本核算表构成社会再生产过程的系统描述，其核心是国内生产总值及其使用表.

经济循环账户包括:经济总体账户、机构部门账户、产业部门账户和经济循环矩阵.采用"T"型账户和双重复式记账方法，把基本核算表中各种流量和国民经济存量的基本指标连接起来，形成一套逻辑严密、结构严谨的账户体系，系统描述国民经济循环过程中各环节、各部门间的内在联系.

物质产品平衡表体系(System of Material Product Balances)　简称"MPS"体系，亦称国民经济平衡表体系，是描述物质产品的生产、分配、交换和消费全过程的一套平衡表，是适合计划经济体制的一种国民经济核算体系.20 世纪 80 年代前，我国基本上采用此体系，20 世纪 80

年代以来开始采用新国民经济核算体系(即 SNA 体系).

国民账户体系(System of National Accounts) 简称"SNA"体系.它是在西方经济发达国家国民经济核算基础上建立和发展起来的一种核算体系,目前已为世界多数国家吸收和采纳.国民账户体系,以全面生产的概念为基础,把国民经济各部门都纳入核算范围,将社会产品分为货物和服务两种形态,完全反映社会生产活动成果及其分配和使用的过程,并注重社会再生产过程中资金流量和资产负债的核算.国民账户体系,采用双重复式记账法,由一系列经济账户组成,其基本账户有:生产账户、收入支出账户、资本筹集账户、期初期末资产负债表、国外账户矩阵、矩阵表.

国内生产总值(Gross Domestic Product) 简称"GDP".它是一个国家或地区在一定时期内生产和提供的最终产品和服务的总价值,是反映所有常住单位全部生产活动的指标,是新国民经济核算体系的核心指标.常住单位指在所属范围内具有经济利益中心的经济单位,生产活动包括三次产业在内的所有行业和部门.按价值形态,国内生产总值是国民经济各部门生产的增加值之和.

国内生产总值(增加值)计算方法有三种:

(1)生产法:增加值等于总产出减去中间消耗;

(2)收入法:增加值等于劳动者报酬、固定资产折旧、生产税净额、营业盈余的总和;

(3)支出法:增加值等于总消费、总投资、出口之和减去进口.三种计算方法的计算结果,理论上应该一致,但在实际操作中因资料来源不同会出现差异,这种统计差异在一定范围内是允许的.实际中多采用收入法.

国内生产总值是"生产"的概念,而国民生产总值则强调原始收入.

国民生产总值(Gross National Product) 简称"GNP",它是一个国家或地区的所有常住单位,在一定时期内实际收到的原始收入——劳动者报酬、生产税净额、固定资产折旧和营业盈余等总和价值.本国常住者通过在国外投资或到国外工作所得收入(称之为从国外得到的要素收入),应计入本国国民生产总值.而非本国国民在本国领土范围内的投资或工作所得收入(称之为支付给国外的要素收入),则不应计入

本国国民生产总值．于是，

国民生产总值＝国内生产总值－国外净要素收入

国外净要素收入＝从国外得到的要素收入－支付给国外的要素收入．

一般而言，各国国民生产总值与国内生产总值的数额相差不大．但从国外得到的要素收入较多的国家除外．

社会总产值　亦称社会总产品，反映一个国家或地区在一定时期内以价值形式表现的、物质生产总成果的指标，是农业、工业、建筑业、运输业、商业五个生产部门的总产值之和．在实物形态上，它分为生产资料和生活资料两大类．在价值形态上可分为：

(1)生产过程中消耗的生产资料转移的价值；

(2)劳动者新创造的价值，如工资、利润、税金和利息等．

国民收入　反映经济发展水平、经济效益和分配关系的统计指标．它是从事物质生产的劳动者在一定时期内新创造的价值，即净产值．农业、工业、建筑业、运输业和商业净产值之和，就是国民收入．我国计算国民收入的方法有两种：

(1)生产法，将各物质生产部门的价值减去生产中的物质消耗价值后的净产值相加；

(2)分配法，从国民收入初次分配的角度出发，等于物质生产部门中劳动者的劳动报酬加利润、税金、利息等的总和．

流量与存量　国民经济核算中的两个基本概念．流量是通过一定时期生产的产品和劳务而取得的收入与支出的总量．例如，收入为某一时期的货币流量，产值为某一时期产品的流量；国民生产总值、投资总额、全社会物质产品消费量等等都是流量．

存量是在一定时点上测算的量．例如，过去生产或积累的产品、货物、资产与负债的结存额等等都是存量．

流量是时期数，而存量是时点数．存量是流量的前提和基础，同时又是流量发生的结果．期初的存量与本期的流量之和，就是期末的存量．例如，期初的资产原值加上本期各种新增资产流量就等于期末资产．

投入产出表　亦称产业关联表、部门联系平衡表．它是以国民经济各部门(各产品)生产过程中的投入来源和产品的分配使用去向排列而成的一张棋盘式平衡表.

投入产出表能充分反映国民经济各部门之间的技术经济联系和相互依赖关系.投入产出表的横行表示产出,反映国民经济各部门生产的产品和服务的分配使用去向;纵列表示投入,反映国民经济各部门生产的投入情况.投入产出表分为实物表和价值表.

表A是我国投入产出表的基本表式.表中"部门"指"产品部门",亦称"纯部门",表示由工艺技术或经济用途相同的产品组成的集合体.投入产出表的基本平衡关系为:

(1)第一、第二象限分别说明各部门产品分配使用的去向和基本平衡关系,第一、第三象限反映产品价值运动的过程和平衡关系;

(2)各部门行"合计"与列"合计"相等,即各部门生产的产品与分配使用的产品总量相等;

(3)第一、第二象限"合计"之和与第一、第三象限"合计"之和相等,说明在全社会范围内生产的产品总量,等于分配使用的产品总量;

(4)第二象限的"合计"等于第三象限的"合计",说明全社会在一定时期内创造的国民收入总量,等于最终使用的国民收入总量.

利用投入产出表进行投入产出分析,可以揭示国民经济系统各个部分(生产部门、消费部门、行业、产品等)间表示为投入和产出的经济数量关系.

表A 我国投入产出表的基本表式(价值型)

<table>
<tr><td colspan="2" rowspan="2">产出
投入</td><td colspan="4">中间使用</td><td colspan="6">最终使用</td><td rowspan="2">进口</td><td rowspan="2">总产出</td></tr>
<tr><td>部门1</td><td>…</td><td>部门n</td><td>合计</td><td>居民总消费</td><td>社会总消费</td><td>固定资产形成</td><td>…</td><td>出口</td><td>合计</td></tr>
<tr><td rowspan="4">中间投入</td><td>部门 1</td><td colspan="4" rowspan="4"><第一象限></td><td colspan="6" rowspan="4"><第二象限></td><td rowspan="4"></td><td rowspan="4"></td></tr>
<tr><td>… … …</td></tr>
<tr><td>部门 n</td></tr>
<tr><td>合计</td></tr>
<tr><td rowspan="5">最初投入</td><td>固定资产折旧</td><td colspan="4" rowspan="5"><第三象限></td><td colspan="8" rowspan="6"></td></tr>
<tr><td>劳动者报酬</td></tr>
<tr><td>福利基金</td></tr>
<tr><td>利润和税金</td></tr>
<tr><td>合计</td></tr>
<tr><td colspan="2">总投入</td><td colspan="4"></td></tr>
</table>

资金流量表 反映资金流量核算结果的一种表式.资金流量核算是以全社会资金运动为对象的核算,主要反映生产结束后的收入分配、再分配、消费、投资支出和资金融通.资金流量核算具体指收入分配、消费、投资和金融活动中的资金的核算.资金流量指上述资金在一定时期内的增减变化量,资金流量核算的结果是编制资金流量表.我国资金流量表由收入分配和金融交易两部分组成.

资金流量表的主要功能是,在一定时期内国民经济各个机构部门之间资金往来或交易的流量和流向,为经济分析、经济决策和加强宏观控制提供依据.资金流量核算,历来为各国经济管理和决策部门所重视,它对于分析货币政策及其实施效果,对于各界了解国民生产总值的生产与分配以及储蓄与投资的形成,对于了解国内经济与国外经济的联系,以及各金融工具状况等,都有重要意义.

国际收支平衡表 反映一定时期内,本国与其他国家(或地区)经济往来的一切收入、支出的平衡关系的统计表,是按照居民和非居民交易原则和复式簿记的原理编制的,是国际收支核算的重要工具,用于国际收支平衡分析和国际收支结构分析.

资产负债表 反映一个国家(或地区)在一定时点上国民经济资产与负债状况的平衡表,用于研究资产总量、资产分布状况,以及分析国民财产创造国内生产总值的效益,用人均国民财产进行国际对比,研究一国的综合国力和贫富差距,用贷款利率反映金融资产的使用效益等.

流动资金 指用于购置劳动对象、支付工资和其他各项费用日常周转所需用的资金.流动资金在整个再生产过程中总是处于流动状态,而不是长久地停留在一种状态上;按其在流动过程中所处的阶段不同,分为储备资金、生产资金、成品资金、货币及结算资金.流动资金的物质形态称作流动资产.

流动资金周转率 是反映流动资金周转速度的统计指标,包括周转次数和周转天数两项指标:

$$\text{流动资金周转次数}=\frac{\text{销售收入}}{\text{流动资金平均余额}};$$

$$\text{流动资金周转天数}=\frac{\text{流动资金平均余额}}{\text{每天平均销售收入}}.$$

固定资产 是在社会再生产过程中,可供在较长时间内反复使用的劳动资料和其他物质资料.固定资产是人们从事生产活动和生产消费的物质基础,分为生产性固定资产和非生产性固定资产.生产性固定资产,指直接参与物质生产或者是物质生产的必要条件,包括劳动工具和劳动资料(如生产用建筑和设备……).非生产性固定资产,指间接服务于生产或用于服务管理的固定资产,以及满足居民和社会需要的固定资产,包括市政设施、住宅、办公室、食堂、学校、医院等等.

固定资产折旧 在一定时期内为弥补固定资产损耗而应提取的补偿价值,反映全部固定资产在本期生产中的资产转移价值.企业的固定资产折旧,指从成本费用中提取的折旧费.对不计提折旧费的单位(如政府机关、事业单位、学校医院、部队和居民)的住房,则应进行虚拟折旧.

固定资产的原值和净值 固定资产的原值,指最初购置或建造各种固定资产时实际支付的金额,以及以后改建或扩建时追加的投资金额.固定资产净值,指固定资产的原值扣除折旧后的净额.

生产净税额 生产税与补贴之差,反映政府从本期新创增加值所得到的原始收入份额.生产税指政府对各生产单位的生产经营活动所征收的各种税、附加费和规费,包括销售(营业)税及附加费、增值税、管理费开支的税、应交纳的养路费、排污费和水电费及附加费等,以及烟酒专卖上缴政府的专项收入.补贴与生产税相反,是政府对生产单位的单方面收入转移,因此视为负税处理,包括政策亏损补贴、粮食系统价格补贴、外贸企业退税收入补贴等.

增值税 以单位和个人在生产经营活动中所取得的增值额为课税对象的税种.所谓增值额,按商品价值构成,相当于商品价值扣除生产中消耗的物质资料转移价值之后的余额.按增值额课税,只对本环节的增值额课税,避免了对商品价值中消耗的物质资料转移价值的重复课税.按现行统计规定,增加值构成项目生产税净额应包括增值税在内.

营业盈余 常住单位创造的增加值扣除固定资产折旧价值、支付劳动者报酬和上缴政府生产税净额后的余额.

增加值 生产单位在生产过程中新增加的价值,是常住单位生产的物质产品和劳务价值扣除中间投入后的差额.国民经济中各单位增加值的总和,等于国内生产总值.用生产法计算,增加值等于总产出减去中间投入;用分配法计算,增加值等于劳动报酬、固定资产折旧、生产税净额与营业盈余四项的总和.

净产值 旧核算体系中用来衡量生产活动的总量指标,物质生产部门的劳动者在一定时期内新创造的价值,等于总产值扣除物质消耗后的剩余部分.随着新国民核算体系的全面实行,净产值将由增加值代替:新国民经济核算体系中用来衡量生产活动的总量指标是增加值.

总产值和总产出 总产值是物质生产部门的常住单位在一定时期内,生产的货物和服务的总量,反映物质生产部门生产经营活动的总成果.总产出是国民经济各部门的常住单位在一定时期内货物和服务价值的总和,反映国民经济各部门生产经营活动的总成果.

经济循环账户 参见“新国民经济核算体系”.

三次产业 国民经济部门按国际惯例的基本分类.国民经济部门按产业活动的先后顺序分为第一产业、第二产业和第三产业.根据我国的规定,具体划分如下:

第一产业:农业(包括种植业、林业、牧业和渔业);

第二产业:工业(包括采掘业、制造业、水电气生产供应业)和建筑业;

第三产业:服务业(包括商品流通服务、生产和生活服务、文化和娱乐服务、社会公共服务等).

最终消费率 一个地区的最终消费率,指该地区在一定时期内最终消费总额在国内生产总值中所占的比重:

$$最终消费率=\frac{最终消费总额}{国内生产总值}.$$

一个地区的最终消费总额,指该地区的居民和常住单位在一定时期内的货物和服务的全部最终消费.也就是为满足物质、文化和精神的需要,从本国经济领土或外国购买的货物和服务的消费(不包括非常住居民在本国领土内的消费).总消费分为居民消费和社会消费.

资本形成率 一个地区的资本形成率,指该地区在一定时期内资本形成总额在国内生产总值中所占的比重:

$$资本形成率=\frac{资本形成总额}{国内生产总值}.$$

一个地区的资本形成总额,指该地区的常住单位在一定时期内对固定资产和库存的投资支出合计,分为固定资产形成和库存增加两项. 固定资产形成总额,指在一定时期内购置、转入和自产自用的固定资产中,扣除已有固定资产的销售和转出后的价值. 库存增加总额,指一定时期内库存实物量变动的市场价值(期初和期末差额为正值表示库存增加,为负值则表示库存减少).

(二)经济效益

经济效益分析 指分析研究经济活动中,劳动占用、劳动消耗和劳动成果的比例关系,以评价经济效益. 企业经济效益指标主要有:(1)劳动成果指标,包括总产值、增加值、销售收入、销售利润等等. (2)劳动消耗指标,包括各种成本和费用;(3)资金占用指标,包括固定资金和流动资金占用指标;(4)劳动消耗成果指标,如单位产品的工时消耗、单位产品成本、人均产值、人均利润等等.

经济效果 指经济活动的相对有效成果,一般用经济活动所取得的有用成果与所消耗和占用的劳动量之比表示. 例如,衡量投资经济效果,主要衡量节约效果、时间效果和使用效果.

劳动生产率 劳动者在一定时期内的劳动成果与相应的劳动消耗之比:

$$劳动生产率=\begin{cases}\dfrac{劳动成果}{劳动消耗}(正指标),\\[2ex]\dfrac{劳动消耗}{劳动成果}(逆指标).\end{cases}$$

正指标,表示单位劳动量所生产的产品或完成的工作量,或表示平均每人在单位时间内的劳动成果;逆指标,表示单位劳动成果——产品或劳务所消耗的劳动量. 劳动生产率,按计算的范围分为:社会劳动生产率、部门劳动生产率、企业劳动生产率等;按劳动成果的计量方法分为:实物劳动生产率、产值劳动生产率等;按劳动消耗量的计量方法不同分为:全员劳动生产率、生产工人劳动生产率等.

例如,工业企业**全员劳动生产率**,是反映工业企业的生产效率和劳动投入的经济效益的指标:

$$\text{全员劳动生产率(元/人)}=\frac{\text{工业增加值}}{\text{全部职工平均人数}}\text{(元/人)},$$

其中增加值是消除了价格因素后与标准值可比的工业增加值.**社会劳动生产率**,是整个社会的劳动者的生产率:

$$\text{社会劳动生产率}=\frac{\text{国民生产总值}}{\text{全社会劳动者平均人数}}.$$

产值资金率 指百元产值所占用的定额流动资金:

$$\text{产值资金率}=\frac{\text{定额流动资金平均占用额}}{\text{产品或商品销售收入}}\text{(元/百元)},$$

其中定额流动资金,指在正常条件下必需的最低限度的流动资金.

产值利润率 指百元产值所获利润:

$$\text{产值利润率}=\frac{\text{利润额}}{\text{总产值}}\text{(元/百元)}.$$

资金利润率 指利润总额在资金平均占用额中所占比例:

$$\text{资金利润率}=\frac{\text{利润总额}}{\text{资金平均占用额}}\text{(元/百元)}.$$

资金利润率,分为全部资金利润率、流动资金利润率和固定资金利润率.

(三)人 口

人口密度 一个国家(或地区)在一定时点上的人口与其土地面积之比,通常以每平方公里的居民人数表示.

人口自然增长率 一个国家(或地区)在一定时期内(通常在一年内)人口的自然增长数与年平均人数之比,一般用千分数表示,其中人口自然增长数等于出生人数减死亡人数.

计划生育率 一定时期内每百名出生人口中,符合计划生育政策的出生人数与出生人口总数之比.

平均人口 一定时期内期初人口数和期末人口数的算术平均数.

人口平均期望寿命 亦称人口平均预期寿命.假定一个国家(或地区)在当时条件下,同时出生的一代人从出生到全部死亡,期望平均可以生活的岁数.

(四)工业、农业、建筑业

工业企业经济效益指标体系 国家统计局修订的工业经济评价考核新指标体系,由如下七项指标组成:总资产贡献率、资本增值保值率、资产负债率、流动资产周转率、成本费用利润率、全员劳动生产率和产品销售率.

总资产贡献率 集中反映企业全部资产的获利能力、管理水平和管理业绩的指标:

$$\text{总产值贡献率}=\frac{\text{利润总额}+\text{税金总额}+\text{利息支出}}{\text{平均资产总额}},$$

其中平均资产总额为期初与期末资产总和的算术平均值.

资本保值增值率 反映企业净资产变动状况、集中体现企业发展能力的指标:

$$\text{资本保值增值率}=\frac{\text{期末所有者权益(净资产)}}{\text{期初所有者权益(净资产)}}.$$

资产负债率 反映企业经营活动风险和利用资金从事经营活动的能力的指标:

$$\text{资产负债率}=\frac{\text{期末负债总额}}{\text{期末资产总额}}.$$

成本费用利润率 工业生产成本和费用投入的经济效益,以及企业降低成本的经济效益的指标:

$$成本费用利润率=\frac{利润总额}{成本费用总额},$$

其中成本费用总额即产品的销售成本、销售费用、管理费用和财务费用之和.

工业产品销售率 反映工业产品实际销售程度、分析工业产品生产销售衔接状况,研究工业产品满足社会需求程度的指标:

$$工业产品销售率=\frac{工业产品销售产值}{工业总产值}.$$

其中工业产品销售产值,是企业在一定时期内销售本企业生产的工业产品和所提供的工业性作业的总价值.

工业经济效益综合指数 衡量经济效益各方面数量上总体水平的一种特殊指数,反映一定时期工业经济运行质量的主要指标.以 I 表示工业经济效益综合指数,则

$$I=\frac{1}{f}\sum_{i=1}^{n}f_i\frac{b_i}{a_i}$$

其中 b_i——第 i 项经济效益指标报告期数值,a_i——第 i 项指标的全国标准值,f_i——第 i 项指标的权数($i=1,2,\cdots,n$),$f=f_1+f_2+\cdots+f_n$——各项指标权数之和.权数反映指标在综合效益中的重要程度,由专家评议确定.标准值根据近期相应指标的实际一般水平确定.各项指标的权数和标准值如下(表 B):

表 B 计算工业经济效益综合指数的权数(参考值)

指　　标	权　　数	标　准　值
总资产贡献率	21	11.5%
资本保值增值率	15	120%
资产负债率	15	40%~60%
流动资产周转率	13	1.62%
成本费用利润率	14	4.69%
全员劳动生产率	10	13 832 元/人
产品销售率	20	95.7%

工业增加值 一定时期内以货币单位计量的工业生产创造的最终产品.有两种计算方法:(1)生产法:工业净产值等于工业总产出减去工

业中间投入;(2)收入法:亦称要素分配法,工业净产值等于固定资产折旧、劳动者报酬、生产净税额、营业盈余的总和.

农村社会总产值 在一定时期内,以货币形式表现的农村各物质生产部门的全部产品总量.根据我国农村经济现状,农村社会总产值,包括乡、村及村以下各种合作经济组织和农户从事农业、工业、建筑业、运输业、商业、饮食业活动所生产的产值,以及国营农场的农业总产值两部分.农村集体和国营联营的企业,以及利用农村经济组织的劳动力、土地或生产用房进行生产的产值,其产值也应包括在农村社会总产值中.但不包括国营企业、国营农场及县镇企业的产值.

农林牧渔业总产值 以货币表现的农林牧渔业的全部产品总量.

农业增加值 一定时期内以货币单位计量的、农业生产创造的最终成果.计算范围包括从事农、林、牧和渔业生产活动的各单位.可以用生产法和收入法计算.按生产法,农业增加值等于农业总产值减去中间投入;按收入法,农业增加值等于固定资产折旧、劳动者报酬、生产净税额及营业盈余四项之和.

(五) 其 他

货币供应量 一个国家(或地区)在某一时点上流通中的货币量,可以分为三个层次:M_0,M_1,M_2,其中 M_0——流通中的现钞;M_1——M_0 及企事业单位活期存款、机关部队团体存款、农村存款、个人持有的信用卡类存款;M_2——M_1 及企事业单位定期存款、储蓄存款、外币存款、信贷类存款的总和.

货币流通量 亦称现金流通量,流通中的实际现金数量,包括中央银行以外各经济单位持有的现金量、居民个人持有的现金量,以及因灾害等原因损失、烧毁等等不能再生的货币量.

货币回笼和货币投放 反映银行现金收支状况的术语."回笼"指银行现金收入,包括财政税收收入、储蓄存款收入、商品销售收入、农村信用社收入等等，反映现金由市场流回银行；“投放”指银行的现金支出，包括工资及个人的其他支出、农副产品采购支出、企事业单位管理费用支出、储蓄存款支出等等，反映现金由银行流入市场．通常，银行一年的现金流入大于流出时称为“货币回笼”，流出大于流入时称为“货币投放”（亦称“货币发行”）．一年以内某一时期的收支差额，相应地称为“货币净回笼”和“货币净投放”．

货币购买力指数　单位货币所能买到的商品和服务的数量：

$$货币购买力指数=\frac{1}{居民消费价格指数}.$$

恩格尔系数　食物支出金额在总支出金额中占的比重：

$$恩格尔系数=\frac{食物支出金额}{总支出金额}.$$

物价指数　亦称价格指数．我国目前统计的物价指数，主要有商品零售价格指数、居民消费价格指数、农产品收购价格指数、工业品出厂价格指数等等．

商品零售价格指数　是根据实际调查的各种商品的综合平均价格，采用加权算术平均计算的：

$$I_p=\frac{\sum i_p w}{\sum w}$$

其中 i_p——一种商品的综合平均单价指数，w——该商品的权数．按此式计算时，首先要确定参与编制指数的代表性商品；其次采集代表性规格商品的价格，调查人员按规定的时间和范围对每一种商品在同一时期内的零售牌价、议价和市价进行调查和登记，并根据该商品计算其综合平均单价．编制指数所用的权数，应反映该商品价格的变动在总指数中的重要程度，并且要根据商品的流转资料适时地进行调整．

居民消费价格指数　是根据城市零售价格指数和服务项目价格指数编制的．参与指数编制的 300 余种代表性规格商品，是国家或地方统一规定的．这些商品包括食品、衣着、家庭设备及用品、交通和通讯、医疗保健、教育、娱乐和文化用品、居住以及服务等．

不变价格　亦称**可比价格、固定价格**．固定某一时期或时点的产品价格，作为一定时期内产品的价格保持不变．不变价格，是统计部门和管理部门计算产值的依据，旨在消除不同时期价格变动的影响，使产值具有可比性，以便正确地反映发展速度．通常以工农业发展正常、在国民经济发展中有代表性的年份的价格为不变价格．我国先后采用过多种不变价格：1950年、1952年、1957年、1970年的不变价格，自1981年起以1981年价格为不变价格．一般，根据工农业生产的发展和国家经济发展的情况，要及时地编制新的不变价格，以取代旧的不变价格．

百分点 即百分率．一个百分点就是百分之一．习惯上，表示两个百分率之差时用“几个百分点”，而表示发展速度或增长速度时用“百分之几”．例如，假设某企业1998年劳动生产率计划比1997年增长10%，而实际增长了12%，则增长速度为

$$\frac{1+12\%}{1+10\%}-1\approx1.82\%.$$

在这种情况下，称劳动生产率增长计划超额完成了“百分之一点八”，亦称1998年的劳动生产率比计划多增加了“两个百分点”．

样本轮换 对于某些连续性定期抽样调查，对入样的单位进行逐步替换：在进行连续定期抽样时，保留上一次抽样的一部分入样单位，同时抽选一部分新单位入样．例如，进行城乡住户调查，因为对被调查户需要有一个熟悉的过程，因此要在固定的一段时间内定期提供数据．在这种情形下，入样单位长期不变和完全重新抽样都不可取，宜采用样本轮换．

附录二　软件系统 Excel 的统计应用示例

Excel 1　基本操作和统计函数

一、Excel 97 界面

1. 菜单栏　菜单栏上的每一个选项都有自己的下拉式菜单，提供各种服务功能. 若想选取菜单栏中的某个选项，只需对准该选项单击鼠标左键即可.

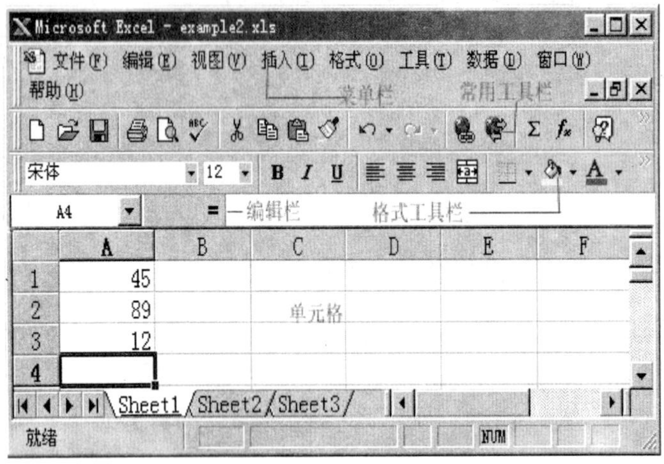

图 A2.1　Excel 97 界面

2. 常用工具栏　它位于菜单栏之下. 如果您还不了解某些按钮的用途,可以先用鼠标将光标在此按钮停留片刻,系统将用黄色文字框显示该按钮的功能.

3. 格式工具栏　它位于常用工具栏的下方. 它提供单元格数字、符号或文字的版式装饰,包括字体、字号设定,单元格内容的排列对齐方式、边框设置、字体和背景颜色,以及对于数字的百分比、货币或会计表示方法设置等.

4. 编辑栏　它由三部分组成:

(1) 左侧是名字框,可用于定义名字,即可在该名字框内直接输入当前单元格或区域的名称,输入结束按回车键,就可为单元格或该区域定义名字.

(2) 中间是编辑框,若某个单元格已输入数据,用鼠标单击该框后,出现三个按钮. "×"按钮为取消按钮,删除当前单元格或区域中的数据;"√"为确认按钮;"f_x"按钮为函数指南按钮.

(3) 右侧是公式框. 用于显示当前单元格的输入数据或直接从键盘键入数据.

二、单元格和单元格区域

1. 单元格　它是 Excel 最基本的存储单元,每一个单元格的位置由该位置的横、纵坐标确定,如 A1 表示第 A 列第 1 行,E10 表示第 E 列第 10 行等.

2. 单元格区域　它是由若干格单元格构成的矩形区域,如A1:F10 表示以 A1 到 F10 为对角线的矩形区域,共 60 格单元格.

3. 单元格或区域的相对引用、绝对引用和混合引用

(1) 单元格或区域的相对引用:是指公式中引用的单元格以它的行、列地址作为它的引用名,如 A2、C2 等. 当单元格进行移动或复制操作时,单元格中表达式涉及的单元格变量地址会随着位置的相对位移而自动发生变动,以便使原公式的参数维持一致.

(2) 单元格或区域的绝对引用:是指公式中引用的单元格,在它的行地址、列地址前都加一个美元符号"$"作为它的名字. 如 $A$1 是

单元格的绝对引用.变量地址不会随单元格中表达式的移动的而发生变化.

三、数据类型

1. 常数　Excel 单元格的数据类型在“单元格格式”中定义，有文本、日期、时间和数据几种. 一般地，在单元格中直接输入内容并回车，那么该单元格的数据类型即由输入数据类型确定. 如在单元格中输入数据值“1”并回车，那么该单元格数据类型即为数值型；如果输入文字“学习”，则为文本型单元格.

提示　如果要在单元格中输入文本型的数字“1”，那么应该按照文本数据的输入方式输入“'1”，其中的单引号实际上表示该单元格内容左对齐排列.

2. 函数　函数是一个预先定义好的公式，根据函数名和参数，来完成某一特定计算. 它由函数名、一对左右圆括号和若干个参数组成. 输入函数名之前必须先输入一个等号“＝”，通知 Excel 随后输入的是函数而不是文本. 如“＝SUM(A1,A2,A3)”表示将单元格 A1、A2 和 A3 的数值相加.

表 A2.1　常用 Excel 统计函数一览表

AVEDEV	平均差	AVERAGE	算术平均数
BINOMDIST	二项分布	CHIDIST	计算 χ^2 分布的上侧概率
CHIINV	χ^2 分布函数的反函数	CHITEST	χ^2 检验
COMBIN	组合函数	CONFIDENCE	置信区间计算
CORREL	相关系数	COUNT	计数函数
COVAR	协方差函数	CRITBINOM	累计二项分布
DEVSQ	误差平方和	EXPONDIST	指数分布
FDIST	F 分布的上侧概率	FINV	F 分布的上侧分位数
FORECAST	线性趋势预测	FREQUENCY	频数分布
FTEST	F 检验	GEOMEAN	几何平均数
GROWTH	成长分析	HARMEAN	调和平均数
HYPGEOMDIST	超几何分布	INTERCEPT	线性回归截据分析
KURT	峰度	LINEST	线性估计回归分析
LOGEST	曲线估计回归分布	LOGINV	对数正态分布函数的反函数
LOGNORMDIST	对数正态分布函数	MAX	求最大值函数

续表

MCOVAR	协方差矩阵函数	MEDIAN	中位数
MINVERSE	求逆矩阵	MIN	求最小值函数
MMULT	矩阵相乘	MODE	众数
MDETERM	求行列式	NORMDIST	正态分布函数
NORMINV	正态分布函数的反函数	NORMSDIST	标准正态分布函数
PEARSON	皮尔逊相关系数	PERCENTILE	百分位数
POISSON	泊松分布	RSQ	判定系数 R^2
SKEW	偏斜度	SLOPE	线性回归斜率分析
STANDARDIZE	标准化 Z 分布统计量	STDEVP	总体标准差
STDEV	样本标准差	STEYX	预测 Y 值标准误差
SUMPRODUCT	矩阵乘积和	SUMSQ	计算变量的平方和
SUMX2MY2	计算两数组平方和的差	SUMX2PY2	计算两数组的平方和
SUMXY2	计算两数组差的平方和	SUM	求和函数
TDIST	t 分布上侧或双侧概率	TINV	t 分布的上侧分位数
TRANSPOSE	矩阵转置	TREND	趋势分析
TTEST	t 检验	VARP	总体方差
VAR	样本方差	ZTEST	双侧 Z 检验

提示 Excel 提供了“函数指南”,指导用户使用系统提供的上述函数.

例 利用函数指南按钮“fx”,对区域 B3:B5 求和.

步骤一 输入数据 首先打开 Excel 工作簿,分别在 B3:B5 输入数字 2、3 和 5. 用鼠标单击单元格 B6,以存放求和结果.

步骤二 进行求和计算:

(1) 单击常用工具栏中的函数指南按钮“fx”;

(2) 出现“函数指南”对话框,在函数分类滚动列表中选择“常用函数”,在函数名滚动列表中选择求和函数“SUM”,单击按钮“下一步”.

(3) 在 number1 框中输入“B3:B5”,确定即可. 求和结果“10”自动显示在 B6 单元中. 其他函数的使用方法类似,可参看 Excel 中提供的帮助信息.

Excel 2　用 Excel 作频数分布和统计图

一、用 Excel 作品质数据的频数分布和直方图

通过下面的例子说明具体的操作步骤：

例 1　一家市场调查公司随机调查 50 名顾客购买饮料的品牌，统计数据如下表所示：

表 A2.2　顾客购买饮料品牌名称

健力宝	可口可乐	健力宝	芬达	雪碧
雪碧	健力宝	可口可乐	雪碧	可口可乐
健力宝	可口可乐	可口可乐	百事可乐	健力宝
可口可乐	百事可乐	健力宝	可口可乐	百事可乐
百事可乐	雪碧	雪碧	百事可乐	雪碧
可口可乐	健力宝	健力宝	芬达	芬达
芬达	健力宝	可口可乐	可口可乐	可口可乐
可口可乐	百事可乐	雪碧	芬达	百事可乐
雪碧	可口可乐	百事可乐	可口可乐	雪碧
可口可乐	健力宝	百事可乐	芬达	健力宝

步骤一　数据输入.

(1) 在 A2 到 A51 输入 50 个饮料品牌观测值.

(2) 为不同品牌的饮料指定一个数字代码. 分别给“可口可乐”、“健力宝”、“百事可乐”、“芬达”、“雪碧”编以代码 1，2，3，4，5.

(3) 在 B2 到 B51 中输入相应的代码.

步骤二　指定上限. Excel 现在把代码视为数值型数据. 为建立频数分布表和直方图，必须对每一个品牌代码指定一个上限. 本例中，只需将代码 1，2，3，4，5 依次输入到工作表的 C4:C8 中. Excel 对数值小于或等于每一品牌代码的项数计数.

步骤三　生成频数分布表和直方图.

(1) 选择“工具”下拉菜单中的“数据分析”选项.出现该对话框.

提示:如果“数据分析”工具不在“工具”菜单中可采用以下方法装入.

单击“工具”下拉菜单中的选项“加载宏”,出现“加载宏”对话框.在“当前加载宏”的下拉列表中,找到“分析数据库”选项.单击它前面的复选框,出现对号,确定即可.

(2) 在“数据分析”对话框中选择“直方图”.

(3) 当出现直方图对话框时,

① 在“输入区域”方框中输入数据所在单元格区域B5:B51.

② 在“接受区域”方框中输入分组数据上限所在单元格区域C4:C8.

③ 在“输出区域”方框中输入E3,表示输出区域的起点.

④ 在输出选项中,选择“输出区域”、“累计百分比”、“图表输出”.

(4) 点击确定.

(5) 为了便于阅读,单击频数分布表中的有“接受”字样的单元格,输入“饮料品牌”代替;同样,把数值代码1,2,3,4,5分别用它们对应的品牌名称替换.例如“1”替换为“可口可乐”,“2”替换为“健力宝”等.如果想修改图表格式,可直接双击该处,在出现的对话框中作相应的修改.

(6) 删除频数分布表中的“其他”所在行右边三个单元格的内容.

输出结果如下图和表:

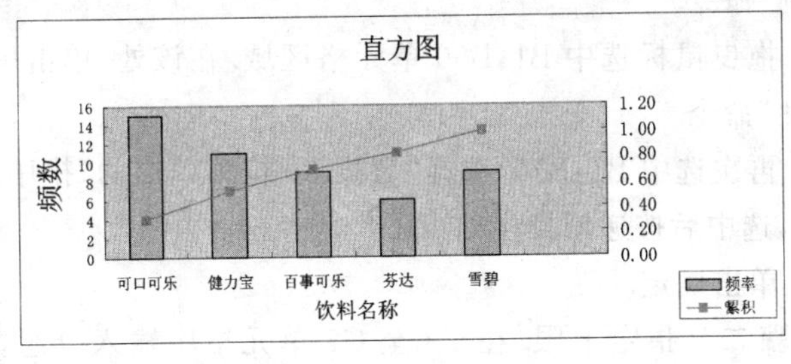

图 A2.2　直方图

表 A2.3　生成频数分布表

饮料名称	频　率	累　积%
可口可乐	15	30.00%
健力宝	11	52.00%
百事可乐	9	70.00%
芬达	6	82.00%
雪碧	9	100.00%

二、用 Excel 作数值数据的频数分布和直方图

例 2　某班 50 名学生的统计学原理考试成绩数据如下：

79	88	78	50	70	90	54	72	58	71
72	80	91	95	91	81	72	61	73	82
97	83	74	61	62	63	74	74	99	84
84	64	75	65	75	66	75	85	67	68
69	75	86	59	76	88	69	77	87	51

步骤一　输入数据并排序.

(1) 打开 Excel 工作簿，把本例中的数据输入到 A1 至 A50 单元格中.

(2) 对上述数据排序. 结果放到 B1 至 B50. 具体步骤如下：

① 拖曳鼠标选中 A1:A50 单元格区域. 在该处，单击鼠标右键，选中“复制”命令.

② 拖曳鼠标选中 B1:B50 单元格区域. 在该处，单击鼠标右键，选中“粘贴”命令.

③ 再次选中 B1:B50，选择“数据”下拉菜单中的“排序”选项. 出现对话框，选中后按递增排序即可.

④ 单击确定.

步骤二　指定上限. 在 C3 至 C7 单元格中输入分组数据的上限 59，69，79，89，100.

提示　Excel 在作频数分布表时，每一组的频数包括一个组的上

限值.这与统计学上的“上限不在组”做法不一致.因此 50～60 这一组的上限为 59.依此类推.

步骤三 生成频数分布表和直方图.

(1) 选择“工具”下拉菜单中的“数据分析”选项,出现该对话框.

(2) 在“数据分析”对话框中选择“直方图”.

(3) 当出现直方图对话框时,

① 在“输入区域”方框中输入数据所在单元格区域 B1:B50.

② 在“接受区域”方框中输入分组数据上限所在单元格区域 C3:C7.

③ 在“输出区域”方框中输入 D3,表示输出区域的起点.在输出选项中,选择“输出区域”、“累计百分比”、“图表输出”.

(4) 点击确定.

(5) 为了便于阅读,单击频数分布表中有“接受”字样的单元格,输入“考试成绩”代替;同样,用 50～60 代替频数分布表中的第一个限值 59,60～70 代替第二个上限值 69,依此类推,最后,用 90～100 代替频数分布表中接受域的 100.如果想修改某处的图表格式,可直接双击该处,在出现的对话框中作相应的修改.

(6) 删除频数分布表中的“其他”所在行右边三个单元格的内容.

输出结果如下图:

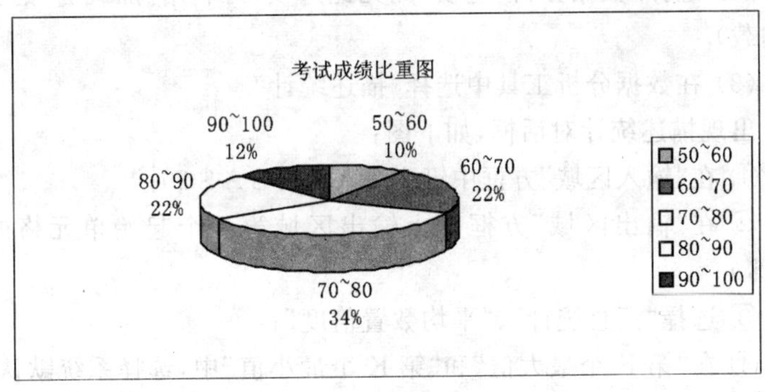

图 A2.3 考试成绩比重图

Excel 3 用 Excel 计算描述统计量

本节介绍测度数据集中趋势和离散程度的常用的一些统计量. 既可以利用 Excel 提供的各种统计函数完成统计计算，又可以通过 Excel 在“数据分析”宏程序中提供的“描述统计”过程，快速求解各类统计量.

一、利用“描述统计”过程计算

例 1 某电脑公司四月份电脑销售额数据(单位：台)如下表：

257	271	272	276	292	284	297	261	268	252
281	304	237	300	272	311	275	262	240	265
311	235	280	250	261	291	270	278	260	297

步骤一 输入数据. 打开 Excel 工作簿，分别在 A1 至 A30 这 30 个单元格内输入上述数据.

步骤二 利用“描述统计”过程计算：

(1) 选择“工具”下拉菜单.

(2) 选择“数据分析”选项(如无此选项，可利用“加载宏”的方法予以加载).

(3) 在数据分析工具中选择“描述统计”.

出现描述统计对话框，如下图：

① 在“输入区域”方框中键入 $A$1:$A$30；

② 在“输出区域”方框键入输出区域第一个起始单元格的地址 $B$1；

③ 选择“汇总统计”、“平均数置信度”；

④ 在“第 K 个最大值”和“第 K 个最小值”中，选择系统默认值“1”(表示选择输出第 1 个最大值和第 1 个最小值)；

⑤ 单击“确定”按钮.

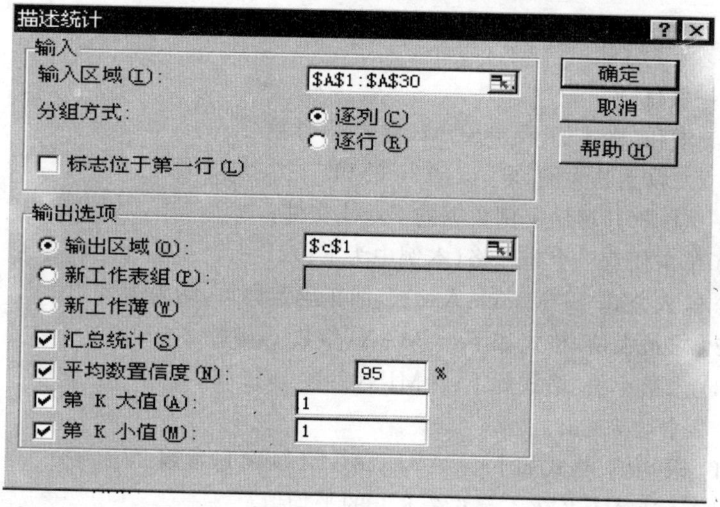

描述统计

输入
输入区域(I): $A$1:$A$30
分组方式: ⊙逐列(C) ○逐行(R)
□ 标志位于第一行(L)

输出选项
⊙ 输出区域(O): c1
○ 新工作表组(P):
○ 新工作薄(W)
☑ 汇总统计(S)
☑ 平均数置信度(N): 95 %
☑ 第 K 大值(A): 1
☑ 第 K 小值(M): 1

确定　取消　帮助(H)

图 A2.4　描述统计图

计算结果如下:

表 A2.4　Excel 计算的月销售额的描述统计量

	A	B	C	D
1	257	列1		
2	281			
3	311	平均	273.6666667	
4	271	标准误差	3.776921246	
5	304	中值	272	
6	235	模式	311	
7	272	标准偏差	20.68704964	
8	237	样本方差	427.954023	
9	280	峰值	-0.540366555	
10	276	偏斜度	0.026816078	
11	300	区域	76	
12	250	最小值	235	
13	292	最大值	311	
14	272	求和	8210	
15	261	计数	30	
16	284	最大(1)	311	
17	311	最小(1)	235	
18	291	置信度(95.0%)	7.724675503	
30	297			

二、利用统计函数完成描述统计

1. 一般统计

(1) 求和. 格式如下:=SUM(参数 1,参数 2,…).

例 2 以上题为例,求 A1:A30 的和.

解 ① 打开存储上例数据的 Excel 文件;

② 单击任意一个单元格(本例中为 E1);

③ 输入公式"SUM(A1:A30)",回车确定即可,结果为 8 210.

(2) 求最大值. 格式如下:=MAX(参数 1,参数 2,…).

(3) 求最小值. 格式如下:=MIN(参数 1,参数 2,…).

2. 集中趋势统计

(1) 求均值. 格式如下:=AVERAGE(参数 1,参数 2,…).

例 3 计算 1,2,3,4,5,6,7,8,9 的平均值.

解 在 Excel 中单击任意单元格,输入公式:

"=AVERAGE(1,2,3,4,5,6,7,8,9)",结果为 5.

(2) 求中位数. 格式如下:=MEDIAN(参数 1,参数 2,…).

(3) 求众数. 格式如下:=MODE(参数 1,参数 2,…).

其他集中趋势函数还有 GEOMEA(几何平均数),HARMEAN(调和平均数),格式同上.

(4) 求四分位数. 格式如下:=QUARTILE(数组,分位点),其中数组可为数值数组或单元格范围;分位点为计算四分位数的分割点数字.

表 A2.5 分层点的作用与意义

分位点	作用与意义
0	得到最小值
1	计算第一个四分位数(即第 25 百分位数)
2	计算中位数(即第 50 百分位数)
3	计算第三个四分位数(即第 75 百分位数)
4	得到最小值

例 4 求数组{5,2,4,9,7,15,12,8,6}的第三个四分位数.

解 在 Excel 中单击任意单元格，输入公式：

"=QUARTILE({5,2,4,9,7,15,12,8,6},3)"，结果为 9.

(5) 求百分位数.格式如下：

=PERCENTILE(数组,K 百分位数点).

表示求一个数组的第 K 个百分位数的值.其中数组可为数值数组或单元格范围；K 百分位数点以百分比值表示，它介于 0 至 1 之间.

例 5 求数组{6,7,3,9,5,1,12,8,15}的第 80 个百分位数.

解 在 Excel 中单击任意单元格，输入公式：

"=PERCENTILE({6,7,3,9,5,1,12,8,15},0.8)"，结果为 9.6.

9.6 即为数组的第 80 个百分位数的值.

3.变异统计

(1) 求平均差.格式如下：

=AVEDEV(参数 1,参数 2,…).

(2) 求方差.格式如下：=VAR(参数 1,参数 2,…).

(3) 求峰度.格式如下：=KURT(参数 1,参数 2,…).

(4) 求偏度.格式如下：=SKEW(参数 1,参数 2,…).

Excel 4 用 Excel 计算概率分布

在本章附注中，我们将通过较多实例，来帮助大家学会用 Excel 求解二项分布、正态分布的概率及概率分布图.

一、二项分布

利用 Excel 计算二项分布，可以使用 BINOMDIST 函数.

格式如下：BINOMDIST(成功次数,试验次数,成功概率,累计分布)，其中，

成功次数：指在试验中成功的次数；

试验次数：指独立试验的次数；

成功概率:指每次试验成功的概率;

累计分布:若 0,求解的为概率值;若 1,求解的为累积概率.

例 1 假定某一足球队员在 12 码线发球的命中率为 75%(即 $p=0.75$),试求:

(1) 罚球 4 次命中 2 次的概率;

(2) 至多命中 2 次的概率.

解 (1) 在任一单元格,如 B2 中输入"=BINOMDIST(2,4,0.75,0)",回车后得 0.210 938,即 $\mathbf{P}(X=2)=0.210\ 938$.

(2) 在任一单元格,如 C2 中输入"=BINOMDIST(2,4,0.75,1)",回车后得 0.261 719,即 $\mathbf{P}(X\leqslant 2)=0.261\ 719$.

例 2 假设随机变量服从二项分布 $X\sim B(15,0.2)$,请制作二项分布概率分布图.

解 (1) 在单元格 A1 到 A16 中分别输入数字 0 至 16:

'0, '1, '2, '3, '4, '5, '6, '7,

'8, '9, '10, '11, '12, '13, '14, '15,

提示:数字前面加上单引号 ' 表示输入的数字为字符形式.

在单元格 B1 中输入"=BINOMDIST(A1,15,0.2,0)",将鼠标放在单元格 B1 右下角的单元格填充柄上(每个单元格框右下方都有一个小的黑色四方实心框,即为单元格填充柄,鼠标置于其上,变为十字),按住鼠标向下拖曳到 B16,释放鼠标.

(2) 用鼠标左键拖曳作图所需的数据区域 B1:B16.

(3) 点击常用工具栏中的"图表向导"图标,得到图表向导的(4 步骤之 1)图表类型.在弹出的图表类型对话框中选择柱形图,在子图表类型中选择第一种柱形图,

(4) 得到图表向导的(4 步骤之 2)图表数据源,使用原值,点击"下一步".

(5) 得到图表向导的(4 步骤之 3)图表选项.

① 在"标题"选项卡中,图表标题方框中输入"二项分布";分类(X)轴方框中输入"成功次数";数值(Y)轴方框中输入"概率".

② 在"网格线"选项卡中,单击有"√"的复选框,取消网格线.

③ 在"图例"选项卡中;单击有"√"的复选框,取消图例.

(6) 点击"下一步".得到图表向导的(4 步骤之 4)图表位置,采用默认选项,点击"确定"即可.结果如下:

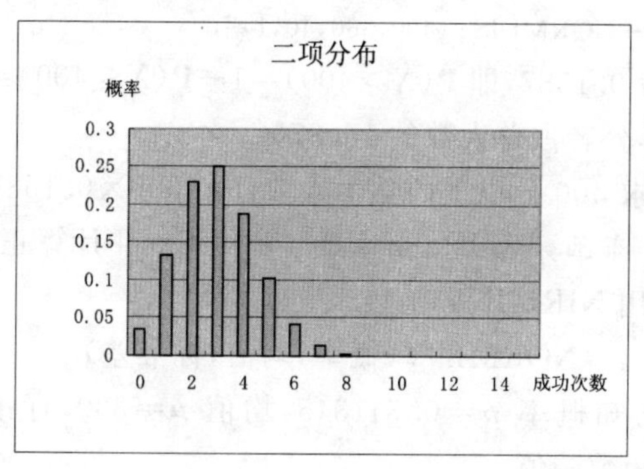

图 A2.5 二项分布图

二、正态分布

1. NORMDIST 函数　利用 Excel 计算正态分布,可以使用 NORMDIST 函数.格式如下:=NORMDIST(变量,均值,标准差,累积),其中,变量:为分布要计算的 X 值;均值:分布的均值;标准差:分布的标准差;累积:若 0,则为分布函数;若 1,则为概率密度函数.当均值为 0,标准差为 1 时,正态分布函数 NORMDIST 即为标准正态分布函数 NORMSDIST.

例 3　已知某招工考试成绩 X 服从正态分布,$\mu=600$,$\sigma=100$,求低于 500 分的百分比有多少.

解　在 Excel 中单击任意单元格,输入公式:

"=NORMDIST(500,600,100,1)",

得到的结果为 0.158 655,即 $\mathbf{P}(X<500)=0.158\ 655$,表示成绩低于 500 分者占总人数的 15.865 5%.

例 4　假设参加某次考试的考生共有 2 000 人,考试科目为 5 门,现已知考生总分的算术平均值为 360,标准差为 40 分,试估计总分在 400 分以上者的人数.假设 5 门成绩总分 X 近似服从正态分布.

解 设 X 表示学生成绩的总分,根据题意,$\mu=360,\sigma=40$.

第一步,求 $\mathbf{P}(X>400)=1-\mathbf{P}(X\leqslant 400)$. 在 Excel 中单击任意单元格,输入公式:

"=1-NORMDIST(400,360,40,1)",

得到的结果为 0.1587,即 $\mathbf{P}(X>400)=1-\mathbf{P}(X\leqslant 400)=0.1587$,表示成绩高于 400 分者占总人数的 15.87%.

第二步,求 400 分以上的学生人数,为 $2000\times 0.1587\doteq 317$(人).

2. 正态分布函数的上侧分位数　利用 Excel 计算正态分布上侧分位数,可以使用 NIRMINV 函数.

格式如下:=NORMINV(概率,均值,标准差).

例 5 已知概率 $p=0.841345$,均值 $\mu=360$,标准差 $\sigma=40$,求 NORMINV 函数的值.

解 设 $X\sim N(360,40^2)$,根据题意有 $\mathbf{P}(X\leqslant x)=0.841\ 345$,求 x 的值. 在 Excel 中单击任意单元格,输入公式:

"=NORMINV(0.841 345,360,40)",得到的结果为 400,

即 $\mathbf{P}(X\leqslant 400)=0.841\ 345$.

3. 标准正态分布函数　利用 Excel 计算标准正态分布函数,可以使用 NORMSDIST 函数. 格式如下:=NORMSDIST(Z).

例 6 设随机变量 X 服从标准正态分布,求 $\mathbf{P}(X\leqslant 2)$.

解 在 Excel 中单击任意单元格,输入公式:"=NORMSDIST(2)",得到的结果为 0.977 25,即 $\mathbf{P}(X\leqslant 2)=0.977\ 25$.

4. 标准正态分布函数的上侧分位数　利用 Excel 计算标准正态累积分布的上侧分位数,可以使用 NORMSINV 函数. 格式如下:=NORMSINV(概率).

例 7 设随机变量 X 服从标准正态分布,$\mathbf{P}(X\leqslant x)=0.977\ 25$,求 x 的值.

解 在 Excel 中单击任意单元格,输入公式:"=NORMSINV(0.977 25)",得到的结果为 2,即 $\mathbf{P}(X\leqslant 2)=0.977\ 25$.

5. 制作标准正态分布图

步骤一:输入数据.

(1) 在单元格 A1 输入－3.

(2) 选定单元格 A1:A121.

(3) 选取“编辑”菜单下的“填充”—“序列”. 在“序列产生在”框，选定“列”选项；在“步长值”框，输入 0.05；在“终止值”，输入 3.

(4) 单击“确定”.

(5) 在单元格 B1 中输入“＝NORMDIST(A1,0,1,0)”，回车得 0.004 432，即为 $X=-3$ 时的标准正态分布的概率密度函数值.

(6) 把鼠标放在单元格 B1 上的单元格填充柄上，当鼠标变成十字时，向下拖曳鼠标至 B121.

步骤二：作图.

(1) 用鼠标左键拖曳选定作图所需的数据区域 A1:B121.

(2) 点击常用工具栏中的“图表向导”按钮.

(3) 在弹出的图表向导的(4 步骤之 1)图表类型中，选择“XY”散点图，在子图表类型中选择右侧第一个图(形为两条曲线相交)，单击“下一步”；

(4) 在弹出的图表向导的(4 步骤之 2)图表数据源中，使用默认值，单击“下一步”.

(5) 在弹出的图表向导的(4 步骤之 2)图表选项中，在“标题”选项卡中，图表标题方框中输入“标准正态分布图”；在“网格”选项卡中，取消网格线；在“图例”选项卡中，取消图例.

(6) 点击“下一步”，得到图表向导的(4 步骤之 4)图表位置，使用默认值，点“确定”即可. 适当调整字体和刻度，得到标准正态分布图. 结果如下图：

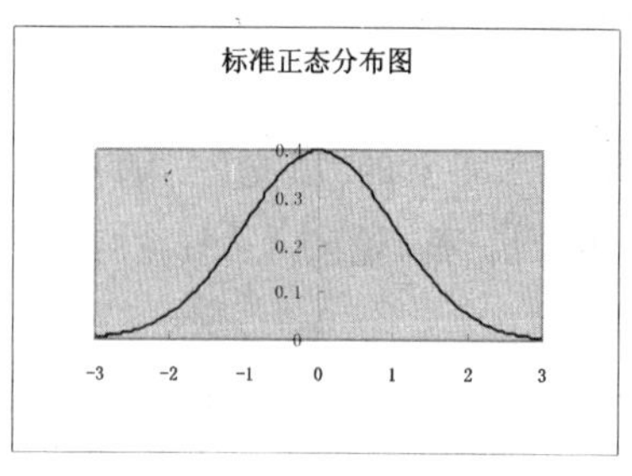

图 A2.6　标准正态分布图

Excel 5　用 Excel 求置信区间

使用 Excel 的函数工具以及统计公式，求解置信区间.

一、总体均值的估计

1. 总体方差未知

例 1　为研究某种汽车轮胎的磨损，随机地选择 16 只轮胎，每只轮胎行驶到磨坏为止. 记录所行驶的路程(以公里计)如下表：

41 250	40 187	43 175	41 010	39 265	41 872	42 654	41 287
38 970	40 200	42 550	41 095	40 680	43 500	39 775	40 400

假设这些数据来自正态总体，均值、方差未知. 试求总体均值 μ 的置信度为 0.95 的双侧置信区间.

解　(1) 在单元格 A2:A17 分别输入样本数据，如下图所示：

(2) 在单元格 C5 中输入样本数 16.

(3) 计算平均行驶公里数，在单元格 C6 中输入公式："=AVERAGE(A2,A17)".

(4) 计算样本标准差，在单元格 C7 中输入公式："=STDEV(A2,A17)".

	A	B	C	D
1	样本数据			
2	41250			
3	40187			
4	43175	计算指标	计算公式	
5	41010	样本数据个数	16	
6	39265	样本均值	41116.875	
7	41872	样本标准差	1346.842771	
8	42654	抽样平均误差	336.7106928	
9	41287	置信水平	0.95	
10	38970	自由度	15	
11	40200	t值	2.131450856	
12	42550	误差范围	717.6822943	
13	41095	置信下限	40399.19271	
14	40680	置信上限	41834.55729	
15	43500			
16	39775			
17	40400			

图 A2.7　总体方差未知时的置信区间

(5) 计算抽样平均误差,在单元格 C8 中输入公式:“=C7/SQRT(C5)”.

(6) 在单元格 C9 中输入置信水平 0.95,在 C10 中输入自由度 15.

(7) 使用统计函数 TINV 计算 t 值,在单元格 C11 中输入公式:“=TINV(1−C9,C10)”,得 $\alpha=0.05$ 的 t 统计量的双侧分位数 $t=2.1315$.

(8) 计算误差范围,在单元格 C12 中输入公式:“=C11*C8”.

(9) 在单元格 C13 中输入置信区间下限公式:“=C6−C12”.

(10) 在单元格 C14 中输入置信区间上限公式:“=C6+C12”.

2. 总体方差已知

例 2　仍以例 1 为例,假设这些数据来自正态总体,均值未知,方差为 $1\,000^2$,试求总体均值 μ 的置信度为 0.95 的双侧置信区间.

解　(1)、(2)、(3)同上例.

(4) 在单元格 C4 中输入标准差 1 000.

(5) 计算平均误差,在单元格 C5 中输入公式:“=C4/SQRT(C2)”.

(6) 在单元格 C6 中输入置信水平 0.95,在 C7 中输入自由度 15.

(7) 使用统计函数 NORMSINV 计算 Z 值,在单元格 C11 中输入

公式:

"=NORMSINV(0.975)",

结果为 $\alpha=0.975$ 的 Z 统计量的上侧分位数 $Z_{0.05/2}=1.96$.

(8) 计算误差范围,公式为:"=C8 * C5".

(9) 在单元格 C10 中输入置信区间下限公式:"=C3-C9".

(10) 在单元格 C11 中输入置信区间上限公式:"=C3+C9".

结果如下图:

	A	B	C	D
1	样本数据	计算指标	计算公式	
2	41250	样本数据个数	16	
3	40187	样本均值	41116.875	
4	43175	标准差	1000	
5	41010	抽样平均误差	250	
6	39265	置信水平	0.95	
7	41872	自由度	15	
8	42654	z值	1.959961082	
9	41287	误差范围	489.9902706	
10	38970	置信下限	40626.88473	
11	40200	置信上限	41606.86527	
12	42550			
13	41095			
14	40680			
15	43500			
16	39775			
17	40400			

图 A2.8　总体方差已知时的置信区间

二、总体方差的区间估计(μ 未知)

例 3　假设从加工的同一批产品中任意抽取 20 件,测得它们的平均长度为 12 厘米,方差为 0.002 3 平方厘米,求总体方差的置信度为 95%的置信区间.

解　为构造区间估计的工作表,应在工作表的 A 列输入变量名称,B 列输入计算公式.

提示　① 本表 C 列为 B 列的计算结果,当在 B 列输入完公式后,即显示出 C 列结果,这里只是为了让读者看清楚公式,才给出了 B 列的公式形式.

	A	B	C	D
1				
4	计算指标	计算公式	计算结果	
5	样本均值	12	12	
6	样本方差	0.0023	0.0023	
7	样本容量	20	20	
8	置信水平	0.95	0.95	
9	卡方分布上侧分位数(α=0.025)	=CHIINV(0.025,B7-1)	32.85233698	
10	卡方分布上侧分位数(α=0.975)	=CHIINV(0.975,B7-1)	8.906514385	
11	置信下限	=(B7-1)*B6/B9	0.001330195	
12	置信上限	=(B7-1)*B6/B10	0.004906521	
13				

图 A2.9 总体方差置信区间的构造表

② 统计函数"=CHIINV(α,ν)",给出的水平为 α、自由度为 ν 的 χ^2 分布上侧分位数.

具体使用方法,可以在 Excel 的函数指南中查看.

综上所述,我们有 95%的把握认为该批零件平均长度的方差在 0.001 33至 0.004 91之间.

三、总体比例的区间估计

例 4 某研究机构欲调查某市大专以上学历的从业人员专业不对口的比率.于是随机抽取了一个由 1 500 人组成的样本进行调查,其中有 450 人说他们从事的工作与所学专业不对口.试在 95%的置信度下构造出不对口人员所占真正比率的置信区间.

解 由于样本容量很大,$n=1\ 500$,样本比例 $\bar{p}=\frac{450}{1\ 500}=0.3$,$n\bar{p}$ 和 $n(1-\bar{p})$都大于 5,故可用正态分布逼近.

构造区间估计的工作表,我们应在工作表的 C 列输入变量名称,D 列输入计算公式.

提示 ① 本表 E 列为 D 列的计算结果,当输入完公式后,即显示出 E 列结果,这里只是为了让读者看清楚公式,才给出了 D 列的公式形式.

② 统计函数"=CONFIDENCE(α,β,δ)",给出置信水平为 $1-\alpha$、

样本比例标准差为 β 和样本容量为 δ 的总体比例的误差范围.

具体使用方法,可以在 Excel 的函数指南中查看.

	A	C	D	E	F
1					
2		计算指标	计算公式	计算结果	
3		样本比例	0.3	0.3	
4		样本比例标准差	0.458257569	0.4582576	
5		样本容量	1500	1500	
6		α	0.05	0.05	
7		误差范围	=CONFIDENCE(D6,D4,D5)	0.0231906	
8		置信下限	=D3-D7	0.2768094	
9		置信上限	=D3+D7	0.3231906	
10					

图 A2.10　总体比例置信区间构造表

Excel 6　用 Excel 进行假设检验

一、一个正态总体的参数检验

1. 一个正态总体均值的检验(方差 σ^2 已知)

例 1　假设某批矿砂的 10 个样品中的镍含量经测定为(单位:%):

3.28,3.27,3.25,3.25,3.27,3.24,3.26,3.24,3.24,3.25.

设总体服从正态分布,且方差为 $\sigma^2=0.01^2$,问在水平 $\alpha=0.01$ 下能否认为这批矿砂的平均镍含量为 3.25?

解　根据题意,提出检验的原假设和备选假设是

$$H_0: \mu=3.25; \quad H_1: \mu\neq 3.25.$$

这是一个双侧检验问题,具体步骤如下:

步骤一　输入数据.打开 Excel 工作簿,将样本观测值输入到 A1:A10 单元格中.

步骤二 假设检验.

(1) 在 B2 中输入"=AVERAGE(A1:A10)",回车后得到样本平均值 3.255;

(2) 在 B3 中输入总体标准差 0.01;

(3) 在 B4 中输入样本容量 10;

(4) 在 B5 中输入显著性水平 0.01;

(5) 在 B6 中输入"=NORMSINV(1-B5/2)",即输入"=NORMSINV(0.995)=NORMSINV(0.995)",回车得 Z 统计量的显著性水平为 $\alpha=0.01$ 的右侧分位数 2.58(左侧分位数为它的相反数 -2.58);

(6) 在 B7 中输入检验统计量的计算公式:"=(B2-3.25)/(B3/SQRT(B4))",回车后得 Z 统计量的值:

$$Z=\frac{\overline{X}-\mu_0}{\sigma_0/\sqrt{n}}=1.58.$$

由于 $Z=1.58<Z_{0.01/2}=2.58$,未落入否定域内,所以接受原假设 H_0,即这批矿砂的平均镍含量为 3.25%.

2. 一个正态总体均值的检验(方差 σ^2 未知)

例 2 某一引擎生产商声称其生产的引擎的平均速度为每小时高于 250 公里,现将生产的 20 台引擎装入汽车内进行速度测试,得到行驶速度如下表:

250	236	245	261	256
258	242	262	249	251
254	250	247	245	256
256	258	254	262	263

试问样本数据在显著性水平为 0.025 时是否支持引擎生产商的说法?

解 根据题意,提出检验的原假设和备选假设是

$$H_0:\mu\leqslant 250;\quad H_1:\mu>250.$$

这是一个右侧检验问题,具体步骤如下:

步骤一 输入数据.

打开 Excel 工作簿,将样本观测值输入到 B3:F6 单元格中,如下图

所示：

	A	B	C	D	E	F	G
1				速度测试			
2							
3		250	236	245	261	256	
4		258	242	262	249	251	
5		254	250	247	245	256	
6		256	258	254	262	263	
7							
8		平均速度		252.75			
9		标准差		7.311670556			
10		样本数		20			
11		T检验值		1.682019695			
12		查表值T（0.025,19)=		2.093			
13							

图 A2.11　正态总体均值的检验

步骤二　假设检验.

(1) 计算样本平均速度，在单元格 D8 中输入公式："=AVERAGE(B3:F6)"，得到平均速度 252.75；

(2) 计算标准差，在单元格 D9 中输入公式："=STDEV(B3:F6)"，得到标准差 7.311 671；

(3) 在单元格 D10 中输入样本数 20；

(4) 在单元格D11中输入检验统计量的计算公式："=(D8−250)/(D9/SQRT(D10))"，回车后得 t 统计量的值：

$$t=\frac{\overline{X}-\mu_0}{S/\sqrt{n}}=1.682.$$

步骤三　结果分析. 已知 t 统计量的自由度为 $\nu=(n-1)=20-1=19$，否定域为 $t>t_{0.025,19}=2.093$，由于 $t=1.682<2.093$，没有落在否定域内，故接受原假设 H_0，样本数据并不支持该制造商的说法.

3. 一个正态总体方差的检验（均值 μ 未知）

例 3　假设原材料抗拉强度的方差不超过 5 时为合格品. 现从中取出 25 件组成随机样本，测得样本方差为 7，试问该批原材料是否合格？假设原材料的抗拉强度近似服从正态分布($\alpha=0.05$).

解 根据题意，提出检验的原假设和备选假设是

$$H_0:\sigma^2\leqslant 5;\quad H_1:\sigma^2>5.$$

这是一个右侧检验问题，具体步骤如下：

(1) 打开 Excel 工作簿.

(2) 在 B3 中输入总体方差 5.

(3) 在 B4 中输入样本方差 7.

(4) 在 B5 中输入样本容量 25.

(5) 在 B6 中输入显著性水平 0.05.

(6) 在 B7 中输入公式："=CHIINV(B6,B5−1)"，求得 χ^2 检验的临界值，即输入"=CHIINV(0.05,24)"，回车后得 χ^2 分布的显著性水平为 0.05 的自由度为 $\nu=25-1=24$ 的上侧分位数 36.415 052 65，即 $\chi^2_{0.05,24}=36.415$.

(7) 在单元格 B8 中输入检验统计量的计算公式："=(B5−1)*B4/B3"=B5−1，回车后得 χ^2 统计量的值：

$$\chi^2=\frac{(n-1)S^2}{\sigma_0^2}=33.6.$$

由于 $\chi^2=33.6<\chi^2_{0.05,24}=36.415$，所以不否定 H_0，认为该批产品合格.

二、两个正态总体的参数检验

1. 两个正态总体均值相等的检验($\sigma_1^2=\sigma_2^2=\sigma^2$ 已知)

例 4 装配一个部件可以采用不同的方法，我们关心的问题是哪一种方法的效率更高. 劳动效率可以用平均装配时间反映. 现在从采用不同的方法装配的部件中各随机抽取 12 件产品，记录各自的装配时间(单位：分钟)如下：

甲方法：	31	34	29	32	35	38	34	30	29	32	31	26
乙方法：	26	24	28	29	30	29	32	26	31	29	32	28

假设两总体为正态总体，且方差相同，问两种方法的装配时间有无显著不同($\alpha=0.05$)？

解 根据题意，提出检验的原假设和备选假设是

$$H_0:\mu_1=\mu_2;\quad H_1:\mu_1\neq\mu_2.$$

这是一个双侧检验问题，具体步骤如下：

步骤一 输入数据.打开 Excel 工作簿，将样本观测值输入到 A2：B13 单元格中.

步骤二 假设检验.

(1) 选择“工具”下拉菜单.

(2) 选择“数据分析”选项.

(3) 在分析工具中选择“t 检验:平均值的成对二样本分析”.

(4) 当出现对话框后，

① 在“变量 1 的区域”方框内键入 A2:A13；

② 在“变量 2 的区域”方框内键入 B2:B13；

③ 在“假设平均差”方框内键入 0；

④ 在“□”方框内键入 0.05；

⑤ 在“输出选项”中选择输入区域 C1；

⑥ 选择“确定”.

输出结果如下图：

	A	B	C	D	E	F
1	甲方法	乙方法	t-检验：成对双样本均值分析			
2	31	26				
3	34	24		变量 1	变量 2	
4	29	28	平均	31.75	28.66667	
5	32	29	方差	10.20455	6.060606	
6	35	30	观测值	12	12	
7	38	29	泊松相关系数	0.080919		
8	34	32	假设平均差	0		
9	30	26	df	11		
10	29	31	t Stat	2.758514		
11	32	29	P(T<=t) 单尾	0.009303		
12	31	32	t 单尾临界	1.795884		
13	26	28	P(T<=t) 双尾	0.018605		
14			t 双尾临界	2.200986		

图 A2.12 t-检验:成对双样本均值分析

由于 $t=2.76>t_{0.05/2,12-1}=2.201$，否定 H_0，因此表明两种方法的装配时间有显著不同.

2. 两个正态总体方差相等的检验($\mu_1=\mu_2$ 未知)

例 5 检验例 4 中两个总体的方差是否相等.

解 根据题意,提出检验的原假设和备选假设是

$$H_0:\sigma_1^2=\sigma_2^2;\quad H_1:\sigma_1^2\neq\sigma_2^2.$$

这是一个双侧检验问题,具体步骤如下:

步骤一 输入数据.打开 *Excel* 工作簿,将样本观测值输入到 *A*2:*B*13 单元格中.

步骤二 假设检验.

(1) 选择"工具"下拉菜单.

(2) 选择"数据分析"选项.

(3) 在分析工具中选择"*F* 检验:双样本方差".

(4) 当出现对话框后,

① 在"变量 1 的区域"方框内键入 *A*2:*A*13;

② 在"变量 2 的区域"方框内键入 *B*2:*B*13;

③ 在"□"方框内键入 0.05;

④ 在"输出选项"中选择输入区域 *C*1;

⑤ 选择"确定".

输出结果如图 *A*2.13 所示.

由于 $F=1.684<F_{0.05}(11,11)=2.818$,故不能否定原假设 H_0,表明两种方法装配时间的方差没有显著差异.

	A	B	C	D	E
1	甲方法	乙方法	F-检验 双样本方差分析		
2	31	26			
3	34	24		变量 1	变量 2
4	29	28	平均	31.75	28.66667
5	32	29	方差	10.20455	6.060606
6	35	30	观测值	12	12
7	38	29	df	11	11
8	34	32	F	1.68375	
9	30	26	P(F<=f) 单尾	0.200444	
10	29	31	F 单尾临界	2.817927	
11	32	29			
12	31	32			
13	26	28			

图 A2.13 F-检验 双方栏本方差分析

Excel 7 用 Excel 进行相关与回归分析

在本附录中，我们将通过一个具体例子，运用 Excel 中的“数据分析”过程，说明如何计算相关系数以及如何进行回归分析.

例 某市洗衣粉销售量与人口数、洗衣机拥有量的有关数据如下表：

洗衣粉销售量 Y	人口数量 X_1	洗衣机拥有量 X_2
12.741	11.94	12.4
17.015	12.05	25.6
23.496	12.16	63.6
29.748	12.32	95.4
34	12.47	120

一、计算相关系数

(1) 选择“工具”下拉菜单中的“数据分析”选项；

(2) 在分析工具中选择“相关系数”；

(3) 当出现“相关系数”对话框后，

① 在“输入区域”中键入 A2:C6；

② 在“输出选项”中选择输出区域(这里我们选择“新工作表”)；

③ 单击“确定”按钮，得下面的相关矩阵表.

表 A2.6 相关矩阵

	Y	X_1	X_2
Y	1.000 000		
X_1	0.993 285	1.000 000	
X_2	0.997 344	0.991 544	1.000 000

二、回归分析

我们用上例继续说明如何利用 Excel 进行回归分析.

(1) 选择“工具”下拉菜单；

(2) 选择“数据分析”选项；

(3) 在分析工具中选择“回归”；

(4) 当出现对话框后，

① 在“输入 Y 的区域”方框中键入 A2:A6；

② 在“输入 X 的区域”方框中键入 B2:C6；

③ 在“输出选项”中选择输出区域(这里我们选择“新工作表”)；

④ 单击“确定”按钮，得到的结果如图 A2.14 所示：

	A	B	C	D	E	F	G	H	I
1	SUMMARY OUTPUT								
2									
3	回归统计								
4	Multiple R	0.9979137							
5	R Square	0.9958318							
6	Adjusted R S	0.9916637							
7	标准误差	0.7999458							
8	观测值	5							
9									
10	方差分析								
11		df	SS	MS	F	gnificance F			
12	回归分析	2	305.769	152.8845	238.91442	0.0041682			
13	残差	2	1.279826	0.639913					
14	总计	4	307.0488						
15									
16		Coefficient	标准误差	t Stat	P-value	Lower 95%	Upper 95%	下限 95.0%	上限 9
17	Intercept	-117.0112	173.6766	-0.67373	0.5699127	-864.282	630.25956	-864.28201	630.2
18	X Variable 1	10.778342	14.5996	0.738263	0.5372308	-52.0387	73.595386	-52.038702	73.59
19	X Variable 2	0.1426624	0.067837	2.103003	0.1701803	-0.149219	0.4345436	-0.1492188	0.434

图 A2.14 回归分析

从图中得到的主要结果有：复相关系数 $R=0.9979137$，可决系数 $R^2=0.9958318$，估计的回归方程为：

$$\hat{Y}=-117.0112+10.7783X_1+0.1427X_2,$$
$$(-0.6737)\qquad(0.7383)\qquad(2.1030)$$

根据括号内的数据统计量 t 的值可知：X_1 对 Y 没有显著影响，而 X_2 对 Y 有显著影响. 根据 F 统计量的值 $F=238.9144$ 可知：回归方程是显著的.

Excel 8　用 Excel 进行时间序列分析

时间序列可以被分解成长期趋势、季节变动、循环变动和不规则变动四个部分. 修匀是指从一个时间序列中分解出长期趋势，常用的方法有移动平均法和指数平滑法.

一、移动平均法

Excel 提供了修匀一个时间序列的移动平均宏.

例 1　我国 1980 年～1999 年的政府财政收入的统计资料如下表所示：

表 A2.7　1980 年～1999 年我国财政收入（单位：亿元）

年　份	财政收入	年　份	财政收入
1980	1 159.93	1990	2 937.10
1981	1 175.79	1991	3 149.48
1982	1 212.33	1992	3 483.37
1983	1 366.95	1993	4 348.95
1984	1 642.86	1994	5 218.10
1985	2 004.82	1995	6 242.20
1986	2 122.01	1996	7 407.99
1987	2 199.35	1997	8 651.14
1988	2 357.24	1998	9 875.95
1989	2 664.90	1999	11 444.08

解 用Excel进行移动平均的步骤如下:

(1) 首先在Excel工作表的A1:B21单元格中输入数据(如下图);

(2) 选取"工具"菜单项下的"数据分析";

(3) 选取"移动平均法",单击"确定"按钮,出现"移动平均"对话框;

(4) 在"输入区域"框中键入B2:B21;

(5) 在"输出区域"中键入C1;

(6) 在"间隔"框中输入3,表示采用连续3期计算移动平均;

(7) 选中"图表输出"复选框;

(8) 选择"确定".

输出结果如下图:

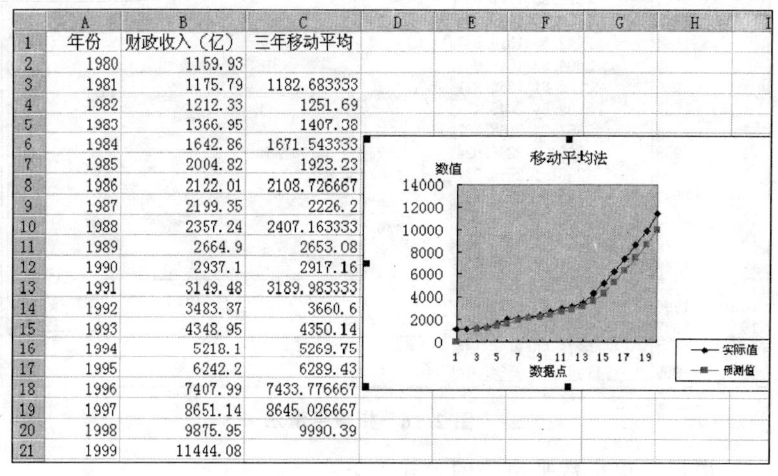

	A	B	C	D	E	F	G	H	I
1	年份	财政收入(亿)	三年移动平均						
2	1980	1159.93							
3	1981	1175.79	1182.683333						
4	1982	1212.33	1251.69						
5	1983	1366.95	1407.38						
6	1984	1642.86	1671.543333						
7	1985	2004.82	1923.23						
8	1986	2122.01	2108.726667						
9	1987	2199.35	2226.2						
10	1988	2357.24	2407.163333						
11	1989	2664.9	2653.08						
12	1990	2937.1	2917.16						
13	1991	3149.48	3189.983333						
14	1992	3483.37	3660.6						
15	1993	4348.95	4350.14						
16	1994	5218.1	5269.75						
17	1995	6242.2	6289.43						
18	1996	7407.99	7433.776667						
19	1997	8651.14	8645.026667						
20	1998	9875.95	9990.39						
21	1999	11444.08							

图 A2.15 移动平均法

二、单指数平滑法

例 2 我们续用前例介绍如何用Excel进行单指数平滑.

解 用Excel进行单指数平滑的步骤如下:

(1) 打开存储上例数据的Excel工作表;

(2) 选取"工具"菜单项下的"数据分析";

(3) 选取“指数平滑法”，单击“确定”按钮，显示“指数平滑”对话框；

(4) 在“输入区域”框中键入 B2:B21；

(5) 在“输出区域”中键入 C2；

(6) 输入“阻尼系数”为数字 0.3；

(7) 选中“图表输出”复选框.

(8) 单击“确定”.

结果如下图：

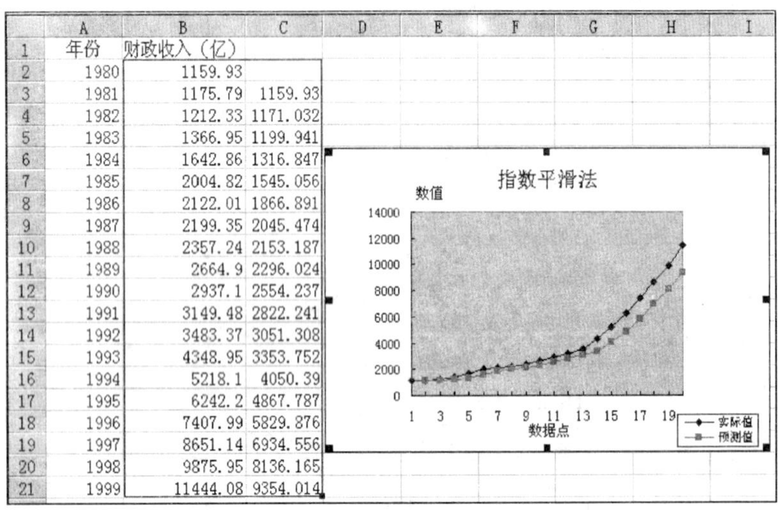

	A	B	C
1	年份	财政收入（亿）	
2	1980	1159.93	
3	1981	1175.79	1159.93
4	1982	1212.33	1171.032
5	1983	1366.95	1199.941
6	1984	1642.86	1316.847
7	1985	2004.82	1545.056
8	1986	2122.01	1866.891
9	1987	2199.35	2045.474
10	1988	2357.24	2153.187
11	1989	2664.9	2296.024
12	1990	2937.1	2554.237
13	1991	3149.48	2822.241
14	1992	3483.37	3051.308
15	1993	4348.95	3353.752
16	1994	5218.1	4050.39
17	1995	6242.2	4867.787
18	1996	7407.99	5829.876
19	1997	8651.14	6934.556
20	1998	9875.95	8136.165
21	1999	11444.08	9354.014

图 2.16 指数平滑法

提示 单指数平滑法的公式如下：

$$F_{t+1}=\alpha(A_t-F_t)+F_t,$$

其中 α——平滑常数，介于 0～1 之间；A_t——单位时间为 t 的实际值；F_t——单位时间为 t 的预测值；$1-\alpha$——阻尼系数.

附录三　习题答案

习　题　1

1.15　(1) 可计算结构相对指标；比例相对指标；动态相对指标；强度相对指标.

(2) 具体计算略.

1.16

	2002年		2001年实际完成(亿元)	2002年比2001年增长(%)
	实际完成(亿元)	比重(%)		
国内生产总值		100.0	404.58	
第一产业	120.416			2.05
第二产业	203.136	47.9		
第三产业	100.448	23.7	94.58	

1.17

(单位:万元)

部门	2002年					2001年实际销售额	2002年比2001年增长%
	计　划		实　际		计划完成%		
	销售额	比重%	销售额	比重%			
A	600		612	30.6		560	9.29
B		20		21.9	109.25	380	
C	1 000	50	950	47.5			5.56
合计		100	1 999	100.0	99.95		8.64

1.18　(1) 第一、二、三产业的结构相对指标相应为：(1991年)16.35%,50.24%,33.41%；(2001年)15.23%,51.15%,33.62%；第

一、二、三产业的比例为:(1991 年)1 : 3.07 : 2.04;(2001 年)1 : 3.36 : 2.21.

(2) 国内生产总值和第一、二、三产业的 2001 年相对于 1991 年的动态相对指标相应为:1.072 6,1.001 3,1.092 0,1.079 5;增长的百分比相应为:7.26%,0.13%,9.20%,7.95%.

1.19 102.17%. 1.20 2%. 1.21 31.58%.

1.22 1.85%. 1.25 B. 1.26 C. 1.27 D.

1.28 C. 1.29 C. 1.30 B. 1.31 B.

1.32 A. 1.33 B. 1.34 A. 1.35 C.

1.36 B. 1.37 D. 1.38 C. 1.39 D.

1.40 D. 1.41 D,E. 1.42 A,C,D,E.

1.43 A,C,D,E. 1.44 A,D,E. 1.45 A,D,E.

1.46 A,B,D. 1.47 A,B,C,D. 1.48 A,B,D,E.

习题 2

2.28

饮料名称	可口可乐	百事可乐	醒目	雪碧	芬达	合计
频数	22	13	9	7	5	56

2.29

宏发电脑公司月销售额分布表

按销售额分组(万元)	公司数(个)	频率(%)
60～65	3	8.33
65～70	4	11.11
70～75	5	13.89
75～80	10	27.78
80～85	5	13.89
85～90	5	13.89
90～95	4	11.11
合计	36	100.00

2.30 **解** 茎叶图是一种既能出数据的分布状况，又给出每一个原始数据的一种数据显示方法.茎叶图由“茎”和“叶”两部分组成，通常以每一个数据的高位数作为树茎，放在竖线的左边，树茎一经确定，树叶就自然地长在相应的树茎上，树叶放在竖线的右边.下面是根据上表的数据作出的茎叶图.

50	5 8
60	1 5 5 8 9 9
70	0 1 1 2 3 3 4 4 5 5 9 9
80	0 0 1 1 1 2 3 3 3 4 4 4 4 6 6 7 7 7 9 9
90	0 1 2 2 4 4 7 7 7 9

上面的茎叶图显得过于拥挤，可以把它扩展，形成扩展的茎叶图.例如，将上面的茎叶图扩展1倍，即每一个树茎重复一次(或比重复)，把以0～4结尾的数据放在一行，把以5～9结尾的数据放在另一行，则扩展的茎叶图如下：

50	5 8
60	1
60	5 5 8 9 9
70	0 1 1 2 3 3 4 4
70	5 5 9 9
80	0 0 1 1 1 2 3 3 3 4 4 4 4
80	6 6 7 7 7 9 9
90	0 1 2 2 4 4
90	7 7 7 9

2.31 D. 2.32 B. 2.33 B. 2.34 D.

2.35 D. 2.36 B. 2.37 B. 2.38 A.

2.39 B. 2.40 C. 2.41 B. 2.42 D.

2.43 C. 2.44 C. 2.45 D. 2.46 D.

2.47 D. 2.48 B. 2.49 C.

习　题　3

3.15～3.20　**提示**：利用 χ^2、t 和 F 变量的典型模式.

习　题　4

4.13　$\overline{x}=2.36, x_{1/2}=2.5, \hat{x}=3, R=4, S^2=1.525\ 7=1.235\ 2^2$.

4.14　$\overline{x}=6.45, x_{1/2}=6, \hat{x}=6, R=8, S^2=2.512\ 6^2=6.313\ 2$.

4.15　$\overline{x}_a=4.28, x_{1/2}=5, \hat{x}=5, R=10, S^2=2.266\ 4^2=6.083\ 1$.

4.16　$\overline{x}\approx 100.3, S^2=0.876\ 2^2=0.767\ 7$；中位数所在组为 100～101.

4.17　$\overline{x}_a=171.70, x_{1/2}=171.67, \hat{x}=171.54$.

4.18　1.0231 和 2.31%.　　4.19　31.95%.

4.20　$\overline{x}_h=49.22$.　　4.21　1.79 元.　　4.22　51.76%.

4.23　11.77%.　　4.24　$R=3.7, S=1.603\ 7, m=1.33$.

4.25　$\overline{x}=9.96, S_0^2=29.61, S=5.47$.

4.26　$V_{甲}=0.055\ 6>V_{乙}=0.05$，乙的技术水平比甲稳定.

4.27　$V_{甲}>V_{乙}$，乙更好些.

4.28　$r=0.864\ 4$.

4.29　(1) $\overline{x}=4.762\ 5, R=1.3$；(2) $S_0^2=0.154\ 8, S^2=0.177\ 0, m=0.321\ 9$；(3) $V=11.32, \overline{S}_k=11.32$.

4.30　$r=0.815\ 06$.　　4.31　$\rho=0.6$.　　4.32　0.733 3.

4.33　217.　　4.34　0.308 4，0.259 6，0.224 4.

4.35　0.631 8，0.25.

4.36　$a=0.137\ 5, b=0.130\ 1, c=1.709\ 3$.　　4.37　0.989 85.

习　题　5

5.7　$\hat{\sigma}_1=S/M_4=0.249\ 9/0.921\ 318=0.271\ 2$；

$\hat{\sigma}_2=R/d_5=0.60/2.325\ 93=0.258\ 0$.

5.8　(0，22.06%)和(20.56%，1).　　5.9　(63.76%，64.24%).

5.10　(31.45，31.84).　　5.11　(0.369 5，2.972 5).

5.12 $\bar{x}=3.10$； $x_{1/2}=3.13$.

5.13 (1)(14.898,15.002)； (14.832,15.068).

5.14 (1) 215； (2)(209.46,220.54).

5.15 (91.30,100.70). 5.16 (39.94,50.06).

5.17 (1)(172.89,176.11)； (2)1.61.

5.18 (56.32,63.68). 5.19 15个家庭.

5.20 16名职工. 5.21 (12.88%,15.72%).

5.22 (22.88%,27.12%). 5.23 (9.35%,12.05%).

5.24 (12.16%,27.84%). 5.25 (7.1%,39.8%).

5.26 (1)601;(2)505. 5.27 661.

5.28 (1)50.83;(2)0.383 7.

5.29 (1) 分层抽样,样本容量为200;(2)(10.25,11.35).

5.30 5.7千元;(5.43,5.97).

5.31 样本容量为93;等比例分配各层的容量依次为20,40,33;奈曼分配各层的容量依次为30,30,33.

5.32 (0.465,0.735). 5.33 (4.21,4.63).

5.34 (3.27%,4.73%).

5.35 平均存栏数的区间为(63.12,86.88);优良品种率的区间为(56.44%,81.56%).

习 题 6

6.17 $t=3(\overline{X}-3)/S, t\geqslant t_{0.02,8}=2.90$. 6.18 第二,第一.

6.19 $U=2(\overline{X}-3), U\leqslant 2.326\ 348$. 6.20 $\chi^2=15$,不.

6.21 在0.05水平下,灯泡的平均寿命没有下降.

6.22 在0.05水平下,说明该校学生的生活费支出明显增大了.

6.23 在0.05水平下,这批茶叶达到规定的要求.

6.24 在0.05水平下,可以认为该校英语四级考试成绩为82分.

6.25 在0.05水平下,拒收这批货物.

6.26 该日机器工作状态正常.

6.27 可以认为方差仍为1.2. 6.28 有显著差异.

6.29 A 类公司所花的广告费比 B 类公司多.

6.30 有显著差异.　　6.31 训练效果不显著.

6.32 可以得出降低噪声对提高工人的工作效率是有效的结论.

6.33 在显著性水平 0.05 下,可以认为这批产品的废品率比超过 5%.

6.34 有显著差异.

6.35 在显著性水平 0.02 下,可以认为乙厂产品的合格率显著高于甲厂.

6.36 有显著差异.　　6.37 服从指数分布,参数为 0.2.

6.38 存在差异.　　6.39 借出的书的数量均匀.

6.40 说明干部的构成与地区的民族构成一致,拟合优度近似 0.5.

6.41 说明居民中文盲和半文盲的情况与地区有关,p 值小于 0.3.

6.42 北京市与天津市各种经济类型的劳动者人数的构成有显著差异.

6.43 两区居民住房情况不相同,拟合优度小于 0.1.

6.44 在水平 0.05 下有显著差异(提示:游程总数 $R_{10,11}=6$;秩和 $W_{10,11}=149$).

6.45 无显著差异(提示:秩和 $W_{9,10}=73$).

习　题　7

7.16 $r=0.7499$;显著相关;(0.226,0.9366).

7.17 可以,(−0.07,0.5263).　　7.18 $r=0.1386$;不相关.

7.19 0.3928;不相关;由于 X_3 的作用使得 X_1 和 X_2 的相关系数 r_{12} 增大.

7.20 (1) $r_{12\cdot 3}=0.5776$;(2) 不能否定原假设;(3) (0.31,0.76).

7.21 (0.64,0.94).　　7.22 $r_s=0.74545$,显著.

7.23 $r_s=0.8333$,显著.　　7.24 $r_s=0.69697$,相似.

7.25 $r_s=0.979\ 5$,显著.　　7.26 $r_s=0.809\ 11$,显著.

7.27 $\hat{Y}=-76.11+0.792\ 5X, F=33.536, t=5.791$.

7.28 $\hat{Y}=196.27+6.92X, F=54.501, S_e^2=332.187$;预测区间为$(Y_1, Y_2)$,其中

$$Y_{1,2}=196.27+6.92X\pm44.65\sqrt{2.845\ 1-0.134\ 9X+0.002\ 6X^2}.$$

7.29 $\hat{Y}=19.695+2.118X, F=39.226$.

7.30 $\hat{Y}=5.883\ 6+0.498\ 1x$.

7.31 $\hat{Y}=2.437-0.012\ 7X; S_e^2=0.119\ 6; F=13.058$.

7.32 $\hat{Y}=141+10.6X, F=165.119$.

7.33 $\hat{Y}=1.379\ 8+3.212\ 9X; F=89.158; S_e^2=2.278\ 8$; $(-0.218\ 7, 5.548\ 7)$.

7.34 $\hat{Y}=\dfrac{1}{0.023+0.000\ 67e^{-X}}, F=3\ 131.81$.

7.35 $\hat{Y}=149.57+54.179(X-1\ 980)$.

7.36 $\hat{Y}=0.008\ 6e^{0.4X}, F=158.233$.

7.37 (1) $\hat{Y}=0.425+0.072X_1+0.024X_2$;(2) $F=7\ 406.37$;(3) $t_1=21.235, t_2=3.77$;(4) $(2.095, 3.030)$.

7.38 $\hat{Y}=177.98+6.675X_1+4.252X_2, S_e^2=41.647$.

7.39 $\hat{Y}=0.236L^{0.618}K^{0.609}$.　　7.40 $\hat{Y}=2.028X^{1.497}$.

7.41 $\hat{Y}=1.138\ 0+1.879\ 1(t-1\ 985)$.

7.42 $\hat{Y}=27.733\ 00+3.062\ 9(t-1\ 985)$.

习　题　8

8.16 第三、四季度的平均库存额依次为 7.4 万元和 9.7 万元.第四季度的平均库存额比第三季度增长 31.08%.

8.17 全年平均人口数为 50.3 万人;第一季度平均人口数为47.3 万人.

8.18 1 477.87(元/人).　　8.19 40.94%.

8.20 (1)220(件/人);(2)103.125%.

8.21 23.47%.　　8.22 2.25%.

8.23 (1) 7 596.88 万人;(2)15.54%.

8.24 (1) 第一、二季度的平均月劳动生产率依次为 4 431.63(元/人)和 5 249.61(元/人);

(2) 第一、二季度的劳动生产率依次为 13 294.89(元/人)和 15 748.83(元/人);

(3) 29 095.16(元/人).

8.25 58.99%. 8.26 (1) 30.18%;(2) 0.526 1.

8.27

增长速度(%)	1989	1990	1991	1992	1993
环　　比	20	25	25	15	24
定　　基	20	50	87.5	115.6	167.4

8.28 总的上升 70.77%;平均上升 11.30%.

8.29 5.92%;3.92%.

8.30 22.11%. 8.31 20.91.

8.32

年　份	三年移动平均数	四年移动平均数
1987	—	—
1988	29.30	—
1989	37.16	35.67
1990	42.26	40.07
1991	43.09	43.78
1992	46.27	48.90
1993	55.59	56.13
1994	65.67	65.04
1995	75.39	74.69
1996	82.73	83.60
1997	92.38	—
1998	—	—

8.33 趋势方程为 $\hat{Y}=11.74+7.06(x-1986)$;1999 年的工业总产值为 103.52 万元.

8.34 $\hat{Y}=1.1380+1.8791(t-1985)$.

8.35 $\hat{Y}=27.73300+3.0629(t-1985)$.

8.36 (1) 按月平均法的季节比率依次为 90.81%,106.19%,111.25%,91.75%;

(2) 趋势剔除法的季节比率依次为 91.94%,106.30%,110.00%,91.76%.

8.37 用趋势剔除法消除季节变动的销售额为:

季度 \ 年份	1991	1992	1993	1994	1995
1	2 024.15	2 089.41	1 994.78	1 998.04	2 254.73
2	2 072.44	2 204.14	2 026.34	1 904.99	2 270.93
3	2 195.45	2 285.45	1 907.27	2 094.54	2 126.36
4	2 079.34	2 164.34	1 960.55	2 141.46	2 143.64

消除季节变动的销售额的直线趋势方程为 $\hat{y}=2077.39+1.86t$;1998年各季的销售额依次为 1 959.54,2 267.58,2 348.56,1 960.83.

习 题 9

9.11 (1)$I_q=110.38\%$,48.8 万元;(2)$I_p=112.57\%$,65.2 万元.

9.12 (1)产量个体指数依次为:$i_1=120\%$,$i_2=100\%$,$i_3=133.33\%$;

$I_q=115.25\%$

(2)单位成本个体指数依次为:

$i_1=91.43\%$,$i_2=97.78\%$,$i_3=100\%$;$I_p=94.12\%$.

9.13 $I_q=109.78\%$,$I_p=106.76\%$.

9.14 (1) $\Delta_q=-80\ 000$ 元;(2)$\Delta_p=-140\ 000$ 元;(3)$\Delta_{p\times q}=40\ 000$ 元.

9.15 (1) $I_q=137\%$,37 万元;(2)$I_p=87.96\%$,-16.5 万元.

9.16 (1) 31.5 万元;(2)38.5 万元.　　9.17 下降 11.77%.

9.18 (1) 105.39%;(2)118.61%;(3)10.23 万元.

9.19 (1)相对数分析为:133.33%=87.85%×151.71%;

(2) 绝对数分析为:100 =(−55.31)+155.31.

9.20 106.33%.

9.21 产品价格指数依次为:98.36%,108.16%,129.54%,126.85%,149.35%.

9.22 零售量指数为 125%;零售量对零售总额的影响是使零售总额增加 30 000 元;零售价格对零售总额的影响是使零售总额增加 6 000元.

9.23 (1)125%;(2)0.62%;(3)2.75%;(4)增加 5.26%.

9.24 (1)113.68%;(2)相对数分析为:113.68%=113.56%×100.11%;绝对数分析为:57.01=0.44+56.57.

9.25 (1)92.83%;节约总成本 39 万元;

(2)相对数分析为:92.83%=98.31%×94.42%.

9.26 相对数分析:119.61%=110.16%×108.57%;

绝对数分析:59.8=31+28.8.

9.27 1995 年的工业总产值比 1988 年增长 55.62%;

调整后 1988、1989 年的工业总产值依次为 2 120.58,2 332.64.

附录四 常用统计数值表

附表 1 标准正态分布函数 $\Phi(x)$ 值

$$\Phi(x)=\frac{1}{\sqrt{2\pi}}\int_{-\infty}^{x}e^{-\frac{u^2}{2}}\mathrm{d}u$$

x	.00	.01	.02	.03	.04	.05	.06	.07	.08	.09
0.0	.5000	.5040	.5080	.5120	.5160	.5199	.5239	.5279	.5319	.5359
1	5398	5438	5478	5517	5557	5596	5636	5675	5714	5753
2	5793	5832	5871	5910	5948	5987	6026	6064	6103	6141
3	6179	6217	6255	6293	6631	6368	6406	6443	6480	6517
4	6554	6591	6628	6664	6700	6736	6772	6808	6844	6879
0.5	.6915	.6950	.6985	.7019	.7054	.7088	.7123	.7157	.7190	.7224
6	7257	7291	7324	7357	7389	7422	7454	7486	7517	7549
7	7580	7611	7642	7673	7704	7734	7764	7794	7823	7852
8	7881	7910	7939	7967	7995	8023	8051	8079	8106	8133
9	8159	8186	8212	8238	8264	8289	8315	8340	8365	8389
1.0	.4813	.8438	.8461	.8485	.8508	.8531	.8554	.8577	.8599	.8621
1	8643	8665	8686	8708	8729	8749	8770	8790	8810	8830
2	8849	8869	8888	8907	8925	8944	8962	8980	8997	9015
3	9032	9049	9066	9082	9099	9115	9131	9174	9162	9177
4	9192	9207	9222	9236	9251	9265	9279	9292	9306	9319
1.5	.9332	.9345	.9357	.9370	.9382	.9394	.9406	.9418	.9430	.9441
6	9452	9463	9474	9484	9495	9505	9515	9525	9535	9545
7	9554	9564	9573	9582	9591	9599	9608	9616	9625	9633
8	9641	9649	9656	9664	9671	9678	9786	9693	9699	9706
9	9713	9719	9726	9732	9738	9744	9750	9756	9761	9767
2.0	.9772	.9778	.9783	.9788	.9793	.9798	.9803	.9808	.9812	.9817
1	9821	9826	9830	9834	9838	9842	9846	9850	9854	9857
2	9861	9864	9868	9871	9875	9878	9881	9884	9887	9890
3	9893	9896	9898	9901	9904	9906	9909	9911	9913	9916
4	9918	9920	9922	9925	9927	9929	9931	9932	9934	9936
2.5	.9938	.9940	.9941	.9943	.9945	.9946	.9948	.9949	.9951	.9952
6	9953	9955	9956	9957	9959	9960	9961	9962	9963	9964
7	9965	9966	9967	9968	9969	9970	9971	9972	9973	9974
8	9974	9975	9976	9977	9977	9978	9979	9979	9980	9981
9	9981	9982	9982	9983	9984	9984	9985	9985	9986	9986
3.0	.9987	.9987	.9987	.9988	.9988	.9989	.9989	.9998	.9990	.9990
2	9993	9993	9994	9994	9994	9994	9994	9995	9995	9995
4	9997	9997	9997	9997	9997	9997	9997	9997	9997	9998
6	9998	9998	9999	9999	9999	9999	9999	9999	9999	9999
8	9999	9999	9999	9999	9999	9999	9999	9999	9999	9999

$\Phi(4.0)=0.999968329$ | $\Phi(5.0)=0.9999997134$ | $\Phi(6.0)=0.9999999990$

附表 2　均匀随机数

20 85 77 31 56	70 28 42 43 26	79 37 59 52 20	01 15 96 32 67	10 62 24 83 91
15 63 38 49 24	90 41 59 36 14	33 52 12 66 65	55 82 34 76 41	86 22 53 17 04
92 69 44 82 97	39 90 40 21 15	59 58 94 90 67	66 82 14 15 75	49 76 70 40 37
77 61 31 90 19	88 15 20 00 80	20 55 49 14 09	96 27 74 82 57	50 81 60 76 16
38 68 83 24 86	45 13 46 35 45	59 40 47 20 59	43 94 75 16 80	43 85 25 96 93
25 16 30 18 89	70 01 41 50 21	41 29 06 73 12	71 85 71 59 57	68 97 11 14 03
65 25 10 76 29	37 23 93 32 95	05 87 00 11 19	92 78 42 63 40	18 47 76 56 22
36 81 54 36 25	18 63 73 75 09	32 44 49 90 05	04 92 17 37 01	14 70 79 39 97
64 39 71 16 92	05 32 78 21 62	20 24 78 17 59	45 19 72 53 32	83 74 52 25 67
04 51 52 56 24	95 09 66 79 46	48 46 08 55 58	15 19 11 87 82	16 93 03 33 61
83 76 16 08 73	43 25 38 41 45	60 83 32 59 83	01 29 14 13 49	20 36 80 71 26
14 38 70 63 45	80 85 40 92 79	43 52 90 63 18	38 38 47 47 61	41 19 63 74 80
51 32 19 22 46	80 08 87 70 74	88 72 25 67 36	66 16 44 94 31	66 91 93 16 78
72 47 20 00 08	80 89 01 80 02	94 81 33 19 00	54 15 58 34 36	35 35 25 41 31
05 46 65 53 06	93 12 81 84 64	74 45 79 05 61	72 84 81 18 34	79 98 26 84 16
39 52 87 24 84	82 47 42 55 93	48 54 53 52 47	18 61 91 36 74	18 61 11 92 41
81 61 61 87 11	53 34 24 42 76	75 12 21 17 24	74 62 77 37 07	58 31 91 59 97
07 58 61 61 20	82 64 12 28 20	92 90 41 31 41	32 39 21 97 63	61 19 96 79 40
90 76 70 42 35	13 57 41 72 00	69 90 26 37 42	78 46 42 25 01	18 62 79 08 72
40 18 82 81 93	29 59 38 86 27	94 97 21 15 98	62 09 53 67 87	00 44 15 89 97
34 41 48 21 57	86 88 75 50 87	19 15 20 00 23	12 30 28 07 83	32 62 46 86 91
63 43 97 53 63	44 98 91 68 22	36 02 40 08 67	76 37 84 16 05	65 96 17 34 88
67 04 90 90 70	93 39 94 55 47	94 45 87 45 84	05 04 14 98 07	20 28 83 40 60
79 49 50 41 46	52 16 29 02 86	54 15 83 42 43	46 97 83 54 82	59 36 29 59 38
91 70 43 05 52	04 73 72 10 31	75 05 19 30 29	47 66 56 43 82	99 78 29 34 78
03 99 11 04 61	93 71 61 68 94	66 08 32 46 53	84 60 95 82 32	88 61 81 91 61
38 55 59 55 54	32 88 65 97 80	08 35 56 08 60	29 73 54 77 62	71 29 92 38 53
17 54 67 37 04	92 05 24 62 15	55 12 12 92 81	59 07 60 79 36	27 95 45 89 09
32 64 35 28 61	95 81 90 68 31	00 91 19 89 36	76 35 59 37 79	80 86 30 05 14
69 57 26 87 77	39 51 03 59 05	14 06 04 06 19	29 54 96 96 16	33 56 46 07 80
24 12 26 65 91	27 69 90 64 94	14 84 54 66 72	61 95 87 71 00	90 89 97 57 54
61 19 63 02 31	92 96 26 17 73	41 83 53 95 82	17 26 77 09 43	78 03 87 02 67
30 53 22 17 04	10 27 41 22 02	39 68 52 33 09	10 06 16 88 29	55 98 66 64 85
03 78 89 75 99	75 86 72 07 17	74 41 65 31 66	35 20 83 33 74	87 53 90 88 23
48 22 86 33 79	85 78 34 76 19	53 15 26 74 33	35 66 35 29 72	16 81 86 03 11
60 36 59 46 53	35 07 53 39 49	42 61 42 92 97	01 09 82 83 16	98 95 37 32 31
83 79 94 24 02	56 62 33 44 42	34 99 44 13 74	70 07 11 47 36	09 95 81 80 65
32 96 00 74 05	36 42 98 32 32	99 38 54 16 00	11 13 30 75 86	15 91 70 62 53
19 32 25 38 45	57 62 05 26 06	66 49 76 86 46	78 13 86 65 59	19 64 09 94 13
11 22 09 47 47	07 39 93 74 08	48 50 92 39 29	27 48 24 54 76	85 24 43 51 59
31 75 15 72 60	68 98 00 53 39	15 47 04 83 55	88 65 12 25 96	03 15 21 91 21
88 49 29 93 82	14 45 40 45 04	20 09 49 89 77	74 84 39 34 13	22 10 97 85 08
30 93 44 77 44	07 48 18 38 28	73 78 80 65 33	28 59 72 04 05	94 20 52 03 80
22 88 84 88 93	27 49 99 87 48	60 53 04 51 28	74 02 28 46 17	82 03 71 02 68
78 21 21 69 93	35 90 29 13 86	44 37 21 54 86	65 74 11 40 14	87 48 13 72 20
41 84 98 45 47	46 85 05 23 26	34 67 75 83 00	74 91 06 43 45	19 32 58 15 49
46 35 23 30 49	69 24 89 34 60	45 30 50 75 21	61 31 83 18 55	14 41 37 09 51
11 08 79 62 94	14 01 33 17 92	59 74 76 72 77	76 50 33 45 13	39 66 37 75 44
52 70 10 83 37	56 30 38 73 15	16 52 06 96 76	11 65 49 98 93	02 18 16 81 61
57 27 53 68 98	81 30 44 85 85	68 65 22 73 76	92 85 25 58 66	88 44 80 35 84

附表 3　标准正态随机数

0.464	0.137	2.455	−0.323	−0.068	0.296	−0.288	1.298	0.241	−0.957
0.060	−2.526	−0.531	−0.194	0.543	−1.558	0.187	−1.190	0.022	0.525
1.486	−0.354	−0.634	0.697	0.926	1.375	0.785	−0.963	−0.853	−1.865
1.022	−0.472	1.279	3.521	0.571	−1.851	0.194	1.192	−0.501	0.273
1.394	−0.555	0.046	0.321	2.945	1.974	−0.258	0.412	0.439	0.035
0.906	−0.513	−0.525	0.595	0.881	−0.934	1.579	0.161	−1.885	0.371
1.179	−1.055	0.007	0.769	0.971	0.712	1.090	−0.631	−0.225	−0.702
−1.501	−0.488	−0.162	−0.136	1.033	0.203	0.448	0.748	−0.423	−0.432
−0.690	0.756	−1.618	−0.345	−0.511	−2.051	−0.457	−0.218	0.857	−0.465
1.372	0.225	0.378	0.761	0.181	−0.736	0.960	−1.530	−0.260	0.120
−0.482	1.678	−0.057	−1.229	−0.486	0.856	−0.491	−1.983	−2.830	−0.238
−1.376	−0.150	1.356	−0.561	0.256	−0.212	0.219	0.779	0.953	−0.869
−1.010	0.598	−0.918	1.598	0.065	0.415	−0.169	0.313	−0.973	−1.016
−0.005	−0.899	0.012	−0.725	1.147	−0.121	1.096	0.181	−1.691	0.417
1.393	−1.163	−0.911	1.231	−0.199	0.246	1.239	−2.574	−0.558	0.056
−1.787	−0.261	1.237	1.046	−0.508	−1.630	−0.146	−0.392	−0.627	0.561
−0.105	−0.357	−1.384	0.360	−0.992	−0.116	−1.698	−2.832	−1.108	−2.357
−1.339	1.827	−0.959	0.424	0.969	−1.141	−1.041	0.362	−1.726	1.956
1.041	0.535	0.731	1.377	0.983	−1.330	1.620	−1.040	0.524	−0.281
0.279	−2.056	0.717	−0.873	−1.096	−1.396	1.047	0.089	−0.573	0.932
−1.805	−2.008	−1.633	0.542	0.250	−0.166	0.032	0.079	0.471	−1.029
−1.186	1.180	1.114	0.882	1.265	−0.202	0.151	−0.376	−0.310	0.479
0.658	−1.141	1.151	−1.210	−0.927	0.425	0.290	−0.902	0.610	2.709
−0.439	0.358	−1.939	0.891	−0.227	0.602	0.873	−0.437	−0.220	−0.057
−1.399	−0.230	0.385	−0.649	−0.577	0.237	−0.289	0.513	0.738	−0.300
0.199	0.208	−1.083	−0.219	−0.291	1.221	1.119	0.004	−2.015	−0.594
0.159	0.272	−0.313	0.084	−2.828	−0.439	−0.792	−1.275	−0.623	−1.047
2.273	0.606	0.606	−0.747	0.247	1.291	0.063	−1.793	−0.699	−1.347
0.041	−0.307	0.121	0.790	−0.584	0.541	0.484	−0.986	0.481	0.996
−1.132	−2.098	0.921	0.145	0.446	−1.661	1.045	−1.363	−0.586	−1.023
0.768	0.079	−1.473	0.034	−2.127	0.665	0.084	−0.880	−0.579	0.551
0.375	−1.658	−0.851	0.234	−0.656	0.340	−0.086	−0.158	−0.120	0.418
−0.513	−0.344	0.210	−0.736	1.041	0.008	0.427	−0.831	0.191	0.074
0.292	−0.521	1.266	−1.206	−0.899	0.110	−0.528	−0.813	0.071	0.524
1.026	2.990	−0.574	−0.491	−1.114	1.297	−1.433	−1.345	−3.001	0.479
−1.334	1.278	−0.568	−0.109	−0.515	−0.566	2.923	0.500	0.359	0.326
−0.287	−0.144	−0.254	0.574	−0.451	−1.181	−1.190	−0.318	−0.094	1.114
0.161	−0.886	−0.921	−0.509	1.410	−0.518	0.192	−0.432	1.501	1.068
−1.346	0.193	−1.202	0.394	−1.045	0.843	0.942	1.045	0.031	0.772
1.250	−0.199	−0.288	1.810	1.378	0.584	1.216	0.733	0.402	0.226
0.630	−0.537	0.782	0.060	0.499	−0.431	1.705	1.164	0.884	−0.298
0.375	−1.941	0.247	−0.491	0.665	−0.135	−0.145	−0.498	0.457	1.064
−1.420	0.489	−1.711	−1.186	0.754	−0.732	−0.066	1.006	−0.798	0.162
−0.151	−0.243	−0.430	−0.762	0.298	1.049	1.810	2.885	−0.768	−0.129
−0.309	0.531	0.416	−1.541	1.456	2.040	−0.124	0.196	0.023	−1.204
0.424	−0.444	0.593	0.993	−0.106	0.116	0.484	−1.272	1.066	1.097
0.593	0.658	−1.127	−1.407	−1.579	−1.616	1.458	1.262	0.736	−0.916
0.862	−0.885	−0.142	−0.504	0.532	1.381	0.022	−0.281	−0.342	1.222
0.235	−0.628	−0.023	−0.463	−0.899	−0.394	−0.538	1.707	−0.188	−1.153
−0.853	0.402	0.777	0.833	0.410	−0.349	−1.094	0.580	1.395	1.298

附表 4　标准正态分布双侧分位数 u_α

$$1-\alpha=\frac{1}{\sqrt{2\pi}}\int_{-u_\alpha}^{u_\alpha}e^{-\frac{u^2}{2}}du$$

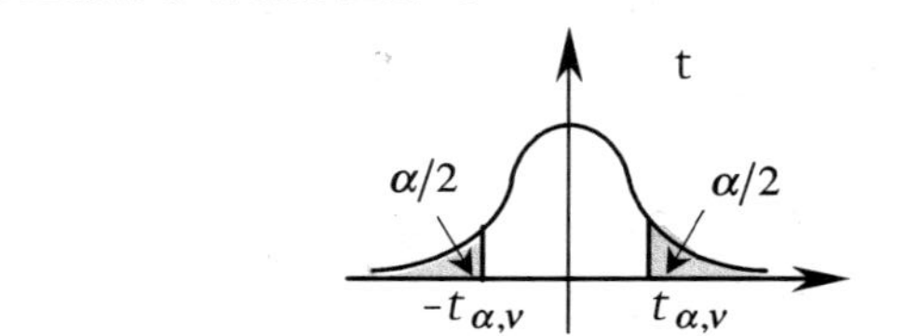

α	0.00	0.01	0.02	0.03	0.04	0.05	0.06	0.07	0.08	0.09	α
0.0	∞	2.575829	2.326348	2.170090	2.053749	1.959964	1.880794	1.811911	1.750686	1.695398	0.0
1	1.644854	1.598193	1.554774	1.514102	1.475791	439531	405072	372204	340755	310579	1
2	281552	253565	226528	200359	174987	150349	126391	103063	080319	058122	2
3	0.36433	015222	0.994458	0.974114	0.954165	0.934589	0.915365	0.896473	0.877896	0.859617	3
4	0.841621	0.823894	806421	789192	772193	755415	738847	722479	706303	.690309	4
0.5	0.674490	0.658838	0.643345	0.628006	0.612813	0.597760	0.582841	0.568051	0.553385	0.538836	0.5
6	524401	510073	495850	481727	467699	453762	439913	420148	412463	398855	6
7	385320	371856	358459	345125	331853	318639	305481	292375	279319	266311	7
8	253347	240426	227545	214702	201893	189113	176374	163658	150969	138304	8
9	125661	113039	100434	087845	075270	062707	050154	037608	025069	012533	9
α	10^{-3}	10^{-4}	10^{-5}	10^{-6}	10^{-7}	10^{-8}	10^{-15}				α
u_α	3.29053	3.89059	4.41717	4.89164	5.32672	5.73078	7.97757887				u_α

附表 5 χ^2 分布上侧概率 $p=\mathbf{P}\{\chi^2\geqslant c\}$ 值表(υ——自由度)

c \ p \ υ	1	2	3	4	5	6	7	8	9	10	11	12	13	14	15
1	0.3173	0.6065	0.8013	0.9098	0.9629	0.9856	0.9948	0.9982	0.9994	0.9998	0.9999	1.0000	1.0000	1.0000	1.0000
2	1574	3679	5724	7358	8491	9197	9598	9810	9915	9963	9985	0.9994	0.9998	0.9999	1.0000
3	0833	2231	3916	5578	7000	8088	8850	9344	9643	9814	9907	9955	9979	9991	9996
4	0455	1353	2615	4060	5494	6767	7798	8571	9114	9473	9699	9834	9912	9955	9977
5	0254	0821	1718	2873	4159	5438	6600	7576	8343	8912	9312	9580	9752	9858	9921
6	0.0143	0.0498	0.1116	0.1991	0.3062	0.4232	0.5398	0.6472	0.7399	0.8153	0.8734	0.9161	0.9462	0.9665	0.9797
7	0081	0302	0719	1359	2206	3208	4289	5366	6371	7254	7991	8576	9022	9347	9576
8	0047	0183	0460	0916	1562	2381	3326	4335	5341	6228	7133	7851	8436	8893	9238
9	0027	0111	0293	0611	1091	1736	2527	3423	4373	5321	6219	7029	7729	8311	8775
10	0016	0067	0186	0404	0752	1247	1886	2650	3505	4405	5304	6160	6939	7622	8197
11	0.0009	0.0041	0.0117	0.0266	0.0514	0.0884	0.1386	0.2017	0.2757	0.3575	0.4433	0.5289	0.6108	0.6860	0.7526
12	0005	0025	0074	0174	0348	0620	1006	1512	2133	2851	3626	4457	5276	6063	6790
13	0003	0015	0046	0113	0234	0430	0721	1119	1626	2237	2933	3690	4478	5265	6023
14	0002	0009	0029	0073	0146	0296	0512	0818	1223	1730	2330	3007	3738	4497	5255
15	0001	0006	0018	0047	0104	0203	0360	0591	0909	1321	1825	2416	3074	3782	4514
16	0.0001	0.0003	0.0011	0.0030	0.0068	0.0138	0.0251	0.0424	0.0669	0.0996	0.1411	0.1912	0.2491	0.3134	0.3821
17	0000	0002	0007	0019	0045	0093	0174	0301	0487	0744	1079	1496	1993	2562	3189
18		0001	0004	0012	0029	0062	0120	0212	0352	0550	0816	1157	1575	2068	2627
19		0001	0003	0008	0019	0042	0082	0149	0252	0403	0611	0885	1231	1649	2137
20	0000	0002	0005	0013	.0013	0028	0056	0103	0179	0293	0453	0671	0952	1301	1719
22		0.0000	0.0001	0.0002	0.0005	0.0012	0.0025	0.0049	0.0089	0.0151	0.0244	0.0375	0.0554	0.0786	0.1078
24		0000	0000	0001	0002	0005	0011	0023	0043	0076	0127	0203	0311	0458	0651
26		0000	0000	0000	0001	0002	0005	0010	0020	0037	0065	0107	0170	0259	0380
28		0000	0000	0000	0000	0001	0002	0005	0010	0018	0032	0055	0090	0142	0216
30		0000	0000	0000	0000	0000	0001	0002	0004	0009	0016	0028	0047	0076	0119

附表 6 χ^2 分布上侧分位数 $\chi^2_{\alpha,\upsilon}$（υ——自由度）

〔当 $\upsilon\geqslant45$ 时，可使用近似公式：

$$\chi^2_{\alpha,\upsilon}\approx\begin{cases}\frac{1}{2}(\sqrt{2\upsilon-1}+u_{2\alpha})^2, \alpha\leqslant0.5;\\ \frac{1}{2}(\sqrt{2\upsilon-1}+u_{2(1-\alpha)})^2, \alpha\geqslant0.5;\end{cases}$$

其中 u_α 是 $N(0,1)$ 的双侧分位数(附表 4)〕

υ \ α	0.995	0.990	0.975	0.95	0.90	0.70	0.50	0.30	0.10	0.05	0.025	0.01	0.005	0.001	υ \ α
1	4×10^{-5}	2×10^{-4}	0.001	0.004	0.016	0.148	0.455	1.074	2.706	3.841	5.024	6.635	7.879	10.828	1
2	0.010	0.020	0.051	0.103	0.211	0.713	1.386	2.408	4.605	5.991	7.378	9.210	10.597	13.816	2
3	0.072	0.115	0.216	0.352	0.584	1.424	2.366	3.665	6.251	7.815	9.348	11.345	12.838	16.266	3
4	0.207	0.279	0.484	0.711	1.064	2.195	3.357	4.878	7.779	9.488	11.143	13.277	14.860	18.467	4
5	0.412	0.554	0.831	1.145	1.610	3.000	4.351	6.064	9.236	11.070	12.832	15.086	16.750	20.515	5
6	0.676	0.872	1.237	1.635	2.204	3.828	5.348	7.231	10.645	12.592	14.449	16.912	18.548	22.458	6
7	0.989	1.239	1.690	2.167	2.833	4.671	6.346	8.383	12.017	14.067	16.013	18.475	20.278	24.322	7
8	1.443	1.646	2.180	2.733	3.490	5.527	7.344	9.524	13.362	15.507	17.535	20.090	21.955	26.125	8
9	1.537	2.088	2.700	3.325	4.168	6.393	8.343	10.656	14.684	16.919	19.023	21.666	23.589	27.877	9
10	2.651	2.558	3.247	3.940	4.853	7.267	9.342	11.781	15.987	18.307	20.483	23.209	25.188	29.588	10
11	2.306	3.053	3.816	4.575	5.578	8.148	10.341	12.899	17.275	19.675	21.920	24.725	26.757	31.264	11
12	3.470	3.571	4.404	5.226	6.304	9.034	11.340	14.011	18.549	21.026	23.336	26.217	28.300	32.909	12
13	3.565	4.107	5.009	5.892	7.042	9.926	12.340	15.119	19.812	22.362	24.736	27.688	29.819	34.528	13
14	4.570	4.660	5.629	6.571	7.790	10.821	13.339	16.222	21.064	23.685	26.119	29.141	31.319	36.123	14
15	4.106	5.229	6.262	7.261	8.547	11.721	14.339	17.322	22.307	24.996	27.488	30.578	32.801	37.697	15
16	5.241	5.812	6.908	7.962	9.312	12.624	15.338	18.418	23.542	26.296	28.845	32.000	34.267	39.252	16
17	5.796	6.408	7.564	8.672	10.085	13.531	16.338	19.511	24.769	27.587	30.191	33.409	35.718	40.790	17
18	6.562	7.015	8.231	9.390	10.865	14.440	17.338	20.601	25.989	28.869	31.526	34.805	37.156	42.312	18
19	6.448	7.633	8.907	10.117	11.651	15.352	18.338	21.689	27.204	30.144	32.852	36.191	38.582	43.820	19
20	7.434	8.260	9.591	10.851	12.443	16.266	19.337	22.775	28.412	31.410	34.170	37.566	39.997	45.315	20

续表

α / υ	0.995	0.990	0.975	0.95	0.90	0.70	0.50	0.30	0.10	0.05	0.025	0.01	0.005	0.001	α / υ
21	8.430	8.897	10.283	11.591	13.240	17.182	20.337	23.858	29.615	32.671	35.479	38.932	41.401	46.797	21
22	8.346	9.542	10.982	12.338	14.041	18.101	21.337	24.939	30.813	33.924	36.781	40.289	42.796	48.268	22
23	9.062	10.196	11.688	13.091	14.848	19.021	22.337	26.018	32.007	35.172	38.076	41.638	44.181	49.728	23
24	9.688	10.856	12.401	13.848	15.659	19.943	23.337	27.096	33.196	36.415	39.364	42.980	45.558	51.179	24
25	10.025	11.524	13.120	14.611	16.473	20.867	24.337	28.172	34.382	37.652	40.646	44.314	46.928	52.618	25
26	11.061	12.198	13.844	15.379	17.292	21.792	25.336	29.246	35.563	38.885	41.923	45.642	48.290	54.052	26
27	11.808	12.879	14.573	16.151	18.114	22.719	26.336	30.319	36.741	40.113	43.194	46.963	49.645	55.476	27
28	12.461	13.565	15.308	16.928	18.939	23.647	27.336	31.391	37.916	41.337	44.461	48.278	50.993	56.892	28
29	13.121	14.256	16.047	17.708	19.768	24.577	28.336	32.461	39.087	42.557	45.722	49.588	52.336	58.301	29
30	13.787	14.953	16.791	18.493	20.599	25.508	29.336	33.530	40.256	43.773	46.979	50.892	53.672	59.703	30
31	14.458	15.655	17.539	19.281	21.434	26.440	30.336	34.598	41.422	44.985	48.232	52.191	55.003	61.098	31
32	15.134	16.362	18.291	20.072	22.271	27.373	31.336	35.665	42.585	46.194	49.480	53.486	56.328	62.487	32
33	15.815	17.073	19.047	20.867	23.110	28.307	32.336	36.731	43.745	47.400	50.725	54.776	57.648	63.870	33
34	16.501	17.789	19.806	21.664	23.952	29.242	33.336	37.795	44.903	48.602	51.966	56.061	58.964	65.247	34
35	17.192	18.509	20.569	22.465	24.797	30.178	34.336	38.859	46.059	49.802	53.203	57.342	60.275	66.619	35
36	17.887	19.233	21.336	23.269	25.643	31.115	35.336	39.922	47.212	50.998	54.437	58.619	61.581	67.985	36
37	18.586	19.960	22.106	24.075	26.492	32.053	36.336	40.984	48.363	52.192	55.668	59.892	62.882	69.345	37
38	19.289	20.691	22.878	24.884	27.343	32.992	37.335	42.045	49.513	53.384	56.895	61.162	64.181	70.703	38
39	19.996	21.426	23.654	25.695	28.196	33.932	38.335	43.105	50.660	54.572	58.120	62.428	65.476	72.055	39
40	20.707	22.164	24.433	26.509	29.051	34.872	39.335	44.165	51.805	55.758	59.342	63.691	66.766	73.402	40
41	21.421	22.906	25.215	27.326	29.907	35.813	40.335	45.224	52.949	56.942	60.561	64.950	68.053	74.745	41
42	22.138	23.650	25.999	28.144	30.765	36.755	41.335	46.282	54.090	58.124	61.777	66.206	69.336	76.084	42
43	22.859	24.398	26.785	28.965	31.625	37.698	42.335	47.339	55.230	59.304	62.990	67.459	70.616	77.419	43
44	23.584	25.148	27.575	29.787	32.487	38.641	43.335	48.396	56.369	60.481	64.201	68.709	71.893	78.749	44
45	24.311	25.901	28.366	30.612	33.350	39.585	44.335	49.452	57.505	61.656	65.410	69.957	73.166	80.077	45

附表 7　t 分布双侧分位数 $t_{\alpha,\upsilon}$(υ——自由度)

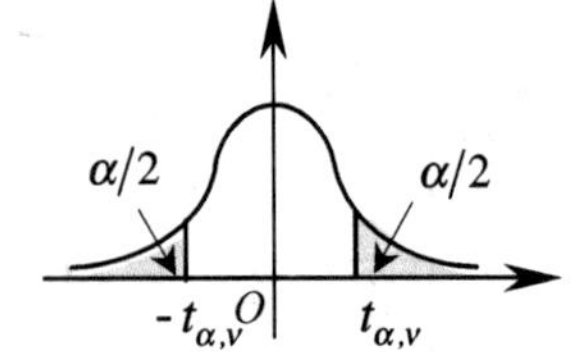

υ \ α	0.80	0.60	0.50	0.40	0.30	0.20	0.10	0.05	0.01	0.001
1	.325	.727	1.000	1.376	1.963	3.078	6.314	12.706	63.657	636.619
2	.289	.617	.816	1.061	1.386	1.886	2.920	4.303	9.925	31.598
3	.277	.584	.765	.978	1.250	1.638	2.353	3.182	5.841	12.924
4	.271	.569	.741	.941	1.190	1.533	2.132	2.776	4.604	8.610
5	.267	.559	.727	.920	1.156	1.476	2.015	2.571	4.032	6.869
6	.265	.553	.718	.906	1.134	1.440	1.943	2.447	3.707	5.959
7	.263	.549	.711	.896	1.119	1.415	1.895	2.365	3.499	5.408
8	.262	.546	.706	.889	1.108	1.397	1.860	2.306	3.355	5.041
9	.261	.543	.703	.883	1.100	1.383	1.833	2.262	3.250	4.781
10	.260	.542	.700	.879	1.093	1.372	1.812	2.228	3.169	4.587
11	.260	.540	.697	.876	1.088	1.363	1.796	2.201	3.106	4.437
12	.259	.539	.695	.873	1.083	1.356	1.782	2.179	3.055	4.318
13	.259	.538	.694	.870	1.079	1.350	1.771	2.160	3.012	3.221
14	.258	.537	.692	.868	1.076	1.345	1.761	2.145	2.977	4.140
15	.258	.536	.691	.866	1.074	1.341	1.753	2.131	2.947	4.073
16	.258	.535	.690	.865	1.071	1.337	1.746	2.120	2.921	4.015
17	.257	.534	.689	.863	1.069	1.333	1.740	2.110	2.898	3.965
18	.257	.534	.688	.862	1.067	1.330	1.734	2.101	2.878	3.922
19	.257	.533	.688	.861	1.066	1.328	1.729	2.093	2.861	3.883
20	.257	.533	.687	.860	1.064	1.325	1.725	2.086	2.845	3.850
21	.257	.532	.686	.859	1.063	1.323	1.721	2.080	2.831	3.819
22	.256	.532	.686	.858	1.061	1.321	1.717	2.074	2.819	3.792
23	.256	.532	.685	.858	1.060	1.319	1.714	2.069	2.807	3.767
24	.256	.531	.685	.857	1.059	1.318	1.711	2.064	2.797	3.745
25	.256	.531	.684	.856	1.058	1.316	1.708	2.060	2.787	3.725
26	.256	.531	.684	.856	1.058	1.315	1.706	2.056	2.779	3.707
27	.256	.531	.684	.855	1.057	1.314	1.703	2.052	2.771	3.690
28	.256	.530	.683	.855	1.056	1.313	1.701	2.048	2.763	3.674
29	.256	.530	.683	.854	1.055	1.311	1.699	2.045	2.756	3.659
30	.256	.530	.683	.854	1.055	1.310	1.697	2.042	2.750	3.646
40	.255	.529	.681	.851	1.050	1.303	1.684	2.021	2.704	3.551
60	.254	.527	.679	.848	1.045	1.296	1.671	2.000	2.660	3.460
80	.254	.527	.678	.846	1.043	1.292	1.664	1.990	2.639	3.416
100	.254	.526	.677	.845	1.042	1.290	1.660	1.984	2.626	3.390
∞	.253	.524	.674	.842	1.036	1.282	1.645	1.960	2.576	3.291

附表 8 F 分布上侧分位数 $F_\alpha(f_1,f_2)$

(f_k——第 k 自由度，$k=1,2$)

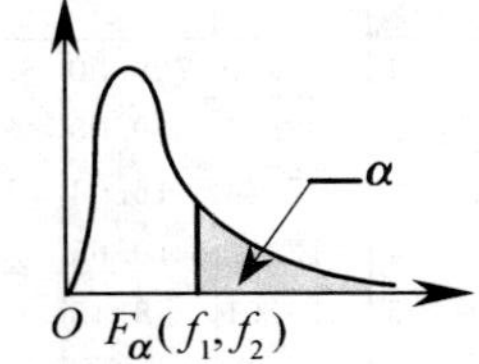

$\alpha=0.01$

f_2 \ f_1	1	2	3	4	5	6	7	8	9	10	15	20	30	60	∞
1	4052	5000	5403	5625	5764	5859	5928	5981	6023	6056	6157	6209	6261	6313	6366
2	98.50	99.00	99.17	99.25	99.30	99.33	99.36	99.37	99.39	99.40	99.43	99.45	99.47	99.48	99.50
3	34.12	30.82	29.46	28.71	28.24	27.91	27.67	26.49	27.35	27.23	26.87	26.69	26.51	26.32	26.13
4	21.20	18.00	16.69	15.98	15.52	15.21	14.98	14.80	14.66	14.55	14.20	14.02	13.84	13.65	13.46
5	16.26	13.27	12.06	11.39	10.97	10.67	10.46	10.29	10.16	10.05	9.72	9.55	9.38	9.20	9.02
6	13.75	10.93	9.78	9.15	8.75	8.47	8.26	8.10	7.98	7.87	7.56	7.40	7.23	7.06	6.88
7	12.25	9.55	8.45	7.85	7.46	7.19	6.99	6.84	6.72	6.62	6.31	6.16	5.99	5.82	5.65
8	11.26	8.65	7.59	7.01	6.63	6.37	6.18	6.03	5.91	5.81	5.52	5.36	5.20	5.03	4.86
9	10.56	8.02	6.99	6.42	6.06	5.80	5.61	5.47	5.35	5.26	4.96	4.81	4.65	4.48	4.31
10	10.04	7.56	6.55	5.99	5.64	5.39	5.20	5.06	4.94	4.85	4.56	4.41	4.25	4.08	3.91
12	9.33	6.93	5.95	5.41	5.06	4.82	4.64	4.50	4.39	4.30	4.01	3.86	3.70	3.54	3.36
14	8.86	6.51	5.56	5.04	4.70	4.46	4.28	4.14	4.03	3.94	3.66	3.51	3.35	3.18	3.00
16	8.53	6.23	5.29	4.77	4.44	4.20	4.03	3.89	3.78	3.69	3.41	3.26	3.10	2.93	2.75
18	8.29	6.01	5.09	4.58	4.25	4.01	3.84	3.71	3.60	3.51	3.23	3.08	2.92	2.75	2.57
20	8.10	5.85	4.94	4.43	4.10	3.87	3.70	3.56	3.46	3.37	3.09	2.94	2.78	2.61	2.42
30	7.56	5.39	4.51	4.02	3.70	3.47	3.30	3.17	3.07	2.98	2.70	2.55	2.39	2.21	2.01
40	7.31	5.18	4.31	3.83	3.51	3.29	3.12	2.99	2.89	2.80	2.52	2.37	2.20	2.02	1.80
60	7.08	4.98	4.13	3.65	3.34	3.12	2.95	2.82	2.72	2.63	2.35	2.20	2.03	1.84	1.60
120	6.85	4.79	3.95	3.48	3.17	2.96	2.79	2.66	2.56	2.47	2.19	2.03	1.86	1.66	1.38
∞	6.63	4.61	3.78	3.32	3.02	2.80	2.64	2.51	2.41	2.32	2.04	1.88	1.70	1.47	1.00

$\alpha=0.025$

续表

f_2 \ f_1	1	2	3	4	5	6	7	8	9	10	15	20	30	60	∞
1	647.79	799.50	864.16	899.58	921.85	937.11	948.22	956.66	963.28	968.63	984.87	993.10	1001.4	1009.8	1018.3
2	38.51	39.00	39.17	39.25	39.30	39.33	39.36	39.37	39.39	39.40	39.43	39.45	39.47	39.48	39.50
3	17.44	16.04	15.44	15.10	14.89	14.74	14.62	14.54	14.47	14.42	14.25	14.17	14.08	13.99	13.90
4	12.22	10.65	9.98	9.04	9.36	9.20	9.07	8.98	8.90	8.84	8.66	8.56	8.46	8.36	8.26
5	10.01	8.43	7.76	7.39	7.15	6.98	6.85	6.76	6.68	6.62	6.42	6.33	6.22	6.12	6.02
6	8.81	7.26	6.60	6.23	5.99	5.82	5.70	5.60	5.52	5.46	5.27	5.17	5.07	4.96	4.85
7	8.07	6.54	5.89	5.52	5.29	5.12	4.99	4.90	4.82	4.76	4.57	4.47	4.36	4.25	4.14
8	7.57	6.06	5.42	5.05	4.82	4.65	4.53	4.43	4.36	4.30	4.10	4.00	3.89	3.78	3.67
9	7.21	5.71	5.08	4.72	4.48	4.32	4.20	4.10	4.03	3.96	3.77	3.67	3.65	3.45	3.33
10	6.94	5.46	4.83	4.47	4.24	4.07	3.95	3.85	3.78	3.72	3.52	3.42	3.31	3.20	3.08
12	6.55	5.10	4.47	4.12	3.89	3.73	3.61	3.52	3.44	3.37	3.18	3.07	2.96	2.85	2.72
14	6.30	4.86	4.24	3.89	3.66	3.50	3.38	3.29	3.21	3.15	2.95	2.84	2.73	2.61	2.49
16	6.12	4.69	4.08	3.73	3.50	3.34	3.22	3.12	3.05	3.99	2.79	2.68	2.57	2.45	2.32
18	5.98	4.56	3.95	3.61	3.38	3.22	3.10	3.01	2.93	3.87	2.67	2.56	2.44	2.32	2.19
20	5.87	4.46	3.86	3.51	3.29	3.13	3.01	3.91	2.84	2.77	2.57	2.46	2.35	2.22	2.09
30	5.57	4.18	3.59	3.25	3.03	2.87	2.75	2.65	2.57	2.51	2.31	2.20	2.07	1.94	1.79
40	5.42	4.05	3.46	3.13	3.90	2.74	2.62	2.53	2.45	2.39	2.18	2.07	1.94	1.80	1.64
60	5.29	3.93	3.34	3.01	3.79	2.63	2.51	2.41	2.33	2.27	2.06	1.94	1.82	1.67	1.48
120	5.15	3.80	3.23	2.89	2.67	2.52	2.39	2.30	2.22	2.16	1.95	1.82	1.69	1.53	1.31
∞	5.02	3.69	3.12	2.79	2.57	2.41	2.29	2.19	2.11	2.05	1.83	1.71	1.57	1.39	1.00

$\alpha=0.05$

续表

f_2 \ f_1	1	2	3	4	5	6	7	8	9	10	15	20	30	60	∞
1	161.45	199.50	215.71	224.58	230.16	233.99	236.77	238.88	240.54	241.88	245.95	248.01	250.09	252.20	254.32
2	18.51	19.00	19.16	19.25	19.30	19.33	19.35	19.37	19.39	19.40	19.43	19.45	19.46	19.48	19.50
3	10.13	9.55	9.28	9.12	9.01	8.94	8.89	8.85	8.81	8.79	8.70	8.66	8.62	8.57	8.53
4	7.71	6.94	6.59	6.39	6.26	6.16	6.09	6.04	6.00	5.96	5.86	5.80	5.75	5.69	5.63
5	6.61	5.79	5.41	5.19	5.05	4.95	4.88	4.82	4.77	4.74	4.62	4.56	4.50	4.43	4.37
6	5.99	5.14	4.76	4.53	4.39	4.28	4.21	4.15	4.10	4.06	3.94	3.87	3.81	3.74	3.67
7	5.59	4.74	4.35	4.12	3.97	3.87	3.79	3.73	3.68	3.64	3.51	3.44	3.38	3.30	3.23
8	5.32	4.46	4.07	3.84	3.69	3.58	3.50	3.44	3.39	3.35	3.22	3.15	3.08	3.01	2.93
9	5.12	4.26	3.86	3.63	3.48	3.37	3.29	3.23	3.18	3.14	3.01	2.94	2.86	2.79	2.71
10	4.96	4.10	3.71	3.48	3.33	3.22	3.14	3.07	3.02	2.98	2.85	2.77	2.70	2.62	2.54
12	4.75	3.89	3.49	3.26	3.11	3.00	2.91	2.85	2.80	2.75	2.62	2.54	2.47	2.38	2.30
14	4.60	3.74	3.34	3.11	2.96	2.85	2.76	2.70	2.65	2.60	2.46	2.39	2.31	2.22	2.13
16	4.49	3.63	3.24	3.01	2.85	2.74	2.66	2.59	2.54	2.49	2.35	2.28	2.19	2.11	2.01
18	4.41	3.55	3.16	2.93	2.77	2.66	2.58	2.51	2.46	2.41	2.27	2.19	2.11	2.02	1.92
20	4.35	3.49	3.10	2.87	2.71	2.60	2.51	2.45	2.39	2.35	2.20	2.12	2.04	1.95	1.84
30	4.17	3.32	2.92	2.69	2.53	2.42	2.33	2.27	2.21	2.16	2.01	1.93	1.84	1.74	1.62
40	4.08	3.23	2.84	2.61	2.45	2.34	2.25	2.18	2.12	2.08	1.92	1.84	1.74	1.64	1.51
60	4.00	3.15	2.76	2.53	2.37	2.25	2.17	2.10	2.04	1.99	1.84	1.75	1.65	1.53	1.39
120	3.92	3.07	2.68	2.45	2.29	2.18	2.09	2.02	1.96	1.91	1.75	1.66	1.55	1.43	1.25
∞	3.84	3.00	2.60	2.37	2.21	2.10	2.01	1.94	1.88	1.83	1.67	1.57	1.46	1.32	1.00

$\alpha=0.10$ 续表

f_2 \ f_1	1	2	3	4	5	6	7	8	9	10	15	20	30	60	∞
1	39.86	49.50	53.59	55.83	57.24	58.20	58.91	59.44	59.86	60.19	61.22	61.74	62.27	62.79	63.33
2	8.53	9.00	9.16	9.26	9.29	9.33	9.35	9.37	9.38	9.39	9.42	9.44	9.46	9.47	9.49
3	5.54	5.46	5.39	5.34	5.31	5.28	5.27	5.25	5.24	5.23	5.20	5.18	5.17	5.15	5.13
4	4.54	4.32	4.19	4.11	4.05	4.01	3.98	3.95	3.94	3.92	3.87	3.84	3.82	3.79	3.76
5	4.06	3.78	3.62	3.52	3.45	3.40	3.37	3.34	3.32	3.30	3.24	3.21	3.17	3.14	3.11
6	3.78	3.46	3.29	3.18	3.11	3.05	3.01	2.98	2.96	2.94	2.87	2.84	2.80	2.76	2.72
7	3.59	3.26	3.07	2.96	2.88	2.83	2.78	2.75	2.72	2.70	2.63	2.59	2.56	2.51	2.47
8	3.46	3.11	2.92	2.81	2.73	2.67	2.62	2.59	2.56	2.54	2.46	2.42	2.38	2.34	2.29
9	3.36	3.01	2.81	2.69	2.61	2.55	2.51	2.47	2.44	2.42	2.34	2.30	2.25	2.21	2.16
10	3.29	2.92	2.73	2.61	2.52	2.46	2.41	2.38	2.35	2.32	2.24	2.20	2.16	2.11	2.06
12	3.18	2.81	2.61	2.48	2.39	2.33	2.28	2.24	2.21	2.19	2.10	2.06	2.01	1.96	1.90
14	3.10	2.73	2.52	2.39	2.31	2.24	2.19	2.15	2.12	2.10	2.01	1.96	1.91	1.86	1.80
16	3.05	2.67	2.46	2.33	2.24	2.18	2.13	2.09	2.06	2.03	1.94	1.89	1.84	1.78	1.72
18	3.01	2.62	2.42	2.29	2.20	2.13	2.08	2.04	2.00	1.98	1.89	1.84	1.78	1.72	1.66
20	2.97	2.59	2.38	2.25	2.16	2.09	2.04	2.00	1.96	1.94	1.84	1.79	1.74	1.68	1.61
30	2.88	2.49	2.23	2.14	2.05	1.98	1.93	1.88	1.85	1.82	1.72	1.67	1.61	1.54	1.46
40	2.84	2.44	2.23	2.09	2.00	1.93	1.87	1.83	1.79	1.76	1.66	1.61	1.54	1.47	1.38
60	2.79	2.39	2.18	2.04	1.95	1.87	1.82	1.77	1.74	1.71	1.60	1.54	1.48	1.40	1.29
120	2.75	2.35	2.13	1.99	1.90	1.82	1.77	1.72	1.68	1.65	1.55	1.48	1.41	1.32	1.19
∞	2.71	2.30	2.08	1.94	1.85	1.77	1.72	1.67	1.63	1.60	1.49	1.42	1.34	1.24	1.00

$\alpha=0.25$

续表

f_2 \ f_1	1	2	3	4	5	6	7	8	9	10	15	20	30	60	∞
1	5.83	7.50	8.20	8.58	8.82	8.98	9.10	9.19	9.26	9.32	9.49	9.58	9.67	9.76	9.85
2	2.57	3.00	3.15	3.23	3.28	3.31	3.34	3.35	3.37	3.38	3.41	3.43	3.44	3.46	3.48
3	2.02	2.28	2.36	2.39	2.41	2.42	2.43	2.44	2.44	2.44	2.46	2.46	2.47	2.47	2.47
4	1.81	2.00	2.05	2.06	2.07	2.08	2.08	2.08	2.08	2.08	2.08	2.08	2.08	2.08	2.08
5	1.69	1.85	1.88	1.89	1.89	1.89	1.89	1.89	1.89	1.89	1.89	1.88	1.88	1.87	1.87
6	1.62	1.76	1.78	1.79	1.79	1.78	1.78	1.78	1.77	1.77	1.76	1.76	1.75	1.74	1.74
7	1.57	1.70	1.72	1.72	1.71	1.71	1.70	1.70	1.69	1.69	1.68	1.67	1.66	1.65	1.65
8	1.54	1.66	1.67	1.66	1.66	1.65	1.64	1.64	1.64	1.63	1.62	1.61	1.60	1.59	1.58
9	1.51	1.62	1.63	1.63	1.62	1.61	1.60	1.60	1.60	1.59	1.57	1.56	1.55	1.54	1.53
10	1.49	1.60	1.60	1.59	1.59	1.58	1.57	1.56	1.56	1.55	1.53	1.52	1.51	1.50	1.48
12	1.46	1.56	1.56	1.55	1.54	1.53	1.52	1.51	1.51	1.50	1.48	1.47	1.45	1.44	1.42
14	1.44	1.53	1.53	1.52	1.51	1.50	1.49	1.48	1.47	1.46	1.44	1.43	1.41	1.40	1.38
16	1.42	1.51	1.51	1.50	1.48	1.47	1.46	1.45	1.44	1.44	1.41	1.40	1.38	1.36	1.34
18	1.41	1.50	1.49	1.48	1.46	1.45	1.44	1.43	1.42	1.42	1.39	1.38	1.36	1.34	1.32
20	1.40	1.49	1.48	1.47	1.45	1.44	1.43	1.42	1.41	1.40	1.37	1.36	1.34	1.32	1.29
30	1.38	1.45	1.44	1.42	1.41	1.39	1.38	1.37	1.36	1.35	1.32	1.30	1.28	1.26	1.23
40	1.36	1.44	1.42	1.40	1.39	1.37	1.36	1.35	1.34	1.33	1.30	1.28	1.25	1.22	1.19
60	1.35	1.42	1.41	1.38	1.37	1.35	1.33	1.32	1.31	1.30	1.27	1.25	1.22	1.19	1.15
120	1.34	1.40	1.39	1.37	1.35	1.33	1.31	1.30	1.29	1.28	1.24	1.22	1.19	1.16	1.10
∞	1.32	1.39	1.37	1.35	1.33	1.31	1.29	1.28	1.27	1.25	1.22	1.19	1.16	1.12	1.00

附表 9　样本相关系数的临界值 $r_{\alpha,\upsilon}$

$$P\{|r| \geqslant r_{\alpha,\upsilon}\} = \alpha(\upsilon\text{——自由度})$$

υ \ α	0.10	0.05	0.02	0.01	0.005	0.001	υ \ α	0.10	0.05	0.02	0.01	0.005	0.001
1	.9877	.99692	$.9^3507$	$.9^3877$	$.9^4692$	$.9^5877$	16	.400	.468	.543	.590	.631	.708
2	.9000	.9500	.9800	$.9^2000$	$.9^2500$	$.9^3000$	17	.389	.456	.529	.575	.616	.693
3	.805	.878	.9343	.9587	.9740	$.9^3114$	18	.378	.444	.516	.561	.602	.679
4	.729	.811	.882	.9172	.9417	.9741	19	.369	.433	.503	.549	.589	.665
5	.669	.754	.833	.875	.9056	.9509	20	.360	.423	.492	.537	.576	.652
6	.621	.707	.789	.834	.870	.9249	25	.323	.381	.445	.487	.524	.579
7	.582	.666	.750	.798	.836	.898	30	.296	.349	.409	.449	.484	.554
8	.549	.632	.715	.765	.805	.872	35	.275	.325	.381	.418	.452	.519
9	.521	.602	.685	.735	.776	.847	40	.257	.304	.358	.393	.425	.490
10	.497	.576	.658	.708	.750	.823	45	.243	.288	.338	.372	.403	.465
11	.476	.553	.634	.684	.726	.801	50	.231	.273	.322	.354	.384	.443
12	.457	.532	.612	.661	.703	.780	60	.211	.250	.295	.325	.352	.408
13	.441	.514	.592	.641	.683	.760	70	.195	.232	.274	.302	.327	.380
14	.426	.497	.574	.623	.664	.742	80	.183	.217	.257	.283	.307	.357
15	.412	.482	.558	.606	.647	.725	90	.173	.205	.242	.267	.290	.338
							100	.164	.195	.230	.254	.276	.321

附表 10 样本复相关系数 $R_{1(2\cdots m)}$ 的临界值 $R_\alpha(m,\upsilon)(\upsilon=n-m)$

$\mathbf{P}\{R\geqslant R_\alpha\}=\alpha=0.05$

υ \ n	1	2	3	4	5	6	7	8	9	10
1	.997	.999	.999	.999	1.000	1.000	1.000	1.000	1.000	1.000
2	.950	.975	.983	.987	.990	.991	.993	.994	.994	.995
3	.878	.930	.950	.961	.968	.973	.977	.979	.982	.983
4	.811	.881	.912	.930	.942	.950	.956	.961	.965	.968
5	.754	.836	.874	.898	.914	.925	.934	.941	.946	.951
6	.707	.795	.839	.867	.886	.900	.911	.920	.927	.933
7	.666	.758	.807	.838	.860	.876	.889	.900	.909	.916
8	.632	.726	.777	.811	.835	.854	.868	.880	.890	.898
9	.602	.697	.750	.786	.812	.832	.848	.861	.872	.882
10	.576	.671	.726	.763	.790	.812	.829	.843	.855	.865
11	.553	.648	.703	.741	.770	.792	.811	.826	.839	.850
12	.532	.627	.683	.722	.751	.774	.793	.809	.823	.835
13	.514	.608	.664	.703	.733	.757	.777	.794	.808	.820
14	.497	.590	.646	.686	.717	741	.762	.779	.794	.806
15	.482	.574	.630	.670	.701	726	.747	.765	.780	.793
16	.468	.559	.615	.655	.687	.712	.733	.751	.767	.780
17	.456	.545	.601	.641	.673	.698	.720	.738	.754	.768
18	.444	.532	.587	.628	.660	.686	.707	.726	.742	.757
19	.433	.520	.575	.615	.647	.673	.696	.714	.731	.746
20	.423	.509	.563	.604	.636	.662	.684	.703	.720	.735
21	.413	.498	.552	.593	.624	.651	.673	.693	.710	.725
22	.404	.488	.542	.582	.614	.640	.663	.682	.699	.715
23	.396	.479	.532	.572	.604	.630	.653	.673	.690	.705
24	.388	.470	.523	.562	.594	.621	.643	.663	.681	.696
25	.381	.462	.514	.553	.585	.612	.634	.654	.672	.687

(续表)

v \ n	1	2	3	4	5	6	7	8	9	10
26	.374	.454	.506	.545	.576	.603	.626	.645	.663	.679
27	.367	.446	.498	.536	.568	.594	.617	.637	.655	.670
28	.361	.439	.490	.529	.560	.586	.609	.629	.647	.662
29	.355	.432	.483	.521	.552	.579	.601	.621	.639	.655
30	.349	.435	.476	.514	.545	.571	.594	.614	.631	.647
32	.339	.413	.462	.500	.531	.557	.580	.600	.617	.633
34	.329	.402	.450	.488	.518	.544	.566	.586	.604	.620
36	.320	.392	.439	.476	.506	.532	.554	.574	.591	.608
38	.312	.382	.429	.465	.495	.520	.542	.562	.580	.596
40	.304	.373	.419	.455	.484	.509	.531	.551	.569	.585
42	.297	.365	.410	.445	.474	.499	.521	.541	.553	.574
44	.291	.357	.401	.436	.465	.490	.511	.531	.548	.564
46	.285	.349	.393	.428	.456	.481	.502	.521	.539	.555
48	.279	.343	.386	.420	.448	.472	.493	.513	.530	.546
50	.273	.336	.379	.412	.440	.464	.485	.504	.521	.537
55	.261	.321	.362	.395	.422	.445	.466	.485	.502	.517
60	.250	.308	.348	.380	.406	.429	.449	.467	.484	.499
65	.240	.297	.335	.366	.392	.414	.434	.452	.468	.483
70	.232	.286	.324	.354	.379	.401	.420	.438	.454	.469
75	.224	.277	.314	.343	.367	.389	.408	.425	.441	.455
80	.217	.269	.304	.332	.356	.377	.396	.413	.428	.443
90	.205	.254	.288	.315	.338	.358	.376	.392	.407	.421
100	.195	.241	.274	.299	.321	.341	.358	.374	.388	.402
120	.178	.221	.251	.275	.295	.313	.329	.344	.358	.371
500	.088	.109	.124	.137	.148	.157	.166	.174	.182	.189

附表 11 费歇耳变换 z 和相关系数 r 的换算表

($Z=\text{Arth}r, r=\text{th}z$)

(表中间是 r 值)

z	0.01	0.02	0.03	0.04	0.05	0.06	0.07	0.08	0.09	0.10
0.0	0.0100	0.0200	0.0300	0.0400	0.0500	0.0599	0.0699	0.0798	0.0898	0.0997
1	1096	1194	1293	1391	1489	1586	1684	1781	1877	1974
2	2070	2165	2260	2355	2449	2548	2636	2729	2821	2913
3	3004	3095	3185	3275	3364	3452	3540	3627	3714	3800
4	3885	3969	4053	4136	4219	4301	4382	4462	4542	4621
5	4699	4777	4854	4930	5005	5080	5154	5227	5299	5370
6	5441	5511	5580	5649	5717	5784	5850	5915	5980	6044
7	6107	6169	6231	6291	6351	6411	6469	6527	6584	6640
8	6696	6751	6805	6858	6911	6963	7014	7064	7114	7163
9	7211	7259	7406	7352	7398	7443	7487	7531	7574	7616
1.0	7658	7699	7739	7779	7818	7857	7895	7932	7969	8005
1.1	0.8041	0.8076	0.8110	0.8144	0.8178	0.8210	0.8243	0.8275	0.8306	0.8337
2	8367	8397	8426	8455	8483	8511	8538	8565	8591	8617
3	8643	8668	8692	8717	8741	8764	8787	8810	8832	8854
4	8875	8896	8917	8937	8957	8977	8996	9015	9033	9051
5	9069	9087	9104	9121	9138	9154	9170	9186	9201	9217
6	9232	9246	9261	9275	9289	9302	9316	9329	9341	9354
7	9366	9379	9391	9402	9414	9425	9436	9447	9458	9468
8	94783	94884	94983	95080	95175	95268	95359	65449	95537	95624
9	95709	95792	95873	95953	96032	96109	96185	96259	96331	96403
2.0	96473	96541	96609	96675	96739	96803	96865	96926	96986	97045
3.1	0.97103	0.97159	0.97215	0.97269	0.97323	0.97375	0.97426	0.97477	0.97526	0.97574
2	97622	97668	97714	97752	97803	97846	97888	97929	97970	98010
3	98049	98087	98124	98161	98197	98233	98267	98301	98335	98367
4	98399	98431	98462	98492	98522	98551	98579	98607	98635	98661
5	98688	98714	98739	98764	98788	98812	98835	98858	98881	98903
6	98924	98945	98966	98987	99007	99026	99045	99064	99083	99101
7	99118	99136	99153	99170	99185	99202	99218	99233	99248	99263
8	69278	99292	99306	99320	99333	99346	99359	99372	99384	99396
9	99408	99420	99431	99443	99454	99464	99475	99485	99495	99505

附表 12 斯皮尔曼等级相关系数 r_s 的上临界值 $r_{\alpha,n}$

$\mathbf{P}\{r_s \geqslant r_{\alpha,n}\} \leqslant \alpha^*$

n \ α	0.001	0.005	0.010	0.025	0.050	0.100
4	—	—	—	—	0.8000	0.8000
5	—	—	0.9000	0.9000	8000	7000
6	—	0.9429	0.8857	0.8286	0.7714	0.6000
7	0.9643	8929	8571	7450	6766	5357
8	9286	8571	8095	7143	6190	5000
9	9000	8167	7667	6833	5833	4667
10	8667	7818	7333	6364	5515	4424
11	0.8364	0.7545	0.7000	0.6091	0.5273	0.4182
12	8182	7273	6713	5804	4965	3985
13	7912	6978	6429	5549	4780	3791
14	7670	6747	6220	5341	4593	3626
15	7464	6536	6000	5179	4429	3500
16	0.7265	0.6324	0.5824	0.5000	0.4265	0.3382
17	7083	6152	5637	4853	4118	3260
18	6904	5975	5480	4710	3994	3148
19	6737	5825	5333	4579	3895	3070
20	6586	5684	5203	4451	3789	2977
21	0.6455	0.5545	0.5078	0.4351	0.3688	0.2909
22	6318	5426	4936	4241	3597	2829
23	6186	5306	4852	4150	3518	2767
24	6070	5200	4748	4061	3435	2704
25	5962	5100	4654	3977	3362	2646
26	0.5856	0.5002	0.4564	0.3894	.3299	0.2588
27	5757	4915	4481	3822	3236	2540
28	5660	4828	4401	3749	3175	2490
29	5567	4744	4320	3685	3113	2443
30	5479	4665	4251	3620	3059	2400

* $\mathbf{P}\{r_s \leqslant -r_{\alpha,n}\} \leqslant \alpha$；$\mathbf{P}\{|r_s| \geqslant r_{\alpha,n}\} \leqslant 2\alpha$.

附表 13　正态总体之修正样本标准差 S 的数学期望和标准差的系数

$[M_\upsilon=\mathbf{E}(S/\sigma);D_\upsilon=\mathbf{D}(S/\sigma);\upsilon=n-1]$

υ	M_υ	$1/M_\upsilon$	$\sqrt{D_\upsilon}$	υ	M_υ	$1/M_\upsilon$	$\sqrt{D_\upsilon}$
1	0.797885	1.25331	0.60281	16	0.984506	1.01574	0.17535
2	886227	12838	46325	17	985410	01481	17020
3	921318	08540	38881	18	986214	01398	16547
4	939986	06385	34121	19	986934	01324	16112
5	951533	05094	30755	20	987583	01257	15710
6	0.959369	1.04235	0.28216	25	0.990053	1.01005	0.14070
7	965030	03624	26214	30	991703	00837	12855
8	969311	03166	24584	35	992884	00717	11909
9	972659	02811	23224	40	993770	00627	11145
10	975350	02527	22066	45	994460	00557	10511
11	0.977559	1.02296	0.21066	50	0.995013	1.00501	0.09975
12	979406	02103	20190	60	995842	00418	09110
13	980971	01940	19415	70	996435	00358	08436
14	982316	01800	18723	80	996880	00313	07893
15	983484	01679	18100	90	997226	00278	07443
				100	0.997503	1.00250	0.07062

附表 14　正态总体之样本极差 R_n 的数学期望和标准差的系数

$[d_n=\mathbf{E}(R_n/\sigma);D_n=\mathbf{D}(R_n/\sigma)]$

n	d_n	$1/d_n$	$\sqrt{D_n}$	n	d_n	$1/d_n$	$\sqrt{D_n}$
2	1.12838	0.8862	0.8525	7	70436	3698	8332
3	69257	5908	8884	8	84720	3512	8198
4	2.05875	4857	8798	9	97003	3367	8078
5	32593	4299	8641	10	3.07751	3249	7971
6	53441	3946	8480	11	17287	3152	7873
				12	25846	3069	7785

附表 15 符号检验临界值 $S_{\alpha,N}$

$$P\{S \leqslant S_{\alpha,N}\} \leqslant \alpha$$

N	1	5	10	25	N	1	5	10	25	N	1	5	10	25
	(%)					(%)					(%)			
1					31	7	9	10	11	61	20	22	23	25
2					32	8	9	10	12	62	20	22	24	25
3				0	33	8	10	11	12	63	20	23	24	26
4				0	34	9	10	11	13	64	21	23	24	26
5			0	0	35	9	11	12	13	65	21	24	25	27
6		0	0	1	36	9	11	12	14	66	22	24	25	27
7		0	0	1	37	10	12	13	14	67	22	25	26	28
8	0	0	1	1	38	10	12	13	14	68	22	25	26	28
9	0	1	1	2	39	11	12	13	15	69	23	25	27	29
10	0	1	1	2	40	11	13	14	15	70	23	26	27	29
11	0	1	2	3	41	11	13	14	16	71	24	26	28	30
12	1	2	2	3	42	12	14	15	16	72	24	27	28	30
13	1	2	3	3	43	12	14	15	17	73	25	27	28	31
14	1	2	3	4	44	13	15	16	17	74	25	28	29	31
15	2	3	3	4	45	13	15	16	18	75	25	28	29	32
16	2	3	4	5	46	13	15	16	18	76	26	28	30	32
17	2	4	4	5	47	14	16	17	19	77	26	29	30	32
18	3	4	5	6	48	14	16	17	19	78	27	29	31	33
19	3	4	5	6	49	15	17	18	19	79	27	30	31	33
20	3	5	5	6	50	15	17	18	20	80	28	30	32	34
21	4	5	6	7	51	15	18	19	20	81	28	31	32	34
22	4	5	6	7	52	16	18	19	21	82	28	31	33	35
23	4	6	7	8	53	16	18	19	21	83	29	32	33	35
24	5	6	7	8	54	17	19	20	22	84	29	32	33	36
25	5	7	7	9	55	17	19	20	22	85	30	32	34	36
26	6	7	8	9	56	17	20	21	23	86	30	33	34	37
27	6	7	8	10	57	18	20	21	23	87	31	33	35	37
28	6	8	9	10	58	18	21	22	24	88	31	34	35	38
29	7	8	9	10	59	19	21	22	24	89	31	34	36	38
30	7	9	10	11	60	19	21	23	25	90	32	35	35	39

附表 16　正态概率纸

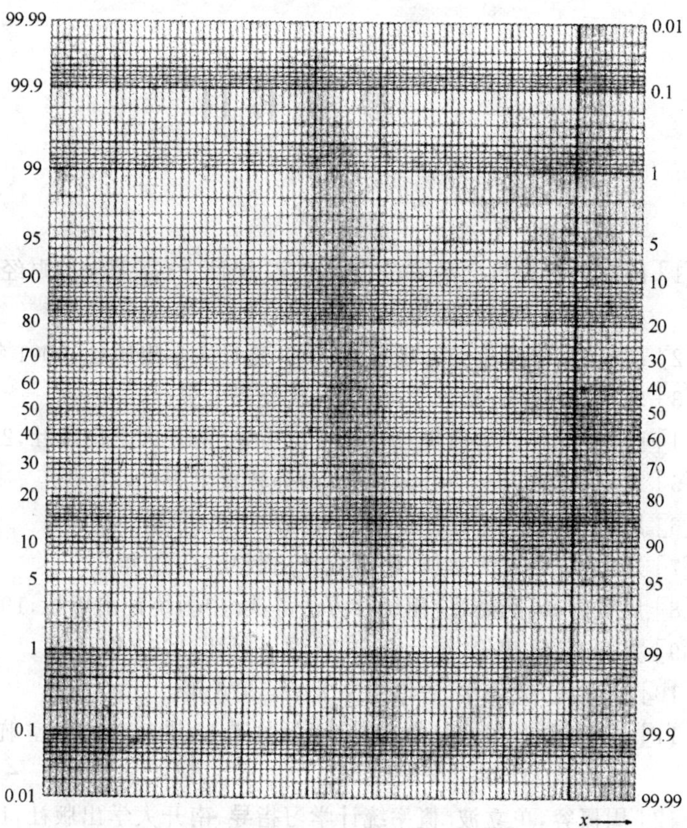

99.99
99.9
99
95
90
80
70
60
50
40
30
20
10
5
1
0.1
0.01
0.01
0.1
1
5
10
20
30
40
50
60
70
80
90
95
99
99.9
99.99
x

参考书目

[1] 国家教育委员会高等教育司审定. 统计学(高等学校财经类专业核心课教学大纲). 四川人民出版社,1990 年

[2] 周概容. 概率论与管理统计基础. 复旦大学出版社,2001 年

[3] 郭英,高建国. 统计学. 中国财政经济出版社,2001 年

[4] 张建华. 统计学原理——练习与指导. 南开大学出版社,2002 年

[5] 袁卫,庞皓,曾五一. 统计学. 高等教育出版社,2000 年

[6] 周概容. 管理统计. 复旦大学出版社,1999 年

[7] 郑家亨. 统计大辞典. 中国统计出版社,1995 年

[8] 周概容,冯燕奇. 应用统计方法辞典. 中国统计出版社,1993 年

[9] 方开泰,许建伦. 统计分布. 科学出版社,1987 年

[10] 胡孝绳,统计学. 香港中文大学,1976 年

[11] 周概容. 概率论与数理统计(习题课 12 讲). 北京航空航天大学出版社,2003 年

[12] 周概容,单立波. 概率统计学习指导. 南开大学出版社,1997 年

[13] W. G. 科克伦(美)著. 抽样技术. 张尧庭,吴辉译. 中国统计出版社,1985 年

[14] L. Kish(美)著. 抽样调查. 倪家勋主译. 中国统计出版社,1997 年

[15] 黄良文,吴国培. 应用抽样方法. 中国统计出版社,1991 年

[16] J. T. Lessler, W. D. Kalsbeek(美)著. 调查中的非抽样误差. 金勇进主译. 中国统计出版社,1997 年

[17] D. C. Hoaglin(美)等著. 探索性数据分析. 陈忠链,郭德媛译. 中国统计出版社,1998 年

[18] W. W. 丹尼尔,J. C. 特勒(美)著. 经营管理统计学. 陈鹤琴等译. 中国商业出版社,1984 年
[19] A. Я. 博雅尔斯基(俄)等著. 统计学概论. 陈仁恩等译. 中国统计出版社,1992 年
[20] 山根太郎(日)著. 统计学. 颜金锐译. 福建人民出版社,1983 年
[21] P. H. 卡梅尔,M. 波拉赛克(澳)著. 应用经济统计学. 崔书香,潘省初译. 中国统计出版社,1988 年
[22] H. 克拉美(瑞典)著. 统计学数学方法. 魏宗舒等译. 上海科学技术出版社,1983 年
[23] 周概容编著. 概率论与数理统计. 高等教育出版社,1983 年
[24] S. Weisberg(美)等著. 应用线性回归. 王静龙等译. 中国统计出版社,1998 年
[25] G. E. P. Box,G. C. Reinsel(美),G. M. Jenkins(英)著. 时间序列分析(预测与控制). 顾岚译. 中国统计出版社,1998 年
[26] 国家统计局. 中国国民经济核算体系. 中国统计出版社,1993 年
[27] 帕尔. 科夫斯(匈)著. 指数理论与经济现实. 夏一成等译. 中国统计出版社,1990 年
[28] 平均增长速度查对表. 中国财政经济出版社,
[29] 钟守洋,严建辉等. 常用统计数值表. 中国统计出版社,1990 年
[30] 中国科学院数学研究所. 常用数理统计表. 科学出版社,1974 年
[31] 统计数值表. (日)JSA,1972 年
[32] D. R. Aderson(美)等著. 商务与经济统计. 张建华,王健等译. 机械工业出版社,2000 年
[33] E. S. Pearson, H. O. Hartley, Biometrika taboles of statiaticians Cambrage University, 1966
[34] Л. Н. ъольшев, Н. В. Смирнов, Таблицы математической статистики, москва, 1983
[35] S. M. Kendall, A. Stuart. The Advanced Theory of Statistics, Vol. Ⅰ, Ⅱ, Ⅲ, Charles Griffin and Company, 1977—1979

名词索引

（汉语拼音为序）

A

B

C

D

E

F

G

H

J

K

L

M

N

P

W

X

Y

Z

其　他

图书在版编目(CIP)数据

统计学原理/ 周概容主编. —2 版. —天津:南开大学出版社,2004.12(2014.5 重印)

(经济学核心课系列教材)

ISBN 978-7-310-01315-8

Ⅰ.统… Ⅱ.周… Ⅲ.统计学－高等学校－教材 Ⅳ.C8

中国版本图书馆 CIP 数据核字(2004)第 031912 号

南开大学出版社出版发行

出版人:孙克强

地址:天津市南开区卫津路 94 号　　邮政编码:300071

营销部电话:(022)23508339　23500755

营销部传真:(022)23508542　　邮购部电话:(022)23502200

*

天津市蓟县宏图印务有限公司印刷

全国各地新华书店经销

*

2004 年 12 月第 2 版　　2014 年 5 月第 7 次印刷

880×1230 毫米　32 开本　14.125 印张　400 千字

定价:25.00 元

如遇图书印装质量问题,请与本社营销部联系调换,电话:(022)23507125